Christine Maes

Adelige Frauen der Renaissance

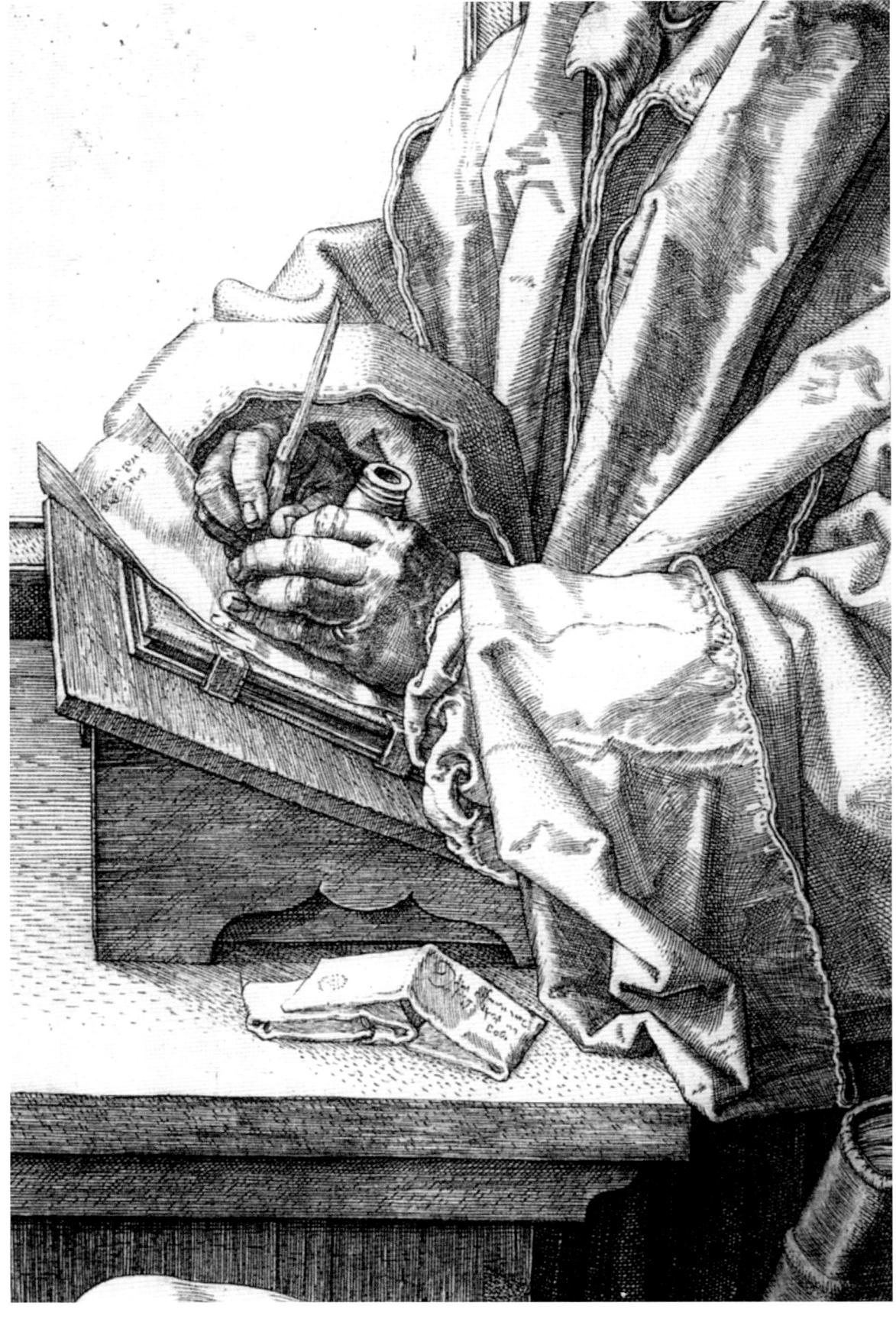

Christine Maes

ADELIGE FRAUEN DER RENAISSANCE AUF DER SUCHE NACH FREUNDSCHAFT UND LIEBE

Die Töchter Herzog Wilhelms V. von Jülich-Kleve-Berg im Briefwechsel mit Margaretha von der Marck-Arenberg

Goch 2016

JÜLICHER FORSCHUNGEN BAND 10

SCHRIFTLEITUNG: GUIDO VON BÜREN

ZUGLEICH

MONTANUS – SCHRIFTENREIHE ZUR LOKAL- UND REGIONALGESCHICHTE IN LEVERKUSEN BAND 15

SCHRIFTLEITUNG: MICHAEL D. GUTBIER

Herausgeber:
Jülicher Geschichtsverein 1923 e.V.
Opladener Geschichtsverein von 1979 e.V. Leverkusen

Einbandabbildung: Lukas van Valckenborch, Ganzkörperporträt der Herzogin Sibylle von Jülich-Kleve-Berg, um 1578, Kunsthistorisches Museum Wien, Inv.-Nr. GG 3246 (vgl. Bildtafel 29).

Frontispizabbildung: Ausschnitt aus Albrecht Dürer, Porträt des Erasmus von Rotterdam, Kupferstich, 1526.

Die Drucklegung erfolgte mit finanzieller Unterstützung der Arenberg-Stiftung und des Landschaftsverbandes Rheinland

ISBN 978-3-944146-69-0

Übersetzung: José Maßmann unter Mitarbeit von Myriam Woischnik

Lektorat: Anne Schunicht-Rawe unter Mitarbeit von Guido von Büren, Susanne Richter und Wolfgang Schneiders

Redaktion und Layout: Susanne Richter

Druck: B.o.s.s Medien GmbH, Goch

INHALT

EDITORIAL

Vor 500 Jahren wurde am 28. Juli 1516 Wilhelm V. geboren, der von 1539 bis 1592 die Vereinigten Herzogtümer Jülich-Kleve-Berg regierte. Dieses Jubiläum, wie der 300. Todestag des Kurfürsten Johann Wilhelm von der Pfalz, Herzog von Jülich-Berg, nehmen der Jülicher Geschichtsverein 1923 e.V. und der Opladener Geschichtsverein von 1979 e.V. Leverkusen zum Anlass für ein gemeinsames Veranstaltungsprogramm „Jülich-Bergische Herzöge der Renaissance und des Barock". In Vorträgen, Exkursionen, Studienreisen und Konzerten werden das 16. bis 18. Jahrhundert wieder lebendig. Damit setzen die beiden Geschichtsvereine ihre langjährige, fruchtbare Kooperation fort.

In Jülich sind die Aktivitäten Teil des umfassenden Jubiläumsprogramms „Wilhelm 500", das durch die Stadt Jülich koordiniert wird. Es kulminiert u. a. in der Ausstellung „Der reiche Herzog. Renaissancefürst Wilhelm V. und seine Residenz Jülich", die das Museum Zitadelle Jülich vorbereitet.[1] Runde Jahrestage sind immer

ein willkommener Anlass zum Rückblick und zur Beschäftigung mit den entsprechenden historischen Ereignissen und Persönlichkeiten. Dies macht aber nur Sinn, wenn die Auseinandersetzung mit der Geschichte nicht nur an der Oberfläche bleibt, sondern auch tiefergehende historische Erkenntnisse zeitigt.[2]

Unsere beiden Vereine freuen sich deshalb sehr, dass sie mit der vorliegenden Publikation einen wichtigen Beitrag zur Erforschung des jülich-klevischen Hofes im 16. Jahrhundert vorlegen können. Die Untersuchung der Korrespondenz zwischen den Töchtern Wilhelms V. von Jülich-Kleve-Berg und der Margaretha von der Marck-Arenberg aus der Feder der Belgierin Christine Maes geht auf eine Staatsarbeit

---

[1] Die Ausstellung wird von einem Bestandskatalog begleitet, der aber erst zu einem späteren Zeitpunkt erscheinen wird.

[2] Im August 2016 fand auf Haus Rindern bei Kleve die Tagung „Herrscher, Hof und Humanismus. Wilhelm V. von Jülich-Kleve-Berg und seine Zeit" statt, die von der Niederrhein Akademie / Academie Nederrijn e.V. in Zusammenarbeit mit dem Landschaftsverband Rheinland, dem Klevischen Verein für Kultur und Geschichte e.V. sowie dem Jülicher Geschichtsverein 1923 e.V. veranstaltet wurde. Die von Ralf-Peter Fuchs, Georg Mölich, Bert Thissen und Guido von Büren geleitete Tagung wird in einer Publikation dokumentiert, die 2017 vorgelegt werden soll.

aus dem Jahr 1998 zurück. Dass sie erst jetzt zum Druck befördert wird, ist nicht der engagierten Autorin anzulasten, sondern widrigen Umständen, die eine Veröffentlichung immer wieder hinauszögerten. Obgleich inzwischen die Autorin selbst ein pointiertes Lebensbild ihrer Hauptprotagonistin Margaretha von der Marck-Arenberg im Rahmen eines Sammelbandes zu herausragenden Frauen der Familie Arenberg publizierte[3] und erst vor kurzem Peter Neu, intimer Kenner der Arenbergischen Geschichte, eine umfassende Studie zu Margaretha veröffentlichte[4], bleibt der Wert der Studie „Adelige Frauen der Renaissance auf der Suche nach Freundschaft und Liebe" davon unberührt.

Im Zentrum der Darstellung, die im Jahr 2000 mit dem renommierten Arenberg-Preis ausgezeichnet wurde, steht die Auswertung des im Arenbergischen Familienarchiv in Edingen (Belgien) erhaltenen Briefwechsels, den Maria Eleonore, Anna, Magdalena und Sibylle von Jülich-Kleve-Berg mit Margaretha von der Marck-Arenberg führten. Dadurch bekommen wir tiefe und vor allem plastische Einblicke in das Leben am jülich-klevischen Hof, die uns die jüngst vorgelegten normativen Texte nur sehr indirekt wiedergeben können.[5]

Auf diese Weise schließt sich zumindest partiell eine Überlieferungslücke, die dem Aussterben des Hauses Jülich-Kleve mit dem Tod Herzog Johann Wilhelms I. im Jahr 1609 geschuldet ist. Die neuen Herren in Kleve und Düsseldorf haben nach 1609 die jeweiligen Archive einer umfassenden Kassation unterzogen, wodurch die private Korrespondenz der einzelnen Familienmitglieder, so sie nicht schon vorher vernichtet worden war, ausgesondert wurde. So erklärt sich denn auch, dass nur einzelne Briefe Margarethas an Herzog Wilhelm V. im Landesarchiv NRW, Abteilung Rheinland, erhalten geblieben sind.[6]

Die Töchter Wilhelms V. hatten zu Margaretha von der Marck-Arenberg ein tiefes Vertrauensverhältnis aufgebaut.[7]

---

sidenzenforschung, Bd. 26), Ostfildern 2015, bes. S. 733–752, Nr. 106 mit einer Hofordnung von 1596, die wegen der unüberbrückbaren Differenzen zwischen den Beteiligten eine getrennte Hofhaltung Herzog Johann Wilhelms I. von Jülich-Kleve-Berg in Hambach, seiner Ehefrau Jakobe von Baden in Düsseldorf und Sybilles von Jülich-Kleve-Berg in Jülich vorsah. Durch die Ermordung Jakobes in der Nacht vom 2. auf den 3.9.1597 hatte diese Hofordnung nur einen kurzen Bestand. Zur Person der Jakobe von Baden siehe: Eva Ortlieb, Eine Fürstin verteidigt sich vor dem Kaiser. Die Anzeige wegen Ehebruchs gegen Jakobe Herzogin von Jülich-Kleve-Berg, in: Siegrid Westphal (Hrsg.), In eigener Sache. Frauen vor den höchsten Gerichten des Alten Reiches, Köln 2005, S. 183–217.

3   Christine Maes-De Smet, Margaretha van der Marck-Arenberg (1527–1599), in: Peter Neu (Schriftleitung), Arenberger Frauen. Fürstinnen, Herzoginnen, Ratgeberinnen, Mütter. Frauenschicksale im Hause Arenberg in sieben Jahrhunderten (= Sonderveröffentlichung der Landesarchivverwaltung Rheinland-Pfalz, Reihe Arenberg), Koblenz 2006, S. 37–53.

4   Peter Neu, Margaretha von der Marck (1527–1599). Landesmutter – Geschäftsfrau und Händlerin – Katholikin. Eine gefürstete Gräfin in einer Zeit großer Umbrüche, Essen 2013.

5   Vgl. Brigitte Kasten/Margarete Bruckhaus (Hrsg.), Die jülich-kleve-bergischen Hof-, Hofämter- und Regimentsordnungen 1456/1521 bis 1609 (= Re-

6   Vgl. Peter Neu, Die Arenberger und das Arenberger Land, Bd. 1: Von den Anfängen bis 1616 (= Veröffentlichungen der Landesarchivverwaltung Rheinland-Pfalz, Bd. 52), Koblenz 1989, S. 212, Anm. 33.

7   Hermann Weinsberg beschreibt in seinen Aufzeichnungen rückblickend 1592 den angeschlagenen Gesundheitszustand der Maria von Österreich und ihres Mannes Wilhelm V. sehr plastisch: *Umb die jarn ungeferlich 1564* [tatsächlich 1566] *hat sich daß gluck widder verkeirt, die freude ihm trurigkeit gewant, dan beiden so wol hertzoch Wilhem alß siner ehefrawen ist waß seltzam an irem leib und sinnen widderfharen, deß sich jeder verwondert und fremdt disser ort zu hoeren ist,*

Margarethas Hauptaufgabe war die Zusammenstellung der jeweiligen Aussteuer der Töchter. Besonders intensiv war der Austausch mit der jüngsten Tochter Wilhelms V., Sibylle. Die beiden Frauen verfolgten über viele Jahre einen gemeinsamen Plan: Sibylle sollte den Sohn Margarethas, Karl von Arenberg, heiraten. Gegen diese Verbindung sprachen jedoch gewichtige Gründe, die vor allem im Standesunterschied der beiden Familien begründet waren. Die von Arenberg hatten keine reichsfürstliche Stellung, was dazu führte, dass der Kaiser, aber auch andere bedeutende Reichsfürsten sich gegen das Heiratsprojekt aussprachen, das letztlich auch scheiterte. Für Sibylle war das ein schwerer Schlag, war sie doch als jüngst geborene Tochter alleine bei Hofe zurückgeblieben, während ihre älteren Schwestern nach Königsberg (Preußen), Neuburg an der Donau (Pfalz Neuburg) und Bergzabern (Pfalz Zweibrücken) verheiratet worden waren. Aus den vertraulichen Briefen an Margaretha von der Marck-Arenberg ergibt sich ein deutlich differenzierteres Bild der Persönlichkeit Sibylles von Jülich-Kleve-Berg, als es bisher gezeichnet wurde. Letzteres ist vor allem in ihrem problematischen Verhältnis zu ihrer Schwägerin Jakobe von Baden begründet, die nicht zuletzt aufgrund Sibylles schwer-

wiegender Vorwürfe festgesetzt wurde, um ihr den Prozess machen zu können. Die bis heute nicht geklärten Umstände des Todes Jakobes 1597 während ihres Arrestes werfen einen langen Schatten auf die Verhältnisse am jülich-klevischen Hof im ausgehenden 16. und beginnenden 17. Jahrhundert. Diese waren geprägt von Misstrauen und widerstreitenden Interessen angesichts des sich früh abzeichnenden Erbfalls der bedeutenden Ländermasse Jülich-Kleve-Berg.

Als dann 1609 der Erbfall eintrat und die Territorien schließlich 1614 auf den Kurfürsten von Brandenburg (Kleve-Mark-Ravensberg) und den Herzog von Pfalz Neuburg (Jülich-Berg) aufgeteilt wurden, bedeutete dies auch das Ende einer aus dem Land heraus gewachsenen Hofkultur. Unter Herzog Wilhelm V. von Jülich-Kleve-Berg waren bedeutende Residenzbauten, wie Jülich, entstanden[8] und die Beschreibung der „Fürstlich Jülichschen Hochzeit" zu Düsseldorf 1585 zeigt die seinerzeitige standesgemäße Zurschaustellung von Macht und Prestige des jülich-klevischen Hofes.[9] Die durch den Erbfall und die Teilung der Territorien fehlenden Traditionslinien haben die Zeugnisse der renaissancezeitlichen Hofkultur der Herzöge von Jülich-Kleve-Berg nahezu zum Verschwinden gebracht.

---

dan sie worden beide swach, halber sprachloiß und zum theil an irem verstande verruckt, doch die furstine frawe Maria von Oisterich etwaß mehe dan der furst. Sie wart so schewe wan jemant zu nach zu ir quam, so leiff sie hinwegh wie ein scheu hoen oder their…; zitiert nach: Die autobiographischen Aufzeichnungen Hermann Weinsbergs — Digitale Gesamtausgabe, Liber Decrepitudinis (Gedenckboigstück des hohen und lesten Alters …), fol. 251ʳ, URL: http://www.weinsberg.uni-bonn.de/Edition/Liber_Decrepitudinis/Liber_Decrepitudinis.htm (30.8.2016). Das erklärt, warum in den Briefen der Töchter ihre Mutter Maria von Österreich keine Rolle spielt. Sie wird bei Hofe äußerst isoliert gelebt haben.

8   Parallel zur vorliegenden Publikation erscheint Jürgen Eberhardt, Burg Nothberg in Eschweiler und die Pasqualinis. Die einstigen Renaissance-Arkaden und ihr architektonischer Kontext (= Jülicher Forschungen, Bd. 9 = Pasqualini-Studien VII), Aachen 2016, der das Thema der herzoglichen Residenzen umfassend aufgreift.

9   Guido von Büren, „… wie es sich bei sulchem mechtigen fursten wol gezimt". Die „Fürstlich Jülichsche etc. Hochzeit" von 1585 und die Festkultur der Renaissance, in: Stephan Hoppe/Alexander Markschies/Norbert Nußbaum (Hrsg.), Städte, Höfe und Kulturtransfer. Studien zur Renaissance am Rhein (3. Sigurd Greven-Kolloquium zur Renaissanceforschung), Regensburg 2010, S. 284–320.

Auch deshalb steht die von Stefan Ehrenpreis jüngst angemahnte umfassende Kulturgeschichte des Hofes noch aus.[10] Mit der Studie zur Korrespondenz der Familien von Jülich-Kleve-Berg und von Arenberg legen wir hierzu jedoch einen wichtigen Baustein vor.

Dass dies möglich wurde, haben wir zahlreichen Personen und Institutionen zu verdanken. An erster Stelle ist selbstredend der Autorin zu danken, die bei der Entstehung der Publikation außerordentlichen Langmut gezeigt hat. Die Hauptlast der Übersetzung aus dem Flämischen hat José Maßmann getragen (Kapitel I–III), die in der Endphase von Myriam Woischnik (Einleitung und Schluss) unterstützt wurde. Besonders José Maßmann ist für ihren Einsatz zu danken. Véronique Kentzinger und Catharine Wagner haben sich um die Übertragung der französischsprachigen Briefzitate gekümmert und damit die Lesbarkeit der Studie befördert. Das Lektorat des Manuskripts lag in den bewährten Händen von Anne Schunicht-Rawe, die mit viel Einfühlungsvermögen und Beharrlichkeit den Text bearbeitet hat, während die

10 Stefan Ehrenpreis, Die Vereinigten Herzogtümer Jülich-Kleve-Berg und der Augsburger Religionsfrieden, in: Heinz Schilling/Heribert Smolinsky (Hrsg.), Der Augsburger Religionsfrieden 1555. Wissenschaftliches Symposium aus Anlaß des 450. Jahrestages des Friedenschlusses, Augsburg, 21. bis 25. September 2005 (= Reformationsgeschichtliche Studien und Texte, Bd. 150), Münster 2007, S. 239–267, hier: S. 242f., Anm. 11.

Schlussredaktion von Susanne Richter übernommen wurde. Sie hat auch das Layout der Veröffentlichung entwickelt, die gleichzeitig in den jeweiligen Schriftenreihen der beiden Vereine – „MONTANUS" und „Jülicher Forschungen" – erscheint. Wir danken den Vorständen des Jülicher und des Opladener Geschichtsvereins für die vertrauensvolle Zusammenarbeit, nicht nur in diesem Fall, und für die Schaffung der Rahmenbedingungen, die eine solche Publikation erst möglich machen. Die Produktion des Buches hat schließlich der Pagina Verlag in Goch übernommen. Unser Dank gilt dem Verleger Franz Engelen für seine optimale Betreuung, die in der Verlagslandschaft heute keine Selbstverständlichkeit mehr ist.

Am Ende wäre eine solche Veröffentlichung jedoch nicht möglich, wenn es keine Finanzierung gäbe. Hier ist den Mitgliedern unserer beiden Vereine zu danken, die durch ihre Beiträge das Fundament legen, ohne dass entsprechende Mittel nicht zu akquirieren wären. Insoweit sind unsere Mitglieder unser wertvollstes Kapital. Veredelt wurde es im vorliegenden Fall von Druckkostenzuschüssen der Arenberg-Stiftung und des Landschaftsverbands Rheinland. Beiden Förderern sprechen wir unseren herzlichen Dank für diesen Vertrauensbeweis aus, der für uns Ansporn ist, in unserem Bemühen die Geschichte unserer Region weiter aufzuarbeiten nicht nachzulassen. Die in immer neuen Facetten wieder zu entdeckende Vergangenheit hat es mehr als verdient!

Jülich und Leverkusen-Opladen, im Oktober 2016

Guido von Büren
Vorsitzender
Jülicher Geschichtsvereins 1923 e.V.

Michael D. Gutbier, M.A.
1. Vorsitzender
Opladener Geschichtsverein
von 1979 e.V. Leverkusen

EINLEITUNG

1 EIN KURZER INHALTLICHER ABRISS

Der Briefwechsel der vier Töchter des Herzogs Wilhelm V. von Jülich-Kleve-Berg mit Margaretha von der Marck-Arenberg bietet die Möglichkeit, die gesellschaftliche Stellung, die Geisteshaltung und das Selbstbild der weiblichen Mitglieder des Hochadels in der zweiten Hälfte des 16. Jahrhunderts zu untersuchen.

Vor diesem Hintergrund werden zwei Aspekte näher beleuchtet: Die ersten beiden Kapitel dieser Studie widmen sich dem Thema der Eheschließung und deren Vorbereitungen; das dritte Kapitel behandelt die Freundschaft zwischen hochadeligen Frauen.

Die Eheschließung veränderte das Leben der adeligen jungen Frauen grundlegend, da die junge Frau ihre biologische Kernfamilie verließ und in den Hausstand ihres Ehemannes wechselte. Interessant ist in diesem Zusammenhang, welche gesellschaftliche und politische Rolle die jeweiligen potentiellen Ehekandidaten bzw. späteren Ehepartner einnahmen und welche Faktoren für das Zustandekommen einer Eheschließung wichtig waren. Vorab lässt sich schon feststellen, dass alle hier untersuchten Eheschließungen politisch motiviert waren.

Im Zusammenhang mit den Heiratsverhandlungen zwischen Sibylle von Jülich-Kleve-Berg, der jüngsten Tochter Wilhelms V. von Jülich-Kleve-Berg, und Karl von Arenberg, für die besonders ausführliches Quellenmaterial vorliegt, können weitere Fragen konkret beantwortet werden: Was waren die Argumente für eine Heirat und welche sprachen dagegen? Warum haben sich die Verhandlungen so lange hingezogen? Aus welchem Grund sind sie letztlich gescheitert? Verfolgten die beiden Seiten unterschiedliche Interessen? Wer übte noch Einfluss in dieser Angelegenheit aus? Falls es bei den Verhandlungen einen politischen Druck gab, wie sah dieser konkret aus? Spielten emotionale Faktoren und Zuneigungen überhaupt eine Rolle und wenn ja, in welchem Maße? Die Frage, inwieweit die Heiratskandidaten ein Mitbestimmungsrecht hatten, ist letztlich die Frage nach der individuellen Selbstbestimmung.

Abschließend soll auch der Frage nachgegangen werden, was eine Frauenfreundschaft in dieser Zeit ausmacht und wie sich dies in der wechselseitigen Korrespondenz äußert.

Die Art des Archivmaterials, nämlich die Privat-Korrespondenz hochadeliger Frauen, ermöglicht Antworten auf alle angesprochenen Fragenkomplexe. Beleuchtet werden sie einerseits durch Aussagen der Frauen selbst, andererseits auch aus der Sicht ihrer Zeitgenoss(inn)en. Bedingt durch das Quellenmaterial stehen in dieser Untersuchung die vier Töchter von Herzog Wilhelm V. von Jülich-Kleve-Berg im Mittelpunkt. Die damalige politische und konfessionelle Situation der niederrheinischen Fürstentümer werden – soweit notwendig – näher dargestellt, da sie den Kontext für die politisch motivierten Eheschließungen am Hofe von Jülich-Kleve-Berg bilden.

2   FORSCHUNGSGRUNDLAGEN

Im Rahmen der aktuellen „Gender Studies" hat die Untersuchung der gesellschaftlichen Rolle der Frau an Bedeutung gewonnen, sodass ein breites Spektrum an Sekundärliteratur dazu vorhanden ist. In Bezug auf das 16. Jahrhundert bietet die „Geschiedenis van de vrouw, Bd. 3: Van renaissance tot de moderne tijd" eine gute Basis.[1] Leider werden sehr häufig in der sozialwissenschaftlichen und politischen Literatur die Unterschiede hinsichtlich des verschiedenen sozialen Status vernachlässigt bzw. die Rolle der hochadeligen Frau nahezu ausgeklammert.[2] Seit einigen Jahren versucht die Wissenschaft, sich dem Thema anhand von Selbstzeugnissen, den sogenannten Ego-Dokumenten, zu nähern. Leider sind derartige Selbstzeugnisse gerade von Frauen

und gerade für die Neuzeit seltener überliefert als in jüngerer Zeit. Bisher gab es nur wissenschaftliche Untersuchungen zu Herrscherinnen[3], intellektuell-humanistischen Frauen[4] oder zu Frauen, die sich ihrer gesellschaftlichen Rolle widersetzt hatten, da für diese Frauen naturgemäß häufiger Selbstzeugnisse vorliegen. Es handelte sich hierbei um eine kleine Gruppe besonderer Frauen,[5] die viel kleiner ist als die Gruppe der adeligen Frauen, die keine vermeintlich wichtige politische oder intellektuelle Rolle in Europa gespielt haben.

Die Frauenkorrespondenz, die sich im Arenberg-Archiv befindet, bietet eine einmalige Gelegenheit, die Emotionen und Gedanken adeliger Frauen auch in Bezug auf ihre Eheschließung zu ergründen. Zweifellos wird dazu in anderen Privat-Archiven weiteres interessantes Material zu finden sein.[6]

Zu dem Thema Freundschaft existiert auch für das 16. Jahrhundert viel Sekundärliteratur, jedoch beschäftigt sich die zumeist männliche Forschung vor allem mit der Freundschaft unter Männern;[7] nur vereinzelt werden zu den Untersuchungen Selbstzeugnisse herangezogen.[8] Sehr aufschlussreich ist die Abhandlung „Vriendschap en de kunst van het overleven in de zeventiende en achttiende eeuw"[9] von Luuc Kooijmans, die mit Hilfe von Selbstzeugnissen aus verschiedenen Familienarchiven die Geschichte von gutbürgerlichen Familien dargestellt hat. Es ist also von hohem wissenschaftlichen Interesse, ergänzend anhand der Quellen im Arenberg-Archiv, den Aspekt

---

1   Georges Duby/Michelle Perrot, Geschiedenis van de vrouw, Bd. 3: Van renaissance tot de moderne tijd, Amsterdam/Agon 1992.
2   Siehe u. a. Janssens 1998; Midelfort 1992; Caron 1995; van Nierop 1984.

3   Siehe u. a. Blok 1990.
4   Jardine 1985.
5   Wiesner 1986.
6   Siehe u. a Ariès 1987.
7   Hutson 1994.
8   Siehe u. a. Langer 1994.
9   Kooijmans 1997.

der Freundschaft zwischen adeligen Frauen zu untersuchen.

3   DAS QUELLENMATERIAL

3.1   DIE SELBSTZEUGNISSE

Diese Studie zeichnet sich durch die Art der zugrunde liegenden Quellen aus. Sie umfassen vor allem die Korrespondenz zwischen Margaretha von der Marck-Arenberg und den vier Töchtern von Herzog Wilhelm V. von Jülich-Kleve-Berg, also den Briefwechsel zwischen hochadeligen Frauen. Zusätzlich wurden Briefe von anderen Personen, die in die Heiratspläne involviert waren und die Briefe an Margaretha von der Marck-Arenberg gerichtet haben, berücksichtigt. Dieses Material befindet sich im Arenberg-Archiv in Edingen. Anderes Archivmaterial der Familie Arenberg wird im Staatsarchiv in Brüssel und im Schloss von Arenberg in Heverlee bei Löwen aufbewahrt, lieferte aber keine nennenswerten Informationen für die hier behandelten Fragestellungen.[10] Darüber hinaus befinden sich weitere Briefe von an den Heiratsangelegenheiten beteiligten Personen im Landesarchiv Nordrhein-Westfalen, Abteilung Rheinland, in Duisburg und im Staatsarchiv München. Da aber die eigentlichen Heiratsverhandlungen zwischen Jülich-Kleve-Berg und der Familie von Arenberg darin kaum eine Rolle spielen, wurden diese nicht im Original berücksichtigt. Zudem haben Max Lossen und Hans Goldschmidt die wichtigsten Dokumente in Abschrift oder als Zusammenfassung publiziert, weshalb sie dort eingesehen werden konnten.[11] Die

in diesen Arbeiten genannten Verweise zu den Originalen haben sich allerdings heute geändert. Ebenso publizierte Friedrich Wilhelm Oediger Akten aus dem heutigen Landesarchiv Nordrhein-Westfalen. Die in seinem Archivinventar[12] erwähnten „Familiensachen", die u. a. den Briefwechsel des Herzogs Wilhelm V. von Jülich-Kleve-Berg beinhalten, gehören nun zum Bestand Jülich-Berg I und II.[13]

Wichtig für den hier behandelten Themenkomplex sind auch die Quellenpublikationen von Theodor Joseph Lacomblet und Ludwig Keller, die für die Geschichte des Rheinlandes viele offizielle Dokumente und Briefe enthalten.[14]

Insgesamt wurden mehr als 900 Briefe gesichtet. Mit mehr als 400 Briefen nimmt die Korrespondenz von Herzog Wilhelm V. von Jülich-Kleve-Berg den größten zusammenhängenden Bestand ein. Unter den 900 Briefen befinden sich auch Briefe von dem Jülicher Sekretär Paulus Langer. Die jüngste Tochter Wilhelms, Sibylle, hinterließ – verglichen mit ihren Schwestern – mit 234 Briefen den umfangreichsten Briefwechsel. Von ihrer Schwester Magdalena sind beispielsweise 87 und von Anna nur 38 überliefert. Von der Anzahl der überlieferten Briefe darf jedoch nicht auf eine unterschiedliche Schreibfreudigkeit der Schwestern geschlossen werden, da berücksichtigt werden muss, dass nicht jeder Brief überliefert ist. Das wird beispielsweise deutlich, wenn die erhaltene Korrespondenz mehrere Jahre unterbrochen ist, während es keine Erwähnung einer Schreibpause gibt oder, wenn über den Inhalt eines vorherigen Schreibens gesprochen wird, dessen Inhalt

---

10   Beknopte inventaris met register van het Archief van het kasteel van Arenberg te Heverlee, 1962.

11   Goldschmidt 1911; Goldschmidt 1912; Lossen 1895.

12   Oediger 1957.

13   Dascher 1994.

14   Lacomblet Archiv, Lacomblet Urkundenbuch, Bd. 4; Keller 1881.

aber nicht mit dem letzten erhaltenen Brief übereinstimmt.

Die Untersuchung basiert also vor allem auf Briefen, die Margaretha von der Marck-Arenberg von den vier Töchtern Herzog Wilhelms V. von Jülich-Kleve-Berg erhalten hat. Eine Ausnahme bildet der Briefwechsel mit dem Herzog selbst.

Abhängig von den Verfassern variiert die Brieflänge: Die offizielle Korrespondenz, zum Beispiel zwischen Margaretha von der Marck-Arenberg und Herzog Wilhelm V., umfasst meist eine Seite. Die „privateren" Briefe von Wilhelms Töchtern sind mit durchschnittlich vier Seiten länger als offizielle Korrespondenz. Sibylle jedoch schreibt in der Regel acht Seiten lange Briefe, auch sechzehn Seiten sind bei ihr keine Ausnahme.

3.2   DIE QUELLENSPRACHE

Während der Bearbeitung der Briefe wurden schnell einige Probleme offenkundig, die spezifisch für diese Quellen sind. Zunächst macht das Fehlen eines Teiles des Briefwechsels – nämlich die Briefe, die Margaretha von der Marck-Arenberg verfasst hat – es schwierig, alle angesprochenen Feinheiten richtig zu deuten. Da die Antwortschreiben nicht immer alle Themen wiederholen, bleiben einige Sachverhalte leider offen. Darüber hinaus wird eine Deutung der angesprochenen Themen erschwert, da der Schreibstil der Frauen sehr verklausuliert und die Wortwahl sehr vorsichtig ist. Da die Briefe nur von „Insidern" gelesen wurden, genügten an vielen Stellen lediglich Andeutungen. In Bezug auf die Heiratsangelegenheiten war ein sehr sensibles Vorgehen logisch, zumal konfessionelle und politische Interessen gewahrt bleiben mussten. Bei der Interpretation dieser Quellen war es also unabdingbar, den Schreibstil einer jeden

Verfasserin genau zu kennen, um dann auch zwischen den Zeilen lesen zu können.

Um eine Vertrautheit mit dem individuellen Schreibstil zu erhalten, wurden alle Briefe seit Beginn der Korrespondenz bearbeitet, auch wenn sie nicht im thematischen Zusammenhang mit dieser Arbeit standen. Die frühesten Briefe, die zu diesem Zweck analysiert wurden, stammen daher schon vom Beginn der 1560er-Jahre.

Die Briefe sind entweder in Französisch, was sich im Lesen und Verstehen als nicht problematisch erwies, oder in Frühneuhochdeutsch geschrieben. Die frühneuhochdeutsche Sprache zeichnet sich durch eine große Bandbreite in Grammatik und Morphologie aus und ist von einer Reihe von Lautwandlungsprozessen geprägt. In der Druckersprache haben sich im deutschen Sprachraum im Wesentlichen sechs Schreibregionen herausgebildet, wohingegen in handschriftlichen Texten viel größere Unterschiede bestanden. Die hier genutzten Quellen lassen sich am ehesten der Kölner und der bayerischen-österreichischen Druckersprache zuweisen; letztere wurde u. a. auch am kaiserlichen Hof in Wien genutzt.

Für das Verständnis der Quellen kommt erschwerend hinzu, dass die Mitglieder der Familie von Jülich-Kleve-Berg keine einheitliche Rechtschreibung nutzten und des Öfteren auf Subjekt oder Verb verzichteten, ebenso haben sie keine Zeichensetzung und Großschreibung angewendet.

3.3   FRAUENKORRESPONDENZ: EINE EINMALIGE QUELLE

Wie oben schon angesprochen, hat die Mentalitätsgeschichte erstaunlicherweise lange Zeit die Gruppe hochadeliger Frauen, denen vermeintlich keine herausragende politische oder intellektuelle Funktion zugeschrieben werden konnte, ausgespart.

Mithilfe von Selbstzeugnissen, in diesem Fall der schriftlichen Korrespondenz, lässt sich diese Lücke jedoch gut schließen.[15]

Die Frauenkorrespondenz, die in dieser Untersuchung genutzt wurde, umfasst Briefe, die an einen privaten Adressatenkreis gerichtet waren. Diese Art von Briefen ist nicht vergleichbar mit den sogenannten humanistischen Briefen dieser Zeit. Seit Petrarca 1345 einen Teil der Korrespondenz von Cicero entdeckt und diese publiziert hatte, folgten viele Humanisten seinem Beispiel und veröffentlichten ihre Briefe. Diese wurden für die Veröffentlichung geglättet und es wurde viel Sorgfalt auf Sprache und Stil verwendet. Zunächst wurden die Briefe ausschließlich in Latein, ab Mitte des 16. Jahrhunderts auch in der Volkssprache, veröffentlicht. Bei dem humanistischen Brief handelt es sich um ein öffentliches Medium, das ganz andere Motive verfolgte als der private Brief, zu dem die hier untersuchte Frauenkorrespondenz gehört.[16]

Da private Briefe von Frauen gerade aus der Frühen Neuzeit eine Seltenheit sind, sind die hier untersuchten Dokumente für die Wissenschaft sehr wertvoll, da die schriftliche Korrespondenz unter Frauen häufig die einzige Möglichkeit war, sich auszutauschen. Die bisher nicht veröffentlichten Briefe der vier Töchter von Herzog Wilhelm V. von Jülich-Kleve-Berg beinhalten einen Schatz an Informationen und erlauben Einblicke in das Leben hochadeliger Damen und darüber hinaus in das Leben am Hof des Herzogs von Jülich-Kleve-Berg.

Bei der Interpretation der Inhalte ist jedoch zu beachten, dass diese sehr subjektiv, die Sprache emotional gehalten und die in den Briefen erwähnten Fakten schon von der Briefschreiberin selektiert und interpretiert worden sind. Nichtsdestotrotz ermöglicht es mit gebotener Vorsicht, Rückschlüsse auf den Charakter der Verfasserin zu ziehen und Einblicke in ihren Alltag und ihre Gedankenwelt zu erlangen.

4   Der historischen Rahmen: Die politische und konfessionelle Situation in den Niederlanden in der zweiten Hälfte des 16. Jahrhunderts

Als Kaiser Karl V. 1555 als römisch-deutscher König abdankte, folgte ihm sein Sohn Philipp II. als Landesherr u. a. in den Niederlanden, Spanien und den Gebieten in Übersee.[17] Der neue König war von Beginn seiner Regierungsperiode an fest entschlossen, den Katholizismus in den von ihm regierten Ländern durchzusetzen und die Politik der Zentralisierung seines Vaters weiterzuführen, was auf die Opposition der niederländischen Städte stieß, die an ihren alten Privilegien festhalten wollten. Da das politische Mitspracherecht des Adels durch die Generalstatthalter und den König selbst stark eingeschränkt war, stellte sich auch der Adel gegen den König. In den darauf folgenden Jahren wurden erst die politischen, dann auch die konfessionellen Gegensätze immer größer.

---

15   Egodokumente sind insbesondere in den letzten Jahren als historische Quelle zunehmend in den Fokus der Mentalitäts- und Genderforschung gerückt. Rudolf Dekker hat für die Niederlande begonnen, diese Art von Dokumenten systematisch aufzuarbeiten, siehe hierzu Dekker 1992 und Dekker 1993. Leider hat er jedoch keine Briefe berücksichtigt.

16   Frank-Rutger Hausmann, Francesco Petrarcas Briefe an Kaiser Karl IV. als „Kunstprosa", in: Worstbrock 1983, S. 60–80; Helene Harth, Poggio Bracciolini und die Brieftheorie des 15. Jahrhunderts. Zur Gattungstheorie des humanistischen Briefes, in: Worstbrock 1983, S. 81–99.

17   Algemene Geschiedenis der Nederlanden 1979, Bd. 6; Blom/Lamberts o.J.; Schöffer/van der Wee/Bornewasser/Baelde 1978.

Als Philipp II. 1559 die Niederlande verließ, setzte er seine Halbschwester Margaretha von Parma als Generalstatthalterin ein, um seine angesetzen Maßnahmen auf politischem, religiösem und steuerlichem Gebiet durchzusetzen. Als Minister stellte er ihr Antoine Perrenot Granvelle zur Seite, der ab 1560 auch Erzbischof von Mechelen wurde. Granvelle gestaltete die Regierungsgeschäfte maßgeblich mit und nahm eine stärker zentralistische Haltung ein als Margaretha. Margaretha war in ihren Regierungsgeschäften nicht nur von Granvelle, sondern auch von dem Geheimen Rat, dem Finanzrat sowie dem Staatsrat, der durch den niederländischen Hochadel besetzt war, abhängig. 1562 kam es zu ersten größeren Widerständen des niederländischen Hochadels. Unter Wilhelm von Oranien und den Grafen von Egmond und Hoorn formierte sich eine Adelsopposition, die bald erste Erfolge erzielte. Mit der Drohung an keiner Sitzung des Staatsrates mehr teilzunehmen, forderten sie 1564 die Abberufung Antoine Perrenot Granvelles. Da Margaretha ebenfalls keine guten Beziehungen zu ihrem Minister führte, unterstützte sie dieses Vorgehen, sodass im März 1564 Granvelle die Niederlande verließ.

Trotz ihres Erfolges forderte die Adelsopposition weitere Zugeständnisse vom spanischen König und Margaretha zeigte entsprechend eine gemäßigtere Haltung gegenüber den Protestanten. Schlechter werdende wirtschaftliche Bedingungen führten dazu, dass sich immer mehr Bürger calvinistischen Predigern anschlossen, was wiederum eine Vielzahl an Hinrichtungen wegen Ketzerei zur Folge hatte. Da Philipp sich sehr unnachgiebig in der Ketzerverfolgung zeigte, kam es letztendlich bei den politischen und konfessionellen Auseinandersetzungen im August 1566 mit dem

Bildersturm zu einem ersten Höhepunkt der Auseinandersetzung.

Um die Verhältnisse zu beruhigen, verfolgte Margaretha zunächst wieder eine gemäßigte Politik, nahm aber dann einige religiöse Fragen betreffende Konzessionen zurück. Nichtsdestotrotz hatte sie niederländische Adelige auf ihrer Seite, die ihr halfen, die Ordnung wiederherzustellen. Philipp II. versuchte jedoch, schneller durchzugreifen und schickte gegen den Willen seiner Halbschwester Fernando Álvarez de Toledo, Herzog von Alba, mit einer ganzen Heeresmacht in die Niederlande. Da Margaretha sich des Vertrauens von Philipp nicht mehr sicher war, reichte sie ihr Rücktrittsgesuch ein, wodurch der Herzog von Alba 1567 Generalstatthalter der Niederlande wurde. Bald nach seiner Ankunft in den Niederlanden wurde ein Sondergericht errichtet. Dem sogenannten Blutsrat von Brüssel fielen viele Adligen wie die Grafen von Egmond und Hoorn zum Opfer, was schließlich 1568 zum Ausbruch des Achtzigjährigen Krieges führte.

Letztlich scheiterte Albas Auftrag in den Niederlanden, da sich viele bisher desinteressierte Bürger bedingt durch das brutale Vorgehen von Albas Truppen im Kampf gegen die freiheitsstrebenden Städte der Rebellion anschlossen und eine Art Guerilla-Krieg entfachten. Mit der Befreiung von Brielle durch die „Wassergeusen"[18] am

---

18 Der Begriff Geusen leitet sich aus dem französischen Wort gueux „Bettler" ab. Nach zeitgenössischer Darstellung hat diese Bezeichnung ihren Ursprung aus der Übergabe einer Bittschrift des niederländischen Adels 1566 an die von Spanien als Generalstatthalterin eingesetzte Margaretha von Parma. Die Bittschrift forderte explizit die Beendigung der Inquisition und der Verfolgung der Protestanten sowie die Wiederherstellung ihrer ständischen Freiheiten. Hierbei soll Graf Charles de Berlaymont der Margaretha von Parma ins Ohr

1. April 1572 zeigten sich seitens der Aufständischen erste Erfolge.

1573 wurde Herzog Alba von Philipp II. nach Spanien zurückberufen und Don Louis de Requesens als Generalstatthalter in den Niederlanden eingesetzt. Obwohl dieser zunächst größere Erfolge als sein Vorgänger erzielte, mussten die Verhandlungen mit den Aufständischen abgebrochen werden. Darüber hinaus schwächte der spanische Staatsbankrott die Position Philipps. Unerwartet starb am 5. März 1575 Requesens und Don Juan d'Austria traf als neuer Generalstatthalter im November in den Niederlanden ein. 1576 forderten die 17 Provinzen das letzte Mal gemeinsam in der Genter Pazifikation den Abzug der spanischen Truppen und religiöse Toleranz; im Ewigen Edikt wurde nach langen Verhandlungen die Forderung auch durch Juan de Austria angenommen und die spa-

geflüstert haben, „Sie solle sich nicht vor einem Haufen Bettler (gueux) fürchten". Dieser Haufen bestand damals aus zweihundert Berittenen, die friedlich in Brüssel einzogen, um die Bittschrift zu übergeben. Ihre Zahl sollte sich im Verlaufe der Verhandlungen noch auf bis zu vierhundert erhöhen. Die weitgehend positive Annahme der Forderungen des niederländischen Adels von Margarete und ihr Versprechen, das Edikt an König Philipp von Spanien weiterzuleiten, versetzten die Freiheitskämpfer in gehobene Stimmung, die sich in Festen mit entsprechendem Alkoholgenuss niederschlug. Während eines solchen Festes wurde die Bezeichnung „Geusen" für die im Freiheitskampf verbündeten Mitglieder durch Heinrich von Brederode vorgeschlagen und von den Versammelten übernommen. Hierbei anwesend waren auch Wilhelm I. von Oranien sowie die Grafen Lamoral von Egmond und von Hoorn. Als sichtbares Zeichen des Bundes trugen die Mitglieder, während sie in Brüssel verweilten, graue Bettlergewänder. Aus Solidarität und als Ausdruck des passiven Widerstands trugen auch viele Bewohner Brüssels eine Zeit lang solche Bettlerkleidung. Vgl. den Eintrag „Geusen" in Wikipedia: https://de.wikipedia.org/wiki/Geusen <letzter Zugriff: 18.3.2016>.

nischen Truppen verließen die Niederlande; im Gegenzug sollte der katholische Glaube gewahrt bleiben. Doch schon 1577 griff Don Juan Antwerpen an. Die Einheit der niederländischen Provinzen zerbrach 1579 an konfessionellen Gegensätzen. Alexander Farnese, ein Sohn Margaretha von Parmas, der 1578 nach dem Tod Don Juans Generalstatthalter in den Niederlanden geworden war, zeichnete sich als sehr guter Stratege aus und sollte schon früh militärische Erfolge verbuchen können. Da er auch diplomatisches Geschick bewies, konnte er sich durch Zugeständnisse die Unterstützung der südlichen Provinzen (Union von Arras) sichern. Daher schlossen sich die nördlichen Provinzen einige Wochen später zur Union von Utrecht zusammen und erklärten 1581 formell ihre Unabhängigkeit als Republik. Wilhelm von Oranien wurde die Position des Statthalters angetragen. Vom Hennegau und Artois aus, die sich der Union von Arras angeschlossen hatten, begann Farnese Brabant und Flandern zurückerobern.

Trotz der Ermordung Wilhelms von Oranien 1584 waren die nördlichen Provinzen erstarkt und man einigte sich schnell auf Wilhelms Sohn Moritz als Nachfolger, sodass die von Farnese eroberten nördlichen Gebiete sukzessive wieder zurückgewonnen werden konnten. Mit der Einnahme Antwerpens 1585 durch Farnese waren die südlichen Niederlande dann jedoch unter spanischer Herrschaft. 1589 wurde Farnese von Philipp II. nach der Ermordung des französischen Königs Heinrich III. nach Frankreich beordert, was die militärische Stellung Spaniens in den Niederlanden schwächte.

1596 schlossen sich die Generalstaaten mit der englischen Krone zusammen. Nach dem Tode Philipps II. 1598 gingen die südlichen Niederlande in die Hände von Phi-

JOHAN VAN DOETECHUM D.J., LEO BELGICUS, 1650, KUPFERSTICH, 43 × 55 CM, ROTTERDAM, STICHTING ATLAS VAN
STOLK, INV.-NR. 1065. DIE PORTRÄTLEISTE LINKS ZEIGT VON OBEN NACH UNTEN: PHILIPP II. KÖNIG VON SPANIEN SOWIE
DIE VON IHM EINGESETZTEN BRÜSSELER GENERALSTATTHALTER. LINKS: FERNANDO ÁLVAREZ DE TOLEDO, HERZOG VON
ALBA, DON JUAN D'AUSTRIA, ERZHERZOG ERNST VON ÖSTERREICH, RECHTS: MARGARETHA VON PARMA, DON LUIS
DE REQUESENS, ALEXANDER FARNESE, HERZOG VON PARMA, UND ERZHERZOG ALBRECHT VON ÖSTERREICH. UNTEN
ABGEBILDET SIND DIE STATTHALTER DER NÖRDLICHEN NIEDERLANDE SEIT DER UNION VON UTRECHT: PRINZ WILHELM
VON ORANIEN, ERZHERZOG MATTHIAS VON ÖSTERREICH, FRANZ, HERZOG VON ANJOU, ROBERT, HERZOG VON LEICESTER
UND PRINZ MORITZ VON ORANIEN. OBEN LINKS IN DER KARTE SIND DIE BILDNISSE DER STATTHALTER DER NÖRDLICHEN
UND SÜDLICHEN NIEDERLANDE, FRIEDRICH HEINRICH VON ORANIEN UND FERDINAND VON ÖSTERREICH EINGEFÜGT.

lipps Tochter Isabella und deren Ehemann
Albrecht von Österreich über. Im gleichen
Jahr schloss Spanien Frieden mit Frankreich
und 1604 mit England. Nach jahrelangen
Verhandlungen kam es zwischen Spanien
und den Niederländischen Generalstaaten
1609 zu einem Friedensabkommen, das
zwölf Jahre halten sollte.

1 ADELIGE EHEN

1.1 Die adelige Frau im 16. Jahrhundert

„Immer wenn ein Mädchen aus einer legalen Beziehung geboren wurde, hat man ihre Position, ungeachtet ihres gesellschaftlichen Status, in Relation zu einem Mann definiert. Ihr Vater und später ihr Ehemann, trugen die juristische Verantwortung für ihr Tun und Lassen, und sie war gut beraten, beide zu ehren und beiden zu gehorchen. Der Vater oder der Ehegatte musste als Puffer zwischen ihr und der brutalen Realität der Außenwelt fungieren. Weiter ging man davon aus, dass es ökonomisch von dem Mann abhängig war, der über ihr Leben bestimmte. Diesem Modell zufolge war ein Vater verpflichtet, für seine Tochter bis zu ihrer Ehe zu sorgen. Hierzu traf er oder ein Vermittler eine Vereinbarung mit einem geeigneten Kandidaten. Ein Mann konnte am Anfang seiner Ehe mit einer Vergütung für die Frau rechnen, die er heiratete. Anschließend war er selbst verantwortlich für ihr Wohlergehen. Ihre Mitgift hatte aber eine essentielle Bedeutung für die Gründung der neuen Familie."[1]

Dieses Zitat beschreibt sehr treffend das Leben der Frau in der Frühen Neuzeit. Vor allem in den adeligen Kreisen und in den gehobenen bürgerlichen Ständen wurde das beschriebene Modell strikt gehandhabt. Verhandlungen um die Ehen der Kinder waren eine wichtige Aufgabe für die Familie. Eine Tochter war dazu vorgesehen, eine geeignete Partie zu heiraten und damit in jeder Hinsicht für eine günstige Verbindung zwischen ihrer und der anderen Familie zu sorgen. Ihre Erziehung wurde durch diese Vorbestimmung geprägt.

Ein adeliges Mädchen wurde vornehmlich von seiner Mutter erzogen, der eine Schar von Hausangestellten, Kindermädchen und Gouvernanten zur Hand ging. Der Erfolg der Mutter wurde an der Ehe ihrer Tochter gemessen. Die Erziehung des Mädchens umfasste mehrere Aspekte: Bildung, Kenntnissen in der Haushaltsführung und die Vorbereitung auf die Eheschließung spielten eine große Rolle.

Lesen, Schreiben und Rechnen gehörten zur Grundausbildung eines adeligen Mädchens und wurden in der Regel durch einen Hauslehrer gelehrt. Sobald ein Mädchen alt genug war, musste es der Mutter helfen, Köche und Mägde zu beaufsich-

1   Hufton 1992, S. 13.

tigen. Außerdem musste es wissen, wie man sich präsentierte und kleidete, eine angemessene Konversation führte, tanzte, ein Musikinstrument spielte, französisch sprach. Darüber hinaus musste es über einige Kenntnisse der nationalen Literatur verfügen. Eine Mutter musste ihrer Tochter auch Spinnen, Bleichen und den Umgang mit der Nadel beibringen. Feine Stickerei war das Kennzeichen einer echten Dame. Sogar in den höchsten Kreisen wurde von einer Frau erwartet, ihre Babyaussteuer selbst zu nähen und ihren Ehemann oder Bruder zum Weihnachtsfest mit einer selbst gestickten Weste zu überraschen.[2]

Wenn dann die Zeit gekommen war, die Tochter zu verheiraten, ergriff der Vater die Initiative, um einen geeigneten Partner zu suchen. In der Studie von Esther Koch wird die Tochter als ein passives Objekt beschrieben, über das die Eltern verfügten. Entschieden sich die Eltern für eine Heirat, wurde das Mädchen mit dem Mann verheiratete, den die Eltern ausgesucht hatten. Die Braut konnte wenig gegen die Entscheidung des Vaters einwenden.[3]

Ökonomische Überlegungen waren bei der Wahl eines Ehepartners von großer Bedeutung. Die Ehe wurde als eine Institution betrachtet, die beiden Parteien Halt und Zuflucht bieten sollte; die richtige Einschätzung der ökonomischen Bedingungen war zum Überleben wesentlich.[4] Beim Hochadel spielten auch politische und dynastische Überlegungen eine Rolle. Politisch bedingte Heiraten haben vielfach die Geschichte eines Landes tiefgreifend beeinflusst.

Die Vermählung einer Tochter war für die Familie eine kostspielige Angelegenheit, denn das Mädchen bekam aus dem Familienvermögen eine Mitgift, um sein zukünftiges Wohlergehen sicherzustellen. Um diese wurde zäh verhandelt, wobei es sich um Geld oder Immobilien handeln konnte. Bevorzugt bestand die Mitgift aber aus Geld, um die Zersplitterung des Familienbesitzes zu vermeiden.

Die Hochzeit war zweifelsohne das größte Ereignis im Leben einer adeligen Frau, da sich dadurch ihr Leben tiefgreifend veränderte. Sie wechselte in den Haushalt ihres Mannes und erhielt dort eine neue gesellschaftliche Stellung. Fortan war ihr Ehemann für sie verantwortlich und er musste ihr Obdach und Halt bieten. Ihre Aufgabe war nun die einer Ehegattin und später die der Mutter und Erzieherin. Sie führte auch den Haushalt mit Hausangestellten, die sie anleiten musste, und sie war Herrin über Ländereien, die mit Hilfe von Pächtern und Aufsehern verwaltet wurden. Als gute Ehegattin erfüllte sie zusätzlich auch die Rolle der Gastgeberin im Namen ihres Mannes. Die Erscheinung und die Würde der Ehegattin bestätigten den Status des Mannes.

Eine Frau stieß in ihrem Alltag oft an Grenzen, die ihr durch die Gesellschaft gesetzt wurden. Es gab zahlreiche Verhaltensregeln, die sie einschränkten und die am deutlichsten dort zum Ausdruck kamen, wo die Gesellschaft ihre Rolle präzise definierte. Insbesondere die Disziplinierung des Körpers nimmt einen großen Bereich in den zeitgenössischen Schriften ein und die Kontrolle von Mimik und Gestik lehnt sich an die höfische Mädchenerziehung an.

Die einzigen Frauen, die den generellen Regeln teilweise ausweichen konnten, waren Witwen, obgleich ihnen in manchen Regi-

2   Hufton 1992, S. 34–36.
3   Koch 1993, S. 141–167; Koch 1994.
4   Hufton 1992, S. 25.

onen ein Vormund zugewiesen wurde. Wo dies nicht der Fall war, bekam eine adelige Witwe die Chance, sich zu entfalten, selbstständig zu handeln und den Familienbesitz zu verwalten. Sie konnte, zumindest theoretisch, über eine Witwenpension verfügen oder über den sogenannten Leibzucht, ein Einkommen, das ihr im Gegenzug für ihre Mitgift zugesagt worden war, falls ihr Ehegatte vor ihr verstarb. Außerdem erwarb sie in den meisten Fällen die Vormundschaft über ihre Kinder. Sie bekam also eine führende Position und hatte ihr Schicksal in den eigenen Händen, ohne dass andere Personen mitbestimmen konnten.

Die größte Macht einer Frau lag ohne Zweifel in dem Umstand, dass sie für den Fortbestand der Familie mitverantwortlich war. In diesem Zusammenhang ist nicht so sehr der biologische Aspekt der Fortpflanzung gemeint, sondern vielmehr die soziale Dimension. Hierzu war ein Netzwerk von Beziehungen zu anderen Familien unentbehrlich, wobei Blutsverwandtschaft und Freundschaften eine vorrangige Rolle spielten (vgl. Kapitel 3).

Eine gute Partnerwahl für den Sohn oder die Tochter war im dynastischen Sinn überlebenswichtig für den Fortbestand der Familie. Die Eltern versuchten immer, sich aus der Ehe ihrer Kinder ökonomische, politische oder gesellschaftliche Vorteile zu verschaffen. Die neue Verbindung sollte, wenn möglich, zum Ansehen und Ruhm der Familie und einem größeren politischen Einfluss beitragen.

Nach den Regeln der katholischen Kirche war es eine Bedingung, dass die beiden Partner sich aus freiem Willen das Jawort gaben. In der Realität war bei den Frauen vor allem in den höheren Kreisen von freiem Wille wenig die Rede, woran die Kirche kaum etwas ändern konnte.

Auch im Bezug auf Inzest wurden die kirchlichen Regeln mitunter nicht respektiert, obgleich es schon bei der Heirat von Cousins und Cousinen ersten und zweiten Grades eines kirchlichen Dispenses bedurfte. Die Intention der verwandtschaftlichen Heiraten war selbstverständlich, die Familienbande zu verstärken und den Familienbesitz zu schützen. Die freie Auswahl an Heiratspartnern beschränkte sich schon aus standesrechtlicher Sicht im Hochadel auf eine begrenzte Gruppe, sodass zunehmend die meisten Familien miteinander verwandt waren.

1.2   DIE FAMILIE ARENBERG

Die Herkunft der Familie Arenberg ist in der Forschung umstritten.[5] Einige Historiker stellen die These auf, dass die Familie aus der Eifel stammt und die Burg Aremberg bei Aremberg namensgebend gewesen sei. Jacques Descheemaeker zu Folge ist der Ursprung der Familie Arenberg im fränkischen Reich des frühen Mittelalters zu suchen.[6]

Das erste Mitglied der adeligen Familie Arenberg, das in den Geschichtsquellen nachgewiesen werden kann, ist ein gewisser Heinrich. In einer Urkunde des Kölner Erzbischofs Reinald von Dassel vom 22. Februar 1166 wird er als *Heinricus de Arberg, vicecomes* aufgeführt.[7] Er war Burggraf von Köln und der Stammvater der Familie Arenberg. Sein Enkel Johann verkaufte 1279 die Burggrafschaft an Siegfried von Westerburg, Erzbischof von Köln. Aus Johanns Ehe

5   Zur allgemeinen Geschichte der Familie Arenberg siehe Neu 1940; Neu 1942; Neu 1989; Descheemaeker 1969.
6   Descheemaeker 1969.
7   Lacomblet, Urkundenbuch 1, Nr. 415, S. 286f.; Knipping, REK, S. 141, Nr. 833.

mit Katharina von Jülich stammt nur eine Tochter, Mechtild. Nach Johanns Tod starb das Geschlecht Arenberg zum ersten Mal in der männlichen Linie aus.[8] Der Erzbischof von Köln nutzte die Gelegenheit, um einen Großteil des Arenbergischen Besitzes zu besetzen. Es ist dem hartnäckigen Widerstand der Großmutter der Erbin, Mechtild von Holte, zu verdanken, dass diese ihre ganzen Besitztümer zurückerhielt.

Festzuhalten bleibt, dass seit ihrem Eintritt in die mittelalterliche Geschichte die Herren von Arenberg als dynastisches Geschlecht zum Uradel gehörten und ihr Stammesgebiet in der Eifel als so genanntes Sonnenlehen „nur der Sonne untergeordnet" war (*Suo Intenta Soli*).

Mechtild von Arenberg heiratete 1299 Graf Engelbert II. von der Marck, der das Wappen und den Titel Herr von Arenberg annahm.[9] Hierdurch bestand der Name Arenberg im Geschlecht der von der Marck-Arenberg fort. Die Ehe von Mechtild und Engelbert II. bildete die Basis der sechs Hauptlinien: die Herzöge von Jülich-Kleve-Berg, die Herzöge von Nevers, die Herren und Grafen von Arenberg, die Herzöge von Sedan und Bouillon, die Grafen von Rochefort sowie die Barone von Lummen und Grafen von Schleiden.

Der älteste Sohn von Engelbert II. von der Marck und Mechtild von Arenberg, Adolf II., erbte die Grafschaft Mark. Er wurde der Stammvater der Grafen, später Herzöge von Kleve. Auf diese erste Hauptlinie wird im Verlauf des Kapitels 1.4 näher eingegangen.[10] Im Übrigen wird hier nur die Linie der Herren und Grafen von Arenberg im engeren Sinne beschrieben. Trotz der

Tatsache, dass die ältere Linie die Grafschaft Mark geerbt hatte, blieb den Erben der jüngeren Linie von Arenberg der Titel Grafen von der Marck erhalten. Der jüngste Sohn von Engelbert II. von der Marck und Mechtild von Arenberg, Eberhard I., erhielt die Herrlichkeit Arenberg. Durch seine Ehe mit Maria von Loon wurde er Herr von Lummen, Neufchâteau, Aigremont und Warcq. Der zweite Sohn Engelberts II., trug ebenfalls den Namen Engelbert und wurde Bischof von Lüttich; er übertrug seinem jüngeren Bruder, Eberhard I., die Verwaltung über den Hespengau.[11]

Der älteste Sohn von Eberhard I., Johann I., starb kinderlos, so folgte der zweite Sohn, Eberhard II., seinem Vater nach. Dieser erweiterte den familiären Grundbesitz durch Schenkung, Kauf, Erbe und seine Ehen. Er kaufte die Herrlichkeiten Mirwart, Lomprez, Villance, Kasselberg, Neu-Blankenheim, Orchimont, Florinville und Sedan. Die letzten zwei erwarb er von seinem Schwager Ludwig von Braquemont. Durch seine zweite Ehe mit Agnes von Walcourt-Rochefort wurden die Herrlichkeiten Rochefort und Agimont dem Familienbesitz hinzugefügt.[12]

Der älteste Sohn von Eberhard II., Johann II., führte die Familie fort und schenkte die Herrlichkeit Sedan seinem zweiten Sohn Robert I., der später Stammvater der Fürsten von Sedan wurde. Johanns vierter Sohn Wilhelm wurde zum Begründer des Geschlechts der Herren, später Barone von Lummen und Grafen von Schleiden.[13] Der älteste Sohn von Jo-

---

8   Neu 1989, S. 11–24.
9   Neu 1989, S. 38–40.
10   Siehe hierzu de Chestret de Haneffe 1898, S. 28f.

11   Neu 1989, S. 58–61; de Chestret de Haneffe 1898, S. 95–99.
12   Neu 1989, S. 67–72; de Chestret de Haneffe 1898, S. 99–105.
13   Neu 1989, S. 142–144; de Chestret de Haneffe 1898, S. 107–112.

hann II., Eberhard III., folgte ihm als Herr von Arenberg nach. Durch seine Ehe mit Margaretha von Bouchout erwarb er die Herrlichkeiten Loenhout, Humbeek und Bouchout, das mit der erblichen Burggrafschaft von Brüssel verbunden war. Als Verbündeter der burgundischen Herzöge war er Kammerherr und Ratsherr von Karl dem Kühnen. Maria von Burgund vertraute ihm den Gouverneursposten des Herzogtums Luxemburg an. Er nahm an der Eroberung von Lüttich 1488 teil. Fünf Jahre später kaufte er die erbliche Vogtei von Lüttich.[14]

Eberhard IV. von der Marck-Arenberg, der zweite Sohn Eberhards III., wurde außerdem Großmeier von Lüttich. Er war auch der erste, der den Titel Graf von der Marck und Arenberg führte. Dieser Titel war ihm und seinem Bruder Robert I. 1509 von Kaiser Maximilian verliehen worden. Weil aus der Ehe von Eberhard IV. und Margaretha, Tochter des Grafen Jakob von Horn, keine Kinder hervorgegangen waren, folgte auf ihn sein Bruder Robert I.[15]

Robert I. heiratete 1495 Mathilde von Montfort zu Naaldwijk, Wateringe und Kapelle und Erbmarschallin von Holland. Durch diese Heirat erweiterte Robert seine Besitztümer in den Ardennen und im Eifelgebiet (Arenberg) um einen feudalen Grundbesitz in den Niederlanden. Darüber hinaus erwarb er die kaiserliche Baronie von Rekem. Bis 1537, als er die Herrlichkeit Bouchout verkaufte, blieb er Burggraf von Brüssel; zudem war er auch Gouverneur von Limburg. Er stand in hohem Ansehen bei den Habsburgern. So ernannte ihn der spätere Kaiser Karl V. schon 1515 zu seinem Kammerherrn und Margaretha von Österreich machte ihn zum Mitglied des geheimen Rates. Sein einziger Sohn, Robert II., Graf von der Marck und von Arenberg, heiratete Walburga von Egmond, was zu einem engen Verwandtschaftsband zwischen den beiden Familien führte. Robert II. verstarb 1536 jedoch jung und hinterließ vier kleine Kinder: einen Sohn und drei Töchter. Robert I. nahm die weitere Erziehung seiner Enkelkinder auf sich. Bei seinem Tode 1541 erbte sein Enkel Robert III. die umfangreichen Besitztümer.[16]

Im Dezember 1543 heiratete Robert III. Anna von Bergen, Tochter von Anton von Bergen, Marquis von Bergen op Zoom. Kaiser Karl V. war persönlich bei der Hochzeit anwesend.[17] Aber schon am 4. Oktober 1544 verstarb Robert an einem hohen Fieber, als er sich auf dem Rückweg nach einem Feldzug gegen Frankreich befand.[18] Er hinterließ eine Witwe und drei junge Schwestern: Margaretha, Maria und Mechtild. So starb die Familie Arenberg zum zweiten Mal in der männlichen Linie aus.

1.3 Eine besondere Frau: Margaretha von der Marck-Arenberg

1.3.1 Eine junge Erbin

Margaretha wurde am 15. oder 16. Februar 1527 in Rekem geboren. Sie war die älteste Tochter von Graf Robert II. von der Marck

---

14 Neu 1989, S. 88–95; de Chestret de Haneffe 1898, S. 115–121.

15 Neu 1989, S. 170–174; de Chestret de Haneffe 1898, S. 122–125.

16 Neu 1989, S. 174ff.; de Chestret de Haneffe 1898, S. 127–131.

17 Zu dieser Hochzeit siehe Roeykens 1967–1969, S. 326.

18 Neu 1989, S. 131f.; de Chestret de Haneffe 1898, S. 367.

und Gräfin Walburga von Egmond.[19] Schon im Alter von neunzehn Jahren verlor sie ihren Vater (1536) und einige Jahre später starb 1541 auch ihr Großvater Robert I. Bis zu ihrem sechzehnten Lebensjahr blieb sie bei ihrer Großmutter Mechtild, Gräfin von Montfoort, da sich ihr einziger Bruder Robert III. nach seiner Heirat mit Anna von Bergen die meiste Zeit nicht in Rekem aufhielt.[20] Als Robert einige Monate später unerwartet starb, wurde seine älteste Schwester Margaretha eine der reichsten Erbinnen ihrer Zeit. Da sie damals erst siebzehn Jahre alt war, durfte sie ihre Güter nicht alleine verwalten. Deshalb gab ihr Kaiser Karl V. zwei Vormunde: den Grafen von Buren, Maximilian von Egmond (ihr Onkel mütterlicherseits), und Hendrik von Montfoort, Herr von Appenbroucq (ihr Großonkel väterlicherseits).[21] Die Einmischung des Kaisers macht einerseits deutlich, dass die Familie beim Kaiser in der ersten Hälfte des 16. Jahrhunderts hohes Ansehen genoss, und andererseits, dass durch den Tod des letzten männlichen Erben ein politisches Vakuum entstanden war.

Den Quellen zufolge hat der Tod des jungen Mannes die Familie hart getroffen. Margaretha erkrankte schwer und musste für vier Monate in Bergen bleiben, wo sie von anhaltendem Fieber geplagt wurde. Als sie wieder gesund war, reiste sie mit ihrer Mutter und ihren Schwestern zu ihrer Großmutter Mechtild von Montfoort nach Eindhoven.[22]

1.3.2   EINE LIEBESEHE?

Margaretha war durch ihr Erbe eine sehr begehrte Braut geworden und viele adelige Herren hielten um ihre Hand an. Aber der Einzige, für den sie sich interessierte, Johann von Ligne, Baron van Barbançon, erschien nicht, was sie sehr erstaunte, hatte dieser junge Mann sie vor dem Tod ihres Bruders doch oft besucht. Er hatte ihr so offensichtlich den Hof gemacht, dass sie diese plötzliche Wandlung nicht nachvollziehen konnte.

Wenn wir den Quellen glauben dürfen, ließ Margaretha ihn zu sich kommen, um nach einer Erklärung für sein Ausbleiben zu fragen. Johann von Ligne soll geantwortet haben, dass er sich nicht länger würdig fühle, um ihre Hand anzuhalten, nachdem sie Erbin solch umfangreicher Besitztümer geworden sei.[23] Johann von Ligne war ein Nachkomme einer Seitenlinie des berühmten gleichnamigen Geschlechts und seine Besitztümer waren nicht mit denen von Margaretha zu vergleichen.[24] Margaretha sah in dem Standesunterschied und den geringeren finanziellen Mitteln Johann von

---

19 Gräfin Walburga von Egmond war die zweite Tochter von Floris von Egmond, Graf von Buren, und Margaretha von Bergen.
20 Anna von Bergen war die Tochter des Marquis Antoine von Bergen und von Jacqueline de Croy.
21 Roeykens 1967–1969, S. 368.
22 Ebd.

23 AAE, Biografie 3 c, fol. 1ʳ–22ʳ; Roeykens 1967–1969, S. 369.
24 Ende des 15. Jahrhunderts entstand eine Seitenlinie des Geschlechtes der von Ligne. 1491 starb Jan, der achte Baron von Ligne. Ihm folgte sein Sohn Antoine „der Teufel", der die Hauptlinie gründete und Stammvater der späteren Grafen und Prinzen von Ligne war. Der jüngere Bruder des Johann von Ligne, Willem, erbte die Besitzungen von seiner Großmutter, Eustachie von Barbançon. Er kämpfte unter Kaiser Maximilian I., der ihm den Titel des Baron verlieh. Seine Nachkommen trugen den Namen „von Ligne" weiter. Sein Enkel, Johann von Ligne, wurde durch die Heirat mit Margaretha von Marck-Arenberg Stammvater der Prinzen und Herzöge von Arenberg, den Prinzen von Barbançon und von Croy-Chimay. Siehe hierzu Bronne 1979, S. 45 und 274; Aubert de la Chenaye-Desbois 1868–1876, Bd. 9, S. 12–23; de Ligne 1950, S. 151–155.

Lignes kein Hindernis für eine Verbindung, zumal sie finanziell vollkommen unabhängig war. Der Umstand, dass sie sich persönlich um Johann von Ligne bemühte, lässt vermuten, dass sie sich zu ihm hingezogen fühlte.

Trotzdem darf man nicht vergessen, dass auch Kaiser Karl V. Johann von Ligne als Bräutigam empfohlen hatte, da er keine unbedeutende Persönlichkeit war.[25] Der junge Mann hatte dem Kaiser schon sehr wertvolle Dienste als Heerführer erwiesen, zuletzt im Schmalkaldischen Krieg 1546/1547.[26] Zudem war er bereits Ritter des Ordens vom Goldenen Vlies.[27]

Die Heiratspläne wurden eine Weile beiseitegeschoben, als Margarethas Mutter im April 1547 starb. Erst als sechs Monate später ihr Onkel und Vormund Maximilian von Egmond, Graf von Buren, aus dem Krieg gegen die Protestanten im Reich zurückkehrte, kam die Heirat von Margaretha mit Johann von Ligne erneut zur Sprache. Die Ehe wurde am 18. Oktober 1547 in Grave im niederländischen Brabant geschlossen und das Hochzeitsfest fand im Hause ihres Vormundes, des Grafen von Buren, statt.[28]

Bemerkenswert ist, dass Johann von Ligne nach seiner Hochzeit den Titel Graf von Arenberg benutzte und dass jeder ihn unter diesem Namen kannte. Margaretha hatte im Ehevertrag festgelegt, für den Rest ihres Lebens den Namen als Gräfin von der Marck-Arenberg zu führen. Es darf für die damalige Zeit als außergewöhnlich gelten, dass ein Mann den Namen und Titel seiner Frau übernahm. In diesem Falle ist dies jedoch nicht so verwunderlich, wenn man bedenkt, dass die Würde des Grafen von

Arenberg höher stand als die des Barons von Barbançon.

Da das „Sonnenlehen" der Familie von Arenberg in der Eifel souverän, also unmittelbar dem Kaiser unterstellt war, hatte es für Johann von Ligne unbestritten einen Vorteil, den Namen seiner Frau anzunehmen. Das erklärt gleichzeitig, weshalb der Ehevertrag bestimmte, dass *die outste leenvolgher oft leenvolgheresse die zy zal mochen cruyghen byden voirs. heere van barbanson, aldichs zullen blijven behoudende ende draghende de tyttele, naem ende wapenen van graven ende gravinnen vander marckque ende tot arenberghe.*[29] So zeigte Margaretha bereits vor ihrer Ehe, dass sie eine starke Persönlichkeit war und wie sie ihre Wünsche, die dem Interesse ihres Hauses dienten, durchzusetzen vermochte.

1.3.3 WEITERE BESITZTÜMER UND WÜRDEN

Am 23. Dezember 1548 starb der Onkel von Margaretha von der Marck-Arenberg, Maximilian von Egmond, Graf von Buren. Er war der Vater von Anna von Buren, der ersten Frau von Wilhelm von Oranien, und Gouverneur der Provinzen Friesland, Overijssel, Groningen und Lingen. Diese Funktionen wurden nach seinem Tode von Kaiser Karl V. an Johann von Ligne übertragen.[30]

Margaretha erbte beim Tode ihrer Großmutter, Mechtild von Montfoort, im Oktober 1550 die Herrlichkeiten Naaldwijk, Honshelersdyck und weitere kleinere Besitztümer. Nach dem Tode von Cornelis von Bergen, Herr von Zevenbergen, einem Onkel von Johann von Ligne und

---

25   AAE, Biografie 3c; Roeykens 1967–1969, S. 369.
26   Gachard 1866a.
27   Neu 1989, S. 180.
28   AAE, Biografie 3c; Roeykens 1967–1969, S. 373.

29   AAE, Etat-Civil, 80; Tytgat 1994, S. 7; Roeykens 1967–1969, S. 338.
30   Roeykens 1967–1969, S. 372f.

ein Großonkel von Margaretha von der Marck-Arenberg, erbte das Ehepaar 1560 die Herrlichkeiten Zevenbergen, Noordeloos, Slingeland, Nieuwkoop, das Haus von Heemskerk und Terschelling. Ein Jahr zuvor hatte es bereits, eine Vergütung vorausgesetzt, die Herrlichkeit Vorselaar mit Retie und Lichtaart von ihm bekommen. Durch diese Erbschaften lagen die meisten ihrer Besitztümer in den nördlichen Niederlanden, was zu weitreichenden politischen und finanziellen Folgen während des Aufstands in den Niederlanden führte.[31]

1.3.4 EINE NEUTRALE POLITIK

Der Aufstand gegen die spanische Herrschaft in den Niederlanden fügte der Familie großen Schaden zu. Durch den Bildersturm 1566 kamen die Niederlande in der Folgezeit nicht mehr zur Ruhe. Im Sommer 1566 erhielt Johann von Ligne von der Generalstatthalterin der Niederlande, Margaretha von Parma, den Auftrag, sich als Gouverneur von Friesland mit einer Armee dorthin zu begeben und dort den Aufstand niederzuschlagen. Er versuchte vergeblich, die Bevölkerung zu einer Rückkehr zum römisch-katholischen Glauben zu bewegen. Als der vom spanischen König entsandte Generalstatthalter Herzog Alba im August 1567 in Luxemburg eintraf, reiste Johann von Ligne ihm in Aarlen entgegen und begleitete den Herzog über Namur nach Brüssel. Er setzte sich bei Alba für die Grafen Lamoral von Egmond und Philippe II. von Montmorency, Graf von Hoorn, ein. Beide waren Ritter des Goldenen Vlieses. Herzog Alba hatte beide als Führer des Widerstandes verhaften lassen und ließ sie später dann auch hinrichten. Johann von Ligne selbst

blieb jedoch dem Katholizismus und der Spanischen Krone treu. Da Alba sich auf seine Loyalität verlassen konnte, entsandte er Johann von Ligne mit seinen Truppen im Mai 1568 in die nördlichen Provinzen. Dort versammelte Ludwig von Nassau, der Bruder von Wilhelm von Oranien, Streitkräfte und bedrohte unmittelbar die Besitztümer des Grafen von Arenberg. Am 23. Mai fand das Treffen zwischen beiden feindlichen Armeen bei Heiligerlee statt. In dieser Schlacht verloren der Graf von Arenberg und auch Graf Adolf von Nassau, ein Bruder Ludwig von Nassaus ihr Leben.[32]

Die Nachricht vom Tode ihres Gatten erreichte Margaretha zwei Tage später am 25. Mai. Der Verstorbene hinterließ ihr Schulden in Höhe von 100.000 Gulden und vier Kinder, wovon das jüngste erst dreieinhalb Jahre alt war.[33] Zahlreiche Adelige bezeugten ihr in Brüssel ihr Beileid. Als Vertreter des spanischen Königs kam Herzog von Alba zu ihr und versprach ihr eine Summe von 20.000 Gulden und eine jährliche Rente von 6.000 Gulden.[34]

Wie im Ehevertrag festgelegt erbte der älteste Sohn, Karl von Arenberg, beim Tode seines Vaters nur den Titel der Grafen von Arenberg. Margaretha von der Marck-Arenberg verwaltete die Besitztümer der Familie für den Rest ihres Lebens.[35] Sie entschied sich, fortan eine neutrale Haltung in Bezug auf den Aufstand in den Niederlanden einzunehmen, da viele ihrer Besitztümer in den aufständischen nördlichen Niederlanden lagen. Sie stand auf dem umsichtigen Standpunkt, dass eine

---

31 Roeykens 1967–1969, S. 376; Tytgat 1994, S. 7; Delahaye 1968, S. 33.

32 Neu 1989, S. 186–196; Bödiker 1904, S. 17ff.; Blok 1979, S. 220.

33 Roeykens 1967–1969, S. 389.

34 Poullet/Piot 1877–1896, Teil 3, S. 251; Roeykens 1967–1969, S. 390.

35 AAE, Etat-Civil, 80.

unterschiedliche religiöse Überzeugung kein Hindernis für eine sachbezogene und korrekte Zusammenarbeit sein dürfe.[36]

Auf diese Art und Weise gelang es ihr, zu Beginn des Aufstandes ihr gesamtes Eigentum in den aufständischen Gebieten zu behalten. Aber letztlich wurden 1572 und 1573 die Besitzungen der Familie in den nördlichen Niederlanden doch konfisziert und die Häuser verwüstet und geplündert, weil Margaretha von der Marck-Arenberg nicht bereit war, offen für die Aufständischen Partei zu ergreifen.[37]

Als ihr Sohn Karl 1573 von seiner *Grand Tour* durch Frankreich, Italien und Spanien zurückkehrte, versuchte Margaretha ihn *par toutes sortes de voies et de moins (mit allen Mitteln und Wegen)* von den Querelen in den Niederlanden fern zu halten. Sie behielt ihn bei sich in Arenberg, um zu verhindern, dass er Partei im Konflikt zwischen den Aufständischen und Spanien ergriff. Die Interessen der Familie lagen schließlich sowohl in den nördlichen Niederlanden als auch in den Gebieten, die unter der Kontrolle des Königs von Spanien standen.[38] Doch sollte Karl, sehr gegen den Willen seiner Mutter, 1574 ein knappes Jahr lang im Gefolge von Don Luis de Zúñiga y Requesens dienen, der seit 1573 Generalstatthalter der Niederlande war. Um ihn möglichst lange von der Politik fernzuhalten, ließ Margaretha sich von ihm 1575 auf einer Reise nach Rom begleiten.[39]

Als sich durch den Staatsbankrott Spaniens am 1. September 1575 die Position Spaniens in den Niederlanden drastisch verschlechterte und nach dem Tode von Requesens am 5. März 1576 zunächst der

Staatsrat kommissarisch die Verwaltung übernommen hatte, verweigerte Karl, vielleicht unter dem Einfluss seiner Mutter, den niederländischen Adeligen die Mitarbeit. Er blieb stattdessen bei ihr in Arenberg.[40]

Warum Margaretha ihren Sohn bewusst politisch unmündig hielt, können wir aus den zeitgenössischen Dokumenten nicht ersehen. Jean Pierre Tytgat führt dieses Verhalten auf zwei Gründe zurück: „Erstens realisierte Margaretha von der Marck sehr gut, dass Arenberg eine freie fürstliche Grafschaft war und sie souverän war. Indem sie neutral blieb und keine Partei nahm, hoffte sie vielleicht als unabhängige Prinzessin und Gräfin in den deutschen Staaten, ihre Güter in den nördlichen Niederlanden zu schützen. Aber dann sollte auch ihr Sohn die gleiche Politik verfolgen. Ein anderer Grund könnte sein, dass die traurige Erfahrung des Verlustes ihres Mannes auf dem Schlachtfeld eine Rolle bei ihrer zurückhaltenden Haltung bezüglich des Geschehens in den Niederlanden und bei ihrer großen Sorge gespielt hat, dass auch ihr Sohn sich einmischen würde. Karl sollte den Namen Arenberg weiterführen und vererben und er war noch jung und unverheiratet. Sie konnte also nicht die Verantwortung auf sich nehmen, ihn in eine gefährliche Situation zu bringen, während er noch nicht einmal verlobt war.“[41]

Als der neue Generalstatthalter der Niederlande, Don Juan d'Austria, Anfang November 1576 in Luxemburg eintraf, begrüßten ihn Karl von Arenberg und seine Mutter dort. Sie waren wie viele andere Adelige Verfechter des Friedens und setzten sich für die Ratifizierung des Friedens von Gent ein.

---

36 Tytgat 1994, S. 8; Delahaye 1968, S. 37–41.
37 AAE, Biografie 3c, fol. 38ʳ-38ᵛ; Roeykens 1967–1969, S. 400; Tytgat 1994, S. 9.
38 Roeykens 1967–1969, S. 401; Tytgat 1994, S. 9.
39 AAE, Biografie 3c, fol. 37ᵛ; Neu 1989, S. 225–228.

40 AAE, Biografie 3c, fol. 38ʳ.
41 Tytgat 1994, S. 12.

Don Juan folgte diesem Ansinnen und unterzeichnete das „Ewige Edikt". Hierdurch erhielt Margaretha ihre konfiszierten Güter in den nördlichen Provinzen zurück.[42] In der darauf folgenden Zeit hielt sich Karl, noch immer dem Willen seiner Mutter folgend, abseits von den unruhigen Vorfällen in den Niederlanden. Von Schloss Arenberg aus berichtete er dem Generalstatthalter über alles, was im Rheinland geschah und Einfluss auf die politische und militärische Situation in den Niederlanden haben konnte. Trotz Karls Weigerung, öffentlich Partei zu nehmen, wurden die Häuser der Familie Arenberg in Mechelen und Brüssel geplündert und verwüstet.[43]

Der nächste Statthalter der Niederlande, Alexander Farnese, Herzog von Parma (1545–1592), konnte im Gegensatz zu seinen Vorgängern kein Verständnis für die Zurückhaltung von Margaretha von der Marck-Arenberg und ihrem Sohn aufbringen. Er bezweifelte außerdem, ob der Graf genügend Erfahrung hätte, um zum Beispiel das Gouverneursamt in Friesland und Groningen wahrzunehmen.

Als 1579 die Güter der Familie erneut konfisziert wurden, wurde Karl so wütend, dass seine Mutter ihn nicht länger bei sich behalten konnte. Er ergriff öffentlich Partei für den spanischen König und bat im August 1581, in den Dienst der Armee von Alexander Farnese treten zu dürfen. Dort sollte er sich in den folgenden Jahren als Soldat und Diplomat verdient machen. So wurde er 1582 zum Reichstag nach Augsburg geschickt, um beim Kaiser Unterstützung zu erbitten. Auch im Kölner Krieg 1583 gegen den abtrünnigen Erzbischof und Kurfürst Gebhard Truchseß von Waldburg war er

aktiv. Einige Jahre später änderte Farnese dann auch seine Meinung über den Grafen von Arenberg vollständig.

Während sich Karl von Arenberg in den folgenden Jahren in dem Streit in den Niederlanden engagierte, hielt sich Margaretha im Hintergrund. Sie verblieb meistens in Arenberg in der Eifel. 1594 bat sie Kaiser Rudolf II., zu ihren Gunsten die Generalstaaten anzuschreiben, um die Freigabe ihrer konfiszierten Besitztümer zu erlangen. Der Kaiser erfüllte ihre Bitte und schickte Dr. Stephan Brodman nach Holland. Nach sechsmonatigen Verhandlungen erhielt Margaretha 1595 schließlich sämtliche Domänen zurück, die sich allerdings in einem sehr verwahrlosten Zustand befanden.[44]

1597 kehrte Margaretha von der Marck-Arenberg zum ersten Mal seit langer Zeit nach Zevenbergen zurück. Sie hatte vor, dort für längere Zeit zu bleiben. Im Jahr darauf erkrankte sie schwer und verstarb am 18. Februar 1599 in ihrem dortigem Schloss.[45]

1.3.5 MARGARETHAS ENGE KONTAKTE ZU DEN GROSSEN FÜRSTENHÄUSERN

DAS HAUS HABSBURG

Die guten Beziehungen zwischen Kaiser Karl V. und dem Ehepaar Margaretha von Marck-Arenberg und Johann von Ligne sind schon weiter oben (Kapitel 1.3.2. und 1.3.3.) erwähnt worden. Da der Kaiser dem Grafen von Arenberg viele wichtige Aufträge und das Gouverneursamt der Provinzen Friesland, Overijssel, Groningen und Lingen anvertraut hatte, ist anzunehmen, dass er

---

42 Roeykens 1967–1969, S. 413.
43 AAE, Bografie 3c, fol. 39ʳ; Tytgat 1994, S. 13.

44 AAE, Biografie 3c; fol. 17ᵛ: Roeykens 1967–1969, S. 417.
45 Delahaye 1968, S. 43.

großes Vertrauen in dessen diplomatische Qualitäten hatte.[46] Kaiser Karl V. war auch Pate des ersten Sohnes der Margaretha von der Marck-Arenberg und des Johann von Ligne. Das Kind erhielt ihm zu Ehren den Namen Karl.[47] Das Ehepaar hielt sich in den Anfangsjahren seiner Ehe oft in der kaiserlichen Umgebung auf. Auch mit der Generalstatthalterin Maria von Ungarn lebte das Ehepaar in gutem Einverständnis. Schon kurz nach ihrer Hochzeit begleiteten Margaretha und Johann sie auf ihrer Reise durch die Niederlande und auch später blieb Margaretha oft in ihrer Umgebung.[48] Die militärischen Qualitäten des Johann von Ligne waren auch ihr wohl bekannt. Als 1551 ein Krieg zwischen Kaiser Karl V. und König Heinrich II. von Frankreich ausbrach, beauftragte Maria von Ungarn den Grafen von Arenberg, mit 9.000 Mann die Grenzen von Luxemburg zu verstärken und zu verteidigen.[49] Auch in den darauf folgenden Jahren sollte die Generalstatthalterin seine Dienste noch oft in Anspruch nehmen. Zur nächsten Generalstatthalterin, Margaretha von Parma, unterhielt das Ehepaar ebenfalls gute Kontakte.

Beim Rücktritt von Kaiser Karl V. war Johann von Ligne anwesend. Mit dem spanischen König Philipp II. verstand sich Johann von Ligne ebenfalls von Anfang an gut. Noch im Jahre 1555 bestätigte der neue König ihn in seiner Funktion als Gouverneur von Friesland, Groningen, Drenthe und Overijssel. Auch er erkannte die Qualitäten des Grafen von Arenberg als Heerführer und nahm seine Dienste mehrere Male im fortwährenden Krieg gegen den französischen König in Anspruch.[50] Als Philipp II. 1559 nach Spanien aufbrach und größere finanzielle Anerkennungen unter seinen treuesten und tapfersten Anhängern verteilte, befand sich auch der Graf von Arenberg unter den Begünstigten.

Dass Margaretha von der Marck-Arenberg am Hofe in Brüssel als einflussreiche Persönlichkeit auffiel, geht aus einer Beurteilung von Maximilian von Morillon, dem späteren Generalvikar von Mecheln, hervor. Er beschrieb sie als eine Frau, die ihren eigenen Standpunkt vertrat und es verstand, Verbündete für sich und ihren Ehemann zu finden.

Zudem unterhielt das Haus Arenberg zum deutschen Zweig der Habsburger gute Beziehungen. Dank Christina, Herzogin von Lothringen, konnten der Graf und die Gräfin 1561 an den Zeremonien und Feierlichkeiten anlässlich der Krönung Kaiser Maximilians II. in Frankfurt am Main teilnehmen.[51]

Als 1568, nach dem Tode des Johann von Ligne, Ludwig von Nassau mit seiner Streitmacht nach Arenberg kam, das Schloss belagerte und auf 10.000 Goldgulden brandschatzte, bat Margaretha den Kaiser um Hilfe. Dieser bestimmte, dass sie die Summe nicht zahlen müsse.[52]

1570 verweilte Prinzessin Anna, die Tochter von Kaiser Maximilian II. und zukünftige Ehefrau von Philipp II., auf dem Weg nach Spanien einige Zeit in Bergen op Zoom. Margaretha und ihr Sohn besuchten die Prinzessin dort. Als dann Kaiser Maximilian wünschte, dass Margaretha als Ehrendame seine zweite Tochter, Elisabeth von Österreich, zu ihrer Hochzeit mit König

---

46 Zu den Verdiensten Johann von Lignes siehe Neu 1989, S. 180–197.
47 Roeykens 1967–1969, S. 375.
48 Neu 1989, S. 181.
49 Ebd., S. 182.

50 Neu 1989, S. 185.
51 Roeykens 1967–1969, S. 383f.
52 Ebd., S. 396.

Karl IX. nach Frankreich begleiten würde, konnte nur ihr Sohn Karl von Arenberg Prinzessin Anna von Österreich auf ihrer weiten Reise nach Spanien begleiten. Die Gräfin von Arenberg selbst reiste mit ihrer jüngsten Tochter Antonia Wilhelmina nach Speyer, wo sich die kaiserliche Familie aufhielt und von wo auch die Hochzeitsgesellschaft von Elisabeth abreisen würde. Die Reise ging nach Mézières, wo Karl IX. seine Braut erwartete. Die Hochzeit fand einen Tag später in der dortigen Kirche statt. Margaretha kehrte einige Monate später mit vielen Geschenken geehrt nach Barbançon zurück.[53] Kurz nach ihrer Rückkehr in die Ardennen erhielt Margaretha eine Urkunde, ausgestellt auf den 23. Februar 1571, in der sämtliche Rechte und Privilegien des Hauses Arenberg bestätigt wurden.[54]

König Karl IX. von Frankreich starb bereits 1574. Kaiser Maximilian II. schrieb daraufhin Margaretha von der Marck-Arenberg, um ihr den Tod des Königs zu melden und sie zu bitten, seine Tochter zu ihm zurückzubringen. Margaretha, die sich zu dieser Zeit noch in Norditalien aufhielt, reiste sofort nach Nancy, um auf die Königin-Witwe zu warten. Von dort ging die Reise Anfang Februar 1576 über München nach Wien, wo die Gesellschaft am 15. Februar eintraf. Margaretha hielt sich auf Wunsch des Kaisers noch einige Wochen am Hofe auf. Diese Zeit nutzte sie, um Kontakte zu knüpfen, z. B. mit der Hofdame Elisabeth von Wolkenstein. Beide Damen schickten einander Geschenke als Ausdruck ihrer Verbundenheit.

Der Kaiser bat Margaretha zu bleiben, bis er zum Reichstag nach Augsburg abreisen würde. Erst nach zwei Monaten konnte

Margaretha, am 9. April 1576, überladen mit kaiserlichen Geschenken nach Hause zurückkehren. Wichtiger jedoch war ein Dokument, das am 5. März 1576 erstellt worden war und bestimmte, dass die Grafschaft Arenberg zu einer „Prinzlichen Grafschaft" erhoben wurde.[55] Auch später unterhielt Margaretha noch einen gute Kontakt sowohl zu Elisabeth von Österreich[56] als auch zu deren Sekretär Johann Bostnack, der vermutlich Margarethas Geschäfte in Wien vertreten hat.

Weshalb der Kaiser ausgerechnet Margaretha auswählte, um als Hofmeisterin seine Tochter nach Frankreich zu begleiten, geht aus den Quellen nicht hervor. Peter Neu formuliert eine sehr plausible Hypothese: „Die besondere Position der Familie Arenberg in den Niederlanden, die Verwandschaftsbande zum Französisch- und Niederländisch-sprachigen Kulturgebiet schienen dem Herrscher in Wien offensichtlich notwendige Bedingungen zu sein für eine Vermittlerrolle. Das Haus Arenberg nahm in der Politik des Reiches in der zweiten Hälfte des 16. Jahrhunderts eine Position ein, die außerhalb der nationalen Grenzen von Bedeutung war."[57]

DAS HERZOGSHAUS LOTHRINGEN

Auch mit dem Haus Lothringen unterhielt Margaretha von der Marck-Arenberg enge Kontakte. Um 1550, kurz nachdem der Konflikt zwischen Frankreich und Spanien erneut ausbrach, traf sie in Brüssel Eleonore, die Königin-Witwe von Frankreich sowie Christina, die Herzogin von Lothringen, Tochter von König Christian II. von Dä-

---

53   Roeykens 1967–1969, S. 398; Neu 1989, S. 211.
54   Roeykens 1967–1969, S. 399.

55   Roeykens 1967–1969, S. 405–411; Neu 1989, S. 212f.
56   Neu 1989, S. 213f.
57   Ebd., S. 214.

nemark und Isabella von Österreich.[58] Es war der Anfang einer innigen Freundschaft zwischen Margaretha und Christina.

Als die Gräfin von der Marck-Arenberg einige Jahre später, 1556, mit ihrem dritten Kind, Emanuel, niederkam, waren die Herzogin von Lothringen und die Generalstatthalterin Maria von Ungarn Patinnen.[59] 1558 versuchten verschiedene Personen, den Streit zwischen Spanien, England und Frankreich um die Vorherrschaft in Italien zu schlichten. Eine von ihnen war Christina von Lothringen. Sie fühlte sich sowohl Spanien als auch Frankreich verpflichtet, da sie einerseits die Cousine Philipps II. von Spanien war, andererseits durch die zukünftige Ehe ihres Sohnes Karl III. mit Claudia von Valois, der Tochter Heinrich II., eine künftige Verwandte des französischen Königs war. Die Herzogin organisierte ein Zusammentreffen für Vertreter beider Parteien in Cercamp.[60] Dorthin lud sie auch Margaretha ein, um ihr bei der Vermittlung zu helfen. Das einzige Ergebnis nach neun Wochen Verhandlungen war ein Waffenstillstand von zwei Monaten. Anfang 1559 wurden die Verhandlungen wieder aufgenommen. Die Herzogin von Lothringen bat Margaretha, sich nach Le Cateau-Cambrésis zu begeben, wo die Vertreter beider Parteien sich versammelten.[61] Der Herzog von Alba, Kardinal Antoine Perrenot de Granvelle und der Prinz von Oranien saßen am Verhandlungstisch als Vertreter für Spanien. Nach einer neun Wochen dauernden Konferenz schlossen die Parteien einen Vergleich. Der für Frankreich nachteilige Frieden von Cateau-Cambrésis wurde am 3. April 1559 besiegelt.[62]

Der Umstand, dass Margarethas Anwesenheit bei solch wichtigen politischen Anlässen erwünscht war, lässt vermuten, dass die diplomatischen Qualitäten und die Gesellschaft der Herzogin hoch geachtet wurden. Dies stellte sich nochmals 1561 heraus, als Herzogin Christina den Grafen und die Gräfin von Arenberg bat, mit ihr nach Frankfurt zur Krönung Kaiser Maximilians II. zu reisen.[63]

In den folgenden Jahren begegneten die beiden Frauen sich noch einige Male. Zuerst im Frühjahr 1565, als Margaretha von der Marck-Arenberg und Johann von Ligne die Herzogin in Antwerpen besuchten, und ein zweites Mal in Nancy, als Margaretha und Christina Patinnen vom zweiten Sohn des Grafen von Vaudémont wurden. Kaum war Margaretha zurück in Mirwart, ließ die Herzogin sie erneut rufen, damit sie ihr Gesellschaft leiste. Erst drei Monate später kehrte Margaretha nach Mirwart zurück.[64]

Die folgenden Jahre waren sehr anstrengend für Margaretha, die 1568 den Tod ihres Mannes betrauern musste und ein Jahr später ihre älteste Tochter vermählte. Es sollte fast ein Jahrzehnt dauern, bevor die beiden Frauen sich wiedersahen. Nachdem Margaretha von der Marck-Arenberg 1574 die zweite Tochter der Herzogs von Jülich-Kleve-Berg, Anna, nach Neuburg begleitet und dort bei der Hochzeit des Mädchens assistiert hatte, besuchte sie Christina von Lothringen, die erkrankt war. Margaretha ging anschließend für zwei Monate nach München an den Hof des Herzogs von Bayern. Danach kehrte sie zurück nach

58 Roeykens 1967–1969, S. 378.
59 Roeykens 1967–1969, S. 379.
60 AAE Biographie 3c.
61 Roeykens 1967–1969, S. 381f.
62 Blok 1980, S. 189.
63 Roeykens 1967–1969, S. 383f.
64 Ebd., S. 385, S. 387.

Freiburg, um der Herzogin Christina von Lothringen abermals Gesellschaft zu leisten. Sie blieb dort neun Wochen und erhielt teure Geschenke.[65]

Als Margaretha 1576 von einer Rom-Wallfahrt zurückgekehrt war, reiste sie in Gesellschaft von Elisabeth, der Tochter Kaiser Maximilians II. und Königin-Witwe von Frankreich, sowie des Herzogs und der Herzogin von Bayern erneut durch Lothringen, wobei sie möglicherweise Christina ein letztes Mal begegnete.[66]

Es finden sich in den Quellen keine weiteren Anhaltspunkte, die auf spätere Begegnungen hindeuten. Das ist erstaunlich, da beide Frauen offenbar sehr eng miteinander befreundet waren. Außerdem haben Christina von Lothringen und Margaretha von der Marck-Arenberg noch bis 1590 bzw. 1599 gelebt. Andererseits müssen wir berücksichtigen, dass die nächsten Jahre für die Gräfin von Arenberg sehr bewegt waren. Der Konflikt in den Niederlanden hatte dazu geführt, dass ihre sämtlichen Besitztümer im Norden von den Aufständischen konfisziert worden waren. In den kommenden Jahren versuchte sie hartnäckig, dies rückgängig zu machen. Vielleicht hielt sie es auch für besser, bei all diesen Querelen von weiten Reisen abzusehen. Als 1576 das „Ewige Edikt" von Don Juan d'Austria unterzeichnet wurde, war sie ebenfalls anwesend. Dank dieses Waffenstillstands bekam sie ihre Besitztümer in den nördlichen Niederlanden zurück. Sie reiste direkt im Anschluss dorthin, um diese zu besuchen. Außerdem vermählte sie 1577 ihre jüngste Tochter, Antonia Wilhelmina, und war vollauf damit beschäftigt, mit dem Herzog von Jülich-Kleve-Berg über eine

Ehe zwischen dessen jüngsten Tochter und ihrem ältesten Sohn Karl zu verhandeln. Karl heiratete schließlich 1584 Anne von Croy (s. Abb. Taf. 9 u. 10). Ein Jahr später vermählte Margaretha auch ihren jüngsten Sohn Robert. All dies und der Umstand, dass sie nicht mehr die jüngste war, waren wahrscheinlich die Gründe dafür, dass die beiden Freundinnen sich nicht mehr wiedergesehen haben.

DAS BAYERISCHE HERZOGSHAUS

Zu den bayerischen Wittelsbachern pflegten die Arenberger ebenfalls einen engen Kontakt. Anfang 1560 wurde Karl von Arenberg als Edelknappe zum bayerischen Hof nach München geschickt, um dort zusammen mit den Kindern des Herzogs Albrecht V. von Bayern und Anna von Österreich erzogen zu werden.[67] Eine Begegnung zwischen Margaretha von der Marck-Arenberg und dem Herzog und der Herzogin von Bayern fand 1574 während der Hochzeit der Anna von Jülich-Kleve-Berg statt, die eine Nichte des bayerischen Herzogpaares war. Margaretha war als Ehrendame im Hochzeitsgefolge mitgereist. Von Neuburg, wo die Hochzeit stattfand, reiste Margaretha in Gesellschaft des Herzogs und der Herzogin von Bayern nach Freiburg weiter, wo sie die Herzogin Christina von Lothringen besuchten.

Danach reiste sie mit dem Herzogspaar weiter nach München. Nachdem Margaretha ihre Schwester Mechtild, Landgräfin von Leuchtenberg, nach Hause in die Oberpfalz begleitet hatte, kehrte sie zum bayerischen Hof nach München zurück. Von dort reisten Albrecht V. und Anna mit Margaretha durch ihr bayerisches Herzogtum bis Tirol und Innsbruck, wo Margaretha Erzherzog

---

65 Roeykens 1967–1969, S. 402.
66 Ebd., S. 405.

67 AAE, Biografie 3c, fol. 7ᵛ; AAE, Biografie 1, S. 191; Neu 1989, S. 234.

Ferdinand besuchte.[68] Nachdem Margaretha 1576 von einer Wallfahrt nach Italien zurückgekehrt war, wurde sie gebeten, Erzherzogin Elisabeth von Österreich, die Witwe des französischen Königs, von Frankreich nach Wien zu begleiten. Der Herzog und die Herzogin von Bayern reisten ebenfalls mit. Auf ihrer Rückkehr in die Eifel empfing das Herzogspaar Margaretha noch in Landshut.[69]

Margaretha korrespondierte sowohl mit Herzog Albrecht V. als auch mit Herzogin Anna. Später, als Wilhelm seinem Vater als Herzog von Bayern nachfolgte, begann sie auch mit ihm einen Briefwechsel sowie mit seiner Gattin Renate von Lothringen, einer Tochter der Herzogin Christina von Lothringen.

Der bayerische Herzog wusste Margaretha zu schätzen und bat sie 1576 so auf das kölnische Domkapitel einzuwirken, dass er seinen Einfluss in Köln ausweiten konnte.[70] Auch im Jahr darauf setzte sich Margaretha – allerdings vergeblich – für diese Sache ein.[71]

In den folgenden Jahren wurden die Kontakte zwischen Arenberg und Bayern durch die Heiratsangelegenheit zwischen Arenberg und Jülich-Kleve-Berg ein wenig getrübt.[72]

DAS HERZOGSHAUS JÜLICH-KLEVE-BERG
In unmittelbarer Nachbarschaft zur Grafschaft Arenberg lag das Herzogtum Jülich-Kleve-Berg, zu dem die Beziehungen in den vorangegangenen Jahrhunderten nicht immer gut gewesen waren. Noch im 16. Jahrhundert hatte es Auseinandersetzungen zwischen beiden gegeben. Anlass war zu Beginn der 1540er-Jahre der Krieg zwischen Kaiser Karl V. und Herzog Wilhelm V. von Jülich-Kleve-Berg um die Nachfolge im Herzogtum Geldern. Als Truppen aus Jülich im Januar 1543 in diesem Zusammenhang die Burg Arenberg einnahmen, wurde der junge Graf von Arenberg, Robert III., in diesen Konflikt verwickelt. Kaiser Karl V. gewann den Konflikt und verpflichtete den Herzog, die Burg in der Eifel auszuhändigen.[73]

Während der folgenden Jahre verbesserten sich die Beziehungen allmählich wieder. Im November 1556 besuchten Margaretha von der Marck-Arenberg und ihr Gatte Johann von Ligne zum ersten Mal den Herzog von Jülich-Kleve-Berg in Bensberg. Von dort reisten sie weiter nach Bonn zum Erzbischof von Köln. Danach kehrte Margaretha allein nach Arenberg zurück, wo am 1. März 1557 ihr viertes Kind zur Welt kam. Das Mädchen wurde nach den beiden Paten, Anton, Erzbischof von Köln, und Herzog Wilhelm V. von Jülich-Kleve-Berg, Antonia Wilhelmina genannt. Die Patinnen waren Mechtild von Leuchtenberg, eine Schwester Margarethas, und Anna von Egmond.[74]

Ende der 1560er-Jahre suchte Margaretha immer mehr die Annäherung zum kaiserlichen Hof und so wurden auch die Beziehungen zwischen Arenberg und Jülich-Kleve-Berg enger. Die Korrespondenz zwischen Margaretha und dem Herzog von Jülich-Kleve-Berg nahm sehr zum Missfallen des Herzogs von Alba zu.[75]

68 Roeykens 1967–1969, S. 402.
69 Ebd., S. 405, 411; Neu 1989, S. 213.
70 Neu 1989, S. 214; Peter Neu 1997, S. 85.
71 Lossen 1882, S. 398, S. 549.
72 Ausführliches dazu in den Kapitel 2.5, 2.6, 2.7, 2.10.

73 Neu 1989, S. 176f.
74 Roeykens 1967–1969, S. 380; Neu 1989, S. 199.
75 Brief im Januar 1569 von dem Generalvikar Maximilian von Morillon an Kardinal Granvelle, in: Poullet/Piot 1877–1896, Teil 3, S. 446.

Anfang der 1570er-Jahre entstanden dann auch Kontakte zwischen Margaretha und den vier Töchtern Herzog Wilhelms. Seit 1572/1573 korrespondierte Margaretha oft mit Maria Eleonore und Anna und ab 1575/1576 auch mit Magdalena und Sibylle. 1575 ging Margaretha für ein Jahr auf eine Wallfahrt nach Rom. Es versteht sich von selbst, dass die Korrespondenz in dieser Zeit seltener wurde, während sie nach Margarethas Rückkehr wieder zunahm. Vor allem in der Zeitspanne bevor die Mädchen heirateten kann man von einem regen Briefwechsel sprechen. Die Bande zwischen Margaretha und den vier Töchtern des Herzogs von Jülich-Kleve-Berg wurden immer enger. Als Maria Eleonore mit dem Herzog von Preußen verlobt wurde, half Margaretha bei der Zusammenstellung der Mitgift. Sie bestellte verschiedene Teile der Ausstattung zunächst auf eigene Rechnung. Später wurde ihr das meiste wohl wieder vergütet.[76] Nach der Hochzeit im Herbst 1573 bekam Margaretha vom Herzog von Jülich-Kleve-Berg als Andenken eine Kopie des Inventars der Mitgift zugesandt.[77]

Dass Margaretha beim Herzog und seinen Töchtern große Anerkennung fand, zeigt auch der Umstand, dass Herzog Wilhelm sie 1574 bat, nach Düsseldorf zu kommen, um bei den Hochzeitsvorbereitungen seiner zweiten Tochter Anna zu helfen. Margaretha begleitete die Braut bis Neuburg an der Donau und assistierte dort bei der Hochzeit.[78]

Ende 1576 wollte Margaretha ihrerseits den Herzog von Jülich-Kleve-Berg in die Verhandlungen um die Ehe zwischen ihrer Tochter Antonia Wilhelmina und Salentin von Isenburg einbeziehen. Das Mädchen war schließlich Herzog Wilhelms Patenkind.

Wilhelm hatte genau wie sein Schwager, der Herzog von Bayern, erkannt, dass Margaretha eine einflussreiche Person war, und so bat er sie 1576, in der Sache um die Nachfolge des Fürstbischof von Münster zu vermitteln, die Wilhelm für seinen zweiten Sohn Johann Wilhelm anstrebte.[79]

In den folgenden Jahren sollten die Kontakte noch intensiver werden, weil Margaretha die jüngste Tochter Wilhelms V. von Jülich-Kleve-Berg, Sibylle, als Braut für ihren ältesten Sohn Karl ins Auge gefasst hatte, worüber Kapitel 2 ausführlich handelt.

1.3.6 MARGARETHAS SORGE UM IHRE KINDER

Aus der Ehe von Johann von Ligne und Margaretha von der Marck-Arenberg gingen sechs Kinder hervor: Karl (* 22.2.1550), Margaretha (* 24.2.1552), Emanuel (* 1.3.1556), Antonia Wilhelmina (* 1.3.1557), Christian (* 12.8.1560) und Robert (* 11.11.1564). Zwei Kinder, Emanuel und Christian, starben schon in jungen Jahren.

Als im Mai 1568 Johann von Ligne in der Schlacht bei Heiligerlee fiel, stand Margaretha allein vor der Aufgabe, für eine gute Zukunft ihrer Kinder zu sorgen. Sie strengte sich in den folgenden Jahren bis zum Äußersten an, um für ihre Kinder einen standesgemäßen Ehepartner zu finden. Manchmal ging sie in ihrem Eifer, ihre Kinder mit Angehörigen der großen Fürstenhäuser zu vermählen so weit, dass sich

---

76 AAE, M. M. 114: Es handelt sich um eine Übersicht der Teile, die Margaretha von der Marck-Arenberg für die Mitgift für Marie Eleonore bestellt und bezahlt hat und welche ihr später wieder vergütet wurden.

77 Ebd., 113. Gedenkschrift an die Mitgift von Marie Eleonore.

78 Roeykens 1967–1969, S. 402. Siehe auch Kapitel 1.7.

79 Lossen 1882, S. 374.

der Kaiser einschaltete, um sie zu mäßigen und ihre Heiratspläne in andere Bahnen zu lenken.

Seit dem Jahreswechsel 1568/1569 wurde eine Ehe der ältesten Tochter Margaretha mit dem Grafen Philipp von Lalaing, Baron von Escornaix, geplant. Herzog Alba hatte zugesagt, den spanischen König um Erlaubnis für diese Ehe zu bitten und er war bereit, sich für diese Verbindung einzusetzen.[80] Der Ehevertrag wurde am 20. März 1569 in Brüssel unterzeichnet und die Hochzeit fand noch im selben Jahr, am 7. Juni, im Hause des Kardinals Antoine Perrenot de Granvelle in Brüssel statt. Zum Fest, das mehrere Tage dauerte, kamen viele prominente Adelige, so auch der Herzog von Alba.[81] Am 20. Juli reiste Margaretha von der Marck-Arenberg mit dem Brautpaar aus Brüssel nach Barbançon ab, wo sich alle etwa zehn Wochen lang aufhielten.[82] Von König Philipp II., der nach dem Tod von Johann von Ligne versprochen hatte, für die Mitgift der Töchter zu bürgen, erhielt Margaretha 10.000 Gulden.[83]

Der Graf von Lalaing war ein vornehmer Adeliger am Hofe. Als *capitaine général* und *grand bailli* des Hennegaus, als Mitglied des Staatsrats und als Träger des Goldenen Vlieses stand er in hohem Ansehen. Nach dem Urteil der zeitgenössischen Quellen dominierte Margaretha ihren Gatten. So schrieb der Spanier Juan de Vargas im Juli 1578 an Don Juan, dass man mit allen Mitteln versuchen müsste, mehr Einfluss auf den Grafen von Lalaing zu bekommen, aber dieser stehe offenbar unter dem Einfluss seiner Frau, *die ein Satan ist* (*qui est un satan*).[84] König Philipp II. schrieb in dieser Angelegenheit, es sei besser einen Versuch zu starten, die Gräfin von Lalaing über ihre Mutter, die Gräfin von Arenberg, zu beeinflussen. Er war sich seiner Sache sicher, dass man keine Schwierigkeiten mehr haben würde, den Grafen von Lalaing zu überzeugen, wenn man erst einmal zuvor seine Ehefrau gewonnen hatte, *da sie ihn führt* (*car c'est elle qui le mène*).[85]

Der Kurfürst von Köln, Salentin von Isenburg, hatte ein Auge auf Antonia Wilhelmina, der zweiten Tochter von Margaretha von der Marck-Arenberg geworfen. Schon 1572 kursierte in Rom ein Gerücht, dass der Erzbischof Salentin sich mit dem Gedanken trage, das damals erst fünfzehn Jahre alte Mädchen zu heiraten.[86] Da Salentin die Priesterweihe nicht empfangen hatte, war kirchenrechtlich eine Heirat möglich. Aber erst vier Jahre später, 1576, trat Salentin von seinem Amt als Erzbischof zurück und verhandelte über eine Ehe mit Antonia Wilhelmina.[87] Der Kurfürst war der letzte männliche Spross seiner Familie und die Heirat sollte standesgemäße, legitime Nachkommen sichern. Margaretha zog König Philipp II. von Spanien zu Rate, um seine Billigung und damit auch für diese Ehe die versprochenen 10.000 Gulden zu erhalten.

Nach der Amtsentbindung Salentins am 13. September 1577 fand die Hochzeit am 10. Dezember in Bonn statt. Man hatte mit 800 Übernachtungsgästen gerechnet

---

80 Morillon an Kardinal Granvelle, 29.1.1569, in: Poullet/Piot 1877–1896, Teil 3, S. 461; Neu 1989, S. 229.

81 Morillon an Kardinal Granvelle, 23.5.1569, in: Poullet/Piot 1877–1896, Teil 3, S. 584f.; Roeykens 1967–1969, S. 397; Neu 1989, S. 230.

82 Roeykens 1967–1969, S. 397.

83 Roeykens 1967–1969, S. 390.

84 Juan de Vargas an Don Juan d'Austria, 18.7.1578, in: Lefevre 1940–1960, Teil 1, S. 330, Nr. 550.

85 Philipp II an Juan de Vargas, 23.1.1579, in: Lefevre 1940–1960, Teil 1, S. 498, Nr. 848.

86 Lossen 1882, S. 193.

87 Ebd., S. 390.

und 200 Tische eindecken lassen. Die Festfreude wurde aber getrübt, weil der neue Kurfürst von Köln und die Herren des Domkapitels nicht zur Hochzeit erschienen. Dadurch konnte die Zeitplanung nicht mehr eingehalten werden, sodass die Ehe erst um zehn Uhr abends eingesegnet wurde. Die Hochzeitsgesellschaft konnte erst um Mitternacht zu Tisch gehen und der Tanz begann erst um drei Uhr nachts. Die Geschenke wurden am 11. Dezember überreicht. Die Feierlichkeiten dauerten bis zum 18. Dezember, als das Brautpaar Bonn verließ.[88]

Auf die versprochenen 10.000 Gulden wartete Margaretha noch lange. Erst 1588, als sie erneut auf eine Auszahlung gedrängt hatte, gab Philipp II. an Alexander Farnese den Auftrag, die versprochene Summe auszuzahlen.[89] Der Umstand, dass sich die Auszahlung der Summe über Jahre hinzögerte, hat die Beziehung zwischen dem Haus Arenberg und Salentin von Isenburg für lange Zeit getrübt.

Noch zu Lebzeiten Johann von Lignes gab es Pläne, den ältesten Sohn Karl zu vermählen. Als seine Mutter sich Anfang 1567 in der Gesellschaft der alten Herzogin von Lothringen in Nancy aufhielt, plante sie dort mit dem Grafen von Vaudémont eine Ehe zwischen seiner ältesten Tochter Louise von Lothringen, Gräfin von Vaudémont, und Karl. Johann von Ligne war hiermit einverstanden unter der Bedingung, dass niemand sich in den beiden Familien gegen die Verbindung stellen dürfe. Um den Standesunterschied zwischen beiden zu verringern, plante Margaretha, König Philipp II. entweder um ein Fürstentum im

Königreich Neapel oder um die Erhebung der Herrlichkeit Zevenbergen zum Fürstentum zu erbitten. Am 14. Mai 1567 wurde das gegenseitige Versprechen, ihre Kinder zu vermählen, schriftlich festgehalten. Der Graf von Arenberg ging anschließend mit seiner Bitte zu Margaretha von Parma, die dem König schrieb. Am 1. Juni ließ Philipp II. wissen, dass er den Heiratsplänen wohlwollend gegenüberstand. Letztlich fand die Vermählung jedoch nicht statt, und Louise von Vaudémont wurde 1575 mit dem französischen König Heinrich III. vermählt.[90]

Anschließend versuchte Margaretha, eine Vermählung zwischen ihrem Sohn Karl und Sibylle, der jüngsten Tochter des Herzogs von Jülich-Kleve-Berg, anzubahnen, was ihr aber auch nicht gelang. Wie diese Verhandlungen verliefen und schließlich scheiterten, wird in Kapitel zwei ausführlich behandelt. Auch auf Karls erfolgreich geschlossene Ehe mit Anne von Croy 1587 wird später eingegangen.

Schließlich musste nur noch der geeignete Ehepartner für Margarethas jüngstes Kind, Robert, Baron von Barbançon, gefunden werden. Margaretha sah in Claudia, der Tochter des verstorbenen Grafen Johann Philipp von Salm-Daun, die geeignete Heiratskandidatin. Im Rahmen dieser Pläne bat sie den spanischen König, die Baronie Barbançon zur Markgrafschaft zu erheben. Philipp II. ließ aber erkennen, dass er dies nicht befürworten würde. Der Ehevertrag wurde am 14. Juni 1588 in Barbançon geschlossen. Die Idee, Barbançon zur Markgrafschaft erheben zu lassen, ließ Margaretha jedoch nicht fallen. Ein Jahr später beschäftigte sich Farnese erneut mit der

---

88 Neu 1989, S. 231.
89 Philipp II. an Alexander Farnese, 9.12.1588, in: Lefevre 1940–1960, Teil 3, S. 376, Nr. 898.

90 Tytgat 1994, S. 8; Neu 1989, S. 232f.; AAE, Biografie 1; AAE Biografie 3 c, fol. 18ʳ–19ʳ.

Angelegenheit. Er schrieb dem spanischen König, dass er es unpassend fände, dieser Familie eine weitere Gunst zu gewähren. Dem Generalstatthalter war der rasche Aufstieg der Arenberger offensichtlich ein Dorn im Auge.[91]

1.4 DIE FAMILIE DER HERZÖGE VON JÜLICH-KLEVE-BERG UND DAS RHEINLAND

1.4.1 ALLGEMEINES

Die politische Geschichte des Geschlechtes der Herzöge von Jülich-Kleve-Berg entspricht annähernd der Geschichte der Region, die heute mit Niederrhein umschrieben wird. Es handelt sich um eine Region, die in der Frühen Neuzeit viele Städte aufwies. Diese lagen vornehmlich an den Verkehrsschlagadern des Rheins und seinen Seitenflüssen, wo der Handel blühte. Zusätzlich erfuhr die Region einerseits durch den noch weiter dominierenden landwirtschaftlichen Bereich und andererseits ein gut ausgebautes Leinen- und Wollgewerbe, durch Kohle- und Erzabbau sowie die Eisenindustrie ein breit angelegtes Fundament des wirtschaftlichen Lebens.[92] Man unterhielt gute Beziehungen zu den benachbarten Städten in Brabant und Geldern. Nur einige dieser Städte, wie Köln und Aachen, waren freie Reichsstädte, die ein Gegengewicht zu den Städten bildeten, die den örtlichen Fürsten unterstellt waren, was zu dieser Zeit dem gängigen politischen Prinzip entsprach.[93]

Die Fürstentümer am Niederrhein wurden häufig in politische und militärische Konflikte verwickelt, die zum einen von

lokalen Herren, zum anderen durch die Auseinandersetzungen in den Niederlanden verursacht wurden. Das 16. Jahrhundert war gekennzeichnet durch die Spannungen zwischen den Häusern Habsburg und Valois, der Reformation und der katholischen Reform sowie dem Aufstand in den Niederlanden. So war die Niederrhein-Region mehrfach Kriegsschauplatz der großen europäischen Mächte, die sich alle der strategischen Wichtigkeit dieser Gebiete bewusst waren, sowohl in politischer, konfessioneller wie auch in ökonomischer Hinsicht. Die Folge war, dass die Länder sehr unter Krieg, Plünderung und Besatzung litten, insbesondere in der zweiten Hälfte des 16. und während des 17. Jahrhunderts.

Im Mittelalter entwickelten sich vier Territorien auf Kosten der Macht des Erzbischofs von Köln. Im Norden war es die Grafschaft (später Herzogtum) Kleve, an beiden Ufern des Rheines und benachbart zum Herzogtum Geldern gelegen; westlich des Rheins die Grafschaft (später Herzogtum) Jülich; östlich des Rheins gegenüber von Köln die Grafschaft (später Herzogtum) Berg und weiter im Osten die Grafschaft Mark. Im 14. Jahrhundert wurden einerseits Mark und Kleve und andererseits Berg und Jülich unter einem Fürsten vereinigt.

Graf Adolf II. von der Mark († 1346), ältester Sohn von Graf Engelbert II. von der Mark, Herr von Arenberg, heiratete 1332 Margaretha, die Erbtochter des Grafen von Kleve, und folgte dort 1368 seinem Schwiegervater.[94] Er wurde der Stammvater der Herzöge von Kleve und der späteren Herzöge von Jülich. Gerhard I. († 1360), Herzog von Jülich, verfolgte dieselbe Strategie, indem er 1338 die Erbin des Gra-

91 Neu 1989, S. 238; Roeykens 1967–1969, S. 416.
92 Janssen 1984, S. 18–22.
93 Carsten 1959, S. 258–262.

94 Isenburg 1960, Bd. 1, Tafel 189; Kastner 1984.

fen von Berg und Ravensberg heiratete.[95] Nach seinem Tod gingen beide Länder wieder getrennte Wege; erst 1423 wurden die Herzogtümer Jülich und Berg endgültig vereinigt, nachdem Graf Adolf VII. von Berg und Ravensberg († 1437), Enkel von Gerhard I., das Herzogtum Jülich von seinem Onkel erbte.[96] Gegen Ende des 15. Jahrhundert drohte das Herzogshaus Jülich in männlicher Linie auszusterben. Herzog Wilhelm IV. von Jülich und Berg unterschrieb 1496 ein Abkommen mit Graf Johann II. von Kleve und Mark, Nachkomme des genannten Adolf II. von Kleve, in dem festgelegt war, dass Wilhelms einzige Tochter Maria Johanns Sohn und Nachfolger, Johann III., heiraten solle. Die beiden Fürstentümer waren ihre Mitgift.[97] Die Ehe wurde am 1. Oktober 1510 in Düsseldorf geschlossen.[98] Als Herzog Wilhelm IV. von Jülich-Berg im Jahr darauf starb, folgte ihm sein Schwiegersohn, Johann III., der zehn Jahre später beim Tode seines Vaters 1521 auch Kleve und Mark erbte.

Auf diese Weise wurden die vier Fürstentümer unter einem Herzog vereinigt. Erst als Herzog Johann Wilhelm I. 1609 kinderlos starb, wurden sie in dem dann ausbrechenden Nachfolgestreit wieder geteilt.[99]

Während der Phase der Vereinigung von 1511/1521 bis 1609 behielten die vier Fürstentümer ihre eigene Verwaltung und ihre Landtage. Sie wurden nie zu einem Staat, aber es gab doch eine engere Verbindung zwischen Jülich und Berg einerseits und Kleve und Mark andererseits. Trotz ihrer gemeinsamen politischen und ökonomischen Interessen wuchsen sie nicht enger zusammen. Dies lag unter anderem an den unterschiedlichen konfessionellen Bekenntnissen in den Territorien im 16. Jahrhundert.[100]

Ebenso wie in den Niederlanden mussten die Fürsten des Niederrheins Rücksicht auf die Ständeversammlung nehmen, in denen Vertreter der Städte und des Adels ihren Sitz hatten (der geistliche Stand war dort nicht vertreten). Im Laufe des 15. Jahrhunderts erwarben die Stände von Berg und Jülich wichtige Privilegien und sie konsolidierten auf diese Weise ihre relativ starke Position, die jedoch im 16. Jahrhundert abhängig von der Persönlichkeit des herrschenden Fürsten variierte. In Kleve und Mark vollzog sich eine ähnliche Entwicklung. Es kam sogar so weit, dass Johann III. von Kleve Partei gegen seinen Vater nahm, weil er die Unterstützung der Stände für eine Vermählung mit der Tochter des Herzogs Wilhelm IV. von Jülich benötigte.[101]

An der Spitze seiner Regierung stand der Herzog selbst. Er wurde unterstützt durch einige gebildete Kleriker und sein Rätegremium. Den „ständige Rat" gab es in doppelter Ausführung, einmal in Kleve und einmal in Düsseldorf. Ungefähr in der Mitte des 16. Jahrhunderts wurde in einer angestrebten Verwaltungseinheit der „folgende" Rat ins Leben gerufen, der aus Mitgliedern beider „ständigen Räte" bestand

95   Isenburg 1960, Bd. 1, Tafel 187; siehe auch Kraus 1984.
96   Isenburg, 1960, Bd. 1, Tafel 186; siehe auch Janssen 1984, hier S. 28–32.
97   Lacomblet, Urkundenbuch 4, Nr. 474, S. 587, Nr. 500, S. 616.
98   Preuß 1984a, S.136.
99   Anderson 1992.

100 Kleve und Mark waren überwiegend protestantisch, wohingegen in Jülich und Berg der katholische Glaube überwog. Im Jülich-Klevischen Erbfolgestreit wurde 1614 vertraglich die Teilung des Herzogtums festgelegt: Kleve und Mark gingen an den Kurfürsten Johann Sigismund von Brandenburg und Jülich und Berg erhielt Wolfgang Wilhelm von Pfalz-Neuburg, der zwischenzeitlich zum katholischen Glauben konvertiert war.
101 Carsten 1959, S. 262–267.

und den Herzog auf seinen Reisen begleitete, jedoch ohne Zustimmung aus Düsseldorf und Kleve nichts beschließen konnte.[102]

1.4.2 DIE KONFESSIONELLE SITUATION

Die Herzöge von Kleve und Jülich hatten schon im letzten Viertel des 15. Jahrhunderts einen durch die *Devotio moderna* bestimmten kirchlich-religiösen Weg eingeschlagen. Die *Devotio moderna* galt als eine geistliche Erneuerungsbewegung, die am Ende des 14. Jahrhunderts in den Niederlanden entstanden war und sich von dort aus im 15. Jahrhundert über die deutschsprachigen Gebiete verbreitet hatte.

Ein wichtiges Anliegen dieser Bewegung bestand darin, die Heilige Schrift in die Landessprache zu übersetzen und damit die Botschaft für jeden zugänglich zu machen. Ein anderer Wunsch war, dass alle Gläubigen die Kommunion unter beiderlei Gestalt (*sub utraque specie*), mit anderen Worten die Verteilung von Brot und Wein, beim Abendmahl erhalten sollten. Trotz der Bestimmungen des Konzils von Konstanz, dass die Kommunion nur unter einer Gestalt (*sub altera specie*) zugelassen war, nahmen viele Kirchgänger auch den Laienkelch in der Eucharistie an.[103]

Der Humanist Erasmus von Rotterdam hatte einen besonders großen Einfluss auf die Herzöge Johann III. und Wilhelm V. Er hatte 1523 Konrad Heresbach an den jülisch-klevischen Hof vermittelt.

Trotz ihrer humanistischen Einstellung blieben die Herzöge vorrangig Vertreter des katholischen Glaubens. Da Johann III. Anhänger Luthers streng verfolgen ließ, kann man vermuten, dass er sogar der Reformation ablehnend gegenüberstand. Allerdings kritisierte auch er die Missstände in der katholischen Kirche und bei den Klerikern. Er traf sogar Maßnahmen, diese Missstände zu beseitigen, und hat der Geistlichkeit strenge Regel auferlegt. Da Johann diese Maßnahmen erst ab 1530 ergriff, leitet der Historiker Christian Schulte daraus ab, dass für den Herzog Glaubensangelegenheiten erst zu dem Zeitpunkt wichtig wurden, als die Ruhe und Sicherheit in seinen Fürstentümern bedroht wurden.[104]

Da aber Herzog Johann III. 1527 seine jüngere Schwester Sibylle mit Johann Friedrich I. von Sachsen vermählte, der deutlich für Luther Partei ergriffen hatte,[105] scheint er bereits zu diesem Zeitpunkt eine tolerantere Einstellung gegenüber reformatorischen Predigern einzunehmen. Seine Haltung wurde während eines Besuches in Wittenberg 1530 noch verstärkt, wo er Martin Luther predigen hörte. Während dieses kurzen Aufenthalts drängte ihn sein Schwiegersohn mehrmals jedoch erfolglos, sich zum neuen Glauben zu bekehren.[106]

Durch Johanns größere Toleranz konnte sich der Protestantismus in den Fürstentümern am Niederrhein stärker verbreiten. Vor allem am klevischen Hof bildete sich ein harter Kern der Reformierten, was durch die mehrfache lange Abwesenheit des Fürsten begünstigt wurde.

In der Folgezeit gab es bei den Untertanen des Herzogs sowohl Anhänger des katholischen als auch des protestantischen Glaubens, die jeweils ihre Glaubensüberzeugung bei ihrem Herzog durchsetzen wollten, der, humanistisch inspiriert, sehr vorsichtig handelte und nie öffentlich Partei ergriff. Diese tolerante Haltung Johanns III.,

---

102 Janssen 1984, hier S. 24.
103 Ebd.; Schulte 1995, S. 14–17.

104 Schulte 1995, S. 20ff.
105 Ebd., S. 25.
106 Ebd., S. 32.

generell von den Humanisten der Zeit gefordert, wurde von seinem Sohn und Nachfolger, Herzog Wilhelm V., fortgesetzt. Die Duldung der unterschiedlichen Glaubensrichtungen war wahrscheinlich auch politisch in der Bewahrung des Landesfriedens motiviert.[107]

1.5 WILHELM V., HERZOG VON JÜLICH-KLEVE-BERG

1.5.1 DIE HUMANISTISCHE ERZIEHUNG

Herzog Wilhelm V. wurde am 28. Juli 1516 als einziger Sohn von Johann III., Herzog von Jülich-Kleve-Berg und Graf von Mark und Ravensberg, und Maria von Jülich-Berg geboren.[108] Der stark von Erasmus von Rotterdam beeinflusste Humanist Konrad Heresbach war für seine Erziehung verantwortlich. Dieser war der Meinung, dass der Fürst mehr wissen müsse als jeder andere. Zudem war für ihn ein christlicher Unterricht die Basis jeder Erziehung.

Der junge Herzog war sieben Jahre alt, als Heresbach am 1. September 1523 mit dessen Erziehung begann. Heresbach bekam jedoch schon bald den Widerstand einiger Räte zu spüren, die seine Unterrichtsmethoden verdächtig fanden, aber Herzog Johann III. bestätigte sein Vertrauen in ihn. Man suchte unter den Landadeligen nach einem geeigneten Gleichaltrigen für Wilhelm, der zusammen mit ihm erzogen werden sollte. Die Wahl fiel auf Werner von Gymnich, der als Ratsherr später noch eine große Rolle für die katholischen Partei bei Hofe spielen sollte.[109]

Wilhelm besaß viele Charaktereigenschaften seines Vaters. Seine Unentschlossenheit wurde von den Ständen beklagt und seine nicht eindeutige religiöse Haltung weckte oft vergebliche Hoffnung, sowohl bei den Katholiken als bei den Protestanten, sowohl innerhalb als außerhalb der Fürstentümer.[110]

1.5.2 DER GELDRISCHE KRIEG

1538 gerieten Herzog Johann III. und sein Sohn Wilhelm wegen der Nachfolgeregelung im Herzogtum Geldern in Konflikt mit Kaiser Karl V. Dieser hatte 1528 Herzog Karl von Egmond im Vertrag von Gorinchem mit dem Herzogtum Geldern und der Grafschaft Zutphen belehnt. Zunächst hatte Kaiser Karl die Bedingung gestellt, dass beides wieder an das Kaiserhaus zurückfallen würde, falls Herzog Karl von Egmond ohne rechtmäßigen Erben versterben sollte. Nach einer Auseinandersetzung zwischen dem Kaiser und dem Herzog wurde dieser Passus gestrichen, da letzterer auf Grund seines hohen Alters genau dies befürchtete. Auf einem Landtag im Oktober 1537 bestimmten die Stände gegen den Willen Karl von Egmonds, dass Wilhelm V. von Jülich-Kleve-Berg seine Nachfolge im Todesfall antreten sollte.

Die Ansprüche Jülichs gingen auf das frühe 15. Jahrhundert zurück, jedoch hatte der damalige Herzog von Jülich-Berg, Gerhard I., 1473 seine Rechte an den burgundischen Herzog Karl den Kühnen verkauft. Herzog Johann III. bestritt die Rechtmäßigkeit dieses Abkommens und als die Stände im Januar 1538 den Vergleich unterschrieben, der den jungen Herzog Wilhelm zum Nachfolger berief, war ein Konflikt unausweichlich.

---

107 Zijlstra 1989, S. 41–55. Entsprechend unduldsam ging der Herzog gegen die Täufer vor, die die weltliche Ordnung in Frage stellten.
108 Isenburg 1960, Bd. 1, Tafel 190.
109 Schulte 1995, S. 18f.

110 Bers 1970, S. 1f.

Auch Kaiser Karl V. beanspruchte das Herzogtum und die Grafschaft Zutphen für sich, da er in einer Gebietserweiterung des Jülicher Herzogtums eine Bedrohung seiner Position in den Niederlanden sah.[111] Auf dem Reichstag in Regensburg 1541 wurden die Gebiete Kaiser Karl zugesprochen. Gegen einen solch mächtigen Gegner benötigte und suchte Herzog Wilhelm V. Verbündete, die er auch in Landgraf Philipp von Hessen und dem dänischen König Christian III. fand. Um diese Beziehung zu stärken, wurde sogar über eine Ehe zwischen dem jungen Herzog Wilhelm und der Schwester König Christians nachgedacht. Im Juni 1538 starb der alte Herzog von Geldern und im Februar 1539 starb Herzog Johann III. Wilhelm V. musste dem habsburgischen Haus allein entgegentreten. Die Verhandlungen, in denen Kaiser Karl Wilhelm die Hand der Herzogin von Mailand anbot, scheiterten. Wilhelm ersuchte daraufhin die Unterstützung des englischen Königs, Heinrich VIII., der 1540 Wilhelms Schwester Anna zu seiner vierten Frau nahm,[112] sich aber kein halbes Jahr später wieder von ihr scheiden ließ, sodass Wilhelm sich nicht länger auf seine Unterstützung verlassen konnte.[113] Schließlich suchte er die Annäherung an Frankreich. Der französische König, Franz I., erlaubte dem Herzog, seine Nichte Johanna von Na-

varra zu heiraten.[114] Trotz heftiger Proteste der Braut fand die Hochzeit am 14. Juni 1541 in Châtellerault statt. Kurz zuvor hatte die Braut noch erklärt, dass sie nie ihre Zustimmung zu dieser Vermählung geben würde: *Ich fahre mit meinen Protesten fort und erkläre, dass die für mich geplante Hochzeit mit dem Herzog von Kleve gegen meinen Willen ist und ich ihr niemals zugestimmt habe.*[115] Einen Monat später musste der Herzog allein nach Düsseldorf zurückkehren, da der schlechte Gesundheitszustand seiner Frau eine Reise nicht zuließ.[116]

Der folgende Krieg zwischen den Truppen der Maria von Ungarn und Kaiser Karls V. einerseits und die des Herzogs von Jülich-Kleve-Berg und des französischen Königs andererseits verlief anfänglich vorteilhaft für Herzog Wilhelm V. und König Franz I. Jedoch wurde die Auseinandersetzungen schließlich zu Gunsten des Kaisers entschieden.[117]

1.5.3 Der Friede von Venlo (7. September 1543)

Mit dem Frieden von Venlo musste Herzog Wilhelm V. am 7. September 1543 auf seine Ansprüche an den geldrischen Ländern verzichten, die fortan Teil der habsburgischen Besitztümer wurden.[118] Er war inzwischen hoch verschuldet und seine Position war geschwächt. Er musste

---

111 Schulte 1995, S. 60–63.
112 De Chestret de Haneffe 1898, S. 65. Die Heirat wurde vor allem durch ihren Schwager, Johann Friedrich von Sachsen, geregelt. Das Gemälde der Anna von Kleve von Hans Holbein d. J. hatte den englischen König auf die Schönheit der deutschen Prinzessin aufmerksam gemacht. Er reiste ihr dann auch inkognito entgegen, doch die Ernüchterung war groß. Dennoch heiratete er sie am 6.1.1540. Nach einigen Monaten ließ er sich wieder von ihr scheiden, nachdem die Ehe nie vollzogen worden war.
113 Zweers/Smit 1984.
114 Lacomblet, Urkundenbuch 4, S. XXI und Nr. 538f., S. 667ff. Johanna III. von Navarra (Jeanne d'Albret) war die einzige Tochter von König Heinrich II. von Navarra und Margaretha von Angoulême, Schwester des französischen Königs Franz I.
115 *...moi continuant mes protestacions, déclare que le marriage que l'on veult faire de moy au duc de Cleves est contre ma volonté, que je n'y jamais consenti...* Schulte 1995, S. 76.
116 Schulte 1995, S. 76.
117 Ebd., S. 76–81.
118 Lacomblet, Urkundenbuch 4, Nr. 547, S. 679–683, Nr. 548, S. 683–686.

sein Bündnis mit Frankreich auflösen, was die Nichtigkeitserklärung seiner ersten Ehe bedeutete. Diese Ehe war ausschließlich mit politischen Absichten geschlossen und noch nicht vollzogen worden. Nachdem Johanna von Navarra nochmals erklärte, sie sei zu dieser Ehe gezwungen worden und weder sie noch ihre Eltern fühlten sich der Abmachung verpflichtet, annulierte der Papst die Ehe im Oktober 1545.[119]

Kurze Zeit später hielt Wilhelm V. um die Hand Anna von Österreichs, Tochter des Königs Ferdinand I., Schwester des späteren Kaisers Maximilian II. und Nichte Kaiser Karls V., an. Anna war jedoch schon Herzog Albrecht V. von Bayern versprochen und Wilhelm musste mit Maria, der jüngeren Schwester von Anna, vorlieb nehmen. Die Hochzeit wurde am 20. Juli 1546 in Regensburg gefeiert, nachdem Anna vierzehn Tage vorher Albrecht V. geheiratet hatte.[120] Diese Heirat schuf neben dem vertraglichen Bündnis nun auch familiäre Bande zwischen Wilhelm V. und dem habsburgischen Haus.

1.5.4 Eine neutrale Religionspolitik

Im Vertrag von Venlo musste Herzog Wilhelm V. auch zusichern, die neue protestantische Religion nicht zu dulden. Dies verursachte viel Unmut bei den Städten in den Niederlanden, von denen viele Mitglieder protestantisch waren. Von da an wurde der Religionsstreit ein wichtiger Punkt in den Beziehungen zwischen dem Herzog und den Generalstaaten, vor allem nach dem Ausbrechen des Aufstandes in den Niederlanden und der Verbreitung des Calvinismus in Kleve. Der Aufstand verwandelte die ganze Region in ein Schlachtfeld und die Fürstentümer litten schwer unter der fortwährenden

Missachtung ihrer Neutralität und dem wachsenden spanischen Einfluss am Hofe, auch eine empfindliche Angelegenheit, die die Beziehungen zwischen Fürst und den Generalstaaten beeinflusste.[121]

Nach dem geldrischen Konflikt hat der Herzog nicht mehr aktiv in die europäische Politik eingegriffen. Er nahm eine neutrale und friedensfördernde Position ein, jedenfalls bis zum Tode von Karl V. Er unterhielt gute Beziehungen zu Wilhelm von Oranien und wurde 1554 sogar Taufpate eines von Wilhelms Kindern.

1562 erwies ihm Wilhelm von Oranien den gleichen Dienst und wurde Taufpate von Johann Wilhelm. Auch der Graf von Arenberg, Johann von Ligne, war Pate dieses jüngsten Sohnes.

1564 verfasste der Herzog sein Testament, da er seit Jahren eine schwache Gesundheit hatte. Ab 1566 erlitt er mehrere Schlaganfälle, die ihn manchmal teilweise lähmten und ihn seiner Sprache beraubten.[122] Deshalb ging die Regierung größtenteils in die Hände seiner Räte über. Seine späteren widersprüchlichen Schritte entsprachen mehr der Linie der Räte mit dem jeweiligen größten Einfluss – Katholiken oder Protestanten – als seinem eigenen Willen. Als Fürst von Katholiken und Protestanten versuchte er, beide Parteien zufrieden zu stellen – die Räte von Jülich und Berg waren überwiegend katholisch wohingegen die von Kleve und Mark eher protestantisch eingestellt waren. Ohne öffentlich protestantische Sympathien zu äußern, duldete er die neue Religion mit der Folge, dass diese sich ungehindert verbreitete.

---

119 Ebd., Nr. 551.
120 Ebd., Nr. 553; siehe auch Below, S. 1–16.
121 Bers 1970, S. 13ff.; Carsten 1959, S. 270.
122 Lacomblet, Urkundenbuch 4, Nr. 594, S. 744f.

1.5.5 Steigender protestantischer Einfluss am Hof

Aus der Ehe Herzog Wilhelms V. von Jülich-Kleve-Berg mit Maria von Österreich gingen sieben Kinder hervor: Maria Eleonore (* 15./16.6.1550), Anna (* 1.3.1552), Magdalena (* 2.11.1553), Karl Friedrich (* 28.4.1554), Elisabeth (* 29.6.1556), Sibylle (* 26.8.1557) und Johann Wilhelm (* 28.5.1562). Elisabeth starb schon im Alter von fünf Jahren.

Wie ihr Vater wuchsen die Kinder in einer humanistischen, reformationsgesinnten Atmosphäre heran. Sie wurden zweifelsohne tief beeinflusst vom Hofkaplan Nikolaus Rollius, einem Geistlichen aus den Niederlanden, der sich längere Zeit am Hofe des Erzbischofs von Köln, Hermann von Wied, aufgehalten hatte. Nachdem er zum protestantischen Glauben konvertiert war und geheiratet hatte, verließ er den erzbischöflichen Hof. Das Amt des Hofkaplans wurde ihm von Herzog Wilhelm übertragen, während Arnold Bonard Hofkaplan der Herzogin blieb. Unklar bleibt der Einfluss des Kaplans Wolter von Os. Da er zuständig war für die Erziehung der Töchter Maria Eleonore, Anna, Magdalena, Elisabeth und Sibylle, die sich später dem protestantischen Glauben zuwandten, war er wahrscheinlich ein Reformierter.[123]

Als Herzog Wilhelm V. im Dezember 1558 einen Brief von seinem Schwiegervater, Kaiser Ferdinand I., erhielt, in dem dieser ihm einen vermeintlichen Glaubenswechsel oder bedenkliche Affinitäten mit ketzerischen Gruppen vorwarf, war sich dieser keiner Schuld bewusst. In Jülich war es schon seit Jahren üblich, dass Laien während der Eucharistie die Kommunion in beiderlei Gestalt empfingen.

Der Herzog vertrat die Auffassung, dass das „Freigeben des Laienkelches" nicht im Widerspruch mit dem katholischen Glauben stand, und verteidigte diesen Standpunkt dann auch in seiner Antwort an den Kaiser. Ebenso fand er die Kritik an der Person des Hofpredigers Veltius und dessen Zusammenleben mit einer Ehegattin unberechtigt. Weil er auch kritische Hinweise zur Erziehung seiner Kinder bekam, versicherte er dem Kaiser, dass er immer ein guter Vater gewesen sei, der seine Kinder so erzogen habe, wie er es vor Gott verantworten konnte: *Waß meine Kinder belanget, hoffe Ich zue dem lieben Gott, er wird mir seine gnad verleihen, daß Ich nith ein untrewer vatter bey ihnen soll werden gespuret; Ich hoff Ich wolt sie mit Gottes hilff in seiner ehre und zu seinem dienst so erziehen und erziehen lassen, daß Ichs hoffe zu verantworten vor Gott und vor der welt.*[124]

Unter den Räten am Hofe gab es viele, die dem katholischen Glauben anhingen und in einem Machtstreit mit den protestantischen Räten standen, wobei die Katholiken am Ende der 1560er-Jahre die Oberhand erlangten.

Die wichtigste Persönlichkeit dieser Gruppe war Werner von Gymnich, der Jugendfreund Wilhelms V., der mit ihm zusammen am Hofe erzogen worden war. Er genoss beim Herzog ein hohes Ansehen und erhielt die Verantwortung für die Erziehung des ältesten Sohnes und Nachfolgers, Karl Friedrich. Gymnich war fest entschlossen, den Jungen streng katholisch zu erziehen, und er hielt ihn von jung an genau im Auge, sodass er in seiner Jugend mit niemandem von *zweifelhaften Glauben auch nur vier Worte mit demselben gesprochen*

---

123 Schulte 1995, S. 166.

124 Ebd., S. 168.

habe.[125] Er würde dafür sorgen, dass der junge Herzog bis zu seiner Volljährigkeit auf dem katholischen Weg gehalten werde und dann eine katholische Frau heiraten würde.[126] Karl Friedrich starb jedoch schon 1575 auf seiner Kavalierstour in Rom im Alter von neunzehn Jahren.

Die Töchter des Herzogs und dessen unverheiratete Schwester Amalie bekannten sich inzwischen öffentlich zum Protestantismus und blieben der Eucharistiefeier fern. So bezeugt ein Brief des Nuntius Caspar Gropper an die klevischen Räte, dass die spanische Königin Anna, Tochter des Kaisers Maximilian II., sich beklagt habe, dass die jungen Fürstinnen nicht mit ihr in die Kirche gehen wollten und sie hatten *sie lang allein stehn lassen. Quod Dusseldorpii factum.*[127] Aber auch Werner von Gymnich warnte bereits 1572 vor den jungen Herzoginnen und hoffte, dass *ire FF. GG.* [fürstliche Gnaden] *keine weitere Unruhe zu ihere Brüder und der Landen Verderben anrichten.*[128]

Ein ernster Konflikt entstand, als die älteste Tochter Wilhelms V., Maria Eleonore, am 4. August 1572 Maria von Nassau, einer Schwester Wilhelms von Oranien, einen Brief schrieb, in dem sie ihre Freude über den Erfolg ihres Bruders gegen den Herzog von Alba zum Ausdruck brachte und noch hinzufügte, dass *die armen betrubte Christen auß der Tyrannei erloset mogen werden und die Niederlande zu geburlicher Freiheit widerumb gebracht werden mogen.*[129] Dieser Brief fiel Alba in die Hände und man musste ihn mit Gewalt zurückhalten, öffentlich einzugreifen. Alba verlangte darauf am 2.

Januar 1573, dass die jüngeren Schwestern von Maria Eleonore abgesondert und dass alle nicht-katholischen Personen vom Hofe verwiesen werden sollten. Andreas Masius, der herzogliche Botschafter in Brüssel, schrieb nach Kleve, um Albas Forderungen zu übermitteln. Er entschied sich aber, Herzog Wilhelm V. von Jülich-Kleve-Berg nicht über den Brief der Maria Eleonore und den darauf entstandenen Konflikt mit Alba zu informieren. Er schrieb also den Räten des Herzogs und bat sie dringend, nach einer Lösung zu suchen.[130] Auch die Räte hielten es für besser, dem Herzog nichts zu erzählen, um so die Ruhe und den Frieden am Hofe zu bewahren. In der geplanten Heirat Maria Eleonores mit Albrecht Friedrich von Preußen sahen die Räte die Lösung des Problems und Alba wurde mitgeteilt, dass Maria Eleonore im nächsten Sommer nach Preußen geschickt werde. Diese Lösung genügte ihm und er verzichtete auf weitere Maßnahmen.[131]

1.6 DIE EHE DER MARIA ELEONORE VON JÜLICH-KLEVE-BERG

Schon seit 1567 beschäftigte sich der jülich-klevische Hof mit möglichen Ehekandidaten für Maria Eleonore. Neben den Prinzen Karl und Johann von Schweden war der junge Markgraf Joachim Friedrich von Brandenburg im Gespräch. Eine Verbindung Joachim Friedrichs mit dem Haus Jülich-Kleve-Berg entsprach vor allem dem Wunsch und den Plänen seines Großvaters Kurfürst Joachim. Joachim Friedrich hatte jedoch andere Pläne und heiratete, unter-

---

125 Lacomblet, Archiv 5, S. 213ff.
126 Schulte 1995, S. 211.
127 Keller 1965, Nr. 159, S. 201.
128 Ebd., Nr. 102, S. 162.
129 Ebd., Nr. 128, S. 181.

130 Ebd., Nr. 141, S. 187.
131 Ebd., Nr. 143, S. 190.

stützt von seinem Vater Johann Georg, Katharina von Brandenburg-Küstrin.[132]

Drei Jahre später bemühte sich 1570 Johann Wilhelm von Sachsen-Weimar, ein Neffe Wilhelms V., um eine Verbindung zwischen Maria Eleonore und dem noch unmündigen Ludwig von Württemberg. Aber er stieß dabei auf eine bemerkenswert abweisende Haltung der Mutter und des Vormunds des jungen Herzogs.

Ludwigs Schwager, Georg Ernst von Henneberg, gab diskret zu erkennen, dass er dagegen gerne eine Vermählung zwischen der Prinzessin von Jülich-Kleve-Berg und Herzog Albrecht Friedrich von Preußen, *der ein feiner Herr sein soll*, vermitteln wolle. Am Anfang distanzierte sich Herzog Wilhelm V. von dieser Verbindung als *etwas weit entlegen*, aber später akzeptierte er die preußische Heirat doch, weil der Kaiser, von dessen Wohlwollen auch alle nachfolgenden Heiratsprojekte abhingen, sich ausdrücklich dafür ausgesprochen hatte. Der Empfehlung Kaiser Maximilians II. lag dabei auch Eigennutz zugrunde. Albrecht Friedrich war in jeder Hinsicht eine gute Partie, da er zudem als einer der mächtigsten Vasallen des polnischen Krone galt. Durch die Verbindung zwischen ihm und seiner Nichte Maria Eleonore erhoffte sich der Kaiser offensichtlich, die Unterstützung Albrecht Friedrichs bei der Wahl seines ältesten Sohnes, Erzherzog Ernst, zum polnischen König zu gewinnen.[133]

Mit Philipp Ludwig von Pfalz-Neuburg gab es jedoch noch einen weiteren Heiratskandidaten, für den Herzog Richard von Pfalz-Simmern vermittelte. Dieser bat den klevischen Rat Dr. Weze, *der herzogin abcontrafeitung zuwegen zu bringen*, sie zu

informieren, unterdessen *auf begern dieselbige vom gegenteil auch gevolgt werden sollte.* Dr. Weze antwortete ihm, dass der Herzog eine endgültige Entscheidung wegen der anderen noch laufenden Verhandlungen jedoch erst später treffen könne. Der letzte Satz *doe hiezwischen dem jungen Philipsen etwas anders [...] derwegen furkeme, wollten ire furstl. gnaden denselben dadurch ungern an einer wolfart verhindern* enthielt bereits eine mäßig verborgene Abweisung.[134]

Am 21. November 1572 trafen die Gesandten des Herzogs Albrecht Friedrich von Preußen am Hof zu Hambach ein, um den offiziellen Heiratsantrag zu überbringen. Am 14. Dezember wurde die Verlobung gefeiert und der Ehevertrag unterschrieben. Die Hochzeit sollte am 23. August des kommenden Jahres stattfinden. Herzog Wilhelm V. gab den Wunsch zu erkennen, dass der Bräutigam die Braut *in unsern furstentumen [...] wie es dann bis daher also herkomen, auf bequemen gelegenen orten zu empfangen und das ehelich beilager christlicher ordnung nach zu vollziehen*. Wenn es Herzog Albrecht Friedrich zu weit wäre, nach Jülich zu kommen, dann war Wilhelm V. bereit, seine Tochter bis Frankfurt an der Oder zu begleiten. Die preußischen Räte bevorzugten dagegen eine Übergabe der Braut an der preußischen Landesgrenze, da die Unruhe in Polen eine Reise Albrecht Friedrichs verhindere.[135] Tatsächlich versuchte man, die eher schwache Geistesverfassung des Bräutigams so lange wie möglich zu verbergen.

Wilhelm beharrte aber auf seinem Vorschlag und reiste am 4. August mit der Absicht ab, seine Tochter bis Frankfurt zu begleiten. Die Reise hatte sich schon

---

132 Preuß 1984a, S. 138.
133 Ebd., S. 140.

134 Dr. Heinrich von Weze an Herzog Richard von Pfalz-Simmern am 11.2.1572, in: Goldschmidt 1911a, S. 121.
135 Goldschmidt 1911a, S. 121f.

zu diesem Zeitpunkt durch Krankheit der Braut verzögert.[136] Am 3. September kam das Gefolge in Frankfurt an der Oder an. Nach einigen Tagen Wartezeit trafen anstelle des Bräutigams einige preußische Gesandten ein. Sie teilten mit, *das ire gn. herr in unversehene leibsblodigkeit geraten und mit etwas melancholei befangen* war und deshalb die Reise nicht hätte antreten können. Herzog Wilhelm V. beschloss auf Drängen seiner mitreisenden kaiserlichen, kurfürstlichen und fürstlichen Ratgeber, seine Tochter doch persönlich nach Königsberg zu bringen. Es wurde eine anstrengende Reise. Die allgemeine Gesundheit des seit einigen Jahren an den Folgen des Schlaganfalls von 1566 leidenden Herzogs kann demnach nicht so schlecht gewesen sein, wie oft behauptet wird.[137] Dennoch war die Hinreise äußerst stockend verlaufen, da die Reisegesellschaft wegen Unpässlichkeit des Herzogs zu mehrfachen Reiseunterbrechungen gezwungen worden war. Nach 66 Tagen traf der Brautzug schließlich am 8. Oktober in Königsberg ein.[138]

Es war ein gut ausgestatteter Zug, in dem weder Schneider noch Bäcker fehlten. Die vornehmsten jülich-klevischen Geschlechter reisten mit. Katharina von Waldeck, Gräfin von der Lippe, war die „Brautmutter", da Maria von Österreich, die Mutter Maria Eleonores, auf Grund ihres schlechten Gesundheitsstandes nicht mitreisen konnte. Von allen eingeladenen Fürsten waren jedoch nur wenige persönlich gekommen, die meisten hatten ihre Abgesandten geschickt.

Die Feierlichkeiten litten sehr unter der geistigen Verfassung des Bräutigams, dessen labiler Charakter immer stärker hervortrat. Schon die Ankunft der Braut verlief unter wenig glücklichen Umständen. Der Bräutigam sprach kaum mit seiner Braut und er weigerte sich drei Tage lang, die Ehe zu vollziehen. Wahrscheinlich handelte er aber unter dem Einfluss des konservativen lutherischen Theologen Tileman Heshusius, denn zuvor hatte Albrecht Friedrich noch selbst darauf gedrängt, seine Braut kennenzulernen. Die folgenden Feierlichkeiten verliefen ohne weitere Schwierigkeiten und am 19. Oktober endete das Hochzeitsfest.[139]

Durch den Wintereinbruch war die Rückreise für Herzog Wilhelm V. noch anstrengender als die Hinreise. Er machte außerdem noch einen beachtlichen Umweg über Danzig, Stettin, Rostock, Wismar, Lübeck, Lüneburg, Hannover und war insgesamt 173 Tage unterwegs.

Maria Eleonora ging als Herzogin von Preußen keiner glücklichen Zukunft entgegen. Der Geisteszustand ihres Gatten sollte sich nicht verbessern, was sie mit großer Geduld ertrug. In ihren Briefen an Verwandte und Freunde, darunter Margaretha von der Marck-Arenberg, schrieb sie, *das es besser mit im wirt.* Ihrer Schwester Anna teilte sie aber den wahren Gesundheitszustand ihres Mannes mit, wie Anna an Margaretha schrieb: *der churfurst vonn Brandenburgs* [...] *hatt gesagt das es sich woll 8 oder 14 tag mit im etwas bessert, aber darnach wirts wider arg,*

---

136 S. Kapitel 3.4.3. Im Sommer 1573 war am Düsseldorfer Hof eine Pockenepedemie ausgebrochen, an der die vier Töchter von Herzog Wilhelm V. erkrankt waren. Die Reise wurde daher verschoben. Während der Reise erkrankten dann auch der Herzog und noch weitere Mitreisende.

137 Seit 1566 bekam der Herzog regelmäßig Schlaganfälle, die ihn teilweise deutlich lähmten und im Sprechvermögen einschränkten. Sibylle nannte diese Zeit *slechte dag.* Seitdem verfügte er gemäß verschiedener Quellen nicht mehr über alle seine physischen und psychischen Kräfte. Siehe auch Bers 1970, S. 6.

138 Goldschmidt 1911a, S. 123.

139 Ebd., S. 125f.

wie vor das der gar geringe hofnung zu seiner besserung hatt.[140] Auch Magdalena, eine weitere Schwester Maria Eleonores, erhielt einige Jahre später traurige Nachrichten aus Preußen. Maria Eleonore hatte ihr unlängst noch geschrieben, dass es *in warheit im landt nicht woll stet.* Als Margaretha von der Marck-Arenberg dies erfuhr, schrieb sie Magdalena, dass sie *mitliden* mit deren ältesten Schwester habe.[141]

Auch später ließ Magdalena Margaretha unter anderem durch Peter, den Kammerdiener der Maria Eleonore, wissen, wie es ihrer Schwester in Preußen ging. Da die Nachricht mündlich überbracht werden sollte, hielt sie es nicht für notwendig, sie in ihrem Brief nochmals zu erwähnen, aber sie schrieb, dass es in Preußen *ein bedrobt stant* war. Sie fügte noch den folgenden Wunsch hinzu: *Der allmächtige Gott bessere es und verleihe meiner Schwester Geduld (Der almechtige gott besser es und verlen meiner schwester gedolt)!*[142]

Dem Zustand ihres Ehegatten zum Trotz gebar Maria Eleonore ihm in den kommenden Jahren sieben Kinder.[143] Im Juli 1576 und Januar 1579 schenkte sie jeweils einer Tochter das Leben und am 1. Juni 1580 wurde sie von ihrem ersten Sohn, der nach seinem Vater Albrecht Friedrich genannt wurde, entbunden. Ihre Freude über den Stammhalter war groß, sollte aber leider nicht lange währen. Es war offenbar eine schwere Geburt gewesen, denn ihre jüngste Schwester Sibylle schrieb über Mutter und Kind: *der her wolt denselbigen sampt mainer schwester auch for alem lait bewarenn denn*

es wirt notigh seynn das ir lieb sampt dem kint sich woll acht nemmenn seunst weurt es innenn nit woll giehen.[144] Ende November erhielt Sibylle dann traurige Nachrichten aus Preußen: *Das jounge borlingh hatt gott der schwester witer genommenn, wilchs kaijn geringh laijt bey derselbigh verorsacht.* Das Kind war am 8. Oktober gestorben. Sibylle hoffte, dass *sie witer eynenn bekemmen.*[145]

Zusätzlich zu diesem persönlichen Schicksal hatte Maria Eleonore auch noch mit Geldmangel zu kämpfen. Ihre jüngste Schwester Sibylle schrieb im September 1581 an Margaretha von der Marck-Arenberg, dass es ihrer Schwester in Preußen *ellentigh genough* ging. Maria Eleonore befand sich in *grossem lait*, sie empfing kein Geld mehr und konnte sogar *irrenn thienerenn* nicht mehr auszahlen. Sibylle hörte, dass sie auch *schloss Koninghsbirgh* verlassen hatte. Man erzählte, dass sie *es sich fill zu sieher zu hertzenn lassen giehenn, das es nit goutt wertenn solt.* Und da es Sibylle während dieser Zeit auch sehr schlecht ging, fügte sie in ihrem Brief an Margaretha von der Marck-Arenberg hinzu: *Mich deunckt wir sint inn diesem hauss zum lait geborenn.*[146] Auch später schrieb sie: *Der liebe gott will mich darvor beheutenn das ich inn seulchem lait nimmer komme alles mein schwester inn Preussen.* Es wäre für Maria Eleonore besser gewesen, wenn sie nicht dorthin verheiratet worden wäre, als sie *inn seulchenn lant zu stecktenn. Wenn man es zuforrenn weuste!*

Im Oktober 1581 besserte sich die Situation ein wenig. Sibylle hatte gehört, dass Maria Eleonores Ehemann sich wieder ruhig verhielt und dass sie erneut schwanger war.

---

140 AAE, M. M. 68, Anna von Neuburg an Margaretha von der Marck-Arenberg, 12.11.1575.
141 Ebd., 103, Magdalena von Jülich-Kleve-Berg an Margaretha von der Marck-Arenberg, 29.4.1578.
142 Ebd., 104, 16.2.1579.
143 Isenburg 1960, Bd. 1, Tafel 61.

144 AAE, M. M. 119, Sibylle von Jülich-Kleve-Berg an Margaretha von der Marck-Arenberg, 4.7.1580.
145 Ebd., 28.11.1580.
146 AAE, M. M. 120, Sibylle von Jülich-Kleve-Berg an Margaretha von der Marck-Arenberg, 23.9.1581.

Sie wünschte: *gott gebe genatt unnd segenn darzu das es witter eynn sonn mach seynn, wens sin gotlicher will ist.*[147]

In den Jahren danach versuchte Maria Eleonore vergeblich, die Vormundschaft über ihren schwachsinnigen Ehemann zu erhalten. Gegen ihren Willen und den der preußischen Räte und Stände bemühte sich Georg Friedrich von Brandenburg-Ansbach-Kulmbach, ein Vetter von Albrecht Friedrich, erfolgreich um die Vormundschaft und die Regierung. Auch während seiner Abwesenheit hielt er Preußen immer genau im Auge. Er war es auch, der die Ansprüche von Maria Eleonore auf Jülich verteidigen sollte. 1594 setzte er sich für eine Heirat zwischen Anna, der ältesten Tochter der Maria Eleonore und dem Sohn des Kurfürsten Joachim Friedrich von Brandenburg, nämlich Johann Sigismund, ein.[148]

Die nach Jülich gerichteten Aktivitäten des preußischen Hauses finden ihren Ursprung in dem Umstand, dass die Aussichten des Hauses Jülich-Kleve-Berg auf direkte männliche Erben nicht besonders gut erschienen. Der älteste Sohn, Karl Friedrich, hatte eine schwache Gesundheit und neigte zu Tuberkulose. Der jüngere, Johann Wilhelm, zeigte schon früh Zeichen einer schleichenden Geisteskrankheit und heiratete erst spät.

Da der Kaiser den Herzögen von Jülich-Kleve-Berg die Erbfolge der Töchter bzw. deren Erben ausdrücklich gewährt hatte, fanden sich zahlreiche Fürsten, die um die Hand der Mädchen und die damit verbundenen jülich-klevischen Erbansprüche anhielten.

1.7 DIE EHE DER ANNA VON JÜLICH-KLEVE-BERG

Auch Philipp Ludwig von Pfalz-Neuburg machte sich Hoffnungen bezüglich der Erbfolge in den mächtigen und wohlhabenden Herzogtümern Jülich, Kleve und Berg. Wahrscheinlich rechnete er nicht sofort mit einer Nachfolge am Niederrhein, aber doch mit politischen Vorteilen, als er um die Hand der Maria Eleonore anhielt. Zwar wurde der Antrag Philipp Ludwigs um die Hand der ältesten Tochter des Herzogs abgewiesen. Seine umgehend eingeleiteten Bemühungen um eine Vermählung mit der zweiten Tochter Anna waren jedoch erfolgreich.

Auf die Bitte Herzog Wilhelms V. kam Margaretha von der Marck-Arenberg zur großen Freude von Anna nach Düsseldorf, um bei den Vorbereitungen für die Hochzeit zu helfen[149]: *Es freut mich zu hören, dass Sie gerne mit mir reisen möchten, sowohl um mich zu bedienen, als auch um die Landgräfin von Luchtenberg, Eure Schwester, und die Herzogin von Bayern und Lothringen zu besuchen, und es scheint mir, dass mein Vater sich nicht weigern kann, da er – nachdem er Ihre Briefe bekommen hatte – sagte, dass er wüsste, dass Sie dabei sein würden und er damit zufrieden sei.*[150] Margaretha begleitete das Brautgefolge nach Neuburg an der Donau und assistierte

---

147 Ebd., 1.10.1581.
148 Preuß 1984a, S. 141.

149 AAE, M. M. 78, Herzog Wilhelm V. von Jülich-Kleve-Berg an Margaretha von der Marck-Arenberg, 1574.

150 ...*suis estre fort aise d'entendre que vous veuldries voulenrier aller avec moy en ce voyage, tant pour me faire service que aller voire madame la lantgrefin de Luchtenberg, votre soeur, et madame la duchesse de Bavire et Loraine, et il me semble que monseigneur mon pere vous refusera cella nullement, car son excellence me dit apres avoir recue votre lettres, qu'il savoit bien que vous fries avec et qu'il en esoit content;* ebd., 67, Anna von Jülich-Kleve an Margaretha von der Marck-Arenberg, 26.7.1574.

bei den Hochzeitsfeierlichkeiten.[151] Annas Hochzeit fand dort mit kaiserlicher Zustimmung am 27. September 1574 statt.

Anna führte offensichtlich eine glücklichere Ehe als ihre ältere Schwester Maria Eleonore. Aus dem weiteren Briefwechsel geht hervor, dass sie mit ihrer Ehe zufrieden war. Dies zeigt sich unter anderem in einem Brief ihrer Schwester Magdalena, in dem sie sich bei der Gräfin von der Marck-Arenberg bedankt, dass sie *sich so fill bemeut haben und zu meiner fraw schwester der pfalsgrefinnen sein kommen und dieselbe ersuchet.* Weiter schreibt Magdalena, sie sei froh zu hören, *das sey meine schwester in allem wolstan haben fonden und zu freiden mit irrem herren.*[152] Vielleicht war der Ausdruck *meinem hertz lieben herrenn und gemall,* den Anna benutzte, doch kein Stereotyp, denn als 1579 ihre Schwester Magdalena heiratete, wünschte sie ihr Folgendes: *Unser here gott gib, das ir nit ubler ergeben mug, wie mirs noch zur zeit ergangenn ist. So wirt sie nicks zu klagen haben ihres herrenn halbenn.*[153] Sie konnte sich also offensichtlich über ihren Ehegatten nicht beklagen.

1.8 FORTSETZUNG DER RELIGIONSKONFLIKTE AM JÜLICH-KLEVISCHEN HOF

Am 19. Februar 1575 starb der Erbprinz Karl Friedrich von Jülich-Kleve-Berg in Rom an den Pocken.[154] Für die katholische Partei am Niederrhein war dies ein harter Schlag.

Die Protestanten profitierten dagegen von seinem Tod und nutzten die Gelegenheit, den Herzog zu überreden, sich zum „wahren Glauben" zu bekehren. So empfing Friedrich III. von der Pfalz am 23. März 1575 einen Brief von unbekannter Hand, in dem unter anderem davor gewarnt wurde, dass Herzog Wilhelm V. vorhabe, seine beiden noch unverheirateten Töchter in der Osterzeit zu zwingen, in die katholische Messe zu gehen.[155] In der Tat hatte man zu der Zeit einen Versuch unternommen, die beiden jüngsten Töchter Wilhelms V., Magdalena und Sibylle, zu überreden, zur katholischen Religion zurückzukehren.

Paulus Langer, der Hofsekretär von Jülich, schrieb diesbezüglich am 20. März an Margaretha von der Marck-Arenberg: *Man hat unlangst die jungfreullein abermals durch etliche furneme hh. rete christlich informeren lassen, van irer gefasten irrigen opinion abzustehen und widerum zur alten catholischen religion zu begeben, welchs alles vergeblich entstanden. Gleichwoll wollen ire furstl. gnaden den furnembsten mangel nit abstellen, der i.f.g. jederzeit so deutlich eingebildet, als das man i.f.g. soliche leut zuordne, die derselben religion zugethan, also das es schier vor ein spiegelfechten zu achten sein muss.*[156]

Es wäre für die katholische Partei sehr wichtig gewesen, wenn Magdalena und Sibylle sich zum Katholizismus bekehrt hätten. Beide Mädchen hatten ein heiratsfähiges Alter erreicht und das Herzogshaus Jülich-Kleve-Berg war eines der wohlhabendsten und mächtigsten im Reich. Alsbald würden mehrere vornehme junge Fürsten um die Hand der Töchter anhalten. Diese wünsch-

---

151 Roeykens 1967–1969, S. 402; AAE, Biografie 3c.

152 AAE, M. M. 101, Magdalena von Jülich-Kleve-Berg an Margaretha von der Marck-Arenberg, 8.4.1574.

153 Ebd., 68, Anna von Neuburg an Margaretha von der Marck-Arenberg, 29.11.1579.

154 Diedenhofen 1984; Schulte 1995, S. 218f.

155 Brief mit unbekanntem Absender an Kurfürst Friedrich III. von der Pfalz, 23.3.1575, in: Keller 1965, Nr. 188, S. 224.

156 AAE, M. M. 90, Paulus Langer an Margaretha von der Marck-Arenberg, 20.3.1575.

ten aber, nur einen protestantischen Fürsten zu heiraten und würden demnach sämtliche katholischen Kandidaten abweisen. Ihre älteste Schwester Maria Eleonore hatte den Mädchen Ende Januar 1575 Mut gemacht. Sie hoffte, ihre jüngeren Schwestern seien stark genug, um in ihrer Meinung und ihrem Glauben durchzuhalten. Sie schrieb, sie habe gehört, *dass man Euch gerne mit jemanden verheiraten würde, der nicht unserer Religion angehört. Ich habe die feste Hoffnung, dass Gott es verhindern und* [dass er es] *nicht erlauben werde, dass Ihr mehr in Versuchung seid, als Eure Zerbrechlichkeit ertragen könnte. Verlieren Sie nicht den Mut, meine lieben Schwestern, Gott wird Euer Beschützer sein.*[157]

Durch den Tod von Erbprinz Karl Friedrich im Februar 1575 avancierte der jüngere Sohn Johann Wilhelm zum Nachfolger Herzog Wilhelms V. in den Vereinigten Herzogtümern. Wie schon erwähnt, zeigte dieser bereits früh Zeichen psychischer Beeinträchtigungen und es war demnach gut möglich, dass er nie eigene Kinder haben würde. Beim Aussterben des Hauses in der männlichen Linie könnten dann die Kinder einer seiner vier Schwestern ihre Ansprüche auf die Nachfolge in den Fürstentümern geltend machen. Die beiden ältesten Töchter Herzog Wilhelms V. waren bereits mit protestantischen Fürsten verheiratet. Falls die zwei jüngsten Töchter ihren Willen ebenfalls durchsetzen sollten, dann würden die vier wichtigsten Fürstentümer am Rhein in der Zukunft in die

Hände protestantischer Fürsten fallen. Die katholische Partei am Hof des Herzogs war sich dessen wohl bewusst und sollte in der darauf folgenden Zeit mehrere Versuche unternehmen, die beiden Mädchen für den katholischen Glauben wiederzugewinnen.

Auch die protestantische Hofpartei war sich der Situation sehr wohl bewusst und befürchtete, dass die Anstrengungen der Katholiken Erfolg haben könnten. Nachdem der Protestant Friedrich von der Pfalz über die Situation am Niederrhein informiert worden war, beschloss er in Absprache mit seinen Ratsherren, eine Gesandtschaft zum herzoglichen Hofe zu schicken. Man wollte Herzog Wilhelm unter anderem an seine tolerante Haltung in Religionsfragen erinnern, denn schließlich habe er sich in der Öffentlichkeit zum „wahren Glauben" bekannt und die Messe am Hofe abgeschafft. So hoffte man immer noch auf seine protestantische Gesinnung, die er durch die Vermählung seiner zwei ältesten Töchter, Maria Eleonore und Anna, bereits mehrfach gezeigt hatte.[158]

Die Gesandtschaft überreichte die Botschaft auf Schloss Hambach und der Herzog ließ am 20. Mai 1575 seine entschlossene Antwort durch seinen Kanzler Wilhelm von Orsbeck mitteilen. Er entgegnete, dass er sich nie öffentlich zum protestantischen Glauben bekannt habe, vielmehr eine religiöse Neutralität anstrebe, um Ruhe und Ordnung in seinem Land zu erhalten. Es wäre weiter auch unrichtig, dass man aus den Ehen der beiden Töchter den protestantischen Glauben des Vaters ableiten könne.[159]

---

157 *qu'on vous vouldroit bien marier a qeulqung qui ne soit de nostre religion j'ay ceste ferme esperance, que Dieu l'empeschera et ne permetra point, que vous soies plus tente que vostre fragilite ne scauroit porter. Ne perdes point courage, mes bien aymes soeurs, Dieu sera vostre protecteur.* Maria Eleonore, Herzogin von Preußen, an ihre Schwestern Magdalena und Sibylle von Jülich-Kleve-Berg, 31.1.1575, in: Keller 1965, Nr. 180, S. 219f.

158 Anweisungen von Friedrich von der Pfalz an seine Gesandten während des Aufenthalts am Hofe Herzogs Wilhelm V. von Jülich-Kleve-Berg, 18.5.1575, in: Keller 1965, Nr. 196, S. 228ff.
159 Keller 1965, Nr. 197f, S. 231f.

Die Abgesandten hatten durch ihr streitsüchtiges Auftreten jegliche Chance verspielt, Einfluss auf Herzog Wilhelm V. zu nehmen.

Die bayerische Herzogsfamilie gab sich ebenfalls Mühe, die jüngsten Töchter Herzog Wilhelms V. wieder zum katholischen Glauben zu bekehren und dadurch den katholischen Glauben am jülich-klevischen Hofe zu sichern. Der Kontakt zu Bayern war vor allem seit dem Tode von Karl Friedrich intensiver geworden. Durch den Tod wurde schließlich der jüngste Sohn des Herzogs, Johann Wilhelm, dessen Nachfolger. Dieser würde also auf den Bischofsstuhl von Münster verzichten müssen und Herzog Albrecht V. von Bayern bemühte sich seit Februar 1575 darum, dass sein Sohn Ernst diese offene Stelle ausfüllen würde. Die hieraus folgenden intensiven Kontakte boten eine ideale Gelegenheit, auch auf die Glaubensfragen im Herzogtum Jülich-Kleve-Berg einzuwirken.

So schlug man von Bayern aus vor, die beiden jungen Mädchen an den bayerischen Hof zu holen. Der Herzog von Jülich-Kleve-Berg war der Idee nicht abgeneigt, aber er stieß auf Widerstand bei seinen Töchtern, wie es aus einem Brief vom 28. Mai 1575 an Herzog Albrecht V. von Bayern hervorgeht.[160] Am 9. Juni 1575 antwortete Herzog Albrecht V., dass die Mädchen willkommen seien. Er erachte es für notwendig, dass sie sich in einer katholischen Atmosphäre aufhalten sollten. Alle Personen, die hinsichtlich ihrer religiösen Einstellung verdächtig erschienen, sollten aus deren Umgebung entfernt werden und auch der Kontakt zu ihrer Schwester in Neuburg müs-

se vermieden werden. Schließlich betonte er noch, dass dafür gesorgt werden müsse, beide Schwestern mit katholischen Fürsten zu verheiraten.[161] Im Auftrag von Herzog Albrecht V. setzte in der Zwischenzeit Hofmeister Gotthard von Schwartzenberg die Mädchen vergeblich unter Druck, zum katholischen Glauben zu wechseln.[162]

Der bayerische Hof suchte außerdem für Johann Wilhelm, den jüngsten Sohn und Nachfolger Wilhelms V., einen katholischen Hofmeister und Diener. Die Anstrengungen hatten Erfolg, denn der Kandidat, der von Bayern und Spanien empfohlen wurde, Marschall Johann von Reuschenberg, wurde dann auch ernannt. Darüber hinaus kam es der katholischen Partei am Hofe zu Pass, dass am 15. Februar 1575 Kanzler Heinrich Bars, genannt Olisleger, starb. Dieser war immer ein ernst zu nehmender Gegner von intensiven Kontakte zum bayerischen Hof gewesen.[163] Zu den wichtigen Mitgliedern der katholischen Partei am Hofe zählten, neben Marschall Johann von Reuschenberg, Hofmeister Gothard von Schwartzenberg und Kammermeister Paulus Langer, Marschall Reinhold von Wachtendonk, Dietrich von der Horst, Amtmann zu Düsseldorf, Wilhelm von Orsbeck, Kanzler von Jülich (Nachfolger von Heinrich Bars) sowie Dr. Heinrich von Weze aus Kleve.[164]

Herzog Wilhelm V. hatte inzwischen auch Kaiser Maximilian II. gebeten, einen kaiserlichen Gesandten an seinen Hof zu senden, um seine ältere Schwester Amalie und seine beiden Töchter in den Glaubens-

---

160 Herzog Wilhelm V. von Jülich-Kleve-Berg an Herzog Albrecht V. von Bayern, 28.5.1575, in: ebd., Nr. 202, S, 236.

161 Herzog Albrecht V. von Bayern an Herzog Wilhelm V. von Jülich-Kleve-Berg, 9.6.1575, in: ebd., Nr. 203, S. 236.

162 Hofmeister Gothard von Schwartzenberg an Herzog Albrecht V. von Bayern, 28.5.1575, in: ebd., Nr. 201, S. 235.

163 Schulte 1995, S. 222.

164 Lossen 1882, S. 270.

fragen zu ermahnen. Der Kaiser antwortete ihm am 10. Mai 1575, dass er nicht gerne höre, wie die Töchter von Wilhelm V. sich in Hinsicht auf Glaubensfragen benähmen. Er war aber der Meinung, dass sich dies *mit gewaldt nit laicht reichten lasen*[165], sodass er einen Gesandten zum herzoglichen Hof schickte.

Dieser Gesandte, der Vorsitzende des kaiserlichen Hofrats, Philipp, Herr von Winneberg, traf im Januar 1576 am klevischen Hof ein, um die Schwester und die beiden Töchter des Herzogs ernsthaft zu ermahnen. Das tat auch der Herzog am 7. Januar und er forderte von seiner Schwester und seinen Töchtern, dass sie zum katholischen Glauben zurückkehren mögen, ihrem Seelenheil zuliebe. Zusammen mit ihm sollten sie *gleichwol undter der Catholischen Meß das hochwirdig Sakrament anders nit dan undter beiderlei Gestalt genießen.*[166] Mit der Bitte gingen allerlei Drohungen einher und sie wurde sogar gewaltsam unterstrichen, denn Graf Hermann von Neuenahr schrieb hierüber am 15. Januar 1576 an Friedrich von der Pfalz: *Nachdem derselben schwester ichtwas dargegen reden wollen, seind ire f. g. dermassen entrust, das dieselbe die schwester zu Hambach auf dem schloß uber die gallereyen gejagt mit einem blossen rappier* [Fechtdegen], *also da nicht ein guter man inen beiden ein thur zugeschlagen, hetten ire f. g. die schwester erstochen. Auß welchem handel jetziges eltistes frewlin Magdalena dermassen erschrocken, daß sie ein halbe rachung* [Halsentzündung] *daruber kriegen und gar bettligend ist.*[167]

Aus einem Brief von Sibert Mutzhagen, einem ehemaligen Sekretär am Jülicher Hof, an den Landesverwalter von Jülich, Johann Diepenbrauch, vom 26. Januar 1576 geht hervor, wie sich die Angelegenheit weiterentwickelte. Nach vielen ernsthaften, aber vergeblichen Versuchen, die Mädchen zur Konvertierung zu bewegen, gab der kaiserliche Gesandte Winneberg zu erkennen, dass er den Hof verlassen würde. Der Herzog ging daraufhin zum Zimmer des Gesandten und flehte ihn auf den Knien an, noch einige Tage zu bleiben. Darauf erwiderte der Gesandte, dass er lieber Sklavenarbeit in Ungarn verrichte, als noch länger am Hof zu verbleiben. An diesem Vormittag erlitt der Herzog wieder einen seiner Anfälle.

Sodann begannen Gymnich und Schwartzenberg unter Aufsicht von Stephanus Winandus Pighius, erneut auf Magdalena und Sibylle Einfluss zu nehmen. Die Prinzessinnen erklärten jedoch *mit nicht geringem ganz betrübten überheuffigen Weinen begegnet*, dass sie hofften, dass Gott diejenigen bestrafen möge, die sie *gegen ihren lieben Vatter so verbittern und damit solche Beschwernus und großes hertzeleid unchristlich zufügen.* Nach diesen Worten ließen sie die Herren stehen und gingen fort.

Kurze Zeit später wurde ihr Vater erneut von Anfällen geplagt. Am nächsten Morgen ließ Herzog Wilhelm um vier Uhr morgens seinen Sekretär Paulus Langer zu sich kommen. Zusammen mit Langer erstellte er einen Brief, der an seine Kinder gerichtet war. Welchen genauen Wortlaut jener Brief beinhaltete, konnte Mutzhagen nicht sagen, aber der Inhalt war derartig, dass er *beide junge Fraulein in hohe erbärmliche Betrübnus gesetzet.* Vor allem Magdalena, die ein *gar kleinmütiger schwacher Naturen* hatte, wurde beim Vernehmen des Inhalts des Briefes so krank, dass man sie wochenlang nicht zu

---

165 Kaiser Maximilian II. an Herzog Wilhelm V. von Jülich-Kleve-Berg, 10. 5.1575, in: Lacomblet, Urkundenbuch 4, Nr. 577, S. 722f.

166 Graf Hermann von Neuenahr an Kurfürst Friedrich von der Pfalz, 15.1.1576, in: Keller 1965, Nr. 209, S. 239.

167 Ebd., Nr. 211, S. 240.

Gesicht bekam. Sibylle, die *etwas stärker und gelehrter zu sein scheinet*, erschien sehr wohl, nachdem ihr Vater verschiedene Male nach ihr hatte rufen lassen, aber sie weigerte sich schon seit Dezember, gemeinsam mit ihm die Mahlzeiten einzunehmen.[168]

Paulus Langer sandte am 13. Januar 1576 eine Abschrift des bewussten Briefes an den bayerischen Sekretär Johann Winckelmeier, die er dem bayerischen Herzog weiterleiten solle.[169] Im Brief schrieb Herzog Wilhelm V., dass es ihn betrübe, dass seine Töchter trotz der vielen väterlichen und kaiserlichen Ermahnungen bei ihrer Meinung blieben. Nichtsdestotrotz würde er ihnen noch eine Chance geben, ihm zu gehorchen und von ihrem Irrtum abzulassen. Ansonsten würde er *alle vatterliche Lieb und Treue von ihnen abziehen uns ihrer im geringsten nit annemen, dan vielmehr von denselben absondern und dermassen erzeigen, dadurch sie unsere Ungnad im Werck spuren und befinden sollen*.[170]

Das einzige, was durch diese Maßnahmen erreicht wurde, war, dass die Mädchen eine schriftliche Erklärung abgaben, in der sie darauf verwiesen, dass ihr Vater sie im evangelischen Glauben hatte erziehen lassen und dass diese Religion auch am Hof gepredigt werde. Ihrer Meinung nach sollten sie auch die Messe meiden.[171] Zudem waren sie der Meinung, dass der Herzog auch die katholische Messe am Hofe abgeschafft habe.

1.9 Die Heirat der Magdalena von Jülich-Kleve-Berg

Kurz nach Annas Hochzeit begannen die Verhandlungen für die Vermählung Magdalenas, der dritten Tochter von Herzog Wilhelm V. Ihr Schwager Philipp Ludwig von Pfalz-Neuburg vermittelte erfolgreich für seinen jüngeren Bruder, Johann I. von Pfalz-Zweibrücken. In der gesichteten Korrespondenz gibt es die ersten schriftlichen Nachweise über geführte Verhandlungen zu dieser Vermählung im Herbst 1577. Herzog Wilhelm V. von Jülich-Kleve-Berg ging zusammen mit dem Heiratskandidaten auf eine Rundreise in den Fürstentümern, um *dem hertzugen von Zweibrugenn zu gefallen eumb dem die landen lassen zu besigtigen*.[172]

Am 4. Dezember 1577 schrieb Magdalena: *man hat also als disen dag einen botten nach Neuburg gefertigt und dem hertzugen zu Neuburg ist geschriebenn worden von meinem herren und vatter, dar sein broter das gemotz noch weher s. g. eher zu hiraten, das s. g. als dan woll kont leiden, das s. l. widers in den sagen handelten und zu tractirren for die hant genommen wordt. So weirdt solches mit alles fleisz von meinem schwager befordert werden, wie ich nicht zweiffell will es also gensligen darfor halten*.[173]

Aber die Antwort aus Neuburg blieb so large aus, dass man Anfang März 1578 einen anderen Gesandten schickte.[174] Noch keine Woche später erhielt man dann den lange erwarteten Antwortbrief. Herzog Johann I. von Pfalz-Zweibrücken schrieb, dass er *ein platz und zeit von s. g. begert zu wissen, war und van es s.g. am beste gelegen wehere*

---

168 Siberg Mutshagen an Heinrich Diepenbrauch, 26.1.1576, in: ebd., Nr. 212, S. 241.
169 Paulus Langer an Johann Winckelmeier, 13.1.1576, in: ebd., Nr. 210, S. 240.
170 Herzog Wilhelm V. von Jülich-Kleve-Berg an seine Töchter, Magdalena und Sibylle, 7.1.1576, in: ebd., Nr. 209, S. 239.
171 Lacomblet, Archiv 5, S. 83.

172 AAE, M. M. 103, Magdalena von Jülich-Kleve-Berg an Margaretha von der Marck-Arenberg, 6.10.1577.
173 Ebd., 4.12.1577.
174 Ebd., 5.5.1578.

die tracktacey [Ehevertrag] *zu halden.* Der Herzog von Jülich-Kleve-Berg antwortete, dass er *woll genigt weren gewesen in ein platz und zeit zu melden darmit die forhabende tracktacy stracks zu entschafft were bragt.* Aber er hätte *jetz so fill zu don wegen des auffroes im Niderlant, dan es weher aller hant bestolung von folck auff die bein die irren pas filigen durch seiner genaden landen worden nemmen, derhalben s. g. im auff disz mall kein sigere tzeit kont setzen.* Er fragte *also freuntligen an im, er woll des geringen vertzog kainen miszfallen haben. S. g. worden doch der gelegenheit widers nachdencken und wan es dan die gelegenheit wordt sehen im anstont zu melden.*[175] Aber Magdalena glaubte ihm nicht. Sie hatte erfahren, dass *dises solt die orsag woll nicht sein.* Der richtige Grund war ihrer Meinung nach, dass man versprochen hatte, *das man kaine heilig tractasey* beschließen würde, ohne *es dem hertzugen von Preussen dan am ehersten zu kennen geben, das er seine abgeordentte darbey habe.*

Die ganze Angelegenheit verzögerte sich, *das die sagen filigen noun so balt iren fortganck nicht werden gewinnen.* Aber *man meint aber es solt die hogtzeit noch im herbst konnen gehalten werden, dan wie nun sprigt, so weird mein herr vatter in wienig dagen ein bott in Preussen senden eumb dise sach.* Es sollte dadurch noch drei Monate dauern, *ehe man antwordt weirdt haben.*[176] Eine Woche später musste Magdalena einsehen, dass *die hoghzeit solt im septer noch im october noch nicht konnen geschen.*[177]

Im April kam erneut ein Bote von Johann von Zweibrücken zum Niederrhein. Er überbrachte einen Brief, in dem der Herzog erneut *auff die tractacy zit und pflast*

von s. g. wartete. Aber er erhielt die gleiche Antwort wie das Mal zuvor. Herzog Wilhelm versprach ihm wohl, dass, wenn er *aber die gelegenheit sehen das die tractacy rueg for die hant kont werden genommen, so wolt s. g. im mit eigener potzafft zitlegen zeit und plats wissen solche tractacy zu folstrecken.*[178] In Neuburg war man ganz und gar nicht zufrieden mit dieser auf Zeit spielenden Antwort.[179]

Ende Juni gab es von Zweibrücken aus noch einen Versuch, ein Datum festzulegen, aber man wurde *mit forigen worten ab gewissen, wie jederzeit beschen, als das jetz die zeit noch am geferligsten ist und solt die tractacy for dem september oder october nicht for die hant konnen genommen werden.*[180] Auch dieses Mal gab es wieder einen Aufschub und wiederum wurde als Grund der Aufstand in den Niederlanden genannt. Magdalena war der Meinung, dass *nog ander mittel bedagt mossen werden, seiner genaden darhin zu bewegen das er es balter zulest.* Außerdem bereitete die spanische Seite ihr Sorgen, die viel *bedenckens* bezüglich der Haltung des Herzogs hatten.[181] In der darauf folgenden Zeit änderte sich die Situation nicht. Als man im Oktober nochmals einen Boten ins Rheinland schickte, gab Anna von Neuburg einen Brief für ihre Schwester mit, in dem sie schrieb, dass sie *werlig gar ungedoldig* war, genau wie ihr Ehegatte, *wegen es vertzogs mit der sagen ires broder, der dan auch ungedoldig ist.* Der Bote musste auch dieses Mal ohne abschließende Antwort zurückkehren.

Der Herzog hatte wohl versprochen, dass wenn er *zu Hambach auff der schweinhitz were,* er *sein gehim rett beien haben und sich aldan mit dennen underreden, wan das ein*

---

175 Ebd., 11.3.1578.
176 Ebd.
177 Ebd., 18.3.1578.

178 Ebd., 20.4.1578.
179 Ebd., 9.6.1578.
180 Ebd., 3.7.1578.
181 Ebd., 21.8.1578.

*eigentlige tzeit kont angestelt werden und
also die im hertzug Hanssen lassen wissen.*
Es sah also danach aus, dass die Angelegenheit endlich vorankommen würde. Der
unentschlossene Herzog Wilhelm wollte
mit seinen Beratern besprechen, welches
Datum sich am besten zum Abschluss eines
Ehevertrages eignen würde und wollte die
Entscheidung dann dem zukünftigen Bräutigam mitteilen.[182] Im November wusste
Magdalena dann schon etwas mehr: In drei
Monaten würde man zusammentreffen, um
die Bedingungen schriftlich festzuhalten.
Ihren Vater kennend, hoffte sie, dass *es
durch diser beschwerliger zeit nicht wider
verhindert werde.*[183] Anfang Januar 1579
traf ein Brief im Rheinland ein, in dem
Johann von Zweibrücken meldete, dass seine
Reise sich verzögern würde. Er würde erst
am 18. März in Kleve eintreffen. Offenbar
war dies den klevischen Räten nicht recht,
aber der Herzog war mit diesem Termin
einverstanden.[184] Am 12. Februar trafen
schon *etlige gesantten* in Düsseldorf ein, um
die Schließung der *tractacy bey zu wonnen.*
Darunter befanden sich auch preußische
Gesandte und sie würden *noch so lang hie
bliben bisz zu dem angestimbten dag.*[185] Die
pfalsgrebische gesantten aus Neuburg trafen
erst am 14. März ein. Die *Klieffsche redt*
ließen jedoch auf sich warten und sollten
nicht vor dem 22. März in Düsseldorf an-
kommen. Auch Johann von Zweibrücken
selbst war noch nicht eingetroffen.[186]

Wann genau der Ehevertrag unterzeichnet wurde, geht aus den Quellen nicht
hervor, denn es dauerte bis Ende April, bis
Magdalena und Sibylle erneut an Mar-

garetha von der Marck-Arenberg schrieben, dabei aber nicht auf dieses Thema
zurückkamen. Ein Brief des Sekretärs von
Jülich, Paulus Langer, an den bayerischen
Sekretär Hans Winckelmair nimmt jedoch
am 25. April 1579 auf die Angelegenheit
Bezug. Er schrieb, dass man neuerdings
sehr zu tun gehabt hätte, unter anderem
mit der Vermählungsangelegenheit der
dritten Tochter des Herzogs, Magdalena,
mit dem *ungeraden hern* Pfalzgraf Johann
von Zweibrücken.[187] Weiter erzählte er,
dass diese Hochzeit beschlossen sei und
dass sie am 14. September 1579 in Bergzabern stattfinden würde. Bemerkenswert
ist Langers Zusatz, dass beabsichtigt sei,
das ganze Geschehen (die Zeremonie und
die anschließenden Feierlichkeiten) sehr
gemäßigt in einem kleinen Kreis zu bege-
hen: dass *wenig leute dazue beruffen und es
also kurz und gut machen, die junge furstin
in das elend, welchs sie wol, wan sie gewolt,
verbessern konnen, bevelhen.* Langer nannte
Magdalenas Heirat eine Reise ins Elend,
woran sie, wenn sie gewollt hätte, noch etwas
hätte verbessern können. Die Hochzeit sollte
im evangelischen Bergzabern stattfinden,
weil der Pfalzgraf Johann sich nicht von
einem katholischen Priester *befehlen* lassen
wollte. Herzog Wilhelm V. andererseits
wollte unter keinen Umständen zulassen,
dass eine evangelische Hochzeit in Jülich
stattfinden würde, *wie es dan viel disputi-
rens und ablegnens verursacht,* sodass man
letztlich beschlossen hatte, dass die Eheschließung und deren Vollzug (mit anderen
Worten der Beischlaf) am genannten Ort
stattfinden sollte. Die Braut sollte mit einem
Schiff bis Germersheim gebracht werden.

---

182 Ebd., 11.10.1578.
183 Ebd., 13.11.1578.
184 Ebd., 104, 9.1.1579.
185 Ebd., 16.2.1579.
186 Ebd., 15.3.1579.

187 Wörtlich: *de oneven heer.* Paulus Langer nannte
Pfalzgraf Johann so, da er hinkte.

Laut Langers Brief war geplant, dass Herzog Wilhelm V. ebenfalls mitreisen würde.[188]

Während Paulus Langer keine schöne Zukunft für die Braut vorhersagte, sah ihre Schwester Sibylle es nicht so schwarz. Es würde Magdalena *an zitlicher unnd ewiger wolfart nimmer mangelenn*, aber Sibylle war wohl besorgt, dass sie *irenn willen nicht wirt haben*.[189] Befürchtete sie, dass ihre Schwester, die es gewohnt war, ihre Meinung zu sagen, mundtot gemacht werden würde?

In der darauf folgenden Zeit sorgte sich Magdalena vor allem um ihre Aussteuer, die wahrscheinlich nicht fertig werden würde, und um die Vorbereitung des Brautzugs.[190] Einer der wichtigsten Teile eines solchen Zuges war das so genannte *frawen zimmer*, das aus bedeutenden Bezugspersonen der Braut bestand. Margaretha von der Marck-Arenberg war z. B. als *Hofmeisterin* im Brautzug von Anna von Jülich-Kleve-Berg mitgereist. Bei Magdalena verursachte die Zusammenstellung des *frawen zimmer* offensichtlich etliche Probleme. So war es noch gar nicht sicher, dass die Gattin von Adolf von Nevers nun mitgehen würde. Magdalena befürchtete, dass sie nicht mitkommen würde *wegen den zweispalt sey mit dem von Reifferscheit haben*. Die beiden konnten sich offenbar nicht leiden. Ansonsten stand schon ungefähr fest, wer alles mitreisen würde: *For hoffmisterin werdt mit zehen des kammermister Keldersz hausfraw und des stalmister Rombirgs hausfraw und die von Galen. Von junfferen werdt mit zehen Eller, die jung junffer Hordt, des kammermister*

Ketlers dogter ist, Rombirgs dogter ein, und dan ein Rolshoussen, also das ich zimlig mit junfferen und frawen versen bin.[191] *Aber mich befrogt noch ales das das ich kaine grefinnen mit werdt bekommen, wiewoll ich mit noch ales hoffe das die von Neuenar noch mit wirdt zehen, wan man sich zur reissen werdt begeben werden, e. l. zwiffels on woll wissen als gegen den 21 september.* Magdalena konnte also mit drei Hofdamen und fünf Freifrauen rechnen, aber sie befürchtete, dass keine Gräfin dabei sein würde, zumal nicht sicher war, ob die Gräfin von Neuenahr mitkommen würde. Magdalena hoffte allerdings noch auf ihre Zusage, wenn der Brautzug am 21. September – offensichtlich war das Datum erneut verschoben worden – abreisen würde.[192]

Ende August 1579 sollte die ganze Gruppe aus Düsseldorf nach Hambach abreisen. Dorthin wurde auch Margaretha von der Marck-Arenberg durch Herzog Wilhelm V. eingeladen, um sich von Magdalena verabschieden zu können, bevor diese mit ihrem Brautzug abreisen würde.[193]

In Hambach trennten sich die Wege der zwei jüngsten Töchter des Herzogs. Sibylle sollte nach Bensberg gehen, während Magdalena mit ihrem Brautzug nach Bergzabern

---

188 Paulus Langer an Hans Winckelmair, 25.4.1579, in: Lossen 1895, S. 25ff.
189 AAE, M. M. 118, Sibylle von Jülich-Kleve-Berg an Margaretha von der Marck-Arenberg, 19.10.1579.
190 Da die Bereitstellung der Aussteuer in Kapitel 3.4.1. ausführlich behandelt wird, wird an dieser Stelle nur auf den Brautzug eingegangen.

191 Es ist schwierig zu bestimmen, wer diese Hofdamen waren. In dem Werk von Anton Fahne (Fahne 1848), werden viele adelige Familien aus dem Rheinland aufgeführt. So war es möglich eine Anzahl der Hofdamen und Jungfrauen zu benennen: Mit *Eller* meint Magdalena wahrscheinlich eine Tochter von Jodocus von Eller, einem Bergische Rat. Ob es sich dabei um Anna, Klara oder Elisabeth handelt, bleibt unklar (S. 92). Eine *Tochter von Rolshausen* kann Elisabeth oder Maria gewesen sein (S. 371). Die *Hausfrau von Galen* war wahrscheinlich Catharina von Arnstel, die Ehefrau von Adam von Galen (S. 108).
192 AAE, M. M. 104, Magdalena von Jülich-Kleve-Berg an Margaretha von der Marck-Arenberg, 22.7.1579.
193 Ebd., 13.8.1579.

aufbrechen würde. Der Abschied von ihrer Schwester und von Margaretha fiel Sibylle so schwer, dass sie ganz traurig wurde. Sie schrieb Margaretha *inn was grossenn betreubneuss ich jez beyn des abschaitzs halben dero gelibester schwesternn, wie auch im gelichenn vonn e. l., wilches alles ich mich nit woll kan getreustenn.* [...] *E. l. keunnen gedenckenn das es mir gar betreulich ist, so gar eymotigh alein zu seynn.*[194] Sie war nun tatsächlich die einzige am Herzogshof verbliebene Tochter, was sie sehr betrübt machte. Es sollte die ersten Tage nicht besser werden: Sibylle klagte über schwere Kopfschmerzen, die ihres Erachtens des vielen *wainenn und betreubnenn* zu verdanken war, *denn ich mir des abscheitzs der schwesernn noch nicht woll kan getreustenn, wie es mir denn auch ellentich ist, das ich so gar ellentigh allain hie mouss seynn und wienigh freuten gewertigh.* Jedoch strengte sie sich an, sich zusammen zu nehmen: [Ich] *schlaghs doch so fill auss dem kopff, wie mir moghlichenn ist.*[195]

Ende November schrieb Sibylle, sie hätte sich *getrost das ich so eymaligh alain bin, will es nicht anters hatt mogen seynn das wir beite geschwesteren habenn moussenn gescheiten seynn.* Wenn sie auf ihre Jugend zurückblicke, könne sie nur wenige Erinnerungen aufzählen und sie betrachte dies alles zusammen mit ihrem heutigen einsamen Leben als die Last eines Kreuzes: *So haben wir vonn unser kinthait an nicht fill freuten im diesem hauss leiter geschiehenn unnd es kan kain minsch der lebt nicht sonter creutzs oder beschwerneuss seynn, so wirt mir diss also vom herren aufferlecht seyn.*[196]

Offenbar hatte inzwischen der Erzbischof und Kurfürst zu Köln, Gebhard II.

Truchseß von Waldburg, Magdalena *mit seulchem schonnen halsbant neben eynem klenot* [...] *verert.* Sibylle schrieb diesbezüglich: [Ich] *habe woll keunnen gedencken das main genetighster her vatter nicht wol darmit zufritenn weurt seynn. Mich ist aber lieb das seyngenaten es noch haben angenommenn und sich so woll mit innenn gehaltenn, denn seyngenatenn synt im werlichenn nicht gout.*[197] Die Beziehungen zwischen dem Herzog und dem Kurfürst zu Köln waren also keineswegs gut und sie sollten sich noch weiter verschlechtern. Einige Jahre später konvertierte der Erzbischof zum Protestantismus, was den Ausbruch des Kölnischen Krieges 1583 zur Folge hatte.[198]

Am 29. September 1579 schrieb Magdalena aus Worms an die Gräfin von Arenberg, um sie wissen zu lassen, wie es ihr gehe. Offenbar war nicht alles reibungslos und wie geplant verlaufen, denn sie waren *in grossen* [g]*far auff dem wasser* gewesen, sodass sie das Schiff hatten zurücklassen müssen und mit Wagen weiter nach Worms reisen mussten. Sobald *die schiff aber wider faren konnen* würde es nachkommen.[199] Wie ihre Schwester Sibylle schon vorhergesagt hatte,[200] fehlte ihr Margaretha. Magdalena schrieb, dass ihr der Abschied sehr schwer gefallen war, *also das meine leudt offt gewonst* [haben] *das e. l. bey mir weheren, darmit ich so schwermodig nicht weher.*[201] Im Übrigen gehe es ihr gut.

Am 4. Oktober 1579 heiratete Magdalena in Bergzabern Pfalzgraf Johann, Her-

---

194 Ebd., 118, Sibylle von Jülich-Kleve-Berg an Margaretha von der Marck-Arenberg, 20.9.1579.

195 Ebd., 24.9.1579.

196 Ebd., 28.11.1579.

197 Ebd., 24.9.1579.

198 Siehe hierzu Lossen 1882–1879.

199 AAE, M. M. 104, Magdalena von Jülich-Kleve-Berg an Margaretha von der Marck-Arenberg, 29.9.1579.

200 Ebd., 118, Sibylle von Jülich-Kleve-Berg an Margaretha von der Marck-Arenberg, 24.9.1579.

201 Ebd., 104, Magdalena von Jülich-Kleve-Berg an Margaretha von der Marck-Arenberg, 29.9.1579.

zog von Zweibrücken. Die *hochzeit* wurde dabei *glucklich unnd woll verbracht.* Alles verlief nach Wunsch. Ihre Schwester Anna, die mit dem Bruder von Johann, Philipp Ludwig von Pfalz-Neuburg verheiratet war, kam auch zur Hochzeit. Magdalena war so glücklich, ihre Schwester wieder zu sehen, *also das sie vonn frout geweint habenn.* Sie war dann auch *gar trawrig,* dass Anna *so balt wider weckzogen* war.[202]

Zunächst war Magdalena in ihrer neuen Heimat von tiefer Traurigkeit umgeben, was sie im Nachhinein als unangemessen empfand, weil der Hof angenehme Lebensumstände bot und sie auf einen guten Ehegatten getroffen war: *Ich bin hie in ein gout lant kommen und* [habe] *wilige und treue underdannen bekommen, und darneben einen herren bekommen der mich lieb und werdt hatt und mich im geringsten nicht gehern solt ertzoren. Es ist auch noch woll fro, aber ich sehen in werlig so godig an das ich gros ungelig hab gehabt so zu weinnen*

wie ich hie bin kommen. E. l. son werd es ir woll ertzellen, wie treurig ich bin gewessen, aber jetz zu besser zu friden. Der almegtige gott woll nor forder sein gotlige genadt und segen verlehen. Gesundheitlich ging es ihr weniger gut. Sie war *so stiff* vom Reisen, dass sie ihren Kopf nicht drehen konnte und auch ihre Ohren, Zehen und Schultern waren betroffen, sodass sie viele Schmerzen hatte. Gleichwohl *bessert sich scher alle den dag, also das ich verhoff ich soll balt wider gesont sein.* Über die Ursache der Steifheit schrieb sie: *Ich gleube die grosse kelt, die ich auff der reissen gelitten habe, wirdt fill darzu verorsagen und neun die hisse stouffen.*[203]

Ob Magdalena nun eine glückliche Ehe führte, stellt sich im Briefwechsel mit Margaretha nicht explizit heraus, aber nichts weist auf das Gegenteil hin. Wenn man Magdalenas Briefe liest, erhält man doch den Eindruck, dass sie zufrieden mit ihrem Gatten und ihrer Situation war.

---

202 Ebd., Anna von Neuburg an Margaretha von der Marck-Arenberg, 29.11.1579.

203 Ebd., Magdalena von Zweibrücken an Margaretha von der Marck-Arenberg, 25.11.1579.

2 EIN HEIRATSPROJEKT ZWISCHEN DEN HÄUSERN JÜLICH-KLEVE-BERG UND ARENBERG

2.1 Die ersten Heiratspläne für Sibylle und Karl

Als sich Margaretha von der Marck-Arenberg im Herbst 1574 in Düsseldorf aufhielt, um Anna von Jülich-Kleve-Berg bei den Vorbereitungen zu ihrer Hochzeit mit Pfalzgraf Philipp Ludwig von Neuburg zu unterstützen, traf sie dort auch auf Magdalena und Sibylle, den beiden jüngsten Töchter Herzog Wilhelms V. Obwohl beide bei ihrem letzten Treffen noch kleine Kinder gewesen waren, hatte Margaretha die jüngste von den beiden, Sibylle, schon damals als Braut für ihren ältesten Sohn Karl ins Auge gefasst. Mittlerweile waren die Mädchen zu jungen Damen von einundzwanzig und siebzehn Jahren herangewachsen. Margaretha ergriff nun die Chance und sprach den Herzog umgehend auf eine mögliche Verbindung zwischen Sibylle und Karl an. Auch während der Reise nach Neuburg an der Donau, die sie gemeinsam mit Herzog Wilhelm V. unternahm, kam sie auf das Thema zurück. Der Herzog verhielt sich jedoch anfangs distanziert und als Margaretha es einige Monate später, im April 1575, nochmals versuchte, wurde sie mit folgender Antwort vertröstet: *wir stellen in keinen zweifell ir werdet euch desphals unsers rhatsamen wolmeinenden bedenckens, so wir euch hiebevor alhie zu Cleve unnd volgendt auf der Neurburgischer raiß vermeldt, zu erinnern wissen, dabei wir es dan noch bewenden lassen.*[1]

In der folgenden Zeit unternahm Margaretha eine längere Reise nach Italien, währenddessen sie das Thema ruhen ließ. Nach ihrer Rückkehr in die Niederlande knüpfte sie im April 1576 wieder an ihren Plan an.

Margarethas Motive waren eindeutig. Da Sibylle einem alten und vornehmen Geschlecht entstammte und ihr Vater über ein großes und wohlhabendes Gebiet herrschte, das zudem an das „Sonnenlehen" Arenberg in der Eifel grenzte, war sie in Margarethas Augen eine geeignete Heiratskandidatin für ihren Sohn. Die Herkunft der Töchter von Herzog Wilhelm und dessen Territorium hatten auch Herzog Albrecht Friedrich von Preußen und Pfalzgraf Philipp Ludwig von Neuburg veranlasst bzw. sollten auch Johann I. von Zweibrücken bewegen, jeweils um die Hand von Sibylles Schwestern, Maria

---

1   AAE, M.M. 77, Herzog Wilhelm V. von Jülich-Kleve-Berg an Margaretha von der Marck-Arenberg, 8.4.1575.

Eleonore, Anna und Magdalena, anzuhalten. Dazu kam, dass im Februar 1575 Karl Friedrich, der älteste Sohn und Nachfolger Herzog Wilhelms V. von Jülich-Kleve-Berg gestorben war. Zudem machte die schwache Geistesverfassung von Johann Wilhelm, dem nächsten Erben und jüngsten Sohn des Herzogs, dessen Nachfolge unsicher, sodass wahrscheinlich die Ehegatten der vier Schwestern beim Tode von Herzog Wilhelm ihren Erbteil einfordern würden. Auch Margaretha muss sich dieser Möglichkeit bewusst gewesen sein.

Eine Ehe zwischen der jüngsten Tochter des Herzogs und dem ältesten Sohn und Nachfolger von Margaretha von der Marck-Arenberg würde also zum Ruhm und zur Größe des Hauses Arenberg beitragen, was in Margarethas Bestreben lag. Es schreckte Margaretha nicht ab, dass es einen Standesunterschied zwischen den beiden Familien gab. Als das Lehen Arenberg 1576 zur fürstlichen Grafschaft erhoben wurde, verringerte sich der nominelle Standesunterschied nur wenig. Es stellte sich jedoch später als großer Fehler heraus, dass Margaretha die Gewichtung des Standesunterschiedes nicht richtig eingeschätzt hatte. Sie war geblendet von der Vorstellung, wie sehr die Familie Arenberg von einer solchen Heirat profitieren und ihr einen sozialen Aufstieg ermöglichen würde.

Wenn auch Margaretha in Sibylle eine geeignete Braut für ihren Sohn Karl sah, so bereitete ihr Sibylles protestantischer Glaube Sorge. Margaretha, die seit dem Ende der 1560er-Jahre eine regelmäßige Korrespondenz mit Herzog Wilhelm und seinem katholischen Sekretär Paulus Langer unterhielt, hatte bereits Anfang 1575 bei Langer nachgefragt, wie es um den Glauben von Magdalena und Sibylle bestellt sei. Er antwortete ihr, dass die Versuche, sie zu einer Konversion zum katholischen Glauben zu bewegen, allesamt fruchtlos geblieben seien. Anfang 1577 beschloss Margaretha, die nun ihre Pläne bezüglich einer Ehe zwischen ihrem Sohn und Sibylle zu erkennen gab, selbst auf eine Konversion einzuwirken. Sie schickte ihren Sohn nach Düsseldorf, wo sich der jülich-klevische Hof zu diesem Zeitpunkt aufhielt. Die ältere Schwester, Magdalena, erfuhr so, dass Margaretha *der bewosten personen for allen andren gewogen sein, und sey for irem son begeren.* Sie war froh, weil Margaretha ihr *so lieb und werdt sein.* Aber sie hoffte, dass Margaretha ihre *schwester iren freien willen in dem lassen und sie mit nichten darvon halten.* Diese Worte bezogen sich hauptsächlich auf Sibylles Glauben. Magdalena fügte hinzu: *Das ich i. l. aber bereden solt das sey leß ires glaubens bekentnisz, konnen e. l. bedencken, will ich mich kainen zweiffell mach ich dair bey selig kan werden, das ich i. l. nicht dair hin wordt bereden, sonst wordt ich meinen glauben selbs verdammen, dar ich doch mit der holffen gottes, bey denck zu bleiben biß an meinem endt.* Magdalena hatte offensichtlich nicht vor, ihre Schwester zu überreden, sich zum katholischen Glauben zu bekehren, da sie selbst überzeugte Protestantin war und auf gar keinen Fall das Seelenheil ihrer Schwester, noch ihr eigenes gefährden wollte.[2]

Margaretha schrieb auch persönlich an Sibylle, um sie zu bitten, sich *durch eynen gelertenn mann lassen zu unterrichtenn inn der catolissenn religionn […] unnd zu erkennen denn underscheidt derenn beitenn religionnen.* Sibylle bat jedoch, *seulchs noch zur zeidt darbey lassenn zu berouwen, wiewoll seulchs auch onnotig ist, denn mein her vatter unns*

2   AAE, M. M. 103, Magdalena von Jülich-Kleve-Berg an Margaretha von der Marck-Arenberg, 15.1.1577.

*hiebeforrenn seulchenn genoughsam bericht
darin hatt lassenn thonn*, sodass sie *denn
underscheidt genouchsam hab gehordt* und
also *weiter berichts unnotighenn erachtenn.*
Außerdem würde ein solcher Religions-
unterricht ihr und ihrer Schwester *gar fill
unnrouss bey meinem her vatter machen* und
also wollte sie sich *nicktz lassen angichenn
biss zur zeidt das mein schwester verheirrat-
tedt weirdt*, sonst würde sie *ihrer gar fill
unroutz schaffenn unnd denn her vatter noch
miehe gegenn sie verbeitrenn.* Sie erinnerte
sich natürlich noch zu gut, wie ihr Vater
versucht hatte, sie und ihre Schwester zum
Katholizismus zu bekehren und wie er auf
ihre Verweigerung reagiert hatte. Den Brief,
in dem er geschrieben hatte, dass seine
beiden Töchter in Ungnade fallen würden,
hatte sie wahrscheinlich immer noch nicht
vergessen. Sibylle befürchtete, dass ihre
Konversion zum katholischen Glauben, ihre
Schwester Magdalena erneut zum Opfer der
Bekehrungsversuche und Wutausbrüche
ihres Vaters machen würde. Sibylle bat also
Margaretha, das Thema vorläufig ruhen
zu lassen und es weder mit ihrem Vater
noch mit sonst jemandem zu besprechen.[3]
Gleichwohl war sie einer Vermählung mit
Karl von Arenberg nicht abgeneigt. Im
folgenden Jahr ließ sie in der Öffentlichkeit
durchblicken, dass sie zum Katholizismus
konvertieren wolle.

Im Januar 1577 besuchte Karl von Arenberg die herzogliche Familie. Die geplante
Heirat mit Sibylle kam erneut zur Sprache.
Magdalena und Sibylle gingen davon aus,[4]
dass ihr Vater der Idee sehr zugetan war,
dass er sich aber erst mit dem Kaiser und
dem Herzog von Bayern beraten werde, da

er auf die Meinung der beiden aufgrund
verwandtschaftlicher Beziehungen sehr viel
Wert legte; Kaiser Rudolf II. war Wilhelms
Neffe, darüber hinaus waren Herzog Albrecht V. von Bayern und Wilhelm V. von
Jülich-Kleve-Berg jeweils mit einer Schwester des verstorbenen Kaisers Maximilian II.,
dem Vater von Rudolf, verheiratet.

Als die Angelegenheit Ende 1577 immer
noch keinen Fortschritt zeigte und Margaretha erfuhr, dass die klevischen Räte
sich nur über Magdalenas Heirat beraten
hatten, verlor sie zum ersten Mal die Geduld. Magdalena versicherte ihr, dass die
Räte über Sibylles Vermählung gesprochen
haben, aber dass diese zuerst die ältere der
beiden Schwestern vermählen wollten, bevor
man die Verhandlungen über eine Vermählung der jüngsten Tochter beginnen wollte.
Sie schrieb: *weill ich die elste weher, solten
sey gehern sehen das solches ehersten fordt
gedrieben wordt.*[5]

Herzog Wilhelm V. beantwortete Margarethas ausdrückliche Bitte um Zustimmung für die Heirat zwischen ihrem Sohn
und Sibylle in ähnlicher Weise: *Was Ir hiebevor und neulicher zeit von wegen unser
geliebter jüngster dochter freulein Sibilla gebor-
ner herzogin zu Gülich Cleve unnd Berg bey
uns wolmeintlich angesuecht, unsern consens
zu geben das dieselb an euren sohn den hoch
unnd wolgebornen Carln gefürsten Graven
zur Arnberg, vermählet werden möchte, solchs
haben wir beschechner vertröstung noch in
ratschlag gezogen. Unnd ob wol wir euch mit
allem gunstigen gnedigen willen von herzen
zugethan, so befinden wir doch die sach bey
uns dermassen geschaffen, das uns in alwege
gebüeren thuet, ire andere schwester freulein
Magdalena so des alters halb den vorzug hat,
in diesem werck vorgehen zulassen, wie wir*

3   Ebd., 116, Sibylle von Jülich-Kleve-Berg an Mar-
      garetha von der Marck-Arenberg, 3.2.1577.
4   Ebd., 103, Magdalena von Jülich-Kleve-Berg an
      Margaretha von der Marck-Arenberg, 15.1.1577.

5   Ebd., 4.12.1577.

dan auch mit derselben, sie an ein fürstliche standtsperson zu vermehlen, in handlung stehen. Dieweil dan berurte unsere junge dochter noch nit veraltet, unnd aus sondern bewegunden ursachen unsere gebegenheit nit erleiden will, beide Töchter zugleich auszusteurren. So haben wir dennoch bey unns beschlossen solch werck noch etliche zeit einzustellen, was dan volgents von dem Almechtigen unnd unsenn herrn unnd freiiden verschon, unnd im rhat befunden, debfals vor unnd an die handt zunemen, darinnen wollen wir unns aller unverweiblichen gebüer erzeigen.[6] Der folgende Brief des Herzogs wiederholte den Standpunkt und enthielt sogar eine versteckte Abweisung: *Was die ander bewuste sachen anlangt, lassen wir es noch bey unser voriger ervolgter antwort unnd erclerung bewenden. Unnd wo der verzug eurem sohn etwan zue schwer fallen unnd andere statliche gelegenheiten deßwegen immittelst fühkemen, die wir Ime dan mit gnaden wolmeinen unnd gonnen, das Ir dieselbige dardurch nit zu versaumen.*[7] Sollte Karl von Arenberg das Warten zu lange werden und er inzwischen eine andere gute Partie finden, dann riet ihm der Herzog, diese Chance nicht zu verpassen.

Da die Heiratspläne nicht vorankamen und immer wieder auf Aufschub und Widerstand stießen, machte Margaretha auf Sibylle einen sehr depressiven Eindruck. In der Regel schrieb Sibylle ihr dann wie folgt: *beynn aber gar betroubt im hertzen das ich vermirck e. l. in seulcher beschwerneuss und bekeummerneuss sey.* Und weiter *e. l. an mir begerren ich derselbigh allmallen trostlich inn seulchenn seynn solt, so wolt ich seulchs vonn hertzenn gern thonn unnd diselbige gernn seynn die e. l. seulche beschwerneuss mocht*

abnemmen. Sie bat Margaretha, sich *nicht so hough keummerenn, denn der liebe gott wierdt alles scheickenn zu e. l. zufritenstellungh und das es zu eynem goutem geweunschtem ent wirt geratenn.*[8] Sie fügte außerdem hinzu: *E. l. haben sich dessen auch nichtenn zwiffell zu machenn das ich main gemodt weurt entrenn, denn wie ich beynn, so habenn mich e. l. zu geder zeit unnd nimant wirt mich mich von sulcher mainoungh abretenn.*[9]

2.2   MARGARETHA UND SIBYLLE SUCHEN ANHÄNGER FÜR IHREN HEIRATSPLAN

Margaretha von der Marck-Arenberg hatte schon im Jahr 1576 geplant, der Familie des Herzogs von Jülich einen Besuch abzustatten. Im August 1576 hatte sie Wilhelm V. geschrieben, dass sie ihm etwas erzählen müsse, was sie schwer *den federn* anzuvertrauen wagte. Der Herzog war sofort darauf eingegangen und hatte sie eingeladen, im Oktober nach Hambach zu kommen, um *das vorhabende gesprech unnd andere notwendigkeiten zuverrichten.*[10] Da aber der Besuch häufig aufgeschoben worden war, hatte Margaretha schließlich geschrieben, um was es gehe: Der Kurfürst von Köln hatte sie in Arenberg besucht und um ihre Tochter Antonia Wilhelmina, Wilhelms V. Patenkind, angehalten. Sie würde auch den spanischen König um seinen Segen für eine mögliche Heirat bitten.[11]

6   Ebd., 78, Herzog Wilhelm V. von Jülich-Kleve-Berg an Margaretha von der Marck-Arenberg, 7.12.1577.
7   Ebd., 16.12.1577.
8   Ebd., 116, Sibylle von Jülich-Kleve-Berg an Margaretha von der Marck-Arenberg, 26.12.1577.
9   Ebd., 15.10.1577.
10   Ebd., 77, Herzog Wilhelm V. von Jülich-Kleve-Berg an Margaretha von der Marck-Arenberg, 7.10.1578.
11   Neu 1989, S. 231.

Ein Jahr später war diesbezüglich alles geregelt, aber Margaretha war noch immer nicht dazu gekommen, zum jülich-klevischen Hof zu reisen. Im Herbst 1577 kam ein Besuch von Margaretha erneut zur Sprache. Anfangs wurde ihr Besuch wiederum aufgeschoben, weil in Kürze der Landtag des Herzogtums Kleve stattfinden sollte;[12] im Oktober wurden aber dann doch konkrete Absprachen mit Hofmeister Gothard von Schwartzenberg getroffen. Die zwei noch unverheirateten Töchter des Herzogs freuten sich sehr auf das Zusammentreffen. Magdalena schrieb: *sey werden sich so fort so fill bemoen und kommen auch ein dag oder etzligeherr zu unns, wilches uns gans lieb solt sein, dan gott waisz wie von hertzen mir verlangt. Es werden mich die 10 oder 11 dag noch so lang fallen ehr e. l. zu sehen.*[13] Auch Sibylle fand, dass ein Besuch von Margaretha *eynn goute will* her war.

Der Besuch wurde jedoch wieder aufgeschoben, da Margaretha mit der Hochzeit ihrer Tochter Antonia Wilhelmina mit Graf Salentin von Isenburg, dem ehemaligen Erzbischof und Kurfürst von Köln, zu beschäftigt war. Die Hochzeit sollte in Bonn am 10. Dezember 1577 stattfinden.[14] Die beiden Töchter Herzog Wilhelms V. waren eingeladen und wären gerne gekommen, wenn sie die Zustimmung ihres Vaters erhalten hätten.[15]

Als alle Feierlichkeiten vorüber waren, plante man Anfang 1578 erneut einen Besuch am Hof zu Jülich für *fastelabent*, einige Tage vor Aschermittwoch, dem Anfang der

Fastenzeit.[6] Diesmal gab es keinen weiteren Aufschub und so besuchte Margaretha im Februar die Familie des Herzogs.

Während dieses kurzen Aufenthaltes schrieb Margaretha in ihrem Namen und im Namen von Sibylle einen Brief an den Kaiser, um seine Zustimmung für die Ehe zwischen ihrem Sohn Karl und Sibylle zu erbitten: *Aller gnedichster kayser, nach dem ich myt meynen gnedigen heren hertzogen zu Gulich zu treffen eines hayraets myt dere gelypten Junsten dochter hertzogin Zybylle und meynen elteren sonen in handelong steh und wol darvour halte dieselbyge suliches an E. K. Ma*[te] *gelangen lassen werde, hab ich ist so zaygeren E. K. Ma*[te] *raet dochter Zybylie, so ich eben gelich halbe antroffen den gansen handel dere auch meynes dayls vour zu brengen, erzelt und vermuget dere wegen allerdemudichst bitten E. K. Ma*[te] *wolls in meyn wyllen gnedichst anheuren, und dar ine myt der kaiserliche gnaden mych und meyne sone wie myr beyde aller demudichst und underdenichst zu verdynen.*[17] Beide Frauen unterschrieben den Brief. Dr. Andreas Gail wurde als Gesandter mit diesem Brief und einem Brief Herzog Wilhelms V. zum Kaiser geschickt.

Der Abschied von Margaretha fiel beiden Töchtern des Herzogs sehr schwer. Magdalena schrieb: *hertz liebe momme, e. l. kar ich nicht genogsam schreiben, wie leidt mich e. l. hie von dan reissen hat gedan.*[18] Von der Seite des Herzogs scheint der Abschied ebenfalls sehr herzlich gewesen zu sein, denn

---

12   Ebd., Herzog Wilhelm V. von Jülich-Kleve-Berg an Margaretha von der Marck-Arenberg, 19.9.1577.

13   Ebd.,103, Magdalena von Jülich-Kleve-Berg an Margaretha von der Marck-Arenberg, 28.10.1577.

14   Neu 1989, S. 231.

15   AAE, M. M. 116, Sibylle von Jülich-Kleve-Berg an Margaretha von der Marck-Arenberg, 1.11.1577.

16   Ebd., 1. .1578. Aschermittwoch fiel in diesem Jahr auf den 13.2. Karneval begann demnach entweder am Donnerstag, 7.2., oder Sonntag, 10.2.1578. Siehe hierzu: Grotefend 1970, Bd. 1, S. 56f.

17   AAE, M. M. 117, Margaretha von der Marck-Arenberg an Kaiser Rudolf II., 11.2.1578 (Kopie).

18   Ebd., 103, Magdalena von Jülich-Kleve-Berg an Margaretha von der Marck-Arenberg, 24.2.1578.

Sibylle bemerkt, dass sie mit Vergnügen vernommen hat, dass ihr Vater *so gar woll zu freiten ist gewessenn im abscheit unnd denselbigenn nochmals versicherough saeins goutenn willens gethann.*[19]

Während ihres Besuches hat Margaretha sehr wahrscheinlich die Konfessionszugehörigkeit Sibylles noch einmal angesprochen. Sibylle muss ihre Bereitschaft zu erkennen gegeben haben, zum katholischen Glauben konvertieren zu wollen, denn am 22. Februar 1578 schrieb Margaretha aus Arenberg an Don Juan d'Austria, dass Sibylle ihr versichert habe, im katholischen Glauben *zu leben und zu sterben.*[20] In den Briefen von Sibylle aus der darauf folgenden Zeit findet sich diesbezüglich nichts weiter, sodass man vermuten darf, dass alles während ihrer Begegnung Anfang Februar mündlich besprochen worden war. Erst Ende Dezember 1578 kommt Sibylle in einem Brief an die Gräfin von Arenberg noch einmal auf das Thema zurück, wahrscheinlich nachdem diese es erneut angesprochen hatte. Sibylle versicherte Margaretha, dass sie ihrem Versprechen nachkommen und den katholischen Glauben annehmen würde, *wenn main schwester wirt verhirat seynn* und nicht eher. Sie wiederholte nochmals, dass sie warten wolle, weil sie befürchtete, dass ihr Vater sich nach ihrer Bekehrung *auff main schwester werffenn* würde, *ob schonn ir lieb gelich an seulchen herren wirt geheilight irs gelaubens.* Sibylle versicherte, mit dem Hauskaplan zu besprechen, was sie am Besten tun könne.[21]

Es ist schon bemerkenswert, dass Sibylle, die in den Jahren 1575/1576 so standhaft ihren protestantischen Glauben verteidigte, bereits 1577 eine Konversion in Erwägung zog, dies auch schon 1578 öffentlich zu erkennen gab, jedoch bis nach der Hochzeit ihrer Schwester warten wollte. Es drängt sich der Eindruck auf, dass dies mit den laufenden Verhandlungen über eine mögliche Vermählung zwischen ihr und Karl von Arenberg zusammenhing.

Stimmte Sibylle einer Heirat um ihrer Freundschaft mit Margaretha willen zu oder war ihre Liebe zu Karl tatsächlich so tief? Jedenfalls ist es deutlich, dass sie zu weitreichenden Zugeständnissen bereit war, damit die Hochzeit stattfinden konnte. Wahrscheinlich haben Sibylles Einsatz und ihre Überzeugung auch Margaretha den Mut gegeben, allen Rückschlägen zum Trotz so lange in Verhandlung zu bleiben.

Nachdem beide Frauen beim Kaiser um Zustimmung für ihre Pläne gebeten hatten, versuchte Margaretha auch beim spanischen König eine Billigung der Verbindung zu erhalten. Sie hatte darüber an den Generalstatthalter der Niederlande Don Juan d'Austria geschrieben, der sich seinerseits mit Philipp II. beraten wollte. In ihrem Brief an Don Juan drückte Margaretha aus, dass *der Fortschritt (le progrès)* des Heiratsprojektes vornehmlich abhing von *der Gunst und der Zustimmung des Königs, und der Fürsprache Ihrer Hoheit bei seiner Majestät.*[22] Als Argument für eine Zustimmung führte Margaretha unter anderem an, dass die katholische Religion in den rheinischen Fürstentümern gefördert werden würde. Daneben betonte sie auch, dass Karl

---

19 AAE, M. M. 117, Sibylle von Jülich-Kleve-Berg an Margaretha von der Marck-Arenberg, 25.2.1578.

20 *...de vivre et mourir...*, Margaretha von der Marck-Arenberg an Don Juan, 22.2.1578, in: Poullet/Piot 1877–1896, Bd. 7, S. 601ff.

21 AAE, M. M. 117, Sibylle von Jülich-Kleve-Berg an Margaretha von der Marck-Arenberg, 20.12.1578.

22 *...la faveur et agréation du Roy, et de l'intercession de Vostredite Altèze vers Sadicte Majesté.* Margaretha von der Marck-Arenberg an Don Juan, 22.2.1578 (wie Anm. 20).

ein treuer Untertan der Spanischen Krone war. Sie erinnerte Don Juan daran, dass er ihr immer seine *gute Hilfe und Wohlwollen*[23] versprochen hatte und sie fügte hinzu, dass sie seiner Hilfe jetzt sehr bedürfe, weil diese Heiratsangelegenheit ihr sehr wichtig sei. Deshalb bat sie ihn sehr demütig (*bien humblement*), ihre Briefe an den König weiterzuleiten und *so günstig wie möglich fürzusprechen, sodass dieser einverstanden sein wird, dieser Allianz zuzustimmen und entsprechend dem Herrn Herzog* [Herzog Wilhelm V. von Jülich-Kleve-Berg], *einen guten Brief zu schreiben, in dem ihm die Zufriedenheit darüber und die Zuneigung, die sie über die Dienste des verstorbenen Herrn von Arenberg, seines Vaters, empfindet* zum Ausdruck kommt.[24] In Erwartung einer Antwort aus Madrid schrieb Don Juan Margaretha einen hoffnungsvollen Brief zurück. Dies erfreute Sibylle sehr, da sie hoffte, dass alles gut verlaufen würde, und sie schrieb: *es wiert mich denn auch eyn freudt seynn, will e. l. mich inn derselbigh hauss begerrenn, die mitelen zu haben e. l. allenn freuntlichen tienste und gefallenn zu ertzaeigenn.*[25]

An dieser Stelle sei schon vermerkt, dass Margaretha für dieses Heiratsprojekt die Zustimmung des Kaisers und spanischen Königs erbat, obwohl sie dazu aus juristischer Sicht nicht verpflichtet war.

Nach Auskunft Paul Janssens gibt es keine einzige Verordnung, nach der adelige Vermählungen einer königlichen Zustimmung unterworfen waren. Andererseits gab es das Gewohnheitsrecht, *les convenances*, und den politischen Anstand. Der Hochadel informierte den Fürsten immer bei einer geplanten Heirat; im Prinzip handelte es sich dabei aber lediglich um eine protokollarische Angelegenheit. In Anbetracht der wichtigen Stellung, die der hohe Adel im Staatsgefüge einnahm, der Schutzverhältnisse, der Besitztümer und der hohen Ämter, die er innehatte, waren die Beziehungen zwischen den hohen Adeligen von größtem Interesse. In der Praxis konnte der Fürst zwar seinen Unmut zeigen, aber eine Heirat nicht verbieten.[26]

Philipp II. von Spanien war von Anfang an kein Befürworter einer Ehe zwischen Sibylle und Karl, vermutlich weil die Glaubensüberzeugung des jülich-klevischen Herzogs, der mehr dem Protestantismus zuneigte, zweifelhaft war, auch wenn die Katholiken im Laufe der Jahre seit 1570 mehr Einfluss am Hof gewonnen hatten. Philipp favorisierte eine Ehe zwischen dem Grafen von Arenberg und Maria Margaretha von Merode, Erbin von Bergen op Zoom, wie aus einem Brief von Don Juan an die Gräfin von Arenberg hervorgeht.[27]

Auch am jülich-klevischen Hof versuchte Margaretha, Unterstützung für ihren Heiratsplan zu finden. So hatte sie bereits im Januar 1578 an die Gattin des Kanzlers Orsbeck geschrieben, *dan sey woll magt bey*

---

23   *...bonne assistence et bénévolence...*

24   *...intercéder le plus favorablement que sera possible, à ce que icelle soit contente d'agréer ladicte alliance, et en conformité de ce escripre une bonne lettre audict Seigneur Duc* [Herzog Wilhelm V. von Jülich-Kleve-Berg], *luy tesmoingnant par icelle la satisfaction que Sadicte en recepveroit, et l'affection qu'elle le tient au respect de services de feu Monsr. d'Arenberghe, son père;* Margaretha von der Marck-Arenberg an Don Juan, 22.2.1578, in: Poullet/Piot 1877–1896, Bd. 7, S. 601ff.

25   AAE, M. M. 117, Sibylle von Jülich-Kleve-Berg an Margaretha von der Marck-Arenberg, 2.3.1578.

26   Diese Information basiert auf einer mündlichen Mitteilung von Paul Janssens, Henk van Nierop, Peter Neu und Pater J. P. Tytgat.

27   Don Juan an Margaretha von der Marck-Arenberg, 1.12.1576, in: Poullet/Piot 1877–1896, Bd. 6, S. 501.

irem man hatt.[28] Diese hatte sich Margaretha stets zugetan gezeigt, sodass Margaretha davon ausgehen konnte, dass sie den Heiratsplan unterstützen würde.

Anna, Sibylles ältere Schwester, wurde ebenfalls in dieser Sache angeschrieben und antwortete: *Was e. l. aber vonn der sachenn so meine swester Sibille unnd irem sounn anlangenn thout, habe ich durch e. l. schreiben genouchsam verstandenn. So mugenn e. l. denn vertrawenn zu mir habenn, wenn meine swester ie keinenn habenn solt unser religionn, das mir die sach mit e. l. sounn nit ubell gefallen solt.* Falls Sibylle keinen protestantischen Ehegatten nehmen sollte, hätte Anna nichts dagegen einzuwenden, dass sie Karl von Arenberg heiraten würde. Aber sie fügte wohl hinzu, dass Margaretha *nich besser thoun kunnenn denn das sey noch ein wenig zu thonn, bis das mann hoert wo die sach mit meiner swester Magdalena hinaus wilt, denn ichs gentslich darfur halt das mann balt eins oder ander vernemenn wort, unnd wenn e. l. darnach sehenn unnd spurenn das meines her vatters gemut noch darzu gesinett ist, so habenn sey denn auch fort zu farren, wilches denn mein gout achtenn were.*[29] Wenn Herzog Wilhelm nach Magdalenas Hochzeit immer noch bei seiner Meinung bliebe, würde Anna ihren Segen geben. Offenbar hatte Sibylle einen ähnlichen Brief von ihrer Schwester bekommen, denn sie schreibt hierüber: [Ich] *solt e. l. darneben nicht bergenn wie das die weiterantwort vonn maeiner schwester der hertzouginnenn zu Neubourch ist ankommenn unnd, wie ich vermircken, so ist i. l. her und auch i. l. geneickt zu dero sachenn.*[30] Anfang

Mai bestätigte Anna ihren Standpunkt noch einmal: *mugen e. l. es gentzlich darfur haltenn das ich ir oder irem sounn inn der sachen gar nit zu wider wert sein, denn was mein hervatter, unnd unsere andere herrenn unnd freunt fur ratzsam ansehenn, darbey wert ichs auch berowenn lassenn. [...] [Ich] halt es auch darfur das, weill mein her vatter sich so vill albereit gegen e. l. erklert hatt, dass es onne zweibell mit der hilf der almechtige mit e. l. sounn unn meiner jungerenn swester einenn fortgang gewinnenn wirt.*[31] Hieraus geht auch hervor, dass alle Beteiligten den Eindruck hatten, dass Herzog Wilhelm seine Zustimmung für die Vermählung seiner jüngsten Tochter mit dem Grafen von Arenberg gegeben hatte.

Wir dürfen davon ausgehen, dass bei Margarethas Besuch in Jülich im Februar 1578 der Herzog den Wünschen seiner Tochter und der Margaretha von der Marck-Arenberg entgegengekommen war. Es ist anzunehmen, dass die beiden Frauen nicht ohne die Zustimmung des Herzogs an den Kaiser geschrieben haben. Ob der Herzog so weit gegangen ist, dass er seine Tochter tatsächlich Karl von Arenberg versprochen hat, ist umstritten. Aus der Korrespondenz geht hervor, dass die beteiligten Personen – Sibylle, Magdalena, Anna und Margaretha – meinten, ein Versprechen gehört zu haben, oder zumindest seine Haltung so interpretieren zu können. Dies wird in einem Brief von Sibylle an Margaretha deutlich: *Was seunsten e. l. freuntlich ann mir begerenn bericht zu saeinn wie sich maein hervater diss vergangene Osterenn hat haltenn, ob seingenaten auch dero verhaeisoungh [Versprechen] nach ist kommenn, wie er e. l. hadt zugesagt, so kann ich e. l. darauff freuntlich nicht bergen*

---

28   AAE, M. M. 103, Magdalena von Jülich-Kleve-Berg an Margaretha von der Marck-Arenberg, 7.1.1578.
29   AAE, M. M. 68, Anna von Neuburg an Margaretha von der Marck-Arenberg, 5.3.1578.
30   Ebd., 117, Sibylle von Jülich-Kleve-Berg an Margaretha von der Marck-Arenberg, 18.4.1578.

31   Ebd., 68, Anna von Neuburg an Margaretha von der Marck-Arenberg, 5.5.1578.

wie das s. g. gar fridlich ist gewissenn und das houchtzeit gar reuuigh unnd woll ist uberbracht, dem herren sey lob.[32]

Gleichwohl war nicht jeder, der von den Heiratsplänen in Kenntnis gesetzt wurde, begeistert von dieser Idee. Margaretha verbarg nicht, dass sie sich wegen der Reaktionen sorgte. Magdalena versuchte, sie zu trösten und zu beruhigen: *Das e. l. aber so in beschwer sein wegen bosser leudt, die gehern etwas in wolten werffen das e. l. sagen gehindert mogten werden, ist mich troulig leidt. Bitten doch gans troulig e. l. wollen sich in dem fall zu freiden stellen und beffellen es ire gott, dan es weirdt kain far haben, sonderen, ich hatt es dar for, es weirdt for der K. M. nicht kommen, und ob es son gesceg das es for Ir M. kemme, so kont gott der des koning hertz in seiner gewalt Ir M. gemodt auch woll dar hin loncken und wenden. Das Ir M. e. l. son am meisten gewogen weirdt sain, dan der gott der es auch sain genadt so weidt hatt bragt, weirdt forder genadt und segen verlennen. […] Wann diser mandt eumb were, so solt ich verhoffen es wordt balt goute zeidung von Wienen kommen und ausz Hispanien, wie e. l. melten das der Don Juan e. l. geschriffen hatt er Ir M. dermassen geschrifen das er verhoffent einer gouter antwordt. Ich versen mich auch nicht anders zu e. l. als einer gouten freundine, und zwiffell an dem mit nichten, ob schon bosse leudt wollenn ir bosses reden eumb mein gemodt von e. l. zu wenden.*[33]

Wer diese *bosse leudt* waren, die gegen die Heirat waren und die versuchten, Magdalena zu überreden, sich für eine Seite zu entscheiden, wird nicht deutlich. Wahrscheinlich wagte sie es hier nicht, Namen zu nennen, aus Angst, dass dies an die Öffentlichkeit

gelangen würde und sie die Folgen tragen müsste. Da in den folgenden Jahren der Widerstand noch zunahm, wurden noch oft *bosse leudt* oder *widerwertigen* in den Briefen von Sibylle vermerkt. Wenn sie sicher war, dass ihre Briefe auf sicherem Wege zu Margaretha kommen würden, traute sie sich schon mal etwas deutlicher zu werden.

Margaretha nahm jedoch kein Blatt vor dem Mund. Schon im Februar 1578 hatte sie sich bei Don Juan beklagt über *die Hindernisse, die die Räte des Hauses Kleve – da sie Gegner unseres Glaubens und der katholischen Religion sind – als Vorwand benutzen.*[34] Die klevischen Räte, die überwiegend protestantisch waren, bevorzugten eine Verbindung mit einem protestantischen Fürsten statt einer Heirat mit dem katholischen Grafen von Arenberg und sie gaben sich alle Mühe, diese zu verhindern, was in einem der folgenden Kapitel ausführlich behandelt wird.

Inzwischen brach eine Zeit des langen Wartens auf die Antwort des Kaisers und des spanischen Königs an. Dass die Antwort von Philipp II. lange ausbleiben würde, war in Anbetracht der großen Entfernung, die zurückgelegt werden musste, verständlich. Jedoch ließ auch der Brief des Kaisers lange auf sich warten, sodass schon bald Unmut bei Sibylle und Magdalena aufkam. Magdalena gab dafür dem Gesandten Dr. Gail die Schuld. Sie schrieb: *Ich hab ungern gehordt das Geill so lanssam mit seiner reissen ist gewessen.* Gleichwohl zweifelte sie nicht an einer positiven Antwort des Kaisers.[35] Auch Sibylle beschuldigte Dr. Gail wegen dieser Verzögerung, aber sie war doch et-

---

32 Ebd., 117, Sibylle von Jülich-Kleve-Berg an Margaretha von der Marck-Arenberg, 18.4.1578.
33 Ebd., 103, Magdalena von Jülich-Kleve-Berg an Margaretha von der Marck-Arenberg, 7.4.1578.

34 *…empeschements que ceulx du conseil du pays de Clèves, estans adversaires de nostre foy et religion catholique, y prétendiont.* Margaretha von der Marck-Arenberg an Don Juan, 22.2.1578 in: Poullet/Piot 1877–1896, Bd. 7, S. 601ff.
35 Ebd., 21.5.1578.

was vorsichtiger, was den Kaiser betraf. Sie schrieb, dass sie voll *gouter hoffenough* ist, *ob schon sich die antwort der K. M. etwas vertzeucht vonn wegenn des langen raisen des dockter Gaeyll, das sey doch gar weirt fallenn.*[36] Später, als die Gegner der Heirat öffentlich opponierten, stellte sich Dr. Gail als treuer Mitstreiter heraus und Sibylle sah ein, dass er *an seynem flaeiss nicktzs hatt lassenn erseitzenn zu beforterough dero sachen* und dass er es *auch noch gernn forter gout siehen* will.[37]

2.3 DIE ANTWORT KAISER RUDOLFS II.

Zweieinhalb Monate nachdem Herzog Wilhelm V. an Kaiser Rudolf II. geschrieben hatte, erreichte ihn endlich Ende Mai 1578 dessen lang ersehnte Antwort:

Hochgeborner, lieber oheim, schwager und furst,

Deiner liebder freundlich unnd vertreulich widerungs schreiben, über der hoch unnd wolgebornen, Margaretha der Grävin von der Marck unnd Arenberg, gethane heyratsuechung, zwischen deiner liebden tochter herzogin Sibilla, unnd ir der Grävin eltesten sohn, haben wir freundlich unnd gnedichlich empfangen unnd nemen solch deiner liebden vertreulich communication unnd ratseuchen zu freuntlichen unnd gnedigen gefallen. Sollen auf deine liebden gar nicht zweifeln, dann das wir es mit ir, irer geliebten gemaheln unnd kyndern, also unsern nahent gesisten, getreuen unnd lieben bluetsbefreundten, ganz freundlich vetterlich und gnedig, meynen, wie wir dann deiner liebden vertreulich rhatsuechen, an dir durchleuchtigen hochgeborenen Ferdinanden

unnd Carln bede ertzherzogen zu Östenreich, unsere freundliche liebe vettern unnd fürsten gelangt, unnd samentlich in gutherzigem nach gedencken befunden, das dannoch zwischen deiner liebden furstl. herkomen, stant und dem loblichen haus Gulich gegen den graven von Arenberg nit ein kleiner unterschied, da dieser nit allein gar neulich in den furstlichen, sonder auch kurz davor sein vater erst in den gravenstand komen [ist]. Zu dem das deinen liebten geliebte tochter von den furnembsten kei., kuniglichen und furstlichen heusern geborn, so dieser zeit in der christenheit sein. Daruber dan nit unzeitig zubedenken, das ermelte graven von der Marck unnd Arenberg noch gelegenheit wygen standts mit iren graf unnd herrschaften an zimblich unfridlich und geferlichen orten beguetet, daher wir unnd vor wolgedachte unsere freundliche liebe vettern der treuherzigen meynung sein, es solte villaicht besser sein solche seuchung und heiratscontracten einzustellen und die gravin mit bestem glimpfen und feug davon abzumanen, wie dan deine liebden wol zu tuen wissen[…]

Geben in unser stadt Wien, den 27. aprilis anno 78 […][38]

Der Kaiser reagierte auf die Heiratsabsichten ablehnend und seine Gründe waren deutlich. Er fand den Standesunterschied zwischen den beiden Heiratskandidaten zu groß und die erst kürzlich vorgenommene Erhebung der Grafschaft Arenberg zu einer fürstlichen Grafschaft des Reiches konnte in seinen Augen den Unterschied nicht mindern.[39] Darüber hinaus war es dem Herrn von Arenberg erst seit 1509 erlaubt, den Titel eines Grafen von Arenberg zu führen, neben dem älteren Titel eines Gra-

---

36 Ebd., 117, Sibylle von Jülich-Kleve-Berg an Margaretha von der Marck-Arenberg, 20.5.1578.

37 Ebd., 3.8.1578.

38 AAE, Biografie 62, Karl von Arenberg. Kaiser Rudolf II. an Herzog Wilhelm V. von Jülich-Kleve-Berg, 27.4.1578.

39 Roeykens 1967–1969, S. 406.

fen von der Marck.[40] Demgegenüber stand Herzog Wilhelm V., der die Titel eines Herzogs von Jülich, Kleve und Berg sowie eines Grafen von Mark und Ravensberg innehatte. Seine Ahnen hatten während der vergangenen Jahrhunderte diese Titel und damit verbunden Ruhm, Macht und Prestige erworben. Sibylle war ein Spross aus einem alten, vornehmen und mächtigen Geschlecht, das seinen Status schon seit langer Zeit behauptet hatte, während das Haus Arenberg im 16. Jahrhundert noch damit beschäftigt war, sich emporzuarbeiten. Die Ironie der Geschichte ist, dass beide Familien gemeinsame Ahnen hatten, nämlich Engelbert, Graf von der Marck, und Mechthild von Arenberg. Ihr ältester Sohn hatte im 14. Jahrhundert die Grafschaft Mark geerbt und war durch seine Ehe Graf von Kleve und Stammvater der Herzöge von Kleve und Jülich geworden. Ihr dritter Sohn hatte die Herrlichkeit Arenberg erhalten; seine Nachkommen erreichten jedoch erst sehr viel später eine vergleichbar politische Macht und den sozialen Status, den die Nachkommen des ältesten Sohnes schon lange hatten.

Darüber hinaus sah der Kaiser ein Problem in dem Umstand, dass viele Besitztümer des Grafen von Arenberg kriegsbedingt in *geferlicher orten* lagen. Der Kaiser wusste, dass für Margaretha und ihren Sohn viel auf dem Spiel stand, aber die unsichere Zukunft der meisten ihrer Besitzungen war für ihn – neben dem zuvor Erwähnten – Grund genug, eine Vermählung mit der Tochter des Herzogs von Jülich-Kleve-Berg abzulehnen. Zwar war für Karl seine katholische Religionszugehörigkeit von Vorteil, aber für den Kaiser war das offenbar nicht ausreichend,

um der Heirat zuzustimmen. Vielleicht bezweifelte er, dass Karl die geeignete Person war, um in den Fürstentümern am Rhein eine wichtige Position einzunehmen, wo ein starker, einflussreicher und vor allem katholischer Herrscher benötigt wurde. Vermutlich war der Kaiser der Ansicht, dass der Graf von Arenberg zu wenig politische Macht besaß, um diese Rolle einzunehmen.

Margaretha hatte sehr gehofft, dass das hohe Ansehen, das ihre Familie am kaiserlichen Hof genoss, den Kaiser zu einer positiven Antwort bewegen könnte, was sich aber nach der Antwort des Kaisers als ihre größte Fehleinschätzung herausstellte.

Wie die Antwort des Kaisers von Herzog Wilhelm V. aufgenommen wurde, wissen wir nicht, da er seine Tochter nicht informiert hat. Am 26. Mai 1578 schrieb Sibylle einen Brief an Margaretha mit vielen Freundschaftsbezeugungen.[41] Zu diesem Zeitpunkt war die Antwort des Kaisers schon in Kleve eingetroffen, denn am gleichen Tag schrieb der Herzog ebenfalls einen Brief an Margaretha, um ihr die Antwort des Kaisers mitzuteilen. Er schrieb: *Wir mogen euch gunstiger meinung nit verhalten, wie wir unlangst von der erwölter Rom. Key. M^te. unserem allergnedigsten herren schriben von wegen der heiratsuchung zwischen eurem altern sohn, dem hoch unnd wolgebornen unserm lieben neven Carlln Gefursten Graven zu Arenberg unnd unser dochter herzogin Sibilla, bekommen. In welchen aber ire M^te. sich noch nichts schliblich ercleren, sonder die dingen weil ire M^te. verwerckt, das man beider seits noch unverbunden zu anderen nachdencken stellen, also das wir daraub abnemen mussen, hochstg. Key. M^te. werde allerlei zu verhinderung solches wercks eingebildt,*

40 Neu 1989, S. 173 und S. 325; Roeykens 1967–1969, S. 324.

41 AAE, M. M. 117, Sibylle von Jülich-Kleve-Berg an Margaretha von der Marck-Arenberg, 26.5.1578.

und für kommen sein. Wir haben aber nit underlassen irer Mast. [Majestät] dieserhalb de manu propria zuschriben, welchen ir auch im besten nachzudencken.[42]

Sibylle hat die Antwort des Kaisers dann von Margaretha erfahren, was aus dem Satz hervorgeht: wie ich durch e. l. schreibenn verstiehenn. Diese fiel vonn wegenn bewoster sachen das die antwort dero kaeiser maeiestadt nicht gout ist gefallen in große betreubneuss. Sibylle selbst war auch mit diese unverhoffentliche antwort dero K. M. nicht wienigh betreubt. Sie fühlte sich vor allem schlecht, weil seulche verorsacht das e. l. unnd derselbigh sonn inn seulcher hoger bekeummerneuss seynn, das sich der liebe gott erbarmenn wolle das seulchs maeinenthalbenn ist. Dennoch verlor sie nicht den Mut. Sie hatte von Margaretha vernommen, dass ihr Vater erneut an den Kaiser schreiben würde, wenn ihr auch die Art und Weise wie er es vortragen würde, Sorgen bereitete. Sie hoffte, dass das Schreiben so formuliert sei, dass die K.M. gemodt dardurch wiert beweght wertenn, das derselbigh es sich wiert lassen gefallen, wie seulchs durch gotliche scheickeungh kann geschiehenn. Und weil sie meinte, dass ihr Vater dem Heiratsplan wohl gesonnen sei, ging sie davon aus, dass er gar unzufreitenn weurt seynn wenn dieselbige [der Kaiser] obermallenn nicht goudt weurt fallenn, zumal, da er sich woll wert weissen zu ereinnerenn was er e. l. hat zugesaght. Sie richtete weiter ihre ganze Hoffnung auf das schreibenn von koningh vonn Hispanienn. Bezüglich ihres eigenen geneicktenn gemmodt sollte sich Margaretha keine Sorgen machen, denn es werdt sich seulchs inn kaeinenn fall enteren diss oder eyniger orsachen, […] denn

was ich eymall geredt habe dar wert ich bey verblaeiben.[43] Magdalena, Sibylles Schwester, war ebenfalls enttäuscht und auch sie hoffte, dass Philipp II. von Spanien positiver reagieren würde und seine Fürsprache den Kaiser eventuell umstimmen würde.[44]

2.4 DIE ANTWORT KÖNIG PHILIPPS II. VON SPANIEN

Wie schon zuvor angedeutet war auch der spanische König negativ gegen den Heiratsplan eingestellt. Am 1. Mai 1578 ließ er Don Juan wissen, dass es scheinbar immer Schwierigkeiten gäbe, wenn adelige Töchter „fremde" Prinzen heiraten würden und er verwies in diesem Zusammenhang auf den Prinzen von Oranien. Wegen dieser schlechten Erfahrung sollte der Gouverneur diesem Heiratsprojekt seine Zustimmung verweigern.[45] Philipp II. spielte auf die Heirat von Wilhelm von Oranien-Nassau mit Anna von Sachsen, Erbtochter des Kurfürsten von Sachsen, an. Nach dem Tod seiner ersten Frau, Anna von Egmond, Gräfin von Buren († 1558), war Wilhelm in Deutschland auf die Suche nach einer neuen Ehefrau gegangen. Eine Verbindung mit dem mächtigen Haus von Sachsen diente Wilhelms politischen Ambitionen sehr. Auch gegen dieses Heiratsprojekt hatte es politische und religiöse Bedenken gegeben: Wilhelm von Oranien-Nassau war streng katholisch am Brüsseler Hof Karls V. erzogen worden und zu Karls engem Vertrauten geworden. Der Vater von Anna von Sachsen, Moritz, war

---

42   Ebd., 78, Herzog Wilhelm V. von Jülich-Kleve-Berg an Margaretha von der Marck-Arenberg, 26.5.1578.

43   AAE, M. M. 117, Sibylle von Jülich-Kleve-Berg an Margaretha von der Marck-Arenberg, 2.6.1578.

44   Ebd., 103, Magdalena von Jülich-Kleve-Berg an Margaretha von der Marck-Arenberg, 9.6.1578.

45   König Philipp II. an Don Juan, 1.5.1578, in: Lefèvre 1940–1960, Bd. 1, Nr. 439, S. 267.

dagegen ein bekannter Lutheraner gewesen und einer der wichtigsten Anführer des Heeres, das gegen Karl V. stritt. Außerdem war Annas Großvater, Philipp von Hessen, wegen des Streites um die Grafschaft Katzenelnbogen ein Gegner der Nassauer. Trotz dieser Schwierigkeiten wollten sowohl Wilhelm als auch Anna diese Verbindung, zumal Anna sich als Fünfzehnjährige bei seinem Besuch in Dresden hoffnungslos in Wilhelm verliebt hatte. Und so verharrte sie hartnäckig auf ihrem Standpunkt und setzte ähnlich wie Sibylle von Jülich-Kleve-Berg ihre Umgebung unter Druck. Anna von Sachsen konnte schließlich ihren Willen durchsetzen und heiratete zwei Jahre später, am 24. August 1561, in Leipzig ihren auserwählten Prinzen Wilhelm von Oranien. Die Ehe wurde nach lutherischem Ritus geschlossen.[46]

Philipp II. erinnerte sich sehr wahrscheinlich noch an alle Probleme rund um dieses Heiratsprojekt mit dieser „fremden" Prinzessin, sodass der Heiratsplan Arenberg-Jülich vermutlich Assoziationen an die Heirat zwischen Wilhelm von Oranien mit Anna von Sachsen weckte.

Noch im Februar 1578 hatte Margaretha von der Marck-Arenberg mit der Bitte an Don Juan geschrieben, König Philipp II. in ihrem Namen um Zustimmung für die Heirat von Karl und Sibylle von Jülich-Kleve-Berg zu bitten. Sie hatte nebenbei auch erwähnt, dass Sibylle ihr versichert habe, zum katholischen Glauben konvertieren zu wollen. Der Gouverneur hat diese Information mit Sicherheit auch seinem König mitgeteilt, als er um dessen Zustimmung bat. Gleichwohl war dieses Argument allein für den spanischen König nicht ausreichend.

Am 6. Mai antwortete Don Juan König Philipp II., dass weder der Graf von Arenberg noch seine Mutter sich mit der Antwort des Königs zufrieden geben würden. Er riet dem König, direkt an den Herzog von Jülich-Kleve-Berg zu schreiben.[47] Ob der König diesen Brief tatsächlich geschrieben hat, wissen wir nicht. Es hat sich auch kein Brief von Don Juan an Margaretha von der Marck-Arenberg erhalten, in dem die Antwort des Königs mitgeteilt wird. Unabhängig von der Tatsache, ob am Jülicher Hof die Antwort Philipps II. an Margaretha bekannt war, hat weder Margaretha noch jemand anderes die Töchter des Herzogs von Jülich-Kleve-Berg informiert. Noch Monate später schrieben Magdalena und Sibylle, dass sie auf eine baldige Antwort aus Spanien hofften.

Aus den Briefen von Magdalena und Sibylle von Jülich-Kleve-Berg an Margaretha erfahren wir weiter, dass ebenfalls der Kaiser in Zusammenhang mit dem Heiratsprojekt auch an seinen Cousin Philipp II. geschrieben hatte. Magdalena befürchtete, dass Rudolf II. ihn negativ beeinflussen würde, sodass auch er das Projekt ablehnen würde.[48]

2.5 HERZOG ALBRECHT V. VON BAYERN: ANHÄNGER ODER WIDERSACHER?

Als Nächster wurde im Juni 1578 Herzog Albrecht V. von Bayern von Herzog Wilhelm V. von Jülich-Kleve-Berg in die Angelegenheit einbezogen. Albrecht V. war ein Schwager von Wilhelm, da er wie dieser mit einer

---

46   de Ridder-Symoens, S. 182.

47   Don Juan an Philipp II., 6.5.1578, in: Lefèvre 1940–1960, Bd. 1, Nr. 446, S. 272.

48   AAE, M M. 103, Magdalena von Jülich-Kleve-Berg an Margaretha von der Marck-Arenberg, 1.9.1578.

Schwester des bereits verstorbenen Kaisers Maximilian II. verheiratet war. Deshalb wollte Wilhelm V. *mit s. l. die sachen gleichfals zu communicieren und daruber rhat zu suchen.*[49] Herzog Wilhelm V. sandte seinem Schwager auch eine Kopie des Briefes von Kaiser Rudolf II. Aus Wilhelms Brief geht deutlich hervor, dass er dem Heiratsplan zugetan war. Er lautet wie folgt:

[…] *Hochgeborner furst, freuntlicher lieber schwager!*

E. l. konnen wir in sonderm freuntlichen vertrauen nit bergen .., das zwischen unser geliebter junger dochter hzgin Sibilla und […] *unser lieben mumen und gevatterin Margareten, gefurster gravin zu Arnberg eltern son* […] *Carln, gefursten grafen zu Arnberg, vermalung geschehen mochte; insonderheit dieweil wir vermerkt, das ber. unsere dochter des vorhabens und neigung sein solte, sich zu unser alten Catholischen religion und glauben zu bekennen. Derwegen wir nit underlassen, solchs der Rom kais. M* […] *als unser geliebter kinder hochsten und furnembsten verwandten* […] *zu erkennen zu geben und dero allergn. rat und bedenken begert. So ist uns darauf unlengst i. M. schriftliche antwort zukommen, wie e.l. aus dem einschlub ferner zu sehen. Demnach begern wir an e. l. freuntlich* […] *diesem wichtigen werk etwas nachzudenken und uns iren getreuen rat hieruber gleichfals freuntlich, was wir hierin unverweislich, mitzuteilen* […]

Geben zu Cleve am 10. Junii ao. 78. Wilhelm herzug zu Gulych.[50]

Auch Margaretha schrieb einen Brief an den Herzog von Bayern. Der Herzog und die Herzogin von Bayern waren ihr und ihrem Sohn stets wohl gesonnen gewesen und Karl von Arenberg hatte in seiner Jugend sogar einige Zeit am Hof in München verbracht. Margaretha gab ihrem Sohn Karl, der auf dem Weg zu Herzog Wilhelm V. war, den Brief mit. Dieser war bereit *ime* [Karl] *das schreiben an den hochgebornen fursten, unsern freundtlichen lieben schwager hernn Albrechts, Pfalzgraven bei Rhein, herzogen in Bayern, mitzugeben.*

Karl von Arenberg hatte nämlich vor, seine Tante, die *Landgrafin zu Leuchtenberg,* die *wider nach hauß und iren landen reisen werdt,* zu begleiten und dann weiter mit den Briefen nach Bayern zu reisen. [51] Sibylle hoffte, dass Herzog Albrecht V. *es sich auch weurt lassen gefallenn,* nachdem er gesehen hatte, wie die Sache sich verhielt, und dass Herzog Wilhelm *so gar geneickt darzu ist.* Es war sehr wichtig, Albrecht V. auf ihrer Seite zu wissen, denn er *keunt auch fill goutzs bey dero K. M. inn seulchen schaffen, das das gemodt auch dardurch keunt bewoghenn wertenn.*[52] Sibylle empfing von Margaretha eine Kopie des Briefes, den Herzog Wilhelm V. dieser geschickt hatte und eine Kopie des Briefes, den ihr Vater an Herzog Albrecht V. von Bayern geschrieben hatte. Sie war ein wenig enttäuscht, da sie fand, dass *der hervatter das schreibenn etwas sleght am hertough von Baeieren hat gesteldt.*

Auch Magdalena hatte hohe Erwartungen an ihren Onkel und sie hoffte für ihre Schwester und für Margaretha, dass

---

49 Ebd., 78, Herzog Wilhelm V. von Jülich-Kleve-Berg an Margaretha von der Marck-Arenberg, 26.5.1578.

50 Herzog Wilhelm V. von Jülich-Kleve-Berg an Herzog Albrecht V. von Bayern, 10.6.1578, in: Goldschmidt 1911b, S. 111f.

51 AAE, M. M. 78, Herzog Wilhelm V. von Jülich-Kleve-Berg an Margaretha von der Marck-Arenberg, 26.5.1578.

52 Ebd., 117, Sibylle von Jülich-Kleve-Berg an Margaretha von der Marck-Arenberg, 2.6.1578.

die Angelegenheit von Erfolg gekrönt sein würde.[53]

Die Antwort des Herzogs Albrecht V. vom 27. Juni 1578 lief darauf hinaus, dass er keinen Rat erteilen würde, weil er weder dem Kaiser noch dem Grafen von Arenberg schaden wolle. Er schrieb, dass er sich wegen der engen Verwandtschaft und der Freundschaftsbande gerne auf den Wunsch von Herzog Wilhelm V. eingelassen und ihn in der Heiratsangelegenheit beraten hätte, wäre er nicht *durch nachfolgende ursach davon abgehalten wurden*. Er schrieb, dass *die Rom. Kais. M. uns dise ding und welichermassen sie von e.l. dieser heirats halb freuntlichen ersuecht und i. M. e.l. daruber beantwort, communiciert, zweifelson allein der ursach willen, do von e. l. wir derhalben auch angelangt wurden, uns darnach zu richten hetten*. Mit anderen Worten, der Kaiser hatte ihm mitgeteilt, worum Herzog Wilhelm V. ihn gebeten und was der Kaiser ihm geantwortet habe, mit der Absicht, dass Herzog Albrecht V. sich dem Willen des Kaisers fügen würde, falls auch er von Herzog Wilhelm V. bezüglich der Heiratsangelegenheit angeschrieben werden sollte.

Herzog Albrecht V. war Karl von Arenberg *wegen seines ansechenlichen und statlichen herkomens, auch dieweil sein vater seliger uns vil jar vertreulichen bekant und er unserm hof in seiner jugent beigewont, dermassen zugetan, das wir nit ursach haben, ine an seiner wolfart zu hindern, sonder vilmer zu furdern. Derwegen uns dann nach geschaffenheit diser sach nit woll gezimen will, e. l. auf einen oder den andern weg, seitmal wir dardurch leichtlich die kai. M. und das haus Österreich oder vielged. graven belaidigen mochten, zu raten.* Albrecht V. empfand aus vielen Gründen Zuneigung für das Haus Arenberg. Nun befand er sich in einer Zwickmühle und er konnte keinen Rat erteilen, ohne den Kaiser und das Haus Österreich oder den Grafen von Arenberg zu beleidigen. Der Herzog bat, es ihm nicht übelzunehmen, *das wir auf einen oder den anderen weg der sachen anschlag zu geben, hohes bedenken tragen*. Mit anderen Worten, er war dagegen, diese Sache öffentlich zu machen. Ferner überließ er es Herzog Wilhelm V., weiter nach eigenem Gutdünken zu handeln.[54] Margaretha von der Marck-Arenberg erhielt eine ähnliche Antwort: *Sovill die bewust heurat belangt, ist uns durch bem. eueren son, wie es darin gestalt, nach lengs entdeckt.* Albrecht V. schrieb ihr, dass er bereits alles vom Kaiser gehört habe, er gerne den erbetenen Rat erteilen würde und *auch euch und euerem son der begeren furderung halb […] wilfaren. Aber es ligt uns doch im weg, das uns, als ir selb vernuftiglich zu ermessen, in dergleichen fellen dasjenig, so wir der kai. M. und dem haus Österreich zugegen sein vermerken, zu raten und zu furderen.* Er hielt es für unmöglich, das Heiratsprojekt zu unterstützen, wenn der Kaiser und das Haus Österreich sich dagegen entschieden hatten. Aber, so fuhr er fort, es liege auch nicht in seiner Absicht, *eueren son, an deme, so zu seiner wolfart und mererem aufnemen gemeint wirt, zu hindern, do er umb uns und die unsern vil ein anders verdient, wir ime auch vil lieber zu allem so ime nutz und esprieblich befurdert sehen […] wolten, also das wir dise ding des herzogen lieb, darin seinem gefallen nach zu handlen durchaus heimzustellen gedrungen worden.* Der Herzog wollte Karl sicherlich nicht schaden, aber er war gezwungen, auf den

---

53   Ebd., 103, Magdalena von Jülich-Kleve-Berg an Margaretha von der Marck-Arenberg, 3.6.1578.

54   Herzog Albrecht von Bayern an Herzog Wilhelm V. von Jülich-Kleve-Berg, 27.7.1578, in: Goldschmidt 1911b, S. 113.

Kaiser zu hören. Der Herzog hoffte ferner, dass Margaretha ihm sein Verhalten nicht übelnehmen würde, da er Rücksicht nehmen musste auf seine engen verwandtschaftlichen Beziehungen mit dem Hause Österreich. Er verspüre aber eine große Zuneigung zu ihrem Sohn Karl von Arenberg und er fügte hinzu, er habe dies alles auch ihrem Sohn mündlich mitgeteilt.[55]

Sibylle verbarg ihre Meinung hierüber nicht. Sie war sich der Zuneigung des Herzogs Albrecht V. für das Haus Arenberg wohl bewusst und sah, dass der Kaiser ihnen zuvorgekommen war, sonst hätte der Herzog wohl seine Zustimmung gegeben, davon war sie überzeugt. Sie schrieb: *Hett die Key. M. nicht am erstenn bey demselbigenn angebottenn, das er kain radt derzugeben solte oder seyn gudtdeunckenn, ich gelaubenn es weurt deroselbigh es sich haben lassen gefallenn!* Trotz aller Widrigkeiten ließ sie sich nicht entmutigen, im Gegenteil: *ich wert bestentigh bey seulchem gemot verharrenn bis in mainem dodt, ob gott wilt. Denn e. l. mogenn sich geweschlichenn nicht anters zu mir versichenn alles eyner vonn hertzen geneickenn unnd getreuuenn freuntinenn die sich neur freuuenn solt die midtlenn zu habenn e. l. allenn freuntliche gefallenn unnd freuntschafft zu ertzaeigenn wie ichs woll vonn hertzen solt weunschenn. Weurt es werlich ann mainenn goutenn willenn nicht mangelenn wie woll das vermogen gar zu geringhschetzigh zu seulchem wiere [...]*[56]

2.6 DER HEIRATSPLAN GERÄT DAS ERSTE MAL INS STOCKEN

In Neuburg hatte Sibylles ältere Schwester Anna erfahren, dass Margaretha von der Marck-Arenberg ihre Heiratspläne wahrscheinlich nicht realisieren konnte. Sie schrieb im August 1578 an Margaretha: *mein herr vatter, glaub ich, solts gar gerne sehenn, aber die kaiserlich maiestett unnd einem anderenn bekenn. E. l. durfenn sich fur meinenn herren und gemall und mir keines teils zu furchtenn, das wir im geweiterung im der sachen machen werdenn, wenn sonst mein her vatter und anderenn ire gemeutter nit enderenn.* Solange Herzog Wilhelm V. bei seiner positiven Einstellung bleiben würde, brauchte Margaretha nicht zu befürchten, dass Anna und ihr Gatte sich gegen die geplante Heirat aussprechen würden. Sie würde es sogar gerne unterstützen, weil Sibylle *sich auch bewiligett hatt des herren vatter willen zu thoun, so woll inn religious sachen als inn anderem, so wirt sich sein gnatt irer desto mher nemen.* Anna riet Margaretha, noch ein wenig Geduld zu haben, und hoffte auf einen guten Ausgang der ganzen Sache.[57]

Ende August 1578 empfing Herzog Wilhelm auf Schloss Bensberg erneut ein kaiserliches Schreiben. Der Kaiser schrieb, dass er *aus den zuvor erzelten ursachen* seine Einstellung nicht ändern könne. Vor allem dann nicht, wenn *die vurnembst ursach, so e. l. zu dieser heirat bewegt, allein die ist, das derselben jungeste dochter, das frewlin Sibille sich zu der Catholischen religion zu begeben willens, damit si auch ainen Catholischen gemahel wie der graf bekomen möcht. Dan da si dessen entschlossen und dabey bestendiglich zu*

---

55 Herzog Albrecht von Bayern an Margaretha von der Marck-Arenberg, 27.7.1578, in: ebd., S. 113f.

56 AAE, M. M. 117, Sibylle von Jülich-Kleve-Berg an Margaretha von der Marck-Arenberg, 1.9.1578.

57 Ebd., 68, Anna von Neuburg an Margaretha von der Marck-Arenberg, 15.8.1578.

verbleiben bedacht, bin ich der ungezweifleten hoffnung, es sollen ier lieben furstlichen standts und herkhomens personen nit menglen, die ier und uns allen ansehenlicher und bas anstehen khunden; wie ich mich dan auf disen fall selbst mittlen und gelegenhait darzue zue suechen hiemit e. l. gantz freuntlich angebotten haben will. Der Kaiser hatte den Eindruck, dass Herzog Wilhelm V. der Heirat mit dem katholischen Karl von Arenberg nur deshalb zustimmte, weil sich seine Tochter bereit erklärt hatte, katholisch zu werden. Der Kaiser war der Meinung, dass es im Reich noch andere katholische Fürsten geben müsse, die bezüglich Stand und Status besser zum Hause Jülich und zum Hause Österreich passen würden. Er würde sich selbst dafür einsetzen, eine entsprechende Person zu finden, und er hoffte, dass Sibylle ihm in seiner Entscheidung *beyfallen und solches ier auch woll gefallen lassen*[58] würde.

Das war eine große Fehleinschätzung. Sibylle wäre nicht ihrer Linie treu geblieben, wenn sie ihre Pläne wegen einer ablehnenden Haltung des Kaisers aufgeben würde. Sie schrieb, dass sie die Zustimmung des Kaisers nicht bräuchte, um Karl heiraten zu können, *denn ich deselbigenn tochter nicht bin, sonderenn dessen hervatters.*[59] Und sie hoffte, dass ihr Vater sich nichts aus der kaiserlichen Haltung machen und bei seiner Meinung bleiben würde, in Anbetracht des-

ser, was er versprochen hatte.[60] Sibylle war überzeugt, dass andere den Kaiser zu einer solch negativen Entscheidung angespornt hätten, und sie fügte hinzu: *Man waiss balt nicht war man sich auf sollt vertrouuen.* Auch Magdalena war der Meinung, dass der Kaiser *von bossen leuden angestifft*[61] worden sei.

Sibylle wusste, dass vor allem die klevischen Räte dem Heiratsprojekt gegenüber negativ eingestellt waren. Auch Margaretha von der Marck-Arenberg hatte früh erkannt, dass diese sich gegen den Heiratsplan auflehnen würden. Ende Oktober 1578 kamen eben jene Räte nach Hambach und Sibylle hatte Angst vor dem, was sie unternehmen würden. Sie wusste, dass es ein Fehler wäre, sie zu unterschätzen: *die leut seynt gar der ubeil unnd nicht woll zu erkennen was man ann innen hat.* Was sie auch sagen würden, *sey wertenn main gemodt doch inn kainem fall keunnenn enterenn, sonderenn ich wert bij mainer foriger mainoungh verblaybenn [...],* schrieb Sibylle fest entschlossen. Bezüglich ihres Vaters hoffte sie, dass er sich nicht überreden lassen würde.[62]

Magdalena unterstützte ihre Schwester in ihrer Beharrlichkeit, denn sie sah sie lieber glücklich und froh, als in großer *bedrobnisz und bekomernisz.* Sie schrieb, dass *man werdt allen jammer an ir sehen.* Der Grund für ihren Kummer war laut Magdalena, dass *dise sagen mit e. l. son nicht fordt gingen.* Sie hatte ursprünglich gehofft, dass der Kaiser es gutheißen würde, wenn Herzog Wilhelm V. *seine dogter im zum trost bey sich bestaden am aemgin der im lieb wehere* und sie war der Überzeugung, dass ihr Vater Karl als Schwiegersohn akzeptieren würde. Daher

---

58 Kaiser Rudolf II. an Herzog Wilhelm V. von Jülich-Kleve-Berg, 12.7. in: Goldschmidt 1911b, S. 112. Die Jahreszahl des Briefes fehlt leider. Da das Heiratsprojekt erst 1584/1585 ein Ende fand, kann der Brief bis zu diesem Zeitraum geschrieben worden sein. Vermutlich ist er aber eine Antwort auf das Schreiben von Herzog Wilhelm V. von Ende Mai 1578. Hans Goldschmidt gibt – trotz anderer Begründung – ebenfalls 1578 als Entstehungsdatum an.

59 AAE, M. M. 117, Sibylle von Jülich-Kleve-Berg an Margaretha von der Marck-Arenberg, 1.11.1578.

60 Ebd., 15.9.1578.

61 Ebd., 103, Magdalena von Jülich-Kleve-Berg an Margaretha von der Marck-Arenberg, 1.9.1578.

62 Ebd., 117, Sibylle von Jülich-Kleve-Berg an Margaretha von der Marck-Arenberg, 20.10.1578.

hatte sie nicht vermutet, dass der Kaiser ihrem Vater *die freudt in seinnem alter*[63] versagen würde.

Inzwischen hatte Sibylle die Hoffnung aufgegeben, vom Kaiser Unterstützung erfahren. Sie schrieb am 1. September 1578: *Es ist genoughsam zu mirckenn das vonn dero kaiserlichen maiestadt kein goute antwort ist zu erwartenn, denn es wirt auch die orsach mit seynn wie mir e. l. inn hebeforenn schreibenn melttenn vonn dero Bernstein, das dye kaeinenn modt verlorenn hedt, so wirt sey dye K. M. alles anstifftenn unnd forter irr verwant unnd freunt so sey am hoff hatt.*[64] Wer diese Frau von Bernstein genau war, wird nicht erklärt, dem Zitat ist aber zu entnehmen, dass sie eine Hofdame am kaiserlichen Hof zu Wien war. Wofür sie sich beim Kaiser, ihren Verwandten und Freunden am Hof einsetzte, lesen wir in einem Brief von Renate von Lothringen, einer Tochter der Herzogin Christina von Dänemark. Renate war mit dem Sohn Albrechts V., Wilhelm V. verheiratet, dem späteren Herzog von Bayern. Sie schrieb: *Die Gräfin von Arenberg, die sich in Rengelbourg* [Regensburg] *bei Ihrer Majestät der Kaiserin aufhält, spricht über die Hochzeit des Herrn von Arenberg, ihrem Sohn, mit Fräulein von Bernstein [aus dem] Elsass, die von ihrer Majestät sehr geschätzt wird.*[65] Weiter schrieb sie, dass *ihre Majestät sie sehr inständig gebeten habe, ihr die Wahrheit zu sagen*[66] worauf sie ihm erzählte, sie habe

gehört, dass Margaretha sich große Sorgen über seine Heiratspläne machen würde.[67] Offensichtlich versuchte der Kaiser, Margarethas Gedanken von Jülich abzulenken und ihr eine andere Partie für ihren ältesten Sohn vorzuschlagen. Außer einer weiteren Erwähnung bei Magdalena, aus der aber auch nicht mehr hervorgeht, sind dem überlieferten Briefwechsel keine weiteren Informationen zu Frau von Bernstein zu entnehmen, sodass anzunehmen ist, dass Margaretha sich nicht auf den Vorschlag eingelassen hat.[68] Zwei Jahre später, im August 1580, schrieb Sibylle noch einmal über sie, dass der Kaiser ihr schon lange *irrenn willenn* hatte geben wollen, *gott vergebe es im.*[69]

Als Karl Ende Oktober 1578 nach Arenberg zurückkehrte, ließ Margaretha Herzog Wilhelm V. wissen, dass sie gerne noch einmal für ein Gespräch nach Jülich reisen würde. Auch Sibylle fand dies eine gute Idee. Der Herzog antwortete Margaretha höflich aber bestimmt, dass ein Besuch aus vielen Gründen ungelegen käme und daher für einige Zeit aufgeschoben werden sollte.[70] Trotzdem reiste Karl von Arenberg Ende November nach Hambach, um sich über den Stand der Angelegenheit zu erkundigen. Er wurde dort freundlich empfangen, aber einen Besuch von Margaretha schob man lieber noch etwas auf. Margaretha war hierauf nicht gut zu sprechen, und sie war

---

63 Ebd., 103, Magdalena von Jülich-Kleve-Berg an Margaretha von der Marck-Arenberg, 1.9.1578.

64 Ebd., 117, Sibylle von Jülich-Kleve-Berg an Margaretha von der Marck-Arenberg, 1.9.1578.

65 *Madame d'Arenbergue, estant ses iours passer al la Rengelbourg, aupres de la Ma^{te} de l'imperatrix, sa Ma^{te} ma parle du mariage de mons. d'Aramberg, vostre fils, avecq mademoiselle de Bernestain laisace, aquoy sa Ma^{te} est fort affectionné.*

66 *…la Ma^{te} m'an voule si prieusemant de lui dire la verite…*

67 AAE, M. M. 38, Renate von Lothringen an Margaretha von der Marck-Arenberg, undatiert.

68 Ebd., 103, Magdalena von Jülich-Kleve-Berg an Margaretha von der Marck-Arenberg, 21.8.1578.

69 Ebd., 119, Sibylle von Jülich-Kleve-Berg an Margaretha von der Marck-Arenberg, 15.8.1580.

70 Ebd., 79, Herzog Wilhelm V. von Jülich-Kleve-Berg an Margaretha von der Marck-Arenberg, 22.10.1578.

so ubell zu friten, dass Sibylle sich schuldig fühlte.[71]

Inzwischen ging ein Gerücht um, dass Margaretha über eine andere Vermählung für ihren Sohn Karl verhandelte. Sibylle schenkte diesem Gerücht keinen Glauben, konnte aber auch nicht ausmachen, wer dieses Gerücht verbreitet hatte.[72]

Da die Zahl der Widersacher größer wurde, suchte Margaretha nach weiteren Verbündeten. Der katholische Marschall Reinhold von Wachtendonck hätte wegen seines Einflusses beim Herzog ein guter Verbündeter sein können, aber Sibylle wusste nicht, wie sie seine Hilfe gewinnen sollte. Wahrscheinlich um die Gunst des Marschalls zu erhalten, zeigte Margaretha Interesse, eine seiner Töchter in ihre Hofhaltung aufzunehmen. Sie bat Sibylle, herauszufinden, wie die Meinung Marschall Wachtendoncks dazu war. Sibylle wusste aber nicht, wie sie die Sache anfangen sollte. Die Jungfrau von Eller war als Vermittlerin am besten geeignet, aber Sibylle wollte oder konnte sie nicht persönlich fragen. Sibylles Vertraute, die Jungfrau von Uelenbroch, wagte es ebenfalls nicht, weil sie sich nicht gut mit der Jungfrau von Eller verstand.

Was den Amtmann Dietrich von der Horst betraf, musste man sich, zumindest laut Sibylle, keine Sorgen machen. Er war Margaretha gegenüber nicht ablehnend eingestellt. Hier benutzte Margaretha von der Marck-Arenberg die gleiche Taktik wie bei Marschall Wachtendonck. Sibylle war der Meinung, dass die Tochter[73] des Amtmanns gerne bei Margaretha von der Marck-Arenberg wohnen würde, wenn das Mädchen *nicht zu balt geheilicht wirt wertenn*. Aber sie hatte keine Ahnung, wie der Vater auf diesen Vorschlag reagieren würde. Sie entsandte die Jungfrau von Uelenbroch zu Dietrich von der Horst, um das herauszufinden.[74] Er dankte Margaretha sehr höflich für die Ehre und sagte, dass wenn er *gemaint wiert gewessenn dieselbige ann orter zu thonn umb zu tienenn, weurt er sey ann kainem ordt lieber getan haben denn bey e. l.* Seine Tochter hielt sich momentan aber bei Freunden auf, die *etwas mit ir for hentenn* [hatten].[75] Tatsächlich waren für Margaretha von der Horst, der Tochter des Amtmanns Dietrich von der Horst, schon Heiratsverhandlungen im Gange und sie wohnte bereits bei ihrer zukünftigen Familie, der Familie von Behlen. Bereits elf Tage später schrieb Sibylle, dass Margaretha von der Horst *verhirat wertenn* würde.[76] Margaretha musste also eine andere Jungfrau für ihre Hofhaltung suchen.

Darüber hinaus war die Gattin des Kanzlers Orsbeck Margaretha gewogen, sie teilte ihr mit, dass sie ein gutes Wort bei ihrem Mann zugunsten des Heiratsplanes einlegen würde.[77]

Sibylles älteste Schwester, Maria Eleonore, hatte inzwischen den Vorschlag unterbreitet, Sibylle mit dem protestantischen Markgrafen von Ansbach zu verheiraten. Höchstwahrscheinlich handelte es sich da-

---

Mädchens bekannt, daher muss angenommen werden, dass es sich um Margaretha handelt, zumal die jüngere Tochter Elisabeth Nonne im Stift Geresheim war. Siehe hierzu Fahne 1848, S. 176.

74 AAE, M. M. 117, Sibylle von Jülich-Kleve-Berg an Margaretha von der Marck-Arenberg, 1.12.1578.

75 Ebd., 9.12.1578.

76 Ebd., 20.12.1578.

77 Ebd., 1.12.1578.

71 Ebd., 118, Sibylle von Jülich-Kleve-Berg an Margaretha von der Marck-Arenberg, 15.1.1579.

72 AAE, M.M.117, Sibylle von Jülich-Kleve-Berg an Margaretha von der Marck-Arenberg, 1.12.1578.

73 Dietrich von der Horst hatte zwei Töchter, Margaretha und Elisabeth. Es wird an dieser Stelle nicht deutlich, um welche der beiden es sich handelt. Später wird aber die Hochzeit des besagten

bei um Georg Friedrich von Brandenburg, einem Cousin ihres Gatten Albrecht Friedrich. Dieser war bereits mit Elisabeth von Brandenburg-Küstrin verheiratet gewesen, die jedoch am 8. März 1578 gestorben war.[78] Sibylle war mit diesem Vorschlag nicht einverstanden und hoffte, ihr Vater möge erst gar nicht daran denken, sie dorthin zu schicken. Sibylle hoffte, dass Maria Eleonore, wenn sie das *gemodt* ihrer jüngsten Schwester kennen würde, ihren Plan aufgeben würde.[79] Dass diese Heirat Sibylle sehr unattraktiv erschien, ist verständlich. Zum einen war Karl für sie der einzig mögliche Bräutigam. Zum anderen hatte sie bis dahin nicht viel Gutes aus dem weit entfernten Preußen gehört und es kam ihr wahrscheinlich überhaupt nicht in den Sinn, in dieses weite *garstige* Land fortzuziehen. Nicht zuletzt hatte der Bräutigam schon eine Ehe hinter sich und war 18 Jahre älter als Sibylle. Magdalena beruhigte Margaretha, denn *for dem marckgraffen von Brandenbirg haben e.l. nicht zu frogten, dan ich waisz mein genedigster herr vatter mine schwester Sibila nimmer an dem wirdt verhiraten.*[80]

Im Januar 1579 verstarb Hofmeister Gothard von Schwartzenberg. Margaretha von der Marck-Arenberg hatte ihm bezüglich ihres Heiratsplanes nie völlig vertraut. Sibylle fand dies unberechtigt, denn sie selbst hatte immer einen guten Eindruck von ihm gehabt: *Er ist uns stedts gar geneickt gewessen zu thienenn.* Er würde ihr sicherlich fehlen. Sein Tod hatte ihr *gar lait* getan, weil *sich nimant so unser wirt annemmen ales er hatt*

getan.[81] Sein Platz als Hofmeister wurde von Herrn von Weingertzrat eingenommen. Ob er mit den umfassenden Befugnissen des vorigen Hofmeisters ausgestattet wurde, konnte Sibylle nicht sagen, denn man stellte noch Johann von Ossenbroich als zweiten Hofmeister ein.[82] Dieser sollte später noch eine wichtige Rolle am jülich-klevischen Hof spielen, vornehmlich bei der Vermählung des Erbprinzen Johann Wilhelm I.

Anfang Januar 1579 war Karl von Arenberg erneut zum bayerischen Hof nach München gereist, wo er herzlich empfangen worden war. Wie gewöhnlich besuchte er auf der Rückreise Anna von Jülich-Kleve-Berg in Neuburg. Sie war dem Heiratsprojekt noch immer zugetan und sie hatte sich sogar bereit erklärt, Karl zuliebe einen Brief an ihre Tante Anna, der Herzogin von Bayern, zu schreiben. Man hielt das aber, zu Sibylles Erleichterung, nicht für ratsam, denn *es hett der sachenn mieher mogen hinteren alles baden.*[83] Warum dieser Vorschlag nicht auf Zustimmung stieß, wird nicht deutlich.

In Bayern hatte Karl auch dieses Mal von Herzog Albrecht V. nichts als schöne Worte zu hören bekommen. Ein Brief Albrechts an Margaretha im März 1579 fiel wie folgt aus: ... *as dann die bewust heuratshandlung anlanngt, sollt ir unngeweislich darfur hallten, d'as wir euch unnd euren son, in disen unnd anndern aller wolfart nit allein herzlichwol gonnen, sonder auch derselben ehr unnd aufnemmen nach muglichkait zubefurdern genaigt. Es ist aber dise sach dermassen unnd also geschaffen, das wir unns viler beweglicher unnd ansechlicher ursach willen, darrin nit mengen, oder derselben wider als hiebevor beshehen, annemmen können, wie wir dann*

78   Isenburg 1960, Bd. 1, Tafel 61.
79   AAE, M. M. 117, Sibylle von Jülich-Kleve-Berg an Margaretha von der Marck-Arenberg, 20.12.1578.
80   Ebd., 103, Magdalena von Jülich-Kleve-Berg an Margaretha von der Marck-Arenberg, 19.12.1578.
81   Ebd., 118, Sibylle von Jülich-Kleve-Berg an Margaretha von der Marck-Arenberg, 19.1.1579.
82   Ebd., 17.2.1578.
83   Ebd., 9.3.1579.

*solches alles eueren son der lenng noch selb
enntdöcket. Dann erstlich ist euch unverbor-
gen, was die Röm. Kay. M^te. gleichfalls beide
erzherzogen sich dises heyrats halb erklert. So
vernemen wir nit, ob ir wol dise handlung an
die Kön. M^te. zur Hispanien vor guetter zeit
gelangen lassen, das einiche anntwort daraus
ervolget, also das gewis, was ir M^te. hier in
leiden mügen oder nit. Unnd wollen unns
dise dinge auch darumb dasso bedennklicher
fallen, dieweil der hochgeborn furst, unnser
fruntlicher liebe schwager, herr Wilhelm Herzog zu Gülch, Cleve unnd Berge hievor, dreir
Töchter verheurat, aber unnsers rats dar in nüe
gepflegen, wie auch von unnötten gewesen.
Derwegen sichs ansehen last, als ob jezige
ratsuechen, furnemblich darumb beshehen,
damit man sich hernach gegen der Kay. M^te.,
der Kön. M^te. zu Hispanien, unnd dem gann-
zen haub Österreich, mit unns entschuldigen
müge, als weren wir derjhenige gewesen, so
über irer M^te. unnd baider Erzherzogen willen, zu disem heurat geratten, geholffen, unnd
denselben angesifft hatten. Dardurch nun aller
unlust unnd unwillen auf unns geratten wurd,
dessen wir vil lieber überhoben sein wollten.
Bevorab dieweil unschwer zuvermessen, das
ir Mde. unns dise hanndlung furnemblich
allein darumb communicirt damit wir unns
derhalb nit vertinsten, sonder dieselb von
unns schieben sollen. Versehen unns dennoch
zu euch, unzweiflich ir werdet unns selb nit
gonnen, das wir dergleichen unlust aub unns
laden sollen, sonder unnser hierin vil lieber
guetlich verschonen, unnd mit vorigen unnser
erclerung. Das nemblich solcher heurat unns
nit zuwider ersettigt unnd benuegig sein. So
wir aber euch unnd euren son, in annder wege
genedigen guette willen erweisen können, sollt
ir unns hierzu jederzeit berait unnd willig
haben, inmassen ir auch bibher verhoffendlich
anders nit gesturt. Weliches wir euch gueter
againung zur unnser enntschuldigung unver-*

*meldet nit lassen wollen. Euch unnd unns alle
hiemit in den schuz des Allmechtige bevel-
hernndt. Datum in unnser stat München den
dreyundzwanzigisten Martij anno LXXVIIII.
Vostre bon frere Albrecht.*[84]

Der Herzog wiederholte, dass er sowohl
Margaretha von der Marck-Arenberg als
auch ihren Sohn Karl in der Heiratsangelegenheit gerne unterstützen wolle, sich aber
nicht aktiv einmischen könne. Er wiederholte noch einmal, was der Kaiser und die
beiden Erzherzöge gesagt hatten und fragte
sich, was der König von Spanien darüber
dachte. Im Folgenden gab er zu bedenken,
dass Herzog Wilhelm von Jülich-Kleve-Berg
vorher seine drei ältesten Töchter verheiratet hatte, ohne je um seinen Rat zu bitten,
was auch nicht unbedingt nötig war. Das
Vorgehen bezüglich Sibylles Heiratsprojekt
weckte bei Herzog Albrecht V. nun den
Eindruck, dass man ihn nur um Rat bat,
um seine Antwort danach dem Kaiser, dem
spanischen König und dem gesamten öster-
reichischen Haus zu präsentieren und dabei
den Anschein zu erwecken, dass Albrecht
derjenige wäre, der gegen den Willen des
Kaisers und der Erzherzöge diese Heirat
gefördert und dazu geraten hätte. Hierdurch
würde er in Ungnade beim Kaiser fallen. Der
Kaiser hatte ja wie oben bereits ausgeführt
mit seinem Brief an Albrecht V. schon 1578
vor allem erreichen wollen, dass der Herzog
den Plan nicht unterstützen, sondern ihn
von sich weisen würde. Albrecht V. zweifelte
nicht daran, dass Margaretha ihm nichts
Böses wünschte, und hoffte, dass sie ihn
entschuldigen würde.

Im Großen und Ganzen äußerte sich
der Herzog von Bayern in seinem Brief
sehr freundlich und wohlwollend, aber

---

84 AAE, M. M. 32, Herzog Albrecht von Bayern an
    Margaretha von der Marck-Arenberg, 23.3.1579.

höchstwahrscheinlich hatte er bereits etwas anderes mit seiner Nichte Sibylle vor, was in einem späteren Kapitel eingehender erläutert werden soll.

Auch Magdalena war ziemlich enttäuscht von der Antwort Herzog Albrechts, die sie Ende März 1579 erreichte. Sibylle hatte dagegen eine derartige Antwort schon erwartet. Magdalena schrieb, dass es gut wäre, wenn Karl nach Kleve käme, da alle Räte dort anwesend waren, um den Abschluss des Heiratsvertrages zwischen ihr und Johann von Zweibrücken beizuwohnen. Sie sah in einem Zusammentreffen eine ausgezeichnete Gelegenheit für Karl, alle Räte bezüglich seiner Heiratspläne mit Sibylle anzusprechen und für seine Sache zu gewinnen. Deswegen hoffte sie, dass der Herzog von Bayern Karl beauftragen würde, zu seinem Schwager nach Kleve zu gehen.[85] Karl reiste jedoch nicht nach Kleve und Sibylle fand es gut, dass Margaretha ihren Sohn *bey sich habenn behaltenn, will wir dieser ort seynn, denn es in warhait gar ferlich reisen ist allenhalbenn, also das man durch des hervaters lanten nicht sonter gefar raisenn mach.* Die Kriegsgefahr drohte nicht nur im Lande von Kleve, sondern auch *im lant von Berigh und Geulch.* Sie fand es darum ratsamer, dass Karl *der zeit erwart biss es sicherer wantelen ist*, denn es würde ihr viel Leid zufügen, wenn ihm *mainenthalben eyniges lait solt begegenen, seynes leibes in gefar zu seyn.*[86] Es wäre sicherer, wenn Karl erst dann nach Düsseldorf käme, wenn sich auch ihr Vater dorthin begeben würde.[87]

Margaretha hatte inzwischen vernommen, dass Sibylle *so fill zu witer saght oder plaght dieser sachen halben.* Darum schlug sie Sibylle vor, ihre Meinung von den *hoffmaisterinnenn* verbreiten zu lassen. Sibylle erklärte sich bereit, das zu tun, sah es aber nicht als wirklich notwendig an, da *die ret mein gemodt genoughsam wissen.* Es kümmerte sie nicht besonders, ob sie noch etwas versuchen würden, *es wirt innen nicht helfenn [...] dar wert ich nach irren pfiffenn nicht tantzenn.* Inzwischen bedrängten sie die Räte seltener: *man saght mir kain wort godt oder bosses.* Dass man sie hin und wieder darauf ansprach, bekümmerte sie nicht. Sie schrieb: *lassen sey so langh reten biss sey es modt wierenn.*[88]

Sibylle hoffte, dass man Margaretha im Sommer einladen würde, um sich von Magdalena zu verabschieden, bevor diese zu ihrer Hochzeit nach Bergzabern abreisen würde. Dabei würde sich gleichzeitig eine gute Gelegenheit ergeben, den Heiratsplan mit Sibylle erneut zu besprechen. Die Räte von Jülich und Kleve sahen dem Besuch Margarethas mit gemischten Gefühlen entgegen, aber Sibylle freute sich schon auf sie. Es war schließlich schon anderthalb Jahre her, dass sich die beiden Freundinnen gesehen hatten.[89]

Am 17. August 1579 lud Herzog Wilhelm V. Margaretha endlich ein, nach Hambach zu kommen und den Brautzug nach Düsseldorf zu begleiten, wo sie sich dann von Magdalena verabschieden könne.[90] Es ist unwahrscheinlich, dass es während dieses Besuchs noch Planungen bezüglich des Heiratsprojektes zwischen Karl von

---

85   AAE, M. M. 104, Magdalena von Jülich-Kleve-Berg an Margaretha von der Marck-Arenberg, 15.3.1579.

86   Ebd., 118, Sibylle von Jülich-Kleve-Berg an Margaretha von der Marck-Arenberg, 24.4.1579.

87   Ebd., 6.6.1579.

88   Ebd.

89   Ebd., 15.7. und 10.8.1579.

90   Ebd., 80, Herzog Wilhelm V. von Jülich-Kleve-Berg an Margaretha von der Marck-Arenberg, 17.8.1579.

Arenberg und Sibylle gegeben hat. Die Aufmerksamkeit wird in Anbetracht der Situation an erster Stelle Magdalena gegolten haben. Diese versprach Margaretha, vor ihrer Abreise noch mal mit den Räten zu sprechen und sie zu bitten, die Sache ihrer Schwester zu fördern.[91] Sogar auf ihrer Hochzeit setzte sie sich für das Glück ihrer Schwester ein und sprach verschiedene Personen an.[92]

Unter den vielen Adeligen und Räten, die bei der Hochzeit anwesend waren, wurde sehr viel gelästert. Eines der bevorzugten Themen war Margaretha von der Marck-Arenberg. Ihr nicht nachlassender Einsatz, die Heirat zwischen Karl und Sibylle doch noch zustande zu bringen, wurde ihr offenbar übel genommen und man war nicht sonderlich bemüht, dies zu verbergen. Als Margaretha einige Monate später erfuhr, was alles in Bergzabern über sie gesagt worden war, war sie sehr gekränkt. Sibylle hatte Mitleid und tröstete sie so gut wie möglich: *Es thout mich alzit lait das sie seulche dingenn sagenn vonn e. l., nach dem mall e. l. innen keinn orsach darzo hatt gegebenn unnd kommen denn mit seulcher unwarhait herfor.*[93]

Sibylle hatte eine schwere Zeit nach der Abreise von Magdalena und Margaretha von der Marck-Arenberg. Da ein großer Teil der Hofhaltung den Brautzug begleitete, blieb Sibylle recht einsam zurück. Hofmeisterin Barbara von Wylich war noch immer nicht aus Düsseldorf zurückgekehrt, zudem waren Jungfrau Eller und Jungfrau Haltzfelt abgereist, *also das jetz zur zit nicht miehe denn dry jounfrawenn vonn hoff sin ober.* Sie hoffte jedoch, dass andere deren Platz

einnehmen würden,[94] was sich aber nicht sofort ergab. Ende November hatte *noch kain antre jounfrawenn inn der antrenn platzs* eingenommen. Und sie wusste auch nicht, *ob der etwas witer kommenn wirt.* Es liest sich fast wie eine Prophezeiung, wenn sie schreibt: *Es liest balt hie alles wenn das hauss balt gar aussgestorbenn wier.*[95]

Wie angekündigt, beabsichtigte Sibylle, nach der Hochzeit ihrer Schwester zum Katholizismus überzutreten. Margaretha erinnerte Sibylle an ihr Versprechen und äußerte zugleich ihre Besorgtheit über den Widerstand, den sie erwarten dürfte seitens der Protestanten am Hof. Sibylle beruhigte sie, *ob es schon forfalle, wirt mir nicht anfechtenn, sonter* [ich] *wert inn mainer mainoungh forfaren.*[96] Und in der Tat schrieb Sibylle am 26. Oktober: *die zit maines lebens wert* [ich] *auch mit seyngenaten zu kirghenn giehenn, nun miehe. Der lieb gott gebe seynn gotliche genat unnd segenn mir forter darzu, das es zu seynenn gotlichenn eherenn und mainer houghster selichkait mach geleienn.*[97] Sibylle erhielt weiter von Margaretha den guten Rat, zuerst ihren Vater *umb genetigh verzaioungh zu bittenn,* wodurch sie sich mit ihrem Vater versöhnen könne, *ehe ich zum houghwertigen sakrament wolt giehenn.* Sie hoffte, dass Gott ihr seine Gnade verleihen würde, damit sie *wertigh zu dem tisch des herren mach giehenn unnd seulchs ontfangen des hilligen.*[98] Sibylles Konversion hatte dann doch für andere am Hof unangenehme Folgen. Der Druck auf ihre Tante Amalie, der katholischen Messe beizuwohnen, wuchs und *ir*

---

91 Ebd., 104, Magdalena von Jülich-Kleve-Berg an Margaretha von der Marck-Arenberg, 6.6.1579.
92 Ebd., 25.11.1579.
93 AAE, M. M. 119, Sibylle von Jülich-Kleve-Berg an Margaretha von der Marck-Arenberg, 4.7.1580.
94 Ebd., 118, Sibylle von Jülich-Kleve-Berg an Margaretha von der Marck-Arenberg, 7.11.1579.
95 Ebd., 28.11.1579.
96 Ebd., 12.10.1579.
97 Ebd., 26.10.1579.
98 Ebd., 23.12.1579.

lieb wertenn offermallenn gar ungedoultigh daruber. […] *Sey will nicht inn die miss unnd man liest ir lieb jetz nicht gern zu das man pretigh for derselbigh thout, will ich mit dem hervatter giehen.* Sibylle fühlte sich ein wenig schuldig an der Situation, *denn was der gescheught, ist jetz alles main scholt.*[99] Ende November 1579 verbot man Amalie sogar, dass sie eine protestantischen Predigt hörte. Sie reagierte dermaßen *ungedeultigh,* dass Sibylle sich keinen Rat wusste: *Waiss noch kain rat mit ir lieb. Ich troste sey so fill alles mich moghlich ist, aber mich sorght, wir wertenn noch gegenn dem Christfest eynn allarm habenn.* Was sie genau mit *allarm* meinte, ist nicht eindeutig überliefert, aber ein positives Ereignis wird sie damit sicher nicht gemeint haben.[100] Je mehr der Druck auf Amalie ausgeübt wurde, umso unausstehlicher wurde diese. Es ging sogar so weit, dass niemand mehr wusste, was man mit ihr anfangen sollte und sich daher um sie sorgte. Sibylle sah, dass das alles nichts nützte: *die ret wollen sey gern darzu bereten das ir lieb auch zu missen solt giehenn.* […] *Sey wier es aber nimer thonn unnd der hervatter will nich gestantenn das man ir besonter pretigh thout. Ich woll sey liessenn sey inn irren aller doch im rouue. Mich dourt irer vonn herttzenn.* Trotz des Mitleids, das Sibylle für sie verspürte, empfand sie die Situation als unangenehm. Ihre Tante machte sie *halb nervich und ich kans nicht besseren.*[101]

Ende Oktober 1579 hielt sich Karl erneut am Jülicher Hof auf Schloss Bensberg auf. Margaretha hatte Sibylle geraten, mit ihm zu sprechen, aber das gelang ihr nicht auf Anhieb, *wiewoll das wir gistrenn abent getanst haben,* schrieb sie am 26. Oktober.

Das Paar fand keine Gelegenheit und Sibylle befürchtete, dass sich auch keine mehr bieten würde, weil sie beobachtet wurde. Sie konnte nichts tun, ohne dass die Räte davon erfuhren.[102] Sie versprach Margaretha, alles zur Förderung ihrer Sache zu tun, *aber dem hervatter selber darvon zu sprechen, solt ich nicht deurffen.* Sie würde nur sprechen, wenn ihr Vater selbst davon anfangen würde. Mit dem Jülicher Sekretär Paulus Langer traute sie sich wohl zu sprechen, aber sie sah ihn nicht mehr so oft. Außerdem, sagte sie, *die ret gebenn auch alle schone wort, aber es wirt nicht gemaint.* Mit Stephanus Winandus Pighius, dem Erzieher ihres Bruders Karl Friedrich, würde Sibylle *gegen dem hiligenn christfest audh der sachenn halbenn retten.*[103] Einige Tage vor Weihnachten erklärte sie Pighius ihren Standpunkt und ihr *gemot. So fint er es nicht ratzam das er seynn genatenn es mainenthalbenn solt vermeltenn, so moghtenn seingenatenn unleustigh darumb wertenn.* [Er] *hatt sich seunst hough erbotenn allenn flaiss darin forzuwentenn es seyngenaten darin underrichtenn, so fill* [wie] *moghlich wier.* Pighius versprach weiter, Sibylle *bey denn hervatter zu recommandieren, auff das untertanighste unnd tiemotighste, wie eyn gehorsame tochter.* Dass man mit soviel Vorsicht vorgehen musste, um den Herzog von Jülich nicht zu verstimmen, deutet auf den schwierigen Charakter des Herzogs hin, der schon in vielen Situationen zu Tage getreten war. Sibylle hoffte, dass ihr Vater am Ende den Heiratsplan befürworten würde, denn schließlich musste er entscheiden und nicht der Kaiser. Herzog Wilhelm hatte die *macht zu thonn was im gefill, will ich seyngenaten kint bin*[104], so Sibylle.

---

99   Ebd., 7.11.1579.
100 Ebd., 118, Sibylle von Jülich-Kleve-Berg an Margaretha von der Marck-Arenberg, 28.11.1579.
101 Ebd., 10.12.1579.

102 Ebd., 26.10.1579.
103 Ebd., 7.11.1579.
104 Ebd., 7.11.1579.

Margaretha und Sibylle dachten, dass Margaretha den Kammermeister Werner von Palandt für ihre Sache gewonnen hatte. Er war im Auftrag von Herzog Wilhelm V. nach Zweibrücken gereist und war über Arenberg zurückgekehrt. In Düsseldorf hatte er Sibylle einen Brief von Margaretha und einen von ihrer Schwester Magdalena übergeben, mit der er auch gesprochen hatte. Er machte den Eindruck, als stünde er dem Heiratsplan positiv gegenüber und sprach nur Gutes über Karl von Arenberg, dessen Grüße er Sibylle überbrachte. Daraufhin bat Sibylle Margaretha, ihn *freuntlich mainenthalbenn zu greussenn unnd seunst inn eheren fill liebes und goutzs zu vermeltenn*.[105] Künftig würden die meisten ihrer Briefe in dieser Art enden.

Sibylle hatte daneben auch den Eindruck, dass der Hofmeister Ossenbroich *gar gewogenn inn der sachenn, also das e. l. ann dem auch eynenn goutenn freunt habenn*. Und auch Amtmann Dietrich von der Horst erzählte Sibylle immer wieder, dass er dem Heiratsplan gut gesonnen sei: *er hat mich zum offtemalenn zugesaght was er derwegenn thonn kann, das seulchs nicht weurt underlassenn wertenn*. Er hatte sogar schon *mit denn retenn woll zum deill darvonn geret*. Trotzdem schätzte sie die Situation realistisch ein und war misstrauisch: *es ist aber kainem minschenn zu trouuenn; die untrouu wirt fill zu fill gespeurt taglichenn*.[106]

Und sie sollte Recht behalten. Ende Dezember empfing Margaretha einen nach ihren Worten unverschämten Brief des Sekretärs Paulus Langer aus Jülich, in dem er offen vom Heiratsplan abriet. Sibylle erschrak über diese Wendung. Sie war davon überzeugt, dass er auf Margarethas Ehrge-

fühl einwirken wollte, weil er sah, *das man nicktzs ann mir kann erhaltenn unnd der hervatter ist auch genickt noch zu speurrenn*.

Sie hatte gehört, dass ihr Vater sich gewundert habe, als die *Geulichse leut* ihre Beschwerden gegen den Heiratsplan geäußert hatten. Ihr Vater hatte sich nichts daraus gemacht, als sie äußerten, *das sie das krieghsfolckes halben haben erlitenn*.[107] Was dies mit Karl von Arenberg zu tun hat, bleibt unklar. Die niederrheinischen Gebiete waren durch ihre benachbarte Lage sowohl zu den Nördlichen als auch den Südlichen Niederlanden von strategischer Bedeutung bei den Auseinandersetzungen zwischen den Generalstaaten und der spanischen Krone. Sie fielen daher auch häufig durchziehenden und plündernden Truppen zum Opfer. Vielleicht misstrauten die Räte Karl als Niederländer, obwohl er doch auch ein deutscher Reichsfürst war.

Die *Berghse leut* hatten dahin gehend nichts geäußert und was die *Klefesen* sagen würden, blieb noch abzuwarten. Sibylle fand es in jedem Fall ratsam, dass Margaretha von der Marck-Arenberg einen Brief an den Kanzler Crsbeck, an Marschall Wachtendonck und an *Lauuerman* [Louwermann] schreiben solle, weil sie alle *woll wissen wie die sach geschaffenn ist, unnd das ich zu kain anter gelagenhait wert vertiehenn*. Weiter versuchte sie, sich selbst zu ermahnen, und sie vertröstete Margaretha, dass die Räte sich wohl fügen müssten, weil *es des hervatters wille ist ung gott so witt geschickt hatt*.

Inzwischen hatte Margaretha an den kaiserlichen Gesandten Dr. Gail geschrieben, um noch einmal beim Kaiser nachzufragen. Ebenso hatte sie den alten Herrn

105 Ebd., 19.11.1579.
106 Ebd., 28.11.1579.

107 Ebd., 10.12.1579.

von Winneburg angeschrieben und um Unterstützung gebeten.[108]

Am 29. September 1579 war der alte Herzog Albrecht V. von Bayern gestorben und sein Sohn Wilhelm V. übernahm die Regentschaft. Sibylle und Margaretha waren sich einig, dass jetzt der geeignete Moment gekommen war, Karl erneut nach Bayern zu schicken, um ihre Angelegenheit bei dem neuen Herzog vorzutragen. Man hoffte, den jungen Herzog für sich zu gewinnen, vielleicht konnte er beim Kaiser ein gutes Wort einlegen, da der Kaiser viel von ihm hielt. Er hatte auch viel Einfluss bei Ferdinand und Karl II., den beiden Erzherzögen von Österreich, *will der eyn seyn schwester hatt*.[109] Damit spielte Sibylle auf die Tatsache an, dass Erzherzog Karl mit Maria von Bayern, einer Schwester des jungen Herzogs Wilhelm V. von Bayern, verheiratet war.

2.7 Vorschlag eines neuen Kandidaten durch Herzogin Anna von Bayern

Wie oben bereits angedeutet hatte Sibylle es bereits im März 1579 nicht für eine gute Idee gehalten, der Herzogin von Bayern im Zusammenhang mit dem Arenberger Heiratsplan zu schreiben. Dafür gab es vermutlich zwei Gründe. Zum einen schien sie ihrem Vetter Ernst von Bayern, dem Bischof von Lüttich, nicht zu vertrauen[110], zum anderen hatte das bayerische Haus einen neuen Heiratskandidaten für sie ins Gespräch gebracht, was nicht ihrem Interesse entsprach. Die Initiatorin des bayerischen Vorschlags war ihre Tante Anna,

die alte Herzogin von Bayern. Sie hatte ihren Neffen, Markgraf Philipp von Baden, als neuen Heiratskandidaten für Sibylle vorgesehen. Er war der Sohn von Herzog Albrechts Schwester, Mechthild von Bayern, und Markgraf Philibert von Baden. Deren vier Kinder waren schon früh zu Waisen geworden, da Mechthild am 2. November 1565, zwei Tage nach der Geburt ihres fünften Kindes, das die Geburt nicht überlebt hatte, ebenfalls verstorben war.[111] Einige Jahre später, 1569, starb dann auch der Markgraf. Die vier Waisen, Jakobe, Philipp, Anna Marie und Marie Salomone, wurden unter der Vormundschaft ihres Onkels, Herzog Albrecht V. von Bayern, am bayerischen Hof in München erzogen. Weil die Eltern Sympathien für den protestantischen Glauben gezeigt hatten, wurden die Kinder in München streng nach der römisch-katholischen Lehre unterwiesen. Der junge Philipp von Baden, der seit 1571 über seine Markgrafschaft regierte, schien ein idealer Heiratskandidat für die zwei Jahre ältere Sibylle von Jülich-Kleve-Berg zu sein. Der Standesunterschied war weniger groß als zwischen Sibylle und Karl, da Philipp mit dem bayerischen Wittelsbachern verwandt war. Faktisch wurde er jedoch als Figur benutzt, um den bayerischen Einfluss im Rheinland zu erweitern. Dies sollte später noch deutlicher in Erscheinung treten, als Ernst von Bayern im Kölnischen Krieg um den Posten des Erzbischofs und Kurfürsten von Köln kämpfte.[112]

Wie oben erwähnt waren die Kontakte zwischen Bayern und Jülich in den letzten Jahre intensiver geworden. Dabei gab es nicht nur Briefwechsel zwischen den beiden Herzögen, sondern auch zwischen den

---

108 Ebd., 10.12.1579.
109 Ebd.
110 Ebd. 7.1579 (Tagesdatum unleserlich).
111 Isenburg 1960, Bd. 1, Tafel 84.
112 Lossen 1882–1887.

einzelnen Mitgliedern beider Höfe. Der Jülicher Sekretär, Paulus Langer, korrespondierte schon seit 1574 mit einigen bayerischen Räten, nämlich mit dem Sekretär Winkelmair, dem Kanzler Dr. Elsenheimer und dem Hofmeister der Herzogin Renate, Hans Jacob von Dandorf. Darüber hinaus würde Johann von Ossenbroich, Hofmeister von Jülich, im Frühjahr 1580 seinen einzigen Sohn Johann als Edelknappen zum Münchener Hof schicken.[113]

Vermutlich waren es diese katholischen Räte aus Jülich gewesen, die wegen ihres Vertrauensverhältnisses zu Bayern am Jahresanfang 1579 als erste in diesen neuen Plan eingeweiht wurden. Ob auch Herzog Wilhelm V. und Sibylle sofort informiert worden waren, wird aus den Quellen nicht ersichtlich. Jedenfalls hatte Paulus Langer wohl eingesehen, dass die Zeit noch nicht gekommen war, diesen Plan öffentlich zu verfolgen. Zum einen war man vollauf mit den Vorbereitungen für Magdalenas Hochzeit beschäftigt gewesen. …*nach diesem freudenwerck wirt man sich mit der bewuster badenischer sachen ercleren*, so Paulus Langer. Zum anderen war Sibylle selbst ein Problem. Über sie hatte Paulus Langer am 25. April 1579 an den bayerischen Sekretär Hans Winkelmair in wenig schmeichelnden Worten geschrieben: …*die bekante person ist auf den gefürsten grafen also vernart und von ime eingenomen, das man mit der sachen noch nit eilen darf*. Mit *der sachen* hatte Langer offensichtlich den vorhin erwähnten bayerischen Heiratsplan gemeint. Man würde also später darauf zurückkommen und *gleichwol in kurzem die Kai. M^{te}. auf das bewuste schreiben beantworten*.[114] Offenbar

war der Kaiser bereits informiert worden. Sibylle mochte Karl von Arenberg offensichtlich sehr, was den Plänen der katholischen Räte nicht entgegenkam, da sich die Räte der Entscheidung des Kaisers gegen den Jülicher Heiratsplan angeschlossen hatten und sich daher höchstwahrscheinlich über Sibylles hartnäckige Haltung ärgerten.

In den nächsten Monaten war in Bezug auf die Heiratsangelegenheit nichts Wesentliches geschehen. Sibylle hatte in dieser Zeit von den bayerischen Absichten erfahren, aber sie hatte nichts darüber an Margaretha geschrieben. Wahrscheinlich hatte sie es Margaretha persönlich mitgeteilt, als diese im September 1579 zu Besuch kam, um sich von Magdalena zu verabschieden. Bei der Hochzeit von Magdalena war der Markgraf Philipp von Baden weder eingeladen worden im Brautzug mitzureisen, noch an der Hochzeit teilzunehmen. Daraus hatte Sibylle gefolgert, dass ihrem Vater der bayerische Heiratsplan nicht zusagte. Aber sie hatte nicht in Erfahrung bringen können, ob im Rat darüber gesprochen worden war.[115]

Herzogin Anna von Bayern verfolgte auch in den folgenden Jahren den Plan, ihren Neffen Philipp von Baden mit ihrer Nichte Sibylle zu verheiraten. Die Bemühungen blieben von der scharfsinnigen Margaretha von der Marck-Arenberg nicht unbemerkt. Daher beschloss diese Anfang Januar 1580, der jungen Herzogin von Bayern, Renate von Lothringen, einen Brief zu schreiben, um anzufragen, wie dort der Stand der Dinge war. Sie gab den Brief mit einer Botschaft ihres Schwiegersohns Salentin von Isenburg an den jungen Herzog Wilhelm von Bayern, Renates Gatten, mit. In ihrem vorherigen Schreiben an Renate, das unbeantwortet

---

113 Lossen 1895, S. 2.
114 Paulus Langer an Hans Winkelmair, 25.4.1579, in: Lossen 1895, S. 26f.
115 AAE, M. M. 118, Sibylle von Jülich-Kleve-Berg an Margaretha von der Marck-Arenberg, 26.10.1579.

geblieben war, hatte Margaretha erzählt *wie ich beim herzog von Gülich gewesen*, wie die Angelegenheit mit ihrem Sohn Karl gelaufen war und wie die Situation nun stand. Sie hatte auch geschrieben *wie ich der Kai. M. intention sei bericht worden, daran dan die gröste difficultet gestanden.* Daher war auch Renate über alles informiert, was bisher geschehen war.

Nun hatte Margaretha aus einer zuverlässigen Quelle – wahrscheinlich Sibylle – erfahren, dass sich die alte Herzogin Anna auch beim Kaiser für Markgraf Philipp von Baden als Sibylles Bräutigam eingesetzt hatte und dass sie diese Idee mit viel Eifer verfolgte.[116] Außerdem war der Markgraf von Baden von Sibylles Schwester, Anna von Pfalz-Neuburg, ausführlich über den Sachstand informiert worden. Daher sorgte sich Margaretha von der Marck-Arenberg über den weiteren Fortgang. Sie bat deswegen Renate und Wilhelm von Bayern, sie über alles, was in München geschah, zu informieren *in erwegung e. f. g. ich in so guettem vertrauen nichts verhalten habe, wie die handlung angangen und was hernach weiters erfolgt seie, auch dab sie dermassen den leutten in die meuler geratten, das sie nicht wol konde, sowol auf ainer als anderer seitten, umgestossen werden, one merklichen grossen ungemach, unangesehen dab der vatter, wie dan auch die tochter, noch voriger mainung ist, und dab uns, wie e. f. g. wol konden erachten, sovil hieran gelegen.* Margaretha argumentierte, dass der Arenberger Heiratsplan weithin bekannt und derart fortgeschritten sei, dass er erfolgreich zu Ende geführt

werden sollte. Sowohl Herzog Wilhelm V. von Jülich-Kleve-Berg als auch sie – Margaretha – könnten ihre Meinung nicht mehr ändern oder sich in dieser Situation ohne Gesichtsverlust zurückziehen. Margaretha bat Renate, ihrem Gatten den Inhalt ihres Briefes mitzuteilen und sie dann heimlich wissen zu lassen, ob Herzogin Anna noch immer die Absicht habe, den bayerischen Heiratsplan weiter zu verfolgen. Und, so fuhr Margaretha fort, *im fal sie je dib vorhabens noch ist, so müessen wir gewarten, was hieraub entspringen werde. Besorg wol, es werde noch vil ungemachs abgeben. E. f. g. sollen mir auch sicher glauben, daß ich vil anderst als mit dem herzogen von Vademont seligen daran bin; dan anfenglich weder mein noch meines sons gedanken niemals hierauf gestanden; letzlich aber ist die sach so weit forgeschritten, daß wir alle andere erliche, guette und vorteilige partiten in hofnung diser außgeschlagen, weil uns so hohe vertröstung und verhaissen geschehen, wie ich dan nach lengs vil weitleffiger e. f. g. erzelen wolte, do ich bei derselben were, also daß ich wol waist e. f. g. straks erwegen konte, wie unbillich man hierin mit uns umbgehe, und zweiflet mir gar nit, wan ir Dt.[117] der sachen rechten bericht hette, ungeacht sie ir muemb ist, sie wurde kein wort mer darwider reden und dem freulein hierin gar kain schuld geben, indem es dißfals seinem her vatter und frauen muetter allen gehorsam leistet und nichts (wie ir Dt. etwo vermainet) one ir vorwissen und willen handlet. Zuedem wurde der dienst und ere Gottes, auch die catholisch religion diser orten, mer als man nicht vermainet, zuenemen. In summa, ich hab so villerlei ursachen, daß ich nicht*

---

116 Die in diesem Zusammenhang gesichtete Korrespondenz legt den Schluss nahe, dass Herzogin Anna von Bayern keine Verfechterin einer Heirat zwischen ihrer Nichte Sibylle von Jülich-Kleve-Berg und Karl von Arenberg war. Peter Neu kam 1989, S. 234, noch zu dem gegenteiligen Schluss.

117 Die Herzoginnen-Witwe Anna von Bayern, geborene Erzherzogin von Österreich, wurde meistens mit dem Titel *Ihre Durchlaucht* und nicht *I. F. G.* angesprochen.

alle erzelen und ausfüren kan.[118] Dieser Brief enthält einige Ungereimtheiten. So schrieb Margaretha, dass sie jetzt ganz anderer Meinung sei als damals beim Grafen von Vaudémont, Herzog zu Lothringen. Was sie hiermit meinte, ist nicht ganz ersichtlich. Zweifelsohne handelt es sich um eine Anspielung auf die früher geplante Heirat zwischen Karl von Arenberg und Louise, der Tochter des Grafen von Vaudémont. Diese Heirat hatte schließlich nicht stattgefunden und da es keine weitere Korrespondenz dazu gibt, lassen sich auch nicht die Gründe ermitteln. Margaretha fuhr fort, weiterhin zu bekräftigen, dass weder sie noch ihr Sohn anfangs an eine Heirat mit Sibylle von Jülich-Kleve-Berg gedacht hätten. Aber die Sache war schließlich so weit gediehen, dass Margaretha und Karl alle „ehrliche, gute und vorteilhafte" Partien abgewiesen hatten, in der Hoffnung, dass sich der Heiratsplan mit dem Jülicher Herzogshaus realisieren ließ. War sie der Meinung, dass sie letztlich Sibylle zuliebe auch auf die Gräfin von Vaudémont als Braut verzichtet hatte?

Margaretha versuchte mit diesem Plädoyer zu zeigen, wie ungerecht man sie behandelt habe. Wenn Anna von Bayern über das ganze Ausmaß unterrichtet werden würde, dann würde sie Sibylle nicht mehr widersprechen und ihr keine Schuld zuweisen. Denn Sibylle gehorche nur dem Willen ihrer Eltern und handele nicht, wie Anna von Bayern annahm, hinter dem Rücken ihrer Eltern. Und, so fuhr Margaretha fort, die katholische Religion in Jülich würde nun bestimmt mehr als man vermute gestärkt werden. Sie hoffte, dass Renate ihre Sache

in München verteidigen und herausfinden würde, was die weiteren Pläne der Herzogin Anna waren.

Zur gleichen Zeit erhielt Margaretha vom kaiserlichen Gesandten Dr. Gail eine Antwort auf ihr Schreiben vom Dezember 1579. Daraus ging hervor, dass *man dem marckgraffenn von Battenn mieher gewogen ist alles dieser sachen*, womit der Heiratsplan Arenberg-Jülich gemeint war. Auch Herzog Wilhelm V. von Jülich-Kleve-Berg hatte im Zusammenhang mit dem bayerischen Plan an den Kaiser geschrieben. Sibylle hoffte, dass ihr Vater *sich nimer auff des marckgraffenn seyt erclieren.*

Sibylles Meinung hierüber war deutlich: *Man weurt mich auch noch derhalbenn fragenn wil ich seyngenatenn eymal for seulchem gebettenn habe. Unnd ob man schon, wie ich mich doch nicht woll versiehenn, sich auff des marckfraffenn seyt wert erclerenn, so hatt er darauff nicht hie anzuhaltenn, denn es wirt, so full maine personn angichedt, nicht vonn mir angenommenn wertenn, wil der hervatter die sach so wit hatt lassenn kommenn.* Sie hatte ihren Vater gebeten, in dieser Sache angehört zu werden. Und wenn man sich für den badischen Markgrafen aussprechen würde, der für Sibylle keine Alternative darstellte, dann musste ihr Vater die Verhandlungen über den Arenberger Heiratsplan abbrechen. Sibylle würde das nicht hinnehmen, weil ihr Vater die ganze Affäre schon so weit habe kommen lassen. Ihre Haltung war noch immer entschlossen: *So mogen sey fornemmenn wes inn gefelt das wirt mich nicht eherenn. Ob gott wilt, ich bin des kaisers tochter nicht. Sey maiestat wertenn mich nicht willenn gebenn, sy keunnenn sey mir auch nicht nemmenn. Erwart also gern was mich auch daruber begegenn solt. Ist mir lieber sey alle zu erzeumen denn zu anterer gelagennhait zu verstiehenn. Ich stelle mich*

118 Margaretha von der Marck-Arenberg an Herzogin Renate von Bayern, 3.1.1580, in: Lossen 1895, S. 27–30.

*genoughsam mit denselbigenn zu fritenn.
Kann ich auch dero sachenn etwas zu gout
erdenckenn, wert ich nicht underlassenn sonte-
ren denselbigenn gern zustentigh inn seulcher
seynn.* Karl war zweifellos der einzige und
wahre Mann in ihrem Leben und sie würde
alle anderen Kandidaten abweisen. Was den
Kaiser anging, wiederholte sie ihre früheren
Worte: Er sei nicht ihr Vater und könne
daher nicht über sie bestimmen. Das letzte
Wort lag bei ihrem unschlüssigen Vater.
Und solange dieser sich nicht entscheiden
wollte, gab es Hoffnung, so räsonierten
seine Tochter Sibylle und Margaretha von
der Marck-Arenberg. Margaretha hatte
deswegen erneut an Herzog Wilhelm von
Jülich-Kleve-Berg geschrieben. Der Herzog
hatte Sibylle den Brief *gezaickt, aber nich
lassen lessenn*. Er sprach missbilligend über
den Kaiser, woraus Sibylle folgerte, dass
er *es woll verstantenn hatt was e. l. vonn
kaiser hatt geschribenn*. Auf Sibylles weitere
Fragen antwortete er nicht mehr *unnd liess
es bey seulchen*. Sie fand, dass er ziemlich
zufrieden aussah. Sie fügte hinzu, *es ist auch
woll zu speurrenn das seyngenatenn e. l. besser
gewogenn ist, ales dem marckgraffen, denn
seyngenatenn eynn will her gar unzufrittenn
ist gewessen. So kan ich nun woll abnemmenn
das seulchs der Battenser sachenn halbenn wirt
seynn gewessenn.*[119] Die Unzufriedenheit ihres
Vaters, die einige Zeit zurücklag, war ihr
zufolge der bayerischen Heiratsangelegenheit
zuzuschreiben.

Am 25. Januar 1580 lud Herzog Wilhelm V. Margaretha und Karl von Arenberg zu einem Besuch ein, noch bevor der
ganze Hof nach Kleve abreisen würde. Der
Besuch, der Anfang Februar stattfand, tat
Sibylle gut. Dafür fiel ihr der Abschied

umso schwerer, denn Sibylle musste sich
wieder daran gewöhnen, dass sie *nun witer
so gar alain*[120] war.

Anfang März erfuhr Sibylle, dass sich
der Markgraf von Baden in Köln aufhielt.
Sie schrieb: *Was er aber im sin hatt, mach
gott wissenn. Es hatt werlich auff mir nicht
zu wartenn. Das ist im ferlorne mohe, die er
darhalbenn for weurt.* Und sie hatte vor, bei
dieser Meinung zu bleiben, *es wirt mich kain
schant seyn. Ich hab innenn die mainoungh
genoughsam zu forenn gesaght. Sey wertenn es
nimmer anters von mir heurenn.*[121] Sie hoffte,
dass er es dabei *berouuen* lassen würde und
dass man sie nicht mehr darauf ansprechen
würde.[122] Gleichwohl hatte Margaretha ihr
geraten, *nach zu denckenn, denn seulches kain
geringe sach ist*, aber Sibylle blieb bei ihrer
Meinung und hoffte, dass er künftig weg-
bleiben würde, *denn er doch nicktzs bey mir
wirt erlangen.*[123] Im Juni erfuhr Sibylle, dass
Philipp von Baden sich mit der Schwester
des schwedischen Königs verloben würde.
Sie freute sich sehr und hoffte, dass diese
Verbindung zustande käme, sodass er sich
von ihr wenden würde.[124]

2.8 DER WEITERE VERLAUF DER VERHANDLUNGEN MIT KÖNIG PHILIPP II. VON SPANIEN

Im Herbst 1579 schrieb Margaretha im
Zusammenhang mit dem Heiratsprojekt
verschiedene Briefe unter anderem an König
Philipp II. von Spanien, Margaretha von
Parma und Kardinal Granvelle. In Köln
hatte sie auch noch mit dem Ratsherr von

---

119 AAE, M. M. 119, Sibylle von Jülich-Kleve-Berg an
Margaretha von der Marck-Arenberg, 8.1.1580.

120 Ebd., 6.3.1580.
121 Ebd., 6.3.1580.
122 Ebd., 9.4.1580.
123 Ebd., 27.3.1580.
124 Ebd., 6.1580 (Tagesdatum unleserlich).

Christoffle d'Assonleville gesprochen. Dieser schrieb daraufhin einen langen Brief an Kardinal Granvelle. Dieser Brief wurde dem von Margaretha beigelegt. Auf diese Weise wollte Margaretha Kardinal Granvelle für ihre Sache gewinnen, *denn die Tochter ist katholisch, obwohl die drei schon verheirateten Schwestern sowie ihre Ehemänner protestantisch sind und der Bruder indisponiert ist.*[125] Margaretha war davon überzeugt, dass eine Ehe zwischen Sibylle und ihrem Sohn Karl der katholischen Seite sehr helfen würde. Durch die Bekehrung von Sibylle zum Katholizismus würden vielleicht *diejenigen im Haus des Vaters, die katholisch sind, sich anpassen und diejenigen, die in der Religion zweifelnd sind, den besten Weg wählen.*[126]

In dem Antwortbrief schrieb der Kardinal, dass man bei diesem Heiratsprojekt viele Dinge berücksichtigen müsse und es gebe Argumente sowohl dafür als auch dagegen. Er wusste auch, dass *Ihre Majestät in frischer Erinnerung an den Schaden, den die Verheiratungen in Deutschland verursacht haben, sich deren überdrüssig zeigt.*[127] Darüber hinaus bat Kardinal Granvelle Margaretha von Parma, Margaretha von der Marck-Arenberg mitzuteilen, dass Philipp II. aufgrund seiner Blutsverwandtschaft mit dem Kaiser und dem Herzog von Bayern beide nicht hintergehen wollte und dieser daher unverzüglich einen Brief an Don Juan de Borja, dem spanischen Botschafter am kaiserlichen Hof, schreiben wollte, *um dadurch den Willen seiner kaiserlichen Hoheit und des Herzogs von Bayern zu hören.*[128] Der Kardinal beendete seinen Brief mit der Mitteilung, dass jemand ihm gesagt hätte, *dass zwischen den Verliebten schon etwas mehr geschehen wäre, was zu viel sei.*[129] Er wusste nicht, ob er das glauben sollte, schloss aber, *das Feuer ist schnell entfacht.*[130]

Etwa einen Monat später, im Oktober 1579, erhielt Kardinal Granvelle einen Brief von Maximilian von Longueval, Herr von Vaux. Dieser nahm Bezug auf ein Schreiben vom 25. Juli, in dem er mitgeteilt hatte, dass er der Gräfin von Arenberg in Köln begegnet war. Dort hatte sie ihn auf den Heiratsplan zwischen Arenberg und Jülich-Kleve-Berg angesprochen und ihm erzählt, was sie bereits in dieser Angelegenheit alles unternommen habe. Sie hatte sich beklagt, dass sie noch immer keine abschließende Antwort erhalten hatte und Maximilian von Longueval gebeten, sie zu unterstützen, was er ihr schließlich versprochen hatte. Deshalb schrieb er an Kardinal Granvelle: *Ich bitte Ihre Hoheit der genannten Dame in ihren Erwartungen Ihre Gunst zu erweisen und dafür zu sorgen, dass diesen entsprochen wird, um die Schwierigkeiten zu erleichtern, sodass Ihre Majestät bei der Vermählung zwischen einer Tochter eines solchen Fürsten und seinem Nachbarn weiterhelfen kann; da ihr Sohn, der zum Reichsprinzen ernannt wurde, fest vorhat, in Deutschland und nicht in den Niederlanden zu leben.*[131] Und er betonte

---

125 *... pour ce la fille est catholicque, oyres que les troys seurs jà mariées, soient Huguenottes, comme sont leurs maris, et que le frère qu'est indispose.*

126 *... ceulx de la maison du père, que sont catholiques, se conformeront, et ceulx que sont doubteux en la Religion, choisiroient le mailleur chemin.*

127 *Sa Majesté, qu'a en freche mémoire le dommaige qu'on faict les mariaiges d'Allemaigne, en est fort desgoutée.*

128 *... pour par ce moyen entendre sur ce la voulenté de Sa Majesté Impériale et dudit Seigneur Duc de Bavière.*

129 *... que entre les amoureux il soit jà passé quelque chose d'advantaige, que seroit trop.*

130 *... le feuz près des estoupe s'allume facilement ...* Kardinal Granvelle an Margaretha von Parma, 25.9.1579, in: Poullet/Piot 1877–1896, Bd. 7, S. 457f.

131 *... je vier s supplier Vostre Seigneurie voulloir favoriser laditte Dame en ses prétentsions et estre cause qu'elle les puist obtenir, alléguant sur la difficulté*

auch noch mal die Verdienste des Johann von Ligne, des Vaters von Karl von Arenberg, der im Niederländischen Krieg für die Spanische Krone gefallen war.[132] Diese Worte hatten ihm wohl Margaretha von der Marck-Arenberg aufgetragen, da es typisch für sie war, ihre Sache jedem kundzutun, sich über den Widerstand, den sie von allen Seiten erfuhr, zu beklagen und überall um Anhänger zu werben. Dieses beharrliche Verhalten tat ihrem Ruf jedoch nicht gut.

Am 6. Januar 1580 schrieb Margaretha von Parma nach Madrid, um unter anderem zu fragen, wie sie sich in der Heiratsangelegenheit Arenberg-Jülich verhalten solle. Sie wollte wissen, was sie der Gräfin von Arenberg antworten solle, falls sie wieder vor sie trat, um die Zustimmung des Königs zu erhalten. Die Herzogin von Parma würde die Gräfin gerne zufrieden stellen, weil sie ein Spross eines angesehenen Geschlechts war.[133] Anfang März 1580 antwortete ihr Bruder Philipp II.: *A la princessa de Arambergue podreis decir la diligencia que habeis hecho comigo sobre e. l. desseo, que tiene de que yo la mande favorescer para casar á su hijo mayor con una hija del Duque de Cleves, y que no habiendo yo podido hacer oficio en ello sin gusto del Emperador y del Duque de Baviera, se ha escripto sobre ello à Don Juan de Borja y s'espera su respuesta, venida la cual se hará lo que se pudiere por la dicha Princessa, y sea Illustrissima Duquessa, mi muy chara y muy*

amada hermana.[134] Philipp II. beauftragte seine Schwester, Margaretha von der Marck-Arenberg mitzuteilen, mit welchem Einsatz die Herzogin den Wunsch der Gräfin nach seiner Unterstützung überbracht hatte. Die Herzogin sollte aber hinzufügen, dass der König der Meinung war, dass er in dieser Sache ohne die Zustimmung des Kaisers und des Herzogs von Bayern nicht intervenieren könne. Das habe er auch bereits an Don Juan de Borja in Wien geschrieben, auf dessen Antwort er noch immer warte. Sobald diese Antwort einträfe, würde er für die Gräfin von Arenberg tun, was in seiner Macht stünde.

Der spanische König nahm zu diesem Zeitpunkt demnach eine abwartende Haltung ein. Er trat nicht öffentlich gegen die Heirat auf, sondern wollte zunächst sehen, wie der Kaiser und der Herzog von Bayern in dieser Sache entschieden, bevor er sich äußerte.[135]

Anfang September 1580 schrieb die Herzogin von Parma erneut nach Madrid. Sie teilte mit, dass die Gräfin von Arenberg ihr inzwischen mehrmals im Zusammenhang mit dem Heiratsprojekt geschrieben hatte. Von den letzten beiden Briefen schickte sie dem König eine Kopie, damit er die Bitte dieser *buona Signora* erfüllen würde, *che per servitio di Sua Maestà et per ogni rispetto, merita che se li habbia condideratione et sia tenuta in conto et stima.*[136] Mit anderen Worten, die Gräfin verdiene durch ihre

---

132 que Sa Majesté pourroit faire d'advancher ung bien subject de mariage d'une fille d'ung tel Prince et sey voisin sien; que depuis son dit filz avoit esté faict Prince de l'Empire, se déterminoit entièrement de vivre en Allemaigne et non au Païs Bas.

132 Maximilian von Longueval, Herr von Vaux, an Kardinal Granvelle, 29.10.1579, in: Poullet/Piot 1877–1896, Bd. 7, S. 487f.

133 Weisung von Margaretha von Parma an ihren Gesandten Aldobrandino an König Philipp II., 6.1.1580, in: Poullet/Piot 1877–1896, Bd. 8, S. 478 und 484.

134 König Philipp II. an Margaretha von Parma, 8.3.1580, in: Poullet/Piot 1877–1896, Bd. 8, S. 501.

135 Aufgrund des Briefes von König Philipp II. an Margaretha von Parma (s. vorherige Anmerkung), interpretiere ich die Haltung Philipps bezüglich des Heiratsprojektes anders als Neu 1989, S. 236.

136 Weisung von Margaretha von Parma an ihren Gesandten Aldobrandino, 4.9.1580, in: Poullet/Piot 1877–1896, Bd. 8, S. 548f., S. 552f.

Hingabe an den König sowie in jeglicher Hinsicht, dass man sich ihres Anliegens annehmen und ihm entsprechen solle.

Margaretha von Parma war eine der wenigen Personen, die sich tatsächlich für Margaretha von der Marck-Arenberg einsetzte. Sibylle hoffte, dass sie viel Einfluss haben würde, *wiewoll der koningh zu Hispanienn setz alles auff denn Kaiser.*[137] Offensichtlich war sie über die oben zitierte Antwort des Königs wohl informiert worden.

2.9   DER HEIRATSPLAN STAGNIERT

Die ganze Heiratsangelegenheit war spätestens im Spätsommer 1579 ins Stocken geraten und es geschah lange Zeit nichts Nennenswertes mehr. Im Frühling 1580 wohnte die herzogliche Familie wie gewöhnlich in Kleve. Dort feierte Sibylle zum ersten Mal seit Jahren das Osterfest und nahm an einer katholischen Ostermesse teil. Sie schrieb: *Was die vergangene osterfest angichedt, solt ich e. l. nicht verhaltenn das sich seulchs reuuigh unnd woll hatt zugetragenn. Denn herren sey lob. Der wolt gebenn das seulchs zu seynenn gotlichenn eherenn unnd unser hier hoghter selichkait mach follenzogenn seynn. Das gantze frawezimmer, klaine und grosse, synt mit mir zum nachtmall gewessenn, so hie am hoff seynn, on die frawemoume, die von Hall und unsere Paskelin.*[138] *Die seynt nicht mit gewessenn. Der hervatter ist nit zum bestenn zu fritenn gewessenn mit der frawemoume, aber seyngenatenn habens alles

in gedolt angenomen, dar ich gar woll mit zu fritenn beynn. Aber sey ist so gar ungedeultigh das es nicht nach ir lieb willenn gichedt.[139]

In der Zwischenzeit hatten Sibylles Schwestern von ihrem Glaubenswechsel erfahren. Anna hatte wohl ihrer Schwester in Preußen geschrieben, dass Sibylle *gans catolisch* geworden war. Sibylle zufolge hatte Anna gehofft, dass Maria Eleonore ihre jüngste Schwester *derwegen aussgescholtenn habenn*, was aber nicht geschehen war. Maria Eleonore nahm es Sibylle aber offenbar nicht übel, denn sie hatte in ihren Briefen an Sibylle diesbezüglich nichts erwähnt. Nur Anna hatte darüber geschrieben, aber *sey liest es nun darbey mich miehe darvonn zu schribenn*, so Sibylle. Beide Schwestern zeigten sich aber zudem interessiert an dem Fortgang des Heiratsplans.[140]

Die Situation in den benachbarten Niederlanden verschlechterte sich durch den Krieg zusehends. Ende 1579 waren die Besitztümer der Margaretha von der Marck-Arenberg in den Nördlichen Niederlanden erneut konfisziert worden. Im Sommer 1580 versuchten die Aufständischen unter der Führung Wilhelms von Oranien vermutlich mit Drohungen[141], Karl von Arenberg für ihre Seite zu gewinnen. Die neutrale Position der Familie Arenberg ließ sich allmählich nicht mehr aufrechterhalten und Karl würde früher oder später Partei ergreifen müssen. Sibylle war sich dessen nur zu gut bewusst und befürchtete, dass er in die Armee ge-

---

137 AAE, M. M. 119, Sibylle von Jülich-Kleve-Berg an Margaretha von der Marck-Arenberg, 4.7.1580.

138 Die *frawemoume*, die Sibylles Tante Amalie von Jülich-Kleve-Berg war, die Hofmeisterin von Hall und eine Jungfrau, die wahrscheinlich aus der italienischen Baumeisterfamilie Pasqualini entstammte, nahmen nicht an der Ostermesse teil, da sie einen protestantischen Glauben hatten.

139 AAE, M. M. 119, Sibylle von Jülich-Kleve-Berg an Margaretha von der Marck-Arenberg, 9.4.1580.

140 Ebd., 4.7.1580.

141 Alexander Farnese an Margaretha von der Marck-Arenberg, 12.6.1580, in: Lefèvre 1940–1960, Bd. 2, Nr. 65, S. 33. Zu der Vermutung, dass es sich um eine Drohung gehandelt hat, siehe auch den Brief Alexander Farneses an König Philipp II. vom 2.7.1580, in: Lefèvre 1940–1960, Bd. 2, Nr. 86, S7, S. 45; siehe auch Neu 1989, S. 242.

hen würde *inn gefar seynes lebens,* denn sie wusste, dass es *dem hervatter mit nichtenn gefallenn weurt tragen.* Und, so fuhr sie fort, *unsere witersager weurtenn es sich freuuen, das es innenn so noch irrenn willenn ginge, denn man mich seulchs jeterzit hatt forgehaltenn.* Sibylle schrieb Margaretha so freimütig ihre Meinung, aber sie hoffte, dass sie ihr verzeihen würde.

Einige Tage später musste sie von Margaretha erfahren, dass Karl *sich erklart habenn im kriegh sich zu begeben*, um seine Besitztümer zurückzugewinnen und *seynn lebenn derhalbenn zu wagen.* Dennoch hoffte Sibylle, dass die Domänen in den nördlichen Niederlanden freigegeben werden würden, *will der capitain ist gestorbenn, der e. l. gout etlich hat ingenommen.*[142]

Als die herzogliche Familie im August 1580 nach Düsseldorf ging, wurde Sibylle erneut mit den Räten konfrontiert. Ebenso wie in Kleve verlor man in Düsseldorf kein einziges Wort über den Heiratsplan. Herzog Wilhelm V. verließ den Hof nach einigen Tagen, aber er hatte seine Räte beauftragt, noch einige Zeit in Düsseldorf zusammenzubleiben. Sibylle vermutete, dass man das Thema bei seiner Rückkehr erneut besprechen würde, aber sie hatte diesbezüglich wenig Hoffnung, weil die Räte *so witerwertigh darin seynn.*

Sie hatte den Kanzler von Kleve in *dieser sachenn halb* angesprochen und ihn gebeten, ihre Sache zu vertreten und zu fördern, da sie ohnehin vorhatte, auf ihrem Standpunkt zu verharren. Wenn die Räte nicht einwilligen würden, *so solt mich gott darfor beheutenn das durch mir solt verorsacht wertenn, das seyngenatenn for eynn feurst solt gehaltenn wertenn, der seynn wort nicht hilt.* Sibylle

drohte also mit der Schande, die über sie kommen würde, wenn ihr Vater sein Wort nicht halten sollte. Als weiteres Argument äußerte sie vor dem Kanzler: *ich weurt auch die erste nicht seynn, darvonn seulchs gehort wier, das eyns vonn Clieff ann eynenn vonn Arbirgh wier geheilicht.*[143]

Schließlich hatte der Kanzler *kaynn wort im geringhstenn zugegen geret.* Er hatte ihr gesagt, dass die Räte sich der Entscheidung des Herzogs fügen würden und dass er tun würde, was er konnte, obwohl der Herzog nicht mit ihm darüber sprach und man den Herzog anscheinend nicht auf dieses Thema ansprechen durfte. Daraufhin dankte Sibylle dem Kanzler und bat ihn, allen anderen Räten ihren Standpunkt mitzuteilen. Er versprach ihr, das zu tun und er würde dies *flissigh verrichtenn bey allenn.* Was er in den folgenden Tagen diesbezüglich unternahm, wusste Sibylle nicht, aber sie meinte schon, dass er *dem marschalck Wachtendonck gemelt, denn der hat mich darmalltzs so eynen tagh oder etlich etwas saur angesiehenn. Ich hab es moussenn lachenn.*

Darüber hinaus schaltete Sibylle auch noch andere Personen ein, um ihre Pläne voranzutreiben. So hatte die Hofmeisterin von Hall in ihrem Auftrag den Marschall Reck im Bezug auf das Heiratsprojekt angesprochen. Sie hatte ihn gebeten, sich für die Sache einzusetzen und seinem Bruder, dem Hofmeister Reck, mitzuteilen, was er versprochen hatte. Auch der Kellermeister Speiss hatte auf dem Landtag in Kleve 1580

---

142 AAE, M. M. 119, Sibylle von Jülich-Kleve-Berg an Margaretha von der Marck-Arenberg, 15.8.1580.

143 Im 14. Jahrhundert war Adolf, der älteste Sohn von Engelbert, Graf von der Mark und Herr von Arenberg, mit der Erbtochter des Grafen von Kleve verheiratet worden. Durch diese Heirat wurde er auch Graf von Kleve und war somit der Vorfahre von Sibylle. Ein anderer Sohn von Engelbert, nämlich Eberhard, erbte unter anderem Arenberg und war damit der Vorfahr von Margaretha und Karl von Arenberg.

goute leut derwegen angesprochenn. Er hätte mit Sibylle gern persönlich Kontakt aufgenommen und ihr erzählt, dass *er sich hough darin erbeut, aber umb verdenckens willen, wirt es underlassenn, denn die stracks inn verdenckenn kommenn, die mit mich rettenn.* Offensichtlich musste sie vorsichtig sein, was sie tat und mit wem sie sprach.[144] Margaretha und Sibylle waren einer Meinung, dass es dem Heiratsprojekt dienen würde, wenn Karl noch mal zu Herzog Wilhelm V. nach Jülich kommen würde, um in dieser Gelegenheit eine definitive Aussage zu erhalten, da sich die Heiratsangelegenheit schon seit Jahren hinschleppte. Der Herzog hatte sich ebenfalls vorgenommen, nach Arenberg zu reisen,[145] allerdings war es nicht so einfach, sich auf einen Termin zu einigen. Am 28. August 1580 traf der ganze jülich-klevische Hof auf Schloss Hambach ein, aber am 11. September reiste Herzog Wilhelm nach Düsseldorf, um von dort aus mit seinem Sohn Johann Wilhelm nach Münster weiterzuziehen, was Sibylle *nicht wienigh betreubt, das ich mainem brouter for seynenn verraissenn nicht hab mogenn adie sagenn.*[146] Karls Besuch musste also aufgeschoben werden *biss zu seyngenater witerkeunff vonn dem stifft Meunster.* Außerdem wusste Sibylle nicht, ob ihr Vater danach nach Hambach zurückkehren würde oder ob er vielleicht nach Schermbeck oder Dinslaken reisen würde, weil dort *etliche goute heirss* waren und Herzog Wilhelm V. gerne jagte. Danach würde er eventuell nach Bensberg

reisen, um die Hirschjagd dort fortzusetzen. Sibylle schätzte, dass man ihn vier bis fünf Wochen nicht auf Hambach wiedersehen würde. Sie war betrübt, so lange allein zu bleiben, denn so sah sie *kayn gelegenhait meine brieff zu bestellenn, denn sie so neun acht darauff habenn.*[147]

Nach der Abreise Herzog Wilhelm V. blieben nur wenige der Hofhaltung in Hambach, darunter der Landhofmeister Bongart, der bezüglich des Heiratsprojektes nicht viel wusste. Dennoch bat Sibylle ihn um seine Unterstützung und weihte ihn in die Situation ein. Er bot seine Dienste an und *wenn im darumb gefraght weurt, wolt er mich zum untertanigem gefallenn darin befortrenn, so fill im moghlich wier, denn man im nymer darumb erfraght hett. Unnd er wolt vonn hertzenn weunschenn will die sach so geschaffenn wier, das sie balt zum gouten entgeriet.* Sie entgegnete ihm, dass ihr Vater auf dem folgenden Landtag zu Düsseldorf die *lantschafft* hoffentlich nicht mehr nach ihrer Meinung fragen würde, wie es bei ihren Schwestern geschehen war, weil die *ritterschaft zu Deusseldurff auff denn lantagh auch so mit durchstechenenn worte vonn mir hettenn forbracht.* Sie dachte, dass man die Entscheidung des Herzogs erst mitteilen würde, *biss schon alles geschlossenn wier gewessen.* Borgart entgegnete ihr, dass man jedoch nur über die Heirat ihres Bruders sprechen würde.

Auch Kammermeister Palandt war in Hambach geblieben und wurde von Sibylle angesprochen. Er erzählte ihr das Gleiche wie beim letzten Mal, nämlich dass er *zu mainem batenn geret hedt am kayserlichem hoff, unangesiehenn das sie der ort allenthalbenn der gar zu witter wirenn gewesen.* Sibylle hatte es dabei belassen, denn sie

---

144 AAE, M. M. 119, Sibylle von Jülich-Kleve-Berg an Margaretha von der Marck-Arenberg, 15.8.1580.
145 Ebd.
146 Ebd., 29.8.1580. Sibylle datierte ihren Brief mit *Sent Johannstag.* Herman Grotefend gibt die verschiedenen Tage, an den St. Johannes gefeiert wurde, an. Der 29.8. ist aber im Zusammenhang mit dem Briefinhalt hier das einzige Datum, das in Betracht kommt.

147 Ebd., 10.9.1580.

wusste, dass er *der sachenn zu witer hatt geret ans kaiserlichem hoff.* Sie hatte wohl durchblicken lassen, dass sie ihn durchschaue und wisse, dass er log. Er schob darauf die Schuld auf andere und sagte, dass man ihn unter Druck gesetzt hatte. Er hatte ihr zum zweiten Male seine Dienste angeboten und ihr versprochen, sein Bestes für ihre Sache zu tun.[148] Das waren wahrscheinlich nicht viel mehr als schöne Worte, was Sibylle nur zu gut wusste. Nicht umsonst schrieb sie häufig, dass sie keinem mehr traue. Intrigen waren am Hof offensichtlich verbreitet und auch vor Lügen schreckte man nicht zurück. Dennoch war Sibylle von manchen Menschen unangenehm überrascht. Es wunderte sie sehr, dass *der kantzler sich auch auff der anteren seyt hatt gewent,* aber sie hatte sich schon so sehr an den Verrat gewöhnt, dass sie sich schnell mit der Situation arrangierte.[149]

Mitte Oktober kam Herzog Wilhelm V. kurz nach Hambach, aber er reiste schon nach einigen Tagen wieder ab. Erneut musste der Besuch Karls aufgeschoben werden.[150] Margaretha schickte dem Herzog daraufhin Geschenke und einen Brief, in dem sie wissen ließ, dass sie ihren Sohn bald zu ihrer Schwester Mechtild von Leuchtenberg schicken würde. Herzog Wilhelm verstand die Botschaft, dankte ihr für die Geschenke und antwortete, dass er ihren Sohn gerne empfangen würde, bevor er nach Leuchtenberg reisen würde.[151] Anfang November trafen Karl von Arenberg und sein Schwager Salentin von Isenburg auf Hambach ein. Herzog Wilhelm V. ging

mit ihnen in Dalheim auf die Schweinejagd und ließ Sibylle in Ungewissheit zurück.[152]

Bereits Mitte November kehrte Herzog Wilhelm nach Hambach zurück. Vom Hofmeister hatte Sibylle gehört, dass er *inn dero sachenn jetzs nichts seunterliche sich ist erclirt.* Sie hoffte nur, dass es zu einem Ergebnis kommen würde, wenn die Räte sich erneut versammeln würden.[153] Aber trotz ihrer verzweifelten Versuche, jeden anzusprechen, kam die Sache nicht auf die Tagesordnung, u. a. weil die Räte aus Kleve nicht erschienen waren.[154]

Am Abend des 30. Novembers 1580 klagte der Herzog, dass er nichts mehr von Karl von Arenberg und dessen Schwager gehört hatte, seit sie abgereist waren, und er fragte sich, ob sie wohl gut in Leuchtenberg angekommen waren. Deshalb riet Sibylle Margaretha, ihren Sohn dazu anzuhalten, Herzog Wilhelm einen kurzen Brief zu schreiben, in dem er zusätzlich noch einmal um eine definitive Erklärung bitten sollte.[155]

Am 12. Dezember 1580 schrieb Herzog Wilhelm V. an Margaretha, dass er Karl von Arenberg und Salentin von Isenburg auf ihre Bitte hin eine Antwort versprochen habe *wegenn des bewustenn heyrathandells.* Aber er könne jetzt noch keine Antwort geben *weill umb der eingefallener winterlichen zeitt, auch des kriegsvolcks willen, damit unser furstenthumb Cleve noch beladenn, unnsere geheim rhete nit beieinander zubringen gewesenn.*[156]

Am 12. Januar 1581 kamen Ernst von Bayern, Bischof von Freising und Hildesheim, sowie der Bischof von Lüttich, Gerhard von Groesbeck, in Hambach zu

---

148 Ebd., 3.10.1580.
149 Ebd., 10.9.1580.
150 Ebd., 17.10.1580.
151 Ebd., 80, Herzog Wilhelm V. von Jülich-Kleve-Berg an Margaretha von der Marck-Arenberg, 25.10.1580.

152 Ebd.,119, Sibylle von Jülich-Kleve-Berg an Margaretha von der Marck-Arenberg, 13..11.1580.
153 Ebd., 28.11.1580.
154 Ebd., 17.12.1580.
155 Ebd., 30.11.1580.
156 Ebd., 19.12.1580.

Besuch.[157] Sibylle weihte ihren Cousin Ernst in den Heiratsplan ein und bat ihn, wie üblich, um seine Unterstützung. Sie war überzeugt, dass er *eyn goute hilffer* sein würde, denn er hatte gesehen, wie sie und ihr Vater an dem Plan festhielten.[158] Sibylle hielt es auch für ratsam, dass Margaretha ihrem Vater erneut schreiben und ihn ermahnen solle, endlich eine verbindliche Aussage zu machen.[159] Sie selbst würde ebenfalls mit ihrem Vater sprechen, *wenn singenatenn eyn her wier darmit zu rettenn wier.* Aber das war leider nicht der Fall, denn *so tiert singenatenn zo ungestum herauss, das mann doch nit zu rettenn kann kommenn.*[160]

2.10   DIE JÜLICH-KLEVISCHEN RÄTE ALS GEGNER DES HEIRATSPROJEKTES

Ernst von Bayern war im April 1581 zum Bischof von Lüttich gewählt worden, nachdem sein Vorgänger Gerhard von Groesbeck am 28. Dezember 1580 gestorben war. Im Juni desselben Jahres sollte Ernst feierlich in die Stadt Lüttich einziehen.[161] Herzog Wilhelm V. hatte vor, mit seinem Sohn Johann Wilhelm dorthin zu reisen, um ihrem Verwandten zu seiner neuen Würde zu gratulieren. Die Räte aus Kleve und Jülich unterstützten das Vorhaben Wilhelms V. nicht. *Sie woltenn es im gern auss dem sin rettenn, aber singenattenn hatt es sieher in*

heupt genommen.[162] Auch Margaretha von der Marck-Arenberg hatte vor, nach Lüttich zu reisen, da sie dort den Herzog noch einmal auf das Heiratsprojekt ansprechen wollte. Im Mai schrieb Sibylle, dass sie nicht daran zweifeln würde, dass ihr Cousin Ernst, ein gutes Wort für sie einlegen werde. Sie erklärte, dass ihr Vater *gar leustigh* sein würde *bey alle dero geschelsschafft* und in solchen Momenten könne man viel bei ihm bewirken. Noch vor der Abreise nach Lüttich wollte der Herzog die Heiratsangelegenheit entscheiden, daher rief er alle Räte in Kleve zusammen, *umb sich auff dise sach zu beratschlagenn eynn erclerourgh.*

Am 23. Mai 1581 schrieben die herzoglichen Räte Margaretha einen Brief, in dem sie auf Margarethas häufige Schreiben antworteten. Margaretha hatte um eine deutliche Antwort gebeten um nicht wie bisher immer geschehen, an den Kaiser verwiesen zu werden. Sie hatte außerdem auch das eingefordert, was *so mit hand und mund e. f. g.* [Margaretha von der Marck-Arenberg] *versprochen, und wie sie nu in 5 jar lang vertrostlich neben verlassung anderer gelegenheiten aufgehalten, in achtung zu nemen, damit sie nicht zu vertedigung gezwungen werde, niet allein i. kei. M. und hohen verwandten, sonder auch andern e. f. g. zugeneigten cur- und fursten alle anfang und verlauf der sachen, wie der so mundlich als schriftlich ergangen [...], zu erkennen zu geben.*[163] Wenn man ihr nicht geben würde, was man ihr schon seit fünf Jahren zugebilligt habe, drohte sie damit, den Kaiser, seine hohen Verwandten und alle befreundeten Fürsten über den Verlauf der Verhandlungen zu informieren. Dies waren unbedachte Worte, die zweifellos

---

157 Ebd., 120, Sibylle von Jülich-Kleve-Berg an Margaretha von der Marck-Arenberg, 13.1.1581 und ebd., 82, Herzog Wilhelm V. von Jülich-Kleve-Berg an Margaretha von der Marck-Arenberg, 14.1.1581.
158 Ebd., 120, Sibylle von Jülich-Kleve-Berg an Margaretha von der Marck-Arenberg, 20.2.1581.
159 Ebd., 30.3.1581.
160 Ebd., 12.5.1581.
161 Herzog Ernst zog am 18.6.1581 feierlich in Lüttich ein. Siehe hierzu Lossen 1882–1887, S. 750ff.

162 AAE, M M. 120, Sibylle von Jülich-Kleve-Berg an Margaretha von der Marck-Arenberg, 30.3.1581.
163 AAE, M. M., Jülich-klevische Räte an Margaretha von der Marck-Arenberg, 23.5.1581.

in Kleve nicht auf fruchtbaren Boden fielen. Margaretha hatte unklug gehandelt, was vermutlich darauf zurückzuführen ist, dass sie schließlich doch die Geduld verloren hatte.

Die Räte gaben Margarethas Brief an den Herzog weiter, weil ihnen angeblich *von solcher gelgenheit nichts bewust* sei. Sie schrieben an Margaretha, dass der Herzog der Meinung sei, *das einiche zusag angezogener gestalt ervolgt sein soll, niet gestendig* war. Er hatte aber *öffentlich widersprochen, mit der ferner anzeig, das i. f. g. an sich genomen, auf e. f. g. anhalten, solchs an i. M. zu gelangen und dero bedenken daruber zu erwarten. Der kaiser und andere i. f. g. herrn und freunde* [haben] *solchs sich nit gefallen lassen, noch i. f. g. zu raten gewust. Da auch der herzog einicher zusag nit gestendig, so will uns, den reten, nit geburen, uns in die sachen einzulassen und dasjening zu befurdern, so hochtged. Kai. M. und andern hohen potentaten und verwandten freunden misfellig und offentlich in schriften wideracht haben.*[164] Nach Auskunft der Räte vertrat Herzog Wilhelm den Standpunkt, dass er nie öffentlich sein Wort gegeben und der Heirat zugestimmt habe. Und da der Herzog seine Zustimmung immer noch nicht gab, wollten die Räte sich nicht einmischen und eine Heirat nicht fördern, von der die Mächtigen abgeraten hatten. Dass sie sich nicht einmischen wollten, war über alle Maßen heuchlerisch, da sie sich sehr wohl in dieser Angelegenheit engagiert hatten, wie Sibylles Briefe bezeugen. Einige versuchten sogar, den Herzog in seinen Entscheidungen zu beeinflussen, was ein offenes Geheimnis war. Vorausschickend kann an dieser Stelle gesagt werden, dass im Laufe der 1580er-Jahre der Einfluss einiger Räte sogar in dem Maße zunahm,

dass sie auf Dauer die ganze Verwaltung in ihren Händen hielten, teilweise dadurch bedingt, dass der Herzog in den folgenden Jahren körperlich und geistig immer stärker beeinträchtigt war.

Die Räte beendeten ihren Brief mit der Beschwerde, dass ihnen nicht damit gedient sei, wenn Margaretha sie und den Herzog so beschimpfen würde. Wir wissen nicht genau, welche Worte Margaretha gewählt hat, aber für das Empfinden der Räte war sie eindeutig zu weit gegangen. Gleichwohl bekommen wir einen weniger negativen Eindruck des Inhalts, wenn wir Sibylles Brief vom 25. Mai lesen, der sich sehr wahrscheinlich auf Margarethas Brief bezieht. Herzog Wilhelm V. war in Sibylles Zimmer gekommen, gerade als sie zum Abendessen gehen wollte. Er hatte höchstwahrscheinlich den Brief von Margaretha von der Marck-Arenberg dabei, um den es oben ging, und Sibylle hatte ihn *singenattenn for mossenn lessenn, hie auff unserer kammer, wilches den langk nit gescheit ist. Do nammenn sich singenattenn vonn keinem gar ober e. l. ann, war woll zufritenn, denn wie ich gelich lass, das sich e. l. nebenn irem son singenattenn tiemotigh tietten befellenn unnd das singenattenn denselbigenn inn allenn genattenn woll ingedenck seynn und ir genetighster her seyn unnd blaibenn. Do sagt singenattenn, ja er verstant e. l. meinoungh gar woll. Er ging singenattenn auch nit seunterlich bos ab.*[165] So grob konnte Margarethas Wortwahl also nicht gewesen sein.

Zur gleichen Zeit knüpften die Räte an den alten Plan, Sibylle von Jülich mit dem Markgrafen Philipp von Baden zu verheiraten, wieder an und sie versuchten, Bayern in ihre Aktionen gegen den Arenberger

---

164 Ebd.

165 Ebd., 120, Sibylle von Jülich-Kleve-Berg an Margaretha von der Marck-Arenberg, 25.5.1581.

Heiratsplan einzubinden. Eine Verbündete schien ihnen dabei Anna von Österreich, die alte Herzogin von Bayern, zu sein, da diese schon 1579 die Idee von einer Heirat zwischen den beiden gehabt hatte. Allerdings hatte diese ihren Plan mittlerweile verworfen, nachdem sie erfahren hatte, dass eine solche Beziehung für ihre Nichte Sibylle nicht in Frage kommen würde. Anna sollte die Räte in dieser Angelegenheit unterstützen und in ihrem Sinne mit dem Kaiser und den Erzherzögen kommunizieren. Die Räte baten daher Anna, die Angelegenheit so weit wie möglich zu lenken und Herzog Wilhelm V. von Jülich-Kleve-Berg durch eine besondere Gesandtschaft des Kaisers, bestehend aus den Erzherzögen Ferdinand und Karl II. und notfalls auch Herzog Wilhelm V. von Bayern, an die ablehnende Antwort des Kaisers zu erinnern. Man wollte ihm deutlich machen, zu welchem Schaden und Erniedrigung eine derartige Heirat seiner Tochter mit jemandem unter ihrem Stand für ihn und seine Nachkommen führen würde.

In diesem Zusammenhang verfügen wir über ausführliche Anweisungen der Herzogin Anna von Bayern an Wolf Wilhelm von Maxlrain, Herr zu Waldeck, und Hans Jacob von Dandorf, dem Hofmeister der Herzogin Renate von Bayern. Diese sollten zunächst nach Hambach geschickt werden. Von dort sollten sie mit Herzog Wilhelm V. von Jülich-Kleve-Berg im Juni zur Bischofsweihe von Ernst von Bayern nach Lüttich reisen. Herzogin Anna gab den bayerischen Gesandten sehr genaue Instruktionen für ihr Gespräch mit dem Jülicher Sekretär Paulus Langer. Langer würde sich bestimmt daran erinnern, was er früher schon auf ihren Befehl hin an Kanzler Christoph Elsenheimer über den Heiratsplan zwischen Sibylle und Markgraf

Philipp von Baden geschrieben hatte. Und er wüsste sicherlich auch noch, was der Kanzler ihm diesbezüglich geantwortet hatte. Wie aus einem weiteren Schreiben hervorgeht, hatte Paulus Langer dem Kanzler damals schon zu verstehen gegeben, dass die Räte eine Heirat zwischen Sibylle und Karl verhindern wollten: *So hett aber hernach er, Langer, bemelten canzler, wie gleichwol auch zuvor besdhehen, verrer im namen der margräfisch heurat nit furgang hett, dennoch mit dem Arnbergischen, so auch in ferten und villeicht dem freulein etwas angenemmer, nit zufriden sein noch darzue raten wolten noch könden, sonder denselben sowol dem freilein selb als irem hern zu guettern vil lieber gehindert sehen, auch daruf ir. Dt. undertenigist anlangen lassen, die sachen wo möglich dahin zu richten.*

Die bayerischen Gesandten konnten also nun im Sommer 1581 Paulus Langer mitteilen, dass Herzogin Anna schon mit ihrem Bruder Erzherzog Ferdinand von Tirol über eine solche besondere Gesandtschaft gesprochen hatte und dass sie auch beim Kaiser und Erzherzog Karl II. diesbezüglich nachhören wollte. Langer sollte sie ferner über die weiteren Ereignisse in den Heiratsverhandlungen mit Arenberg auf dem Laufenden halten. Maxlrain und Dandorf sollten Anna spätestens bei ihrer Rückkehr berichten, welche Antwort auf ihren Brief gegeben worden war.[166]

In der Zwischenzeit hatte Paulus Langer offenbar schon an den bayerischen Hof geschrieben und betont, dass er und die anderen jülisch-klevischen Räte den Arenberger Heiratsplan ablehnten und ihn verhindern

---

166　Weisung von Herzogin Anna von Bayern an Wolf Wilhelm von Maxlrain, Herr zu Waldeck, und Hans Jacob von Dandorf, was sie dem Jülicher Sekretär Paulus Langer Ende Mai 1581 ausrichten sollten, in: Lossen 1895, S. 30f.

wollten. Er hatte auch durchblicken lassen, dass man den bayerischen Heiratsplan bevorzugte, obwohl dieser nicht vorankam, da Sibylle sich weigerte, diesen einzugehen, und ihr Vater keine klare Entscheidung treffen wollte oder konnte.

Schon am 21. Juni 1581 schrieben Maxlrain und Dandorf Anna von Bayern aus Lüttich ihre Antwort. Erst hatten sie in Hambach und dann in Lüttich getan, was die Herzogin ihnen aufgetragen hatte. Paulus Langer hatte ihnen mitgeteilt, dass sich in der Angelegenheit noch nichts verändert habe, da nämlich Karl von Arenberg und seine Mutter *noch stettigs um das freilein ungestüemb genug anhalten, hingögen aber der herzog sich uf der Kai. M. und anderer seiner befreunten fursten, fürnemblich aber uf das haus Osterreich und Bairn, referieren tuen.* Deswegen würden die wichtigsten geheimen Räte und der Ritterstand es gerne sehen, dass die Verfügung des Kaisers und beider Erzherzöge bezüglich des Arenberger Heiratsplans respektiert und befolgt werden würde. Sie wünschten, dass man nicht nur den Herzog sondern auch seine Tochter daran erinnern möge, dass durch eine Heirat Sibylles mit Karl von Arenberg alle fürstlichen Häuser und vornehmlich das Haus Österreich sehr erniedrigt werden würden. Maxlrain und Dandorf berichteten weiter, dass Langer über Sibylle geäußert hatte: *ob si sich wol, als wir weitleufig berichtet, verlautten laben, sie wöllen vil lieber in ain closter gen, dan mit aim als dem von Arnberg sich in heurat einlaben, so möchten die rat und landschaft darein vil lieber als mit Arnburg verwilligen.* Mit anderen Worten, Sibylle hatte wissen lassen, dass sie lieber in ein Kloster ginge, als einen anderen als Karl von Arenberg zu heiraten. Die Räte *haben sich auch gut runt erclert, das si dem her vattern hierin maß gleichwol nit geben,*

aber uf den fal ires tails darzu nit raten, vil weniger ainige hülf oder steur raichen oder geben wöllen, dan solches hetten si gögen der Kai. M. auch andern cur- und fürstlichen heusern, damit die fursten zue Gülich hoch vertraut und befreunt, nit zu verantworten. Es lief darauf hinaus, dass sie sich nicht einmischen wollten und auch der junge Herzog Johann Wilhelm hatte erklärt, dass er weder zustimmen noch abraten wolle. Maxlrain und Dandorf fuhren mit ihren Ausführungen fort: *So bericht uns Langer austruckenlich, das der alt herzog gögen den reten nit besteen wil, daß er das freilein dem graven an die hant anderer gstalt, dan uf bewilligung der Kai. M. und beder erzherzogen zu Österreich, versprochen und zugesagt. Auber diß alles zeigt mir, Dandorfer, heut morgen Langer an, wie ine die alt grevin göstrigs tags mit harten und scharpfen, ja fast trolichen worten angeret, als ob er allain sambt wenig andern reten sich unterstünt diß werk ufziehen, auch das haus Arnburg an irer reputation und wolfart zu verhindern, und wover hiedurch das freilein in melancolei oder andere beschwerden geraten sol, wurde si sambt den ierigen solches an niemant andern, dan eben an ime und seinen mitstimenden zu rechten wißen.* Der Herzog stand weiterhin auf dem Standpunkt, dass er seine Tochter dem Grafen von Arenberg auch ohne Rücksicht auf die Zustimmung des Kaisers und der Erzherzöge versprochen habe. Darüber hinaus hatte Margaretha von der Marck-Arenberg Langer vor einigen Tagen mit drohenden Worten angesprochen und ihm vorgeworfen, dass nur er, Langer, alleine mit der Unterstützung einiger anderer Räten es wagte, ihrer Sache entgegenzuarbeiten und das Haus Arenberg in seiner Reputation und Wohlfahrt zu hindern. Und, so hätte sie hinzugefügt, sollte Sibylle hierdurch in Melancholie oder andere Probleme geraten, dann würden sie und ihre Vertrauten das keinem anderen als ihm und seinen Gleichgesinnten vorwerfen.

Die Räte fragten ferner, ob Anna von Bayern nicht den Kaiser und die Erzherzöge und eventuell auch ihren Sohn, Herzog Wilhelm von Bayern, drängen könnte, dass die erste Verfügung des Kaisers bestätigt würde. In der Zwischenzeit wollten die Räte dafür sorgen, dass der Graf von Arenberg keine definitive Antwort vom Herzog bekommen würde. Maxlrain und Dandorf schrieben weiter, dass es wünschenswert wäre, dass Anna ihrem jüngsten Sohn Ernst schreiben und ihm raten würde, sich nicht zum Vorteil des Grafen von Arenberg in die Sache einzumischen. Denn die Gesandten hatte erfahren *dass etliche aus den reten i. f. g. hierin, gleichwol on grunt, etwas verargwonen und suspect halten, das freilein, gleichfals der grave sich seiner f. g. hulf und beförderung nit wenig getrösten sollen.*[167] Ernst war offensichtlich bei seinem Besuch in Hambach im Januar 1581 aufrichtig zu Sibylle gewesen, da er damals von seiner Mutter noch nicht den Auftrag erhalten hatte, sich aus der Angelegenheit herauszuhalten.

Sibylle wusste nur zu gut, dass die Räte dem Heiratsplan äußerst feindselig gegenüber standen, sie ließ sich jedoch nicht davon beirren: *Was ist fill ann die rett gelegen? Der geb ich nichts umb.* Und wenn Karl ganz *anns ent der welt zeugenn*, dann würde sie ihr *gemeut doch nimmer vonn denselbigenn absiehen, oder nach der rett willenn follgenn, den ich siehen doch sie willenn mir nickzs goutzs.*[168] Es war ihnen Sibylle zufolge gleichgültig *was sie mir for eynenn herrenn geben, wens e. l. son neur nit wier unnd das wit geneuch vonn der hant wier dar denn die lantenn wienich diest vonn weulenn habenn unnd dieser e. l. sonn dennselbigenn noch woll fill tienst und forstant keunt thonn.*[169] Sibylle hatte eine klare Sicht auf die Angelegenheit und sie traf mit ihren Worten den Nagel auf den Kopf, wenn sie meinte, dass die Räte eine Heirat mit Karl von Arenberg verhindern wollten und sie lieber ins Kloster gehen sehen würden; das hatte sie auch schon selbst angedroht, falls sie ihren Willen nicht bekommen sollte. Es war den Räten ihrer Meinung nach einerlei, welcher Mann für Sibylle gefunden wurde, solange es nur nicht Karl von Arenberg war und solange er nur weit weg wohnte. Es war gut möglich, dass die Räte befürchteten, dass Karl von Arenberg sich zuviel in die Verwaltung der niederrheinischen Fürstentümer einmischen würde. Da die Besitztümer der Familie von Arenberg vor allem in den Niederlanden und damit in der näheren Umgebung des Herzogtums Jülich-Kleve-Berg lagen, hätte Karl im Falle einer Heirat mit Sibylle jedenfalls mehr Gelegenheit dazu gehabt als die Ehegatten von Sibylles Schwestern, die weiter entfernt wohnten. Die Räte waren nicht daran interessiert, dass sich Karl, den sie als spanische Marionette ansahen, in alles einmischen und ihre mühsam erworbene Macht einschränken würde. Karls einflussreiche Stellung würde bei einer Heirat mit Sibylle vermutlich noch zunehmen, da Herzog Wilhelm V. durch seine sich stetig verschlechternde Gesundheit mit den Jahren immer beeinflussbarer werden würde. Hinzu kam, dass es um die Gesundheit des Nachfolgers Wilhelm V., Johann Wilhelm I., auch nicht gut gestellt war.

167 Wolf Wilhelm Maxlrain und Jacob von Dandorf an Herzogin Anna von Bayern, 21.6.1581, in: Lossen 1895, S. 31f.

168 AAE, M. M. 120, Sibylle von Jülich-Kleve-Berg an Margaretha von der Marck-Arenberg, 7.7.1581.

169 Ebd., 11.8.1581.

Sibylle hatte wie oben schon ausgeführt im Sommer 1581 den Marschall Wachtendonck angesprochen und ihn gebeten, dem Heiratsplan zuzustimmen, damit dieser endlich abgeschlossen werden könne, denn sie fand, dass es inzwischen lange genug gedauert habe. Außerdem könnten die Räte besser *das gemeut lassenn farrenn, das sie gedechtenn durch dem langhwierigem verziehenn ich min gemeut soll zu anterer gelagenhait wentenn.* Sie wiederholte nochmal: *sie hettenn keines antrenn gemeut vonn mir zu erwartenn.*[170]

Es gab nur noch wenige am Hof, denen sie traute und bei denen sie Unterstützung fand. Eine davon war die Jungfrau Uelenbroch. Sie blieb bei Sibylle, auch wenn *geseught ir litzs genough mainenthalbenn,* wodurch sie Grund genug hatte, sie zu verlassen. Und wenn die Räte es konnten, würden sie es nicht unterlassen, ihr Uelenbroch *abhentich zu machenn.* Auch ihrer Tante Amalie konnte Sibylle trauen. Diese hielt ebenfalls nichts von dem Markgrafen von Baden und bestärkte Sibylle in ihrer Haltung.

Da sie von den Räten nicht mehr erwarten konnte, dass diese sich positiv zu ihrem Heiratsprojekt äußern würden, versuchte sie, in der folgenden Zeit auf ihren Vater einzuwirken. *Es meucht etwas helffen, denn singenatenn weurtenn mich inn kainenn lait keunnenn siehenn.*[171] Und so brachte sie an einem Sommerabend in Kleve ein Gespräch mit ihrem Vater auf das Thema und ihr Vater wunderte sich, dass der Kaiser nicht mehr geantwortet hatte, worauf Sibylle antwortete, dass es nicht gut wäre, alles dem Kaiser zu überlassen. Herzog Wilhelm

vertröstete sie abermals und bat sie, Geduld zu haben und *liss es also darbey berauuenn.*

Nachdem sie aus Kleve abgereist waren, kam Herzog Wilhelm V. zu ihr und sagte ihr, dass die Räte aus Kleve sich geweigert hätten, sich auszusprechen. Daraufhin erwiderte Sibylle ihm, dass es so nicht länger ginge: *der setzs auff dem antrenn.* Sie war der Meinung, dass ihr Vater endlich definitiv Stellung beziehen solle. Er verwies aber wieder auf den Kaiser. Sibylle antwortete ihm darauf hin: *Ich bin e.f.g. tochter und nit der K. M. E.f.g. haben mieh macht forter hirin zu befellen.* Ihr Vater sagte schließlich, dass sie Geduld haben müsse und schwieg sich über das weitere Thema aus.[172]

In der nachfolgenden Zeit wurde der Umgang mit Herzog Wilhelm wieder schwieriger, sodass Sibylle in Düsseldorf den Landdrosten Gymnich und den Amtmann von der Horst anflehte, ihre Sache nun endlich in Ordnung zu bringen. *Hie lenger zu sin, wier mir unmoglich, denn der hervater so seltzam wirt, das es unaussprechlich ist.* Beide versprachen ihr Bestes zu tun, aber hinterher erfuhr Sibylle, dass beide Räte der alten Herzogin Anna von Bayern geschrieben hatten, um Sibylle *zu bringenn inn der mainoungh denn weurt ich woll zum Marckgraffenn verstiehenn.* Als sie das hörte, ging sie zu ihnen und sagte ihnen: *Sie haben der nimmer hoffenough zu habenn umb, ob sie* [mich] *noch schonn dausent millenn vonn e. l. liehenn, weurt ich seulches gemeut nimer nit enterenn.*[173] Sie hatte das Gefühl, dass die Räte sie möglichst weit entfernt haben wollten.

Die Entscheidung schleppte sich dahin. Im Oktober 1581 trafen die Räte aus Kleve, Berg und Jülich erneut in Düsseldorf zu-

---

170 Ebd.,
171 Ebd., 7.7.1581.

172 Ebd., 11.8.1581.
173 Ebd., 6.9.1581.

sammen. Vielleicht würde die Heirat von Sibylle nun zur Sprache kommen. Sibylle versprach sich nichts davon, denn sie wusste, wie all diese Männer über sie dachten und was sie ihr wünschten. Hinzu kam, dass sich die Konfessionsgegensätze erneut verschärften und sie befürchtete, dass das auch ihre Sache zusätzlich belasten würde.

Am 26. November 1581 verunglückte Paulus Langer auf der Reise von Arenberg nach Hambach durch einen Sturz vom Pferd tödlich.[174] Der Tod des Sekretärs aus Jülich erschütterte den ganzen Hof. Insbesondere Herzog Wilhelm V. war betrübt, denn Langer war einer seiner Vertrauten gewesen. Auch Margaretha von der Marck-Arenberg war tief erschüttert, vor allem weil der Tod Langer auf einer Reise in ihre Ländereien ereilt hatte. Sibylle tröstete sie: *so moussenn sich e. l. derwegenn nit so hough keummerenn, denn es des liebenn gottes wil also ist gewessenn, das sin zit dar ist gewessenn.* Margaretha fürchtete vor allem die Reaktion Herzog Wilhelms. Ihre Befürchtungen erwiesen sich als grundlos, denn Herzog Wilhelm hatte gegenüber Sibylle geäußert, dass Margaretha und ihr Haus keine Schuld treffe, *denn das ungeleuck so woll ann antrenn ent hett keunnen beschiehenn, alles dar.*[175] Mit Paulus Langer verlor man den wichtigsten Botschafter zwischen Arenberg und dem Hof in Jülich. Auch wenn er dem Heiratsplan mit Arenberg nicht günstig gesonnen war, so war er doch immer ein zuverlässiger Mann gewesen und er hatte Sibylle gegenüber keine persönlichen Ressentiments gehabt.

Wie zynisch es sich auch anhören mag, durch diesen unglücklichen Tod verbesserten sich die Beziehungen zwischen Arenberg und Jülich. Als man in Hambach die traurige Nachricht erhalten hatte, brach Herzog Wilhelm persönlich nach Arenberg auf, um den Leichnam von Paulus Langer abzuholen und Margaretha von der Marck-Arenberg durfte ihn nach Hambach begleiten.[176] Sie brachte allerlei Geschenke für den Herzog und seine Tochter mit. Für Herzog Wilhelm hatte Margaretha unter anderem Trinkbecher mitgenommen. Er hatte einen davon der *der frawemoutter brecht umb darauss zu trinckenn.*[177] Dies ist das erste Mal, dass Sibylle in ihren Briefen an Margaretha über ihre Mutter spricht, was an sich schon bemerkenswert ist.

Am 11. Dezember 1581 traf der alte Herr von Winneberg als kaiserlicher Gesandter in Hambach ein.[178] Er war vom Kaiser und den Erzherzögen Karl und Ferdinand nach Hambach geschickt worden, um verschiedene Möglichkeiten für Sibylles Verheiratung vorzuschlagen. Unglücklicherweise verstarb Sibylles Mutter in der Nacht vom 11. auf den 12. Dezember, sodass diese am nächsten Tag *noch im hertzenn bedreubt* [war] *unnd schir auss maine augenn nit siehenn kont* und nicht in der Stimmung war, über ihre Heirat zu reden. Offenbar hatte Anna von Bayern nach dem Bericht von Dandorf und Maxrain aus Lüttich tatsächlich an den Kaiser geschrieben und ihn gebeten, abermals in Jülich wissen zu lassen, dass er bei seiner ersten Entscheidung geblieben sei. Der Herzog hatte schnell eine Antwort für den Kaiser verfasst und ließ sie Sibylle lesen. Um welche Möglichkeiten es sich handelte, die der Herr von Winneberg vorbrachte, wusste Sibylle nicht, denn das ging nicht aus der Antwort ihres Vaters an den Kaiser

---

174 Ebd., 29.11.1581. Siehe hierzu auch Lossen 1895, S. 4.
175 Ebd., 26.11.1581.
176 Ebd., 26.11.1581.
177 Ebd., 29.11.1581.
178 Ebd., 11.12.1581.

hervor. Herzog Wilhelm entschuldigte sich in seinem Brief an den Kaiser, dass er *noch nit gemaint wier* seine Tochter *zu heilligenn, so woll ann denen alles antrenn*, trotz des Umstandes, dass der Kaiser allerhand vorhatte. Sibylle hoffte, dass der Kaiser demnächst *nit mieh hiewitter rattenn*[179] würde. Sie hätte den kaiserlichen Gesandten auch gerne gesprochen, aber bevor sie von seiner Mission wusste, war er schon wieder abgereist. *Es ist eynn seltzamer man*, so lautete ihr Urteil über ihn.[180]

Im Januar 1582 schrieb Sibylle an Margaretha, dass sie erfahren hatte, dass Erzherzog Matthias von Österreich einer der Heiratskandidaten gewesen war, die der Herr von Winneberg im Namen des Kaisers vorgeschlagen hatte.[181] Dieser Brief bestätigt die Vermutung von Irene Markowitz, dass es Heiratspläne mit Matthias gegeben hatte.[182] Sie stützt ihre Vermutung auf den Umstand, dass zwischen Anfang 1578 und Anfang 1579 von Sibylle ein Gemälde durch denselben Maler angefertigt worden ist, der in der gleichen Zeit Matthias porträtiert hatte. Sibylles Gemälde diente als Vorlage für eine Miniatur, die für Matthias angefertigt wurde. Irene Markowitz vermutet, dass dies im Rahmen geheimer Heiratsverhandlungen zwischen Matthias und dem Jülicher Hof geschehen war, aber sie verfügte zu dem Zeitpunkt, als sie die These aufstellte, diesbezüglich noch nicht über aussagekräftige Dokumente. Wenn es während dieser Zeit Verhandlungen für eine solche Heirat gab, waren diese auf jeden Fall geheim gehalten worden und dann ist es so gut wie sicher, dass Sibylle

nichts davon wusste, denn in ihren Briefen an Margaretha lässt sich hierüber nichts finden. Da sie über alle anderen Heiratsprojekte, in die man sie einbezogen hatte, ihre Gedanken ausführlich der Gräfin von Arenberg mitteilte, ist es unwahrscheinlich, dass sie ausgerechnet über dieses Projekt geschwiegen haben sollte.

In den durchgearbeiteten Briefen wird ein Gemälde erwähnt, das Sibylle zeigt. Am Ende des Jahres 1578 war Margaretha zu Besuch in Düsseldorf gewesen und sie muss ein Gemälde Sibylles bemerkt haben, da Sibylle am 19. Januar 1579 zum ersten Mal über *main schilterey, will e. l. eynn gefallenn zu seulcher hatt zu habenn, wiewoll nicktzs schons daran wier zu siehenn, weurt ich dieselbige derselbigenn vonn hertzenn gern zusentenn umb e. l. gefallen nach zu kommenn* schrieb. Offenbar hatte Margaretha von der Marck-Arenberg sie gefragt, ob sie das Gemälde bekommen könnte. Sibylle würde es ihr gerne schicken, aber sie konnte oder durfte nicht. Margaretha würde von Sibylles Schwester Magdalena erfahren, *was der mangel ist* und deshalb wollte sie sich darüber in ihrem eigenen Brief nicht weiter auslassen.[183] Magdalena hatte in ihrem Brief tatsächlich erklärt, wo das Problem lag. Offenbar hatte der Herzog das Gemälde Margaretha während ihres Besuchs in Düsseldorf halbwegs versprochen. Die Gräfin bat nun Magdalena, zu ihrem Vater zu gehen und ihm zu sagen, dass sie das Gemälde gerne haben würde. Magdalena traute sich aber nicht, weil ihr Vater sie dann nach dem Brief fragen würde, in dem die Gräfin von Arenberg darum gebeten hatte, und er *solt es schreiben willen sehen*, was Magdalena *ungehern solt lassen*

---

179 Ebd., 13.12.1581.
180 Ebd., 27.12.1581.
181 Ebd., 121, Sibylle von Jülich-Kleve-Berg an Margaretha von der Marck-Arenberg, 8.1.1582.
182 Markowitz 1984.

183 AAE, M. M. 118, Sibylle von Jülich-Kleve-Berg an Margaretha von der Marck-Arenberg, 19.1.1579.

lessen, will so allerley und von allen darin stett. Deshalb war sie der Meinung *ich woll es darbey lassen s. g. darvon zu sagen, bisz zu der zeit e. l. ein mall selber zu s. g. kommen und es s. g. vermannen.*[184]

Später wird dieses Gemälde nicht mehr in der Korrespondenz erwähnt. Es ist gut möglich, dass es sich hierbei um das zwischen 1578 und 1579 entstandene Gemälde handelt (vgl. Abb. Tafel 29), das heute zum Bestand des Kunsthistorischen Museums Wien gehört. Ein bemerkenswertes Detail ist, dass Sibylle mit einem kleinen weißen Hund abgebildet wurde. Ende Oktober 1578 war Karl von Arenberg von seiner Reise nach Bayern zurückgekehrt und Sibylle brachte in ihrem Brief vom 1. November 1578 ihren Dank für das *heuntlingh, so e. l. sonn mit auff Deutzslant hat gebracht*[185] zum Ausdruck. Handelt es sich hier vielleicht um den gleichen Hund?

Irene Markowitz ist der Meinung, dass Matthias nach 1580 als Heiratskandidat für Sibylle nicht mehr in Frage gekommen ist, weil der Kaiser ihn als Anwärter für das geistliche Amt des Koadjutors in Münster ins Gespräch gebracht hatte,[186] jedoch bezeugen die Briefe aus der Zeit zwischen Ende 1581 und Anfang 1582 das Gegenteil.

Anlässlich des Todes und der Beerdigung der Maria von Österreich, Herzogin von Jülich-Kleve-Berg, kamen Anfang 1582 viele Adelige und Gesandte nach Kleve, um ihr Beileid auszusprechen, unter anderem Abgesandte des Kurfürsten von der Pfalz, der Landgraf von Hessen und Sibylles beiden Schwäger aus Neuburg und Zweibrücken. Sibylle schrieb über sie: *sin alle Leuterse her-*

renn. Diese protestantischen Herren setzten Herzog Wilhelm V. unter Druck, auf dass er sich *auff eyner oder anterer sittenn erclaren* würde. Der Streit zwischen Katholiken und Protestanten im Reich war wieder aufgeflammt und die Protestanten versuchten, den Herzog, Sibylle zufolge, nun auf ihre Seite zu ziehen, *wilches der hervatter nimer thonn wirt.* Sibylles Schwäger konnten es auch nicht lassen, für sie einen Mann zu suchen, einen Protestanten selbstverständlich, aber auch das würde der Herzog ihrer Meinung nach nicht akzeptieren. Sibylle machte sich Sorgen, dass *wir werttenn mittenn im krigh kommenn unnd es wirt dieser hantell auch geringe forterough zu unserer sachenn sin, der sie ungern siehenn ich eynenn catolissenn hirenn solt bekommenn.* Sibylle hatte den Mut verloren: *ich bin es so meut hie. Hab auch semmentliche redt erseught das sie diese sach doch wollenn for die hant nemmenn, aber hab keine antwort bekommenn.*[187]

Mitte Februar 1582 kam Karl von Arenberg nach Düsseldorf zu Besuch. Sibylle hatte aber keine Gelegenheit, ihn anzusprechen. Sie hatte ihm nur die Hand geben können, als sie morgens *auff der staubenn sint kommenn unnd denn abent witter adieu gesagt aus befelgh des hervatters.* Am Tage danach musste Karl bereits sehr zum Bedauern von Sibylle wieder abreisen. Einige Tage später war Fastnacht, aber Sibylle war für ein Fest nicht in Stimmung. Sie schrieb: [Wir] *habenn woll eynnmall oder feunff moussenn tanssenn, aber under unns im frawezimmer, sontter die etteleutt, alaynn das der hervatter zugesiehenn hatt und denn die spieleut, seunst kain manssminss. Es ist offt eynenn tanss gewessenn, das wir lieber geschreyenn alls gelacht hetten. Habenn unns*

184 Ebd., 104, Magdalena von Jülich-Kleve-Berg an Margaretha von der Marck-Arenberg, 9.1.1579.
185 Ebd., 117, Sibylle von Jülich-Kleve-Berg an Margaretha von der Marck-Arenberg, 1.11.1578.
186 Markowitz 1984.

187 Ebd., 121, Sibylle von Jülich-Kleve-Berg an Margaretha von der Marck-Arenberg, 31.1.1582.

doch so frolich gemacht, wie wir gekant, umb des hervatters willenn. Der seult gern tanssenn, hett woll so gern mit mir getanst, aber torfft es noch nit. Derhalbenn moustenn wir auch abenn tanssenn. Das Tanzen bedeutete ihr nichts, sie wollte viel lieber bei Margaretha in Arenberg sein.[188]

Ende Februar 1582 schickte Anna von Bayern den Herrn von Dandorf erneut zum Hof nach Kleve. Dandorf war über alles informiert, was bisher unternommen worden war, um eine Heirat zwischen Herzog Wilhelms jüngster Tochter und dem Markgrafen Philipp von Baden zu Stande zu bringen. Er wusste auch, dass der Herzog erst vor Kurzem einen Brief des Kaisers beantwortet hatte, wahrscheinlich den Brief, den der Herr von Winneberg im Dezember nach Hambach gebracht hatte. Zudem wusste Dandorf, dass der Herzog die Sache mit Baden hinhalten wollte, *mit furwendung, wie bemelt freulein ire f. g. gebetten, si noch ein zeitlang also bei sich unverheirat zu behalten. Dweil aber vermutlich solches werde von wegen des Arenbergischen heirats, so dazumal auch in ferten gewesen, geschechen sein,* so schrieb Anna von Bayern und sie hatte wahrscheinlich Recht. In Bezug auf diese ganze Affäre sollte *der von Tandorf bei dem Gülichschen hofmeister, dem von Ossenbruch unt sonst anderen furnemen und gehaimen retten erkundigen, wie es mit disem Arenbergischen heirat stehe, ob derselb gar ab, wie auch das freulein noch gesinnet, und sonderlich, ob si vermainen retlich sein, von wegen des margraven durch die Kai. M. oder sonst jemant anderen wider anzuhalten, auch wie, wan und was gestalt solches beschechen sol.* Dandorf sollte also sich bei Hofmeister Ossenbroich und anderen geheimen Räten erkundigen, wie es mit der arenbergischen

Heirat stehe, wie Sibylle gesonnen war und ob es ratsam sei, dass der Kaiser oder jemand anderes Markgraf Philipp von Baden erneut als Heiratskandidaten vorschlagen solle. Weiter sollte Dandorf auch bekannt machen, *dweil ir Dt. hievor verstanden, das wolgedacht freulein sich zu der catholischen religion begeven, vermainten si nicht besser sein, dan si auch einem catholischen fursten verheirat werde, der gleichwol ir Dt. ausser des margraven diser ziet nit vil wüsten; dan sonst, da si einen lutherischen gemahel bekomen sol, were nit wenig zu besorgen, si mochte wider verfurt werden.*[189] Herzogin Anna hatte erfahren, dass Sibylle zum katholisch Glauben konvertiert war, und deshalb begrüßte sie es, dass sie einen katholischen Fürsten heiraten wolle und brachte gleich wieder den Markgrafen von Baden ins Spiel, da sie sonst niemanden mehr kenne. Sollte Sibylle jedoch einen lutherischen Ehegatten bekommen, dann war der alten Herzogin von Bayern zufolge zu befürchten, dass sie zum Protestantismus zurückkehren würde.

Offiziell war der bayerische Gesandte zum jülich-klevischen Hof gekommen, um das Beileid des bayerischen Hofes zum Tod der Herzogin Maria zu überbringen. Am 11. März 1582 schrieb Sibylle, dass Dandorf noch immer in Düsseldorf weile und dass sie nicht ergründen könne, warum er blieb. Bemerkenswert war, dass alle Räte aus Jülich, Kleve und Berg in Düsseldorf zusammengekommen waren. Den Grund für ihre Zusammenkunft kannte sie nicht, doch sie machte sich Sorgen. Obwohl Dandorf, soweit Sibylle wusste, noch nichts über eine mögliche Heirat mit dem Markgrafen von Baden gesagt hatte, vermu-

188 Ebd., 18.2.1582.

189 Handlungsanweisung aus dem Brief Annas von Bayern an Hans Jakob von Dandorf, 20.2.1582, in: Lossen 1895, S. 33.

tete sie, dass er unter anderem aus diesem Grund in Düsseldorf war. Man hatte ihr vorgeschlagen, eine Weile am bayerischen Hof in München zu wohnen, aber Sibylle stimmte dem nicht zu und sie hoffte, dass ihr Vater sie nicht gehen lassen würde. Ihre Tante Amalie sah es nicht gern, dass ihre Nichte abreisen sollte, denn dann bliebe sie allein zurück.[190] Einige Tage später reiste Dandorf schließlich ab. Sibylle erfuhr, was seine Mission gewesen war und was die Herzogin von Bayern mit ihr vorhatte. Sie schrieb: *ich waiss sie am Baierisem hoff nirgentzs anter auff zu legen alles das es solt geschiehenn mit dem Marckgraffenn unnd mir.* Aber was sie auch sagen oder tun sollten, *ist es verlorne arbitt*, denn *kain lit wert mir so gross sin das mir verorsachenn wirt, mein gemeut abzuwenttenn*[191] und *war es mir vonn gott beschert ist zu heiligenn, wirt er keynn antrer sin denn e. l. son*[192], ließ sie Margaretha wissen. Sibylle stand unter starkem Druck und sie litt darunter, dass *sie mich taghlich darmit quellenn.*[193]

2.11 DER REICHSTAG ZU AUGSBURG BRINGT NEUE HOFFNUNG

Schon im Mai 1582 war Sibylle informiert worden, dass im Sommer zu Augsburg ein Reichstag stattfinden sollte. Als Gesandte des Herzogs Wilhelm V. wurden Wilhelm von Harff, Herr von Alsdorf und Niklaus von den Broell, der Sohn des Bergischen Kanzlers, nach Augsburg geschickt. Sibylle war froh über diese Wahl, denn sie konnten viel *goutz thonn bey der kaisser unnd ante-*

rern herrenn unnd feurstenn, denn ich inn e. l gar geneick gespeurt. Sie dachte wieder an den Heiratsplan mit Karl. Wenn er *auch mit keumpt auff denn riechstagh, denn kann er alles anmannough thonn.* Sibylle hoffte, dass endlich etwas passieren und dass ihre Sache vorankommen würde.[194]

Sie hatte Wilhelm von Harff gebeten, ein gutes Wort für sie beim Kaiser einzulegen. Sie selbst wollte dem Kaiser noch einmal schreiben, *darmit ir maiestet mein gemeut weustenn.* Von Karl von Arenberg erwartete sie, dass er den Kaiser auffordern würde, seinen Standpunkt in Bezug auf die Heirat zu revidieren.[195] Er war durch Alexander Farnese in Absprache mit dem spanischen König abgeordnet worden, am Reichstag zu Augsburg teilzunehmen. Karl sollte die Rechte Philipps II. über das Stift Kamerijk (Cambrai) verteidigen und versuchen, die Hilfe des Reichs im Krieg gegen die niederländischen Aufständischen zu erhalten. Er war gewählt worden, weil er das Wohlwollen des Kaisers genoss, gut über die spanischen Interessen in den Niederlanden informiert war und der spanischen Krone treu ergeben war.[196]

Im Sommer 1582 wurde das Heiratsprojekt des Jungherzogs Johann Wilhelm I. vorangetrieben. Werner von Gymnich und der Hofmeister Ossenbroich, beide Befürworter einer Verbindung zwischen ihrem jungen Herrn und der Markgräfin Jakobe von Baden, baten Herzogin Anna von Bayern, an den Hofmeister Johann Wilhelms, Dietrich von der Horst, zu schreiben. Sie sollte ihn fragen, ob es wünschenswert sei, wenn der Kaiser einen Antrag für das

---

190 AAE, M. M. 121, Sibylle von Jülich-Kleve-Berg an Margaretha von der Marck-Arenberg, 11.3.1582.
191 Ebd., 28.3.1582.
192 Ebd., 18.4.1582.
193 Ebd., 29.5.1582.

194 Ebd., 31.5.1582.
195 Ebd., 12.7.1582.
196 Lefèvre 1940–1960, Bd. 2, S. 315; Tytgat 1994, S. 13; Neu 1989, S. 243.

Heiratsprojekt von Johann Wilhelm und Jakobe stellen würde.

Neben wichtigen politischen Angelegenheiten wurde auf dem Reichstag zu Augsburg über die Heiratspläne und über Sibylle verhandelt. Dieses Ereignis bot Herzogin Anna von Bayern die Gelegenheit, persönlich Kontakt zum Kaiser und zu den Räten aus Jülich-Kleve-Berg aufzunehmen. Es ist allerdings leider aufgrund der schlechten Quellenlage nicht mehr möglich, den Inhalt der Verhandlungen zu ermitteln.[197]

Am 10. August 1582 erteilte der Kaiser in Augsburg folgende Anweisungen an Ernst von Bayern, Bischof von Lüttich. Ernst sollte dem Herzog von Jülich-Kleve-Berg seine Briefe aushändigen und ihm den Wunsch des Kaisers übermitteln, dass Johann Wilhelm eine Prinzessin aus einem ansehnlichen deutschen Fürstenhaus heiraten solle, damit dadurch seine *lande nit allain bei irem haus, sonder auch zugleich bei unser alten, ware catholischen religion erhalten werden mochten.* Der Kaiser schlug Jakobe, Markgräfin von Baden, als Braut vor. Der zweite Teil des Briefes bezog sich auf das Heiratsprojekt zwischen Jülich und Arenberg: *Zum andern tragt unser vetter und furst, der bischof zu Luttich, guet wissen, was bisher eines heurats halben zwuschen obern. hz. zu Julch jungern dochter und dem graven von Arnberg furgangen und, wasmaßen bisher nit allain wir s. l. zu underschiedlichen maln durch schreiben, sonder auch jungstlich neben uns baide unsere [...] vettern und fursten Ferdinand und Karl, erzherzogen zu Osterrreich, durch ainen besonderen gesandten [...] Philippen frh. Wienenberg darvon dehortiret haben. Diewiel es dann solches heurats halben die bewuste bedenken hat,* sollte Ernst den früheren Grund wiederholen und den Her-

zog von Jülich daran erinnern, *das s. l. irem zu underschiedlichen maln getanen bewilligung nit verheuraten wolle.*[198] Der Kaiser blieb also bei seiner Meinung und lehnte die Heirat Sibylles mit Karl von Arenberg ab.

Ernst von Bayern tat, worum der Kaiser ihn gebeten hatte. Ende August hatte er Herzog Wilhelm geschrieben, wahrscheinlich mit der Bitte, ob er auf einen Besuch an den Niederrhein kommen könne. Sibylle wusste, dass Ernst einen Brief geschickt hatte, kannte aber seinen Inhalt nicht. Erst am 9. September trat er in Gesellschaft von zwei Vertrauten seine Reise an. Einige Tage später traf er auf Schloss Bensberg ein, wo Herzog Wilhelm sich zu diesem Zeitpunkt aufhielt. Sibylle war in Hambach zurückgeblieben. Von Bensberg aus war Ernst von Bayern auf die Bitte von Herzog Wilhelm nach Münster weitergereist, um Herzog Johann Wilhelm I. zu besuchen.[199] Wahrscheinlich war es auch vorgesehen, dass Ernst dem jungen Herzog mitteilen würde, dass der Kaiser eine Heirat zwischen ihm und Jakobe von Baden als wünschenswert erachtete.

Am 10. Oktober 1582 kehrte Ernst zum alten Herzog zurück, der sich dieses Mal in Hambach aufhielt. Dort sah Sibylle ihren *fetter, der bissoff von Leutigh* zum ersten Mal seit langer Zeit wieder, wurde aber nicht über die Gespräche zwischen diesem und ihrem Vater unterrichtet. Sie hatte sich vorgenommen, ihren Vetter anzusprechen, obwohl es dazu wenig Gelegenheit gab, denn ihr Vater hatte wieder einen seiner schlechten Tage und sie musste den ganzen Tag in ihrem Zimmer bleiben, sogar zum

---

197 Lossen 1895, S. 9.

198 Weisung Kaiser Rudolfs II. an Ernst von Bayern, 10.8.1582, in: Goldschmidt 1911b, S. 115f.

199 AAE, M. M. 121, Sibylle von Jülich-Kleve-Berg an Margaretha von der Marck-Arenberg, 11.10.1582; siehe auch Lossen 1895, S. 9f.

Essen. Sie hoffte immer noch, dass *der bisschoff wirt auch bey dem hervatter etwas mainenthalben rettenn, war er vonn mainem broutter rett, also das wenn er witter hinauff keumpt, fill gouts keunt aussrichtenn, darmit wir alle auss dem lit kemmenn.*[200]

Alle Hoffnungen waren vergebens. Herzog Wilhelm scheint ausweichend geantwortet zu haben und sprach sich offenbar über nichts aus. Er hatte über den Heiratsplan, den Ernst für Johann Wilhelm vorgeschlagen hatte, geäußert, dass er noch nicht daran denke, seinen Sohn zu verheiraten. Er wollte erst die Räte hören, die aber nicht anwesend waren. Es lässt sich nicht ermitteln, wie er auf die Ablehnung des Kaisers bezüglich des arenbergischen Heiratsplans für seine Tochter reagiert hatte.

Am 8. November 1582 schrieb Margaretha von der Marck-Arenberg an Herzog Wilhelm und bat ihn abermals, endlich eine definitive Antwort zu formulieren *von weghen des bewosten heijraths mit unser lieber tochter furstin Sybilla.*[201] Sie schickte eine Kopie dieses Schreibens an Sibylle, die beschrieb, was dann geschah: *Singenattenn gingh darnach im ratt do er do witter kam, do brabellenn er sich fill dinghs vonn K M unnd vonn dem Spans war vonm kriehe, also das ich woll mircktenn sie inn witter etwas gesaght hattenn. Ob er nun e. l. schribenn hatt lassenn lessenn oter nit, ist mir unbewost. Ich hab es alzit nit gesiehenn aber hatt mich gesaght ich solt es noch siehenn. War seunst gar woll zufritenn mit dem amptman also das zu gott zu verhoffenn eyner goutter antwort nach wilcher sich e. l. wertenn haltenn.*[202]

Sibylles Hoffnung auf eine gute Antwort aber war vergeblich. Der Herzog antwortete Margaretha am 14. November: [Wir] *moghen euch darauff nith verhaltenn was gestalt die Romische. K. Mt., unser allergnedigster her, uns alichmall allergnedigst sambt unser fernere freuntschafft ersuchen lasten, obgedachte unsere tochter onhe ieser K. Mt. rath und vurwyssen nith zu versprechen oder zu verheyraten, welches auch irher K. Mt. wyr dergestalt versprochen und zugesaght. Also da uns nith wollanstehen, noch geburen, wyll hinder irher Mt. inn uns eynniches sins zu erklerenn und derselbiger vurzugreyffenn, so werden Ihr auff die weghe zugedenckenn wyssen wie eb irher Mt. fuglich anzubringen und zufordest mith derselbigen rath wyssen und gefallens diß zu handlen, seyndt euch sonsten mith gnaden und gunsten gewogen.*[203] Mit anderen Worten, Herzog Wilhelm wollte nichts ohne Zustimmung des Kaisers entscheiden, da er es versprochen hatte, was aber wiederum erneute Ausflüchte waren.

Sibylle ließ ihren Vater ihre Enttäuschung über seine Antwort deutlich merken. Sie hatte ihm gesagt, dass er *sich nit miehe auff die K. M. hetten zu setzen, die thiehet es nimmer. So wier ich auch desselbigenn tochter nit, sonteran singenattenn, das sie inn dem hettenn zu es auss sinem frienn willenn. Do satzs er es witter auff die rett, wertenn daruber versteurt.* Als Sibylle seine Argumente im Zusammenhang mit dem Kaiser verworfen hatte, verwies der Herzog auf seine Räte. Sibylle schrieb: *es ist eynn hesselich steuck unnd kann man jetz offentlich erkennenn es die rett schoit ist.* Ihrer Meinung nach hatten die Räte ihren Vater dermaßen beeinflusst, dass er erneut keine Entscheidung zu treffen

---

200 Ebd., 11.10.1582.

201 AAE, M. M. 83, Herzog Wilhelm V. von Jülich-Kleve-Berg an Margaretha von der Marck-Arenberg, 14.11.1582.

202 Ebd., 121, Sibylle von Jülich-Kleve-Berg an Margaretha von der Marck-Arenberg, 12.11.1582.

203 Ebd., 83, Herzog Wilhelm V. von Jülich-Kleve-Berg an Margaretha von der Marck-Arenberg, 14.11.1582.

wagte, denn nach ihrer Beurteilung würde ihr Vater in seinem Innern die Heirat mit Arenberg wohl gutheißen. Jedermann habe schließlich sehen können, wie zufrieden er aussah, als er den Brief von Margaretha erhalten hatte. Erst nach den Überlegungen mit seinen Räten, *do war das gemeut gar gewent*.[204] Bei der Besprechung waren nur die *gehaim rett* anwesend und sie waren nur zu zweit oder zu dritt gewesen, *die habenn auch die witterantwort gestelt mit aigener hant*. Es ist bedauerlich, dass sie keine Namen genannt hat, dadurch wissen wir nicht genau, um welche Räte es sich gehandelt hat.[205] In ihrem Brief an Margaretha beschrieb sie, was nach der Diskussion geschah: *Der hervatter hatt es auch woll gemirck ich gar versteurt war. [Er] machtenn so fill karessenn, aber ich moucht es nit lachen, das sich singenattenn so list feurrenn vonn denn rettenn.*[206] Was der Herzog auch versuchte, um seine Tochter aufzumuntern, es half alles nichts.

Es blieb danach lange Zeit ruhig um das Heiratsprojekt zwischen Karl und Sibylle. Ein Grund könnte der Ausbruch des Kölnischen Krieges gewesen sein. Im Herbst 1582 hatte der Kölner Erzbischof und Kurfürst, Gebhard Truchsess von Waldburg, sich zum Calvinismus bekannt. Er wollte das Kurfürstentum Köln in einen weltlichen Staat umwandeln. Im Februar 1583 heiratete er Agnes von Mansfeld, eine Nonne aus dem Kloster von Gerresheim. Der Krieg, der daraufhin ausbrach, verwüstete nicht nur die Kölnischen Lande, sondern auch die Fürstentümer Herzog Wilhelms V. von Jülich-Kleve-Berg und zog alle Aufmerksamkeit auf sich.

Inzwischen hatte Sibylle erfahren, dass der Markgraf von Baden nach Italien abgereist war. Sie freute sich über diese Neuigkeit und hoffte *er wirt dar eynn weib nemmen*. Allerdings kam in den nächsten Wochen immer mal wieder ein neuer Heiratskandidat für Sibylle ins Gespräch, so schrieb sie im April 1583: *Es sint dem hervatter abermallenn hiligenn forkommenn for mir, aber es sint Lautterse herren. Singenatten hatt es mich selber gesach. Hab aber nit keunnenn ratten wer sie sint, also das ich dar auch kain sorgh for habe. Gott lob, waiss ich auch woll singenattenn wirt mich zu kainem antrem herrenn zu nemmenn notigenn.*[207] Sie musste sich zwar keine Sorgen machen, dass ihr Vater ihr einen Mann aufzwingen würde, aber damit war ihrer eigenen Sache noch nicht entscheidend geholfen.

Ende April kamen Johann Wilhelm I. von Jülich-Kleve-Berg und Ernst von Bayern nach Düsseldorf, um über eine mögliche Heirat zwischen dem jungen Herzog und Jakobe von Baden zu verhandeln. Sibylle profitierte von der Gelegenheit, um beide anzusprechen und ihre Unterstützung für das Heiratsprojekt mit Arenberg zu erbitten. Sie bekam aber nicht viel mehr als schöne Worte zu hören.[208]

Als Dorothea von Lothringen, Herzogin von Braunschweig, Pfingsten in Düsseldorf zu Besuch kam, ließ Sibylle es sich nicht nehmen, sie ebenfalls um Hilfe zu bitten. Die Herzogin hatte aber geantwortet, dass sie sich nicht in die Familienangelegenheiten einmischen würde. Sie selbst war nach Düsseldorf gekommen, um beim alten Herzog für eine Heirat zwischen Johann Wilhelm und ihrer Nichte Antonia von Lothringen zu

---

204 Ebd., 14.11.1582.
205 Ebd., 121, Sibylle von Jülich-Kleve-Berg an Margaretha von der Marck-Arenberg, 29.11.1582.
206 Ebd., 19.11.1582.

207 Ebd., 122, Sibylle von Jülich-Kleve-Berg an Margaretha von der Marck-Arenberg, 14.4.1583.
208 Ebd., 23.4. und 7.5.1583.

plädieren. Ihre Mühe war jedoch vergeblich. Sibylle wusste, dass ihr Bruder Antonia nicht heiraten würde, sondern Jakobe von Baden, *wiewoll der hervatter kainenn sin hatt main broutter noch zu hilligenn.*[209]

2.12 SIBYLLE UND MARGARETHA GEBEN IHR HEIRATSPROJEKT NOCH NICHT AUF

Ende Juli 1583 sah Sibylle erneut eine Chance, ihre Heiratspläne auf die politische Tagesordnung in den Vereinigten Herzogtümern zu setzen. Alle Räte aus Jülich, Kleve und Berg waren in Düsseldorf anwesend *umb allerhant lansachenn willenn.* Sibylle hatte nicht nachgelassen *semptlichenn anzuhaltenn durch schribenn unnd der bewostenn sachenn zu erinnerenn das die zum ent bracht meucht wertenn unnd es also witleuffigh forgebenn das mir zu lanck stett jetzs zu meltenn.* Sibylle war sich bewusst, dass sie aus dieser Zusammenkunft der Räte einen Nutzen ziehen konnte und bat Margaretha: *wenn e. l. nun noch eynmall eynn foglich schribenn ann dem hervatter woltenn thonn unnd eynn erclarough begerenn, will die rett jetzs alle hie sint. Unnd stiehet filichtenn darauff umb dieser ferlicher zit willenn, das sie balt ziehenn wertenn, so bitt ich e. l. zum freuntlichstenn sie wolle es nun noch eynmall wagenn unnd thonn eynn schribenn ann dem hervatter.* Sie riet Margaretha, auch noch etwas Birnensaft zu schicken, um Herzog Wilhelm günstig zu stimmen, *denn singenattenn hatt es jetzs nitmiehe unnd er ist es gar gern.* Ihr Vater habe sich gewundert, dass die Gräfin von Arenberg ihm seit langer Zeit keinen Brief mehr geschickt hatte, also war es nach Sibylle der richtige Moment, dass Margaretha ihm schreiben würde *das sie begeren zu wissenn wie es mit der hervatter ist.*[210]

Margaretha von der Marck-Arenberg reagierte umgehend auf diese Bitte und erkundigte sich nach dem Befinden Herzog Wilhelms. Sie bat ihn um eine definitive Entscheidung in ihrer Angelegenheit, die nun schon acht Jahre dauerte und sie schickte ihm etwas von dem Birnensaft, zu dem Sibylle geraten hatte.[211] Sibylle war froh, dass Margaretha so schnell reagiert hatte und bedankte sich bei ihr, dass sie *die mohe genommen und der sachenn halbenn ann dem hervatter geschribenn habenn unnd seulches mit eigener hant.* Margarethas Ersuchen würde auf dem nächsten Landtag besprochen werden. Dieser würde am 28. August in Jülich stattfinden. Sibylle bedauerte wohl, dass Margarethas Brief erst eingetroffen war, nachdem die Räte aus Kleve unerwartet früh wieder abgereist waren.[212]

Sibylle hatte ihren Vater richtig eingeschätzt. Am 29. August 1583, ein Tag nach dem Landtag von Jülich, schrieb Herzog Wilhelm tatsächlich an Margaretha von der Marck-Arenberg *der bewuster sachen halben,* dass *wie in solchen wichtigen sachen herbracht, unsere landrät erstlichen daruber anzuhoeren.* Diese seien neulich zusammen gewesen, hatten aber *aus furgefallenen beschwernussen […] unversehend ehilich ein jeder an sein ort sich begeben muessen, ingestalt das wir damalen mit inen die sachen nit entlich abhandlen konren. Dieweil wir auch jetzo mit unserm landtag diser end bemueht, zodem inwendig wenig tagen vorhabens, in unsere Clevische landen zu dem daselbst angestelten landtag uns zu erheben, so konnen wir gleichfals euch*

---

209 Ebd., 6.6.1583.

210 Ebd., 22.7.1583.
211 Ebd., 27.7.1583.
212 Ebd., 28.7.1583.

fir dismal kein richtige antwurt geben. Wollen jedoch nit underlassen, mit jetzo gegenwertigen raten davon zu reden, folgends auf gedachten unsere Clevischen landtag auch unsere rat der orten daruber zu hoeren, aldan hernacher uns auf unser schrieben zu ercleren.[213] Margaretha wurde erneut hingehalten. Da die Räte so schnell auseinander gegangen waren, hatte Herzog Wilhelm keine Gelegenheit erhalten, in der Heiratsangelegenheit der Form entsprechend zu entscheiden. Und auch im Anschluss hatte er wenig Zeit, denn er musste nach Kleve abreisen. Am 9. September 1583 würde in Dinslaken der Landtag des Herzogtums Kleve stattfinden. So konnte er Margaretha auch dieses Mal keine definitive Antwort geben. Die einzige positive Nachricht dieser Antwort Herzog Wilhelms war sein Versprechen, die Angelegenheit auf dem Landtag zur Sprache zu bringen. Danach würde er sich in einem Schreiben äußern.

Sibylle hatte in ihren vorigen Briefen an Margaretha erwähnt, dass sie Ende Juli, als alle Räte zusammen gewesen waren, einige Räte angesprochen und andere angeschrieben hatte. Am 1. September 1583 erhielt sie von den Räten aus Jülich eine Antwort. Diese schrieben, dass sie sich wünschten, dass die Angelegenheit *vil anderst* stände und dass sie die klevischen Räte diesbezüglich angeschrieben hätten, *wie auch nit one, das gegenwertige ritter und landschaft e. f. g. sich angenommen und daruber einen artikel dem abschid inverleibt.* Sie wollten das Projekt auch *mit den Clevischen* noch besprechen und baten Sibylle um Geduld, weil man in dieser gefährlichen Zeit nichts übereilt entscheiden könne. Sie erinnerten sie an die

Antwort, die sie ihr in Düsseldorf gegeben hätten, nämlich dass sie Geduld haben müsse, bis der Kölnische Krieg beendet sei. Sibylle dürfe sicher sein, dass die Räte ihr Bestes tun würden.[214] Viel mehr als schöne Worte waren dies allerdings nicht, denn zuvor hatte sich bereits herausgestellt, wie sehr diese einflussreichen Räte gegen diese Heirat eingestellt waren.

Die Geduld von Margaretha und Sibylle wurde auf eine harte Probe gestellt. Doch wollte Margaretha es nicht dabei belassen. Am 25. Oktober schrieb sie einen Brief an die jülich-klevischen Räte und sie fügte eine Kopie des Briefes, den sie von Herzog Wilhelm V. erhalten hatte, hinzu. Dem konnten die Räte entnehmen, wie der Herzog die Entscheidung über das Heiratsprojekt bis zum *lestgehaltenen Geulischen und Clevischen landtag* aufgeschoben hatte. Margaretha drängte darauf, dass die Räte sich endlich mit dem Herzog *einer schließlichen Antwort resolvieren* würden.[215] In dieser Art schrieb sie auch einen Brief an Herzog Wilhelm selbst, um ihn an sein Versprechen vom August zu erinnern. Sibylle erhielt eine Kopie beider Briefe und war zufrieden mit deren Formulierung.[216] Es hatte für Sibylle den Anschein, dass Herzog Wilhelm V. positiv auf Margarethas Brief reagierte und dass er mit dem Birnensaft, den die Gräfin ihm geschickt hatte, zufrieden war. Aber die Antwort des Herzogs war auch dieses Mal den vorhergehenden ähnlich. Sibylle war dadurch sehr gelangweilt und schrieb an Margaretha: *e. l. meuchtenn mainenn ich*

---

213 Ebd., 84, Herzog Wilhelm V. von Jülich-Kleve-Berg an Margaretha von der Marck-Arenberg, 29.8.1583.

214 Ebd., 136, Räte aus Jülich an Sibylle von Jülich-Kleve-Berg, 1.9.1583 (Kopie).

215 Ebd., 496, Margaretha von der Marck-Arenberg an die *Gulischen und Clevischen gehaimen und landrate*, 25.10.1583 (Original).

216 Ebd., 122, Sibylle von Jülich-Kleve-Berg an Margaretha von der Marck-Arenberg, 28.10.1583.

hett eynn lost darann e. l. zum schimp gefeurt weurttenn, aber gott waiss mit was herzenn unnd gemeut ich es maine unnd ist mir treulich litt e. l. diese keummerniss mainenthalbenn tragenn.[217]

Anstelle einer befriedigenden Antwort bekam Margaretha ein kapitales Wildschwein aus Hambach. Herzog Wilhelm hatte *niemallenn kaine so gross keunnen treffenn alles diese.* Sibylle erzählte: *Do wie er sie gefangenn, hatt er mich auff die unterste gallerey gefeurt unnd lassenn siehenn ob sey gross genouch wier. Ich saght witter mich deucht sier wier faist, sie weurt e. l. gar angenemme seynn, denn e. l. hett dardurch zu speurrenn sin f. g. e. l. noch mit genetigenn willenn ingedenck wierenn.*[218] Und so hatte der Herzog der Gräfin von Arenberg das Wildschwein gegeben.

Danach wurde es wieder eine ganze Zeit sehr ruhig um das Heiratsprojekt. Sibylle und Margaretha schrieben noch einige Briefe an die Räte, erhielten aber keine Antwort. Im Februar 1584 schrieb Sibylle einen Brief an ihren Cousin Ernst von Bayern, der inzwischen Erzbischof und Kurfürst von Köln geworden war. Um die gleiche Zeit schrieb sie die Räte noch einmal an, aber von ihnen hatte sie *eynn schlechte antwort bekommen.*[219] Der genaue Inhalt ist leider nicht bekannt.

Das arenbergische Heiratsprojekt wurde nicht mit dem Engagement betrieben, das Margaretha und Sibylle sich wünschten. Zur gleichen Zeit standen die Heirat des Thronfolgers Johann Wilhelm I. mit Jakobe von Baden und der Kölnische Krieg im Zentrum der allgemeinen Aufmerksamkeit.

Im April 1584 erkrankte Sibylle schwer. Margaretha kam zu Besuch, und war *gar bekeummert* um ihre Gesundheit. Am 7. Mai schrieb Sibylle: *E. l. solt ich nit verhaltenn wie es jetzs witter goutt ist, dem herrenn sie lob. Bin witter auss dem bett, giehenn unnd stiehenn nun witer, aber ist noch nit alles uber. Bin feurwar gar schwach gewessenn. Ist heutt drey wochenn es mir erstenn anginh, aber hilt mich lenger alles acht tagh auff das ich alles mit zu tish ging biss auffs leste der dockter liss mich stracks zur adrenn. Das tiehett mich statt. Gingh mir mit eynem schwipffenn, host an unnd schnopff also das der dockter saght wier mich der floss der mich durchs heupt ging so fort auff die brost gefallenn. Ich soll die brostkranckhaitt bekommenn habenn, aber die ist es mich mit eynn schaufferen angangenn unnd darnach eynn foglich hitzigh feber bekommenn, wilche hitz mich gar schwach hat gemacht, das ich nit essen kont, denn neur allaynn trinckenn.* Sie musste ihren Brief schon bald beenden, denn *mayn kopff kan auch nit fill schribens vertragenn.*[220]

Margaretha schrieb nach ihrem Besuch bei Sibylle im Mai 1584 einen Brief an Kaiser Rudolf, in dem sie ihm mitteilte, dass sie bei ihrem letzten Besuch am Hof in Jülich Sibylle so krank vorgefunden habe, dass man an ihrer Genesung gezweifelt habe. Als Ursache war ihr *in der geheim bericht worden, das dieselbe leibsblodigkeit allein daher komen, weil die vorgehabte heuratssach zwischen i. f. g. und dem gefursten graven zu Arberg dergestalt zuruckgestelt und verzogen wurt.* Nun hatte der Herzog *(wiewol nachgehents i. f. g. durch etliche rate, so der sachen ungewight, wendig gemacht) sich nit ungewogen vernemen lassen. Er hatte auch derselben von Arberg von etlichen anderen furgestandenen heuraten abzustehen* ange-

217 Ebd., 16.11.1582.
218 Ebd., 4.12.1583.
219 Ebd., 123, Sibylle von Jülich-Kleve-Berg an Margaretha von der Marck-Arenberg, 19.2.1584.

220 Ebd., 7.5.1584.

spornt, *zudem hochgem. furstin widerum zu der catholischer religion, als dern derselb gefurst grave zu Arberg auch anhengig, sich zu begeben gewiesen. Daher dan i. f. g. die liebe aus bevelch und zu gehorsam dem h. vattern auf den von Arberg mit der zeit fast geschlagen, wie dan auch sunst weiters ergangen.* Die Sache hatte sich daher soweit entwickelt, dass sie nicht ohne große Enttäuschung für beide und nicht ohne großen öffentlichen Hohn und Spott für die Häuser Arenberg und Jülich ungeschehen gemacht werden konnte. Der Herzog hatte aber erklärt, dass er die Heirat seiner Tochter mit dem Grafen nicht ohne Kenntnis und Zustimmung des Kaisers erlauben wolle. Danach schrieb sie an den Kaiser über *diese beschaffenheit und darauf stehende gefair kurzlich in großer geheim.*[221]

Den Brief schrieb Margaretha in letzter Verzweiflung, da sie sich nicht mehr zu helfen wusste und ihre Geduld nach fast zehn Jahren so gut wie am Ende war. Vor diesem Hintergrund ist der unvorsichtige Ton dieses Briefes zu verstehen. Margarethas Brief enthielt viele Tatsachen, aber sie übertrieb an der einen oder anderen Stelle bei ihrem verzweifelten Versuch, den Kaiser doch noch in seiner Meinung zu beeinflussen.

Wie bereits erwähnt, war Sibylle tatsächlich schwer erkrankt, aber es wäre übertrieben, zu behaupten, dass ihre Erkrankung ausschließlich durch Liebeskummer verursacht wurde, weil das Heiratsprojekt mit ihrem Geliebten immer wieder auf Widerstand stieß und aufgeschoben wurde. Herzog Wilhelm hatte sich bezüglich des Heiratsplans nicht ablehnend ausgesprochen, was die Briefe von Sibylle hinreichend gezeigt haben. Der Herzog hatte zwar dem Plan nie öffentlich zugestimmt, aber er hatte ihn auch nie öffentlich abgelehnt. Aus der Korrespondenz können wir auch ersehen, dass der Herzog der Person Karls von Arenberg zugetan war. Sibylle hatte ihrem Vater auch zur Genüge erzählt, was sie für den Grafen empfand und dass er der Einzige sei, den sie heiraten wolle. Auch der Kaiser wusste dies, da Sibylle es ihm mehrmals zu verstehen gegeben hatte. Als Beweis für Sibylles Liebe für Karl weist Margaretha auf die Tatsache hin, dass die Prinzessin von Jülich sich zum Katholizismus bekehrt habe, der Konfession, der auch Karl angehörte. Es ist sehr wahrscheinlich, dass der Arenberger Heiratsplan Sibylles größte Motivation für einen Glaubenswechsel gewesen war.

Margaretha argumentierte weiter, dass die Sache so weit fortgeschritten war, dass sich keine der betroffenen Parteien noch ohne Gesichtsverlust zurückziehen könne. Sie meinte hiermit den Umstand, dass ausgesprochen viele Menschen über das Projekt informiert waren und dass die Angelegenheit demzufolge nicht ohne öffentlichen Hohn und Spott ungeschehen gemacht werden könne. Sie wagte eine etwas übertriebene Aussage, die aber einen wahren Kern hatte. Es waren tatsächlich viele Personen informiert: die Land- und Geheimräte und der Hof von Jülich-Kleve-Berg, der Bayerische Hof, die Generalstatthalter am Hof in Brüssel, der königliche Hof in Madrid und der kaiserliche Hof in Wien. Außerdem wussten noch viele andere Adelige davon. Die große Öffentlichkeit des Heiratsplanes war größtenteils Sibylle und Margaretha zuzuschreiben. Von Anfang an hatten sie Gegenwind gespürt und, um sich dagegen zu wappnen, hatte jede von ihnen versucht, so viele Personen wie nur möglich anzusprechen oder anzuschreiben, um ihre Unterstützung zu erhalten. Zudem lag es aber auch größtenteils an ihnen beiden, dass die

---

221 Goldschmidt 1911b, S. 117f.: Margaretha von der Marck-Arenberg an Kaiser Rudolf II., 14.5.1584.

Affäre sich über einen so langen Zeitraum erstreckte. Hätten sie nach der ersten ablehnenden Antwort des Kaisers ihren Plan als nicht mehr realisierbar aufgegeben, hätten sie sich nicht in diese scheinbar ausweglose Situation hineinmanövriert.

Aber der im eigentlichen Sinne Verantwortliche für die unsichere Situation und die jahrelange Verzögerung des Heiratsprojektes war Herzog Wilhelm V. selbst. Margaretha schrieb dem Kaiser, dass der Herzog sie hatte wissen lassen, dass er dem Antrag nicht zustimmen könne ohne Kenntnis und Zustimmung des Kaisers. Das waren tatsächlich fast identisch die Worte Herzog Wilhelms V. Hätte er sich von Anfang an oder nach der ersten Antwort des Kaisers und Königs deutlich ausgesprochen, dann wäre dem politischen Ränkespiel und den Intrigen nicht Tür und Tor geöffnet worden und selbst die Parteien am jülich-klevischen Hof, die dem arenbergischen Heiratsplan ablehnend gegenüberstanden, hätten den Willen des Herzogs widerwillig akzeptieren müssen. Das Wort des Herzogs war definitiv. Hätte Herzog Wilhelm V. auf der anderen Seite Karl deutlich abgewiesen, dann wären wahrscheinlich weder Sibylle noch Margaretha in ihrem Vorhaben bestärkt worden. Es war dagegen die zögernde, unentschlossene Haltung des Herzogs, die Margaretha und Sibylle den Mut, die Energie und die Hoffnung gegeben hatte, zehn Jahre lang zu kämpfen, um ihren Traum zu verwirklichen.

Im August 1584 erhielt Margaretha von der Marck-Arenberg die negative Antwort des Kaisers. Der originale Brief steht leider nicht mehr zur Verfügung, also wissen wir nicht genau, was der Kaiser geantwortet hat. Wir haben die Information jedoch indirekt über Sibylles Briefe an Margaretha. Sibylle fand es schade, dass *unser sach*

so witterwertigh leuff unnd das die K M nit darinn willigenn will unnd alles zugegenn leufft. Sie schrieb: *Kann mich auch auss dem zittell vonn der K M nit auss richtenn was ir maiestat darmit mainenn. Verhoffenn es soll alles goutt werttenn unnd besser alles wir mainenn. Verhoffenn wenn sie nun zusammernn kommenn, wertenn sie das beste noch* [thonn], *alle schonn denn man sich, will wir hinontenn sint gewessenn, nit hatt willenn enterenn, sontrenn es bey der forriger antwort gelassenn. Verhoffenn mit Battenn wirt es kainenn mangell habenn, denn der hervatter ist im nit goutt unnd sie wissenn es alle woll was ich gemaint bin zu thonn. Dar wirt ich mit der hilffenn gottes bey blaibenn.*

Es ist unglaublich, wie Sibylle trotz allem immer noch hoffte, dass es eine positive Wende geben würde. Sie begann sogar noch einige neue Unternehmungen. Sie schrieb noch einmal an ihren Cousin Ernst von Bayern, Kurfürst und Erzbischof von Köln, um seine Unterstützung zu erbitten. Er antwortete nur, dass er bei Margaretha von der Marck-Arenberg gewesen war und dass er mit ihr *sampt irrem son gerett vonn wegenn unsere sachen.* Er würde es ihr bei einer nächsten Begegnung eingehender erklären. Sibylle ließ auch noch einmal seine Mutter, die alten Herzogin Anna von Bayern, wissen, dass sie nicht daran denke, den Markgrafen von Baden zu heiraten und dass sie ihr Herz an Karl von Arenberg geschenkt habe.[222]

---

222 AAE, M. M. 123, Sibylle von Jülich-Kleve-Berg an Margaretha von der Marck-Arenberg, 31.8.1584.

2.13 DAS ENDE DES HEIRATSPROJEKTES

Im Laufe des Herbstes 1584 verbreiteten die Räte im ganzen Land das Gerücht, dass die jüngste Tochter des Herzogs von Jülich-Kleve-Berg doch den Markgrafen Philipp von Baden heiraten würde. Die Gräfin von Arenberg erfuhr auch davon, sodass Sibylle es ihr gegenüber ausdrücklich verneinen musste. Sie schrieb, dass es nicht stimme *was die leutt rettenn, doch es ist nit ann. Es ist das gantze gespregh durch das gantze lantt.*[223]

Anfang 1585 bat Sibylle Margaretha, Karl noch einmal zu Herzog Wilhelm V. zu schicken, um ihn persönlich zu mahnen, eine definitive Antwort zu geben. Das war ihrer Meinung nach wirklich notwendig, *will man nun hie so seltenn vonn e. l. vernimpt mit man es hatt eynn anter bedenckenn an e. l. seitt. So waiss ich inn warhaitt nit wie im zu thonn ist, denn das gemeut ist sieher geentert bey dem hervatter.*[224] Margaretha war inzwischen in die Niederlande zurückgekehrt, erst nach Mirwart, dann nach Barbançon. Vielleicht hatte sie den Mut schon ein wenig verloren und Sibylle spürte dies. Die Gesinnung ihres Vaters war offenbar auch umgeschlagen. Seine Zuneigung für Karl von Arenberg war schon länger etwas abgekühlt, da Karl sich im Kölnischen Krieg eingemischt hatte und seine meuternden Truppen die Länder des Herzogs verwüstet hatten.

Da der Markgraf von Baden von seinem Plan, Sibylle zu heiraten, nicht abrückte, befürchtete sie, dass er *nun mainem broutter stetsz zu orrenn ligenn, will er die schwester bekeumpt, also das er wienigh auff mainer*

sittenn wirt seynn, wiewoll er mich fill schone wort gibt, aber der welt ist alwillenn nit zu trouuen. [Ich] *gebe im aber taghlichenn woll so fill zu verstiehnn das er woll hort ich zu kainem antrem herrenn wertt verstiehenn.* Ihr Bruder würde Pfingsten Jakobe, die Schwester Philipps von Baden, heiraten und sie hatte Angst, dass der Markgraf hierdurch ihren Bruder für seine Sache gewinnen könne.

Als ihre Schwester Anna aus Neuburg nach Düsseldorf kam, um der Hochzeit von Johann Wilhelm I. beizuwohnen, die auf den 18. Juni 1585 verschoben worden war, bat Sibylle sie um Hilfe. Anna hatte ihr aber geantwortet, dass sie nicht wisse, wie sie helfen solle, *denn nimantzs darin willigenn* wolle. Einem Brief Sibylles an Margaretha ist zu entnehmen, dass Anna ihr zudem noch geraten habe, *ich solt folgenn was man mir riett oder ich solt meyn wert darann habenn, das ich alzit hie solt blaibenn sitzenn, das eynn fetter die hant vonn mich weurt abschlagenn.* Sibylle ließ sich das nicht gefallen, aber was konnte sie sonst noch tun, *denn wie ich vermirckenn, ist eynn jeter zu witter, der hervatter unnd alle, also das ich nit waiss wie im zu thonn ist.*[225]

Im August 1585 brach Sibylles Welt endgültig zusammen. Der Traum, ihren geliebten Grafen zu heiraten, war nun nach zehn Jahren geplatzt. Die Stimmung Herzog Wilhelms V. wandelte sich allmählich und der Markgraf von Baden gewann immer stärkeren Einfluss in Jülich. Auf der Hochzeit von Johann Wilhelm mit Jakobe von Baden waren viele anwesend, die an Sibylles Heiratsplänen beteiligt gewesen waren. Jedoch fehlten Margaretha von der Marck-Arenberg, ihr Sohn Karl sowie Philipp II. und Kaiser Rudolf II., auch Herzogin Anna

223 Ebd., 7.11.1584.
224 Ebd., 124, Sibylle von Jülich-Kleve-Berg an Margaretha von der Marck-Arenberg, 8.1.1585.

225 Ebd., 6.1585 (Tagesdatum nicht lesbar).

von Bayern war nicht erschienen. Aber außer der Gräfin von Arenberg hatten alle ihre Gesandten geschickt. Wahrscheinlich haben die Gegenspieler von Sibylle und Margaretha diese Gelegenheit genutzt, um ihre Kräfte zu bündeln und den Herzog zu überzeugen, der Gräfin von Arenberg eine definitive Absage zu erteilen. Dieses Mal hatten ihre Bemühungen Erfolg, der Herzog tat, wozu man ihn gedrängt hatte.

Sibylle war erschüttert, sie schrieb Margaretha: *thoutt mir nit litters denn das e. l. inn seulche litt seint mainenthalbenn, unnd denn spott moussenn erlittenn, wilches e. l. mier aber mit nittenn habenn zuzumessenn. Unnd, will ich waiss e. l. sich zu hough keummerenn, derwegenn, wenn ich willer das main auff allenn peunttenn solt antwortenn sol, will ich es gern dar bay lassenn unnd die scholt main sin lassenn. Denn wenn der hont letter hatt gessen so mouss er hangenn, so giehett es mir auch. Iemantzs mouss de scheultigh ann seynn, so mouss ich es seynn. [...] unnd wolt vonn hertzenn weunschenn, ich alles litt schimpf unnd spott allaynn darvon meucht habenn das ich seulches vonn gott erbittenn keunt unnd das dieselbige vonn hertzenn zufrittenn wieren ann mir.*[226] Sibylle hatte noch *ich wert e. l. nit mieher versteurenn* hinzugefügt und von diesem Tag an erwähnte sie das Thema tatsächlich nicht mehr.

2.14   Das weitere Leben von Karl und Sibylle

2.14.1   Karl von Arenberg

Als Margaretha den Heiratsplan mit Sibylle schließlich fallen lassen musste, machte sie sich umgehend auf die Suche nach einer anderen Partie für ihren ältesten Sohn. Dabei

wurde sie auf Anne von Croy, der ältesten Tochter des Philip von Croy, Herzog von Aarschot, und der Johanna von Halewijn, aufmerksam. Die Verhandlungen für diese Heirat nahmen nicht viel Zeit in Anspruch. Am 4. Januar 1587 wurde die Hochzeit auf Schloss Beaumont geschlossen und gefeiert.[227]

Es ist bemerkenswert, dass es um diese Heirat keine Diskussion gab, obwohl der Standesunterschied genauso groß war wie zwischen Arenberg und Jülich. Anne von Croy war wie Sibylle die Tochter eines Herzogs. Am 7. Februar teilte der spanische König Philipp II. dem Herzog von Aarschot mit, dass die Heirat für beide Parteien vorteilhaft wäre und gab damit sein Einverständnis.[228]

Nach der Hochzeit ihres Sohnes behielt Margaretha von der Marck-Arenberg die Verwaltung der Domänen in den Niederlanden, des Fürstbistums Lüttich und der in Deutschland liegenden Besitzungen gemäß dem Ehevertrag von 1547 für sich. Sie hoffte, durch ihre neutrale Haltung in dem spanisch-niederländischen Konflikt die Staaten von Holland zur Rückgabe des konfiszierten Eigentums bewegen zu können. Die Konfiskation wurde erst 1595 aufgehoben, nachdem Margaretha von der Marck-Arenberg 1594 den deutschen Kaiser und mehrere deutsche Fürsten um Empfehlungsschreiben gebeten hatte, um diese Beschlagnahmung rückgängig zu machen.[229] Erst als Margaretha 1599 verstarb, gingen die meisten Domänen in die Hände ihres Sohns Karl über.[230]

---

226 Ebd., 15.8.1585.

227 AAE, Etat-Civil, 76, 306; Roeykens 1967–1969, S. 415; Neu 1989, S. 237.
228 Neu 1989, S. 237; Lefèvre 1940–1960, Bd. 3, Nr. 403, S. 179.
229 AAE, Biografie 3c, fol. 16ᵛ-17ᵛ; Tytgat 1994, S. 16.
230 AAE, Testament, 2.15.

Nach 1605 wollte Karl von Arenberg mit seiner Frau ein zurückgezogenes Leben führen, weit vom Hof entfernt. Einige Jahre später kaufte er die Herrlichkeit Edingen vom französischen König Heinrich IV. für die enorme Summe von 270.000 Pfund. Hierdurch geriet das Haus von Arenberg in große finanzielle Schwierigkeiten, erwarb aber durch den Kauf viel Ansehen am Hof in Brüssel.

In Edingen konnten Karl von Arenberg und Anne von Croy ein glückliches Eheleben führen. Nach dem Erwerb der Herrlichkeit Edingen trennte Karl sich von vielen Besitztümern in den Nördlichen Niederlanden. So verkaufte er dort zwischen 1606 und 1615 alle Domänen außer dem Land der Made bei Delft, Wedde und Zevenbergen.[231] Der Verkauf von Zevenbergen ist nie in Erwägung gezogen worden, da wahrscheinlich die emotionale Bindung an diese Domäne zu groß war. Zu der Zeit ruhten die sterblichen Überreste von Karls Vater in der Kirche von Zevenbergen, zudem stellte die Herrlichkeit immer noch eine sehr große Erwerbsquelle dar.[232]

Im Laufe der Zeit stellte sich heraus, dass Margaretha mit Anne von Croy für das Haus Arenberg eine gute Wahl getroffen hatte. Als der Bruder von Anne, Herzog Karl von Croy, 1612 kinderlos verstarb, erbte seine Schwester einen Großteil der enormen Besitztümer ihres Bruders, unter anderem das Herzogtum Aarschot mit Bierbeek, Rotselaar und Heverlee, Beveren, das Haus in St. Joost, Senzeille, Quiévrain, Wallers, Lillers, Saint-Venant und Seninghem. Viele Domänen und Titel, wie der des Herzogs von Aarschot, womit der Titel „Grande von Spanien 1. Klasse" verbunden war, kamen

in die Hände der Familie von Arenberg. So wurde Karl von Arenberg Herzog von Aarschot, jedoch nutzte er diesen Titel selbst äußerst selten.[233]

Durch den Tod Karls von Croy verbesserte sich der gesellschaftliche Status der Familie von Arenberg und sie war zugleich zu einer der vermögendsten Familien des Landes geworden.

Anne von Croy schenkte ihrem Gatten noch einen anderen Reichtum, indem sie ihm zwölf Kinder gebar. Zwei starben jung, aber fünf Töchter und fünf Söhne blieben am Leben. Die Nachfolge war also gesichert.

Anne überlebte ihren Gatten um neunzehn Jahre und sie verwaltete ihre Besitztümer mit fester Hand und Autorität. Sie kontrollierte peinlich genau das Tun und Lassen von jedermann in ihrer Umgebung. Sie bestimmte nicht nur, welche Kleider ihre Kinder zu tragen hatten, sondern auch mit welchen Menschen sie sich umgeben und welchen sie aus dem Weg gehen sollten.[234] Jean Pierre Tytgat beschrieb sie wie folgt: „Sie war sehr intelligent und eine Geschäftsfrau, die nichts und niemand, schon gar nicht ihre Kinder, verschonte, wenn es um den Ruf und das Ansehen des Hauses Arenberg ging. Immer wieder schrieb sie an ihre Kinder, dass, wenn sie nicht gewesen wäre und sie nicht so viele Opfer gebracht hätte, das Haus Arenberg jetzt nichts mehr wäre. *Denn sie kannten meinen Mut und die großen Taten, die ich für das Haus seiner verstorbenen Hoheit, Ihres Vaters, hervorgebracht habe*, schrieb sie an ihren ältesten Sohn, Philipp von Arenberg."[235]

Margaretha von der Marck-Arenberg konnte auf ihre Nachkommen stolz sein.

231 Tytgat 1994, S. 18; Delannoy 1988.
232 Delahaye 1968, S. 47.
233 Tytgat 1994, S. 18f.
234 van Laer 1988.
235 Tytgat 1994, S. 20, Übersetzung aus dem Niederländischen.

Sie hatte die richtige Schwiegertochter ausgesucht. Es ist auffallend, dass sie ihre beiden Töchter zur Selbstständigkeit erzogen hatte und beide einen Hang zur Dominanz zeigten; wir brauchen nur an ihre älteste Tochter, die Gräfin von Lalaing zu denken, die von Zeitgenossen als eine herrische Frau beschrieben wurde, die ihren Gatten vollkommen dominierte. Darüber hinaus wählte sie für ihren ältesten Sohn und Vorsteher des Hauses Arenberg ebenfalls eine Frau mit starker Persönlichkeit. Es darf behauptet werden, dass Margaretha, ihre Töchter und ihre Schwiegertochter dem Hause Arenberg seinen Glanz, sein Ansehen und seine Größe gegeben haben und dass sie einen Großteil seiner Geschichte, wie wir sie jetzt kennen, bestimmt haben.

Die Ehe von Karl von Arenberg und Anne von Croy hat ganz sicher zum Glanz und zur Größe des Hauses Arenberg beigetragen, so wie Margaretha von der Marck-Arenberg es sich immer erhofft und wofür sie ihr ganzes Leben gekämpft hatte.

2.14.2. SIBYLLE VON JÜLICH-KLEVE-BERG

Sibylles weitere Lebensgeschichte ist weniger glücklich verlaufen als die von Karl von Arenberg.

Als Margaretha von der Marck-Arenberg und Sibylle ihre Pläne aufgegeben hatten und Margaretha für ihren Sohn eine Braut gefunden hatte, gab Sibylle endlich dem Wunsch aus Bayern nach und verlobte sich mit Markgraf Philipp von Baden. Am 26. Juli 1586 wurde der Ehevertrag unterschrieben. Der Markgraf versprach seiner zukünftigen Gattin eine Morgengabe von 6.000 Gulden, mit einer jährlichen Rente von 300 Gulden, wenn die Ehe vollzogen war. Er würde ihr außerdem die Herrlichkeiten Lahr und Malberg als Leibrente

übereignen.[236] Sibylle würde von ihrem Vater Wilhelm V. eine Mitgift von 25.000 Goldgulden mitbekommen. Die Gültigkeit des Dokuments würde aber verfallen, wenn eine der beiden Verlobten sterben sollte, bevor die Ehe vollzogen worden war.[237] Noch bevor die Hochzeit stattfinden konnte, starb der junge Markgraf von Baden am 17. Juni 1588. Seitdem lebte Sibylle vereinsamt und verbittert am Hof in Jülich, zumal das Verhältnis zu ihrem Vater, ihrem Bruder und ihrer Schwägerin Jakobe von Baden gespannt blieb.

Sibylle erlebte in der folgenden Zeit, wie es ihrem Vater gesundheitlich schlechter ging und darüber hinaus ihr Bruder allmählich dem Wahnsinn verfiel. Auch nach dem Tod seiner Ehefrau hatte sich Herzog Wilhelm V. geweigert, seine Macht mit seinem einzigen Sohn und Nachfolger zu teilen. Im Gegenteil, er tat alles, um Johann Wilhelm von politischen Entscheidungen auszuschließen. Inzwischen wurden die Fürstentümer am Niederrhein von niederländischen und spanischen Truppen verwüstet und geplündert, darüber hinaus wurden die Konfessionsstreitigkeiten immer größer. Die wenigen Räte, die alle Macht in Händen hatten, taten alles, um Johann Wilhelm unter Kontrolle zu halten. All dies schwächte die psychische Gesundheit des jungen Herzogs zusätzlich.

Inzwischen hatte sich auch der Gesundheitszustand von Herzog Wilhelm rapide verschlechtert. Im Juni 1591 schrieb Sibylle über ihn: *Der Vater nimmt sehr an Verstand ab, isst aber noch.* Sie fügte hinzu: *Gott erhalte ihn lange, sonst wird es betrübte*

---

236 Im Falle des Ablebens des Markgrafen wäre dann Sibylle als seine Ehefrau in den Nießbrauch dieser Herrlichkeiten gekommen und hätte daraus ihren Lebensunterhalt bestreiten können.

237 Preuß 1984b.

Länder geben.[238] Mitte Oktober hatte sich sein Zustand so verschlechtert, dass man schon zu dieser Zeit jeden Tag mit seinem Tod rechnete; er starb am 5. Januar 1592.

Nach dem Tod des alten Herzogs besserte sich Johann Wilhelms Situation nicht. Im Sommer 1592 wagte sich kaum jemand außer seiner Frau in seine Nähe. Im Dezember 1592 war es so weit gekommen, dass man den Herzog wieder einmal in seinem Zimmer festsetzen wollte, denn in der Regel beruhigte sich dann dessen Gemüt nach einigen Wochen für kurze Zeit wieder. Dieses stetige Auf und Ab war der Zustand der folgenden Jahre. Es wurde nun fast zur Gewissheit, dass die Ehe von Johann Wilhelm und Jakobe von Baden kinderlos bleiben würde.

In der Hoffnung, dass sich der Gesundheitszustand des Herzogs bessern würde, wäre es möglich gewesen, zeitweilig die Regentschaft auf Jakobe zu übertragen. Da aber die Räte ihre Macht auf Dauer nicht abgeben wollten, stellten sich die Räte gegen diese Alternative. Inzwischen hatte sich der Rat in zwei Gruppen gespalten. Eine der Gruppen schaffte es auch, Jakobe für sich zu gewinnen und sie zu überzeugen, dass sie ohne Nachteil für den Katholizismus in politischen Angelegenheiten die Seite der Protestanten wählen konnte. Die Räte versprachen ihr dafür die Regentschaft, die Vormundschaft über ihren Ehegatten und finanzielle Unterstützung. Jakobe hatte als Verfechterin des Katholizismus gegolten und sie hatte in politischen und religiösen Angelegenheiten stets die Seite des Kaisers und Spaniens gewählt. Nun trat sie als Verfechterin des protestantischen Lagers auf. Das war ein großer Fehler, der ihr die wenigen Freunde am Hof kostete und wodurch sie sich das Misstrauen aller zuzog. Ihre Widersacher fanden Unterstützung bei Sibylle, die mit ihrer Schwägerin aus vielerlei Gründen nicht gut zurechtkam.

Da es den Anschein hatte, dass das Herzogshaus in männlicher Linie aussterben würde, wurde Sibylles künftige Verbindung das Ziel politischer Berechnung. Mit der Hilfe des Kaisers wollte man ihre Heirat nutzen, um die Ehemänner von Sibylles Schwestern in Bezug auf die Erbnachfolge auszuschließen bzw. zu hindern. Da es das oberste Ziel war, einen katholischen Fürsten die Nachfolge in den Herzogtümern am Niederrhein antreten zu lassen, ergriff der kölnische Nuntius Frangipani, besorgt um den Katholizismus in den Fürstentümern, die Initiative und schlug den Bruder des Kaisers, Erzherzog Ernst (1553–1595), als künftigen Ehemann vor.

Sibylles älteste Schwester Maria Eleonore versuchte jedoch seit 1591, sie mit einem protestantischen Fürsten zu verheiraten. Sibylle beschrieb in einem Brief an Renate von Bayern, wie man versuchte, sie *an einen lutrischen herrn zu bringen, welches ich nimmer wird thun, wills Gott, wiewoll ich wais, ich bin schuldig, zu volgen, was der herr vatter, brueder und ander herrn freund ratsam finden. Aber in dem bin ich es nit schuldig, was gegen Gott ist und die catholische religion.*[239] Trotz der verweigernden Haltung Sibylles verfolgte Maria Eleonore ihr Ansinnen weiter. Sie schlug erst den Pfalzgrafen Johann Kasimir oder den Landgrafen Moritz von Hessen-Kassel vor. Maria Eleonore erhielt Unterstützung von ihren Schwägern. Pfalzgraf Johann von Zweibrücken wollte Sibylle zu sich an seinen Hof nehmen, konnte sie

238 Sibylle von Jülich-Kleve-Berg an Renate von Bayern, 25.6.1591, in: Stieve 1877, S. 148.

239 Sibylle von Jülich-Kleve-Berg an Renate von Bayern, 3.1.1591, in: Stieve 1877, S. 29 (Fußnote).

aber nicht dafür gewinnen. Sibylle schrieb: *ich wolt nit liebers sein als bei den schwestern, wie billich, wann sie catholisch weren, aber nun nit.*[240] Einige Monate später schlug Maria Eleonore Verwandte aus dem Hause Brandenburg als Heiratskandidaten vor, aber sie stieß stets auf den Unwillen Sibylles.

In der folgenden Zeit wurde über Sibylle schlecht gesprochen: *Nun wais man nit anders zu sagen, dann ich tracht nach dem regiment, wöll inen als vorgreifen und hoff des brueders tot, mache nichts als zwitracht und wer ein ursach des verderbens der landen.* Und Sibylle befürchtete: *Es wird noch mord und bluetvergiessen durch mich kommen.*[241] 1594 hielt der Graf von Ostfriesland – ebenfalls protestantisch – um ihre Hand an, aber auch er wurde abgewiesen.

Auch von katholischer Seite versuchte man, für Sibylle einen Ehemann zu finden. So kam im Frühjahr 1590 der vierundzwanzigjährige Eduard Fortunat von Baden nach Düsseldorf. Er traf sich dort mit Sibylle und war von ihr als Frau nicht abgeneigt. Er bat Herzog Wilhelm von Bayern, für ihn zu vermitteln. Aus welchem Grund diese Heirat nicht stattfand, lässt sich heute nicht mehr ermitteln. Im Jahr danach dachte Sibylle wohl noch an ihn: *Man sagt mir hir von margraven zu Baaden […] das s. l. sich auch in solh böses leben sollen geben wie der vorig herr, das wer nimmer guet.*[242]

Auch Alexander Farnese, Herzog von Parma und Generalstatthalter in den Niederlanden, plante, Sibylle auf eine für Spanien interessante Art und Weise zu verheiraten. In seinem Auftrag schaltete sich Sibylles Cou-

sin Herzog Wilhelm V. von Bayern in die Angelegenheit ein. Im August 1591 bemühte er sich darum, dass Sibylle mindestens ein Viertel des ausgedehnten Lehens von ihrem Bruder erben solle. Darüber hinaus erkundigte er sich, ob die Grafschaft Ravenstein nicht ein Lehen von Spanien wäre oder ob die Grafschaft Moers, die Alexander Farnese 1586 erobert hatte, an Sibylles zukünftigen Ehegatten gehen könnte. Er schmiedete also Pläne für den Fall, dass ein Kandidaten für die Erbnachfolge in den Fürstentümern nicht verhindert werden könnte, der ein mächtiger Nachbar sein würde, der ihm gewachsen wäre. Im November 1590 nahm er persönlich Kontakt mit Sibylle auf. Einige Monate später fragte er Erzherzog Ferdinand von Tirol, ob dessen Sohn, Markgraf Karl von Burgau, Sibylle nicht heiraten könne. Karl war ein Sohn aus erster Ehe Ferdinands mit Philippine Welser. Ferdinand wünschte sich für seinen Sohn aber eine noch höhere Verbindung und lehnte den Vorschlag ab. Er versprach allerdings, nach einer anderen katholischen Partie für die Prinzessin Ausschau zu halten. Daraufhin ging Herzog Wilhelm von Bayern nach Prag, um dort beim Kaiser für seinen Heiratsplan mit dem Markgrafen von Burgau zu werben. Ob er die gewünschte Unterstützung bekam, ist nicht überliefert. Einige Zeit später gab es noch den Vorschlag, Sibylle mit dem Bruder des Kaisers zu vermählen und ihm im Gegenzug die Fürstentümer am Rhein zu Lehen zu geben.

Der Wert, den man Sibylles Hand und Freundschaft zumaß, führte dazu, dass die Feindseligkeit zwischen Sibylle und ihrer Schwägerin Jakobe immer größer wurde. Der Verlust ihres Bräutigams und die schwindende Aussicht auf eine Ehe haben Sibylles Ärger und Verbitterung wahrscheinlich noch gesteigert. Es gab

240 Sibylle von Jülich-Kleve-Berg an Renate von Bayern, 7.1.1591 (Tagesdatum nicht lesbar), in: ebd.
241 Sibylle von Jülich-Kleve-Berg an Renate von Bayern, 18.10.1591, in: ebd.
242 Sibylle von Jülich-Kleve-Berg an Renate von Bayern, 3.1.1591, in: ebd.

genügend Anlass für Hass auf Jakobe, da sie durch ihre Ehe zur ersten Dame am Hof avanciert war, nachdem Sibylle diesen Platz jahrelang innehatte und Jakobe die einzige Vertraute von Johann Wilhelm I. wurde, während er sich seiner Schwester gegenüber abweisend zeigte. Sibylle zufolge war er gegen sie aufgehetzt worden. Außerdem übte die fromme Sibylle, die ihr ganzes Leben schlicht gelebt hatte, viel Kritik an der Verschwendungssucht und dem pompösen Leben von Jakobe. In ihren Briefen an Renate von Bayern klagte Sibylle häufig über den Hochmut, den Leichtsinn und die Feindseligkeit ihrer Schwägerin. Als diese den Fehltritt beging, sich auf politischer Ebene mit den protestantischen Ständen zusammenzuschließen, wurde die Kluft zwischen den beiden noch größer.

Sibylle und einige katholische Räte beschuldigten Jakobe des Ehebruchs mit dem Edelmann Dietrich von Hall. Am 28. Januar 1593 verlas Sibylle öffentlich die Anklage gegen ihre Schwägerin. Am 2. Februar 1595 wurde die Beschwerdeschrift zum Kaiser weitergeleitet. Die schriftliche Anklage Sibylles, die am 8. Mai 1595 öffentlich gemacht wurde, umfasste 90 Punkte, wovon die Beschuldigung des Ehebruchs und der Arrest des Herzogs die schwerwiegendsten waren.

In dem Verhör wurden nur Jakobes Gegner als Zeugen gehört, andere wichtige Zeugen wurden nicht vernommen und Dietrich von Hall war nicht mehr greifbar. Letztlich machten nur Sibylle und der zweite Hofmeister Johann von Ossenbroich Aussagen, die als Schuldbeweis verwertet werden konnten. Der Einzige, der von Jakobes Unschuld überzeugt war, war ihr Schwager, der Landgraf von Leuchtenberg. Unterstützung erhielt Jakobe noch vom Kölner Erzbischof Ernst von Bayern, der be-

fürchtete, dass die Räte Johann Wilhelm I. erneut verheiraten wollten und dass Jakobe ihnen dabei im Wege stand. Um ihr Leben zu retten, schlug er vor, die Ehe vom Papst annullieren zu lassen und bat den Kaiser, Jakobe an einen Ort zu bringen, an dem ihre Verteidigung vorbereitet werden könnte, weil dies in Düsseldorf von ihren Feinden unmöglich gemacht wurde. Die Räte aber weigerten sich.

Es begann ein langer Prozess. Bevor es jedoch zu einer Verhandlung kam, wurde Jakobe am Morgen des 3. September 1597 tot in ihrem Bett aufgefunden. Überall verbreitete sich das Gerücht, dass sie ermordet worden sei.

Anderthalb Jahre später, am 20. Juni 1599, heiratete Johann Wilhelm I. Antonia von Lothringen; aber auch diese Ehe blieb kinderlos.

Welche Rolle Sibylle bei dem plötzlichen Tod von Jakobe von Baden gespielt hat, ist nicht mehr zu ermitteln. Immer noch ist der Tod der Herzogin Jakobe nicht ganz entschlüsselt und auch in Zukunft werden Einzelheiten im Verborgenen bleiben. Festzuhalten ist, dass die meisten deutschen Historiker nach wie vor insbesondere wegen ihrer unklaren Rolle ein sehr negatives Bild von Sibylle zeichnen.

Auf das Drängen aus Spanien hin heiratete Sibylle schließlich am 4. März 1601, fast vierundvierzig Jahre alt, den Markgrafen Karl von Burgau. Ihre ganzen Träume bezüglich einer genauso glanzvollen Zukunft wie die ihrer Schwestern hatten sich zerschlagen. Als 1609 das Herzoghaus Jülich-Kleve-Berg ausstarb, wurden ihre Ansprüche für die Nachfolge nicht einmal mehr vom Kaiser unterstützt. Sibylle starb schließlich am 16. Dezember 1628, zehn Jahre nach ihrem Gatten, und wurde in Günzburg beerdigt.

Wenn es auch für das Haus Arenberg möglicherweise von Vorteil war, dass die geplante Hochzeit zwischen Jülich und Arenberg nicht stattfand, war es hingegen für Sibylle von großem Nachteil, dass sie nicht den Mann heiraten konnte, den sie wirklich geliebt und für den sie fast zehn Jahre lang gekämpft hatte. Karl von Arenberg hätte wahrscheinlich wenig oder gar keinen Einfluss auf die Fürstentümer am Niederrhein ausgeübt, aber Sibylle wäre auch nie so verbittert und unsympathisch geworden und hätte nie so eine undurchsichtige Rolle in den Intrigen und im Komplott um ihre Schwägerin Jakobe gespielt, an deren Tod sie möglicherweise auch eine Teilschuld trug.

Felix Stieve urteilte in seinem Artikel über Jakobe von Baden sehr negativ über Sibylle: „Sibylle war eine vollendete Betschwester; fanatisch und bigott, überaus beschränkt und hochmüthig, jähzornig und rachgierig, und dabei insgeheim voll sinnlicher Gluth".[243] Dieses Bild von ihr muss differenzierter gesehen werden. In der Korrespondenz mit Margaretha von der Marck-Arenberg zeigt sie sich als eine junge, leidenschaftliche Frau, die verliebt war und sich sehr für eine Heirat mit Karl von Arenberg einsetzte. Sie wollte dafür sogar dem Kaiser die Stirn bieten. Durch die vielen Widrigkeiten wurde sie manchmal etwas depressiv, aber nie verlor sie den Mut und ihr Durchsetzungsvermögen schien enorm. Ihr zögernder Vater hielt wenig von der Heirat

mit Karl von Arenberg, aber Sibylle konnte ihn dermaßen für sich einnehmen, dass er jahrelang seine Entscheidung hinausschob, um seine Tochter nicht unglücklich zu sehen. Dennoch unterlag sie schließlich den Räten als ihren schärfsten Widersachern, die durch ihren großen Einfluss den Herzog zu einer Ablehnung der Heirat bewegen konnten. Ihre Enttäuschung muss enorm gewesen sein und es ist nicht erstaunlich, dass sie dadurch verbittert worden war. Des Öfteren schrieb sie, dass sie den Hof mit seinen Intrigen und Lästereien lieber verlassen wolle, was ihr aber nicht gewährt wurde. Die Räte machten ihr das Leben zur Hölle und sie wurde zu deren Spielball, da die Räte nur eine Verbindung Sibylles tolerierten, die ihren eigenen politischen Interessen nicht widersprach und ihre Macht nicht einschränkte. Sie sah, wie es ihrem Vater gesundheitlich immer schlechter ging und er politisch an Einfluss verlor, andere die Macht an sich rissen und sich auf Kosten von allem und jedem bereicherten. Sie musste hilflos miterleben, wie ihr Bruder dem Wahnsinn verfiel und wie die Fürstentümer am Niederrhein von spanischen und niederländischen Truppen, die ihren Krieg auch am Rhein ausfochten, verwüstet und geplündert wurden. Zudem war sie in die undurchsichtigen Umstände des Todes ihrer Schwägerin Jakobe verwickelt.

Von der leidenschaftlichen und idealistischen jungen Frau, die nichts lieber wollte, als ihren Geliebten zu heiraten, blieb nichts mehr übrig.

243 Stieve 1877, S. 32.

Sibilla et singenlih

3 ASPEKTE IM LEBEN ADELIGER FRAUEN

3.1 DER BEGRIFF „FREUNDSCHAFT" – EIN KURZER ABRISS VON DER ANTIKE BIS ZUR NEUZEIT

Im Mittelalter diente Freundschaft vorrangig der Förderung des sozialen Zusammenhalts. Freundschaften stärkten nicht nur verwandtschaftliche Beziehungen, sondern wurden auch innerhalb der eigenen sozialen Schicht und unter Nachbarn geschlossen. Die Begriffe „Verwandte" und „Freunde" wurden mehr oder weniger synonym verwendet. Eine Freundschaft war eine Beziehung des Gebens und des Nehmens. Man konnte immer mit Unterstützung rechnen, es wurde allerdings immer eine Gegenleistung erwartet. Freundschaft wurde in der gegenseitigen Bereitschaft, Dienste am oder für den anderen zu verrichten, zum Ausdruck gebracht.

Obwohl in der Frühen Neuzeit Freundschaften ihren verpflichtenden Charakter zunehmend verloren, wurden sie noch im traditionell mittelalterlichen Sinn verstanden. Jedoch erhielten sie einen persönlichen Aspekt in Anlehnung an die von den Humanisten studierten antiken Schriften von Aristoteles und Cicero, in denen auch die ideale Freundschaft thematisiert wurde.[1]

Bei Aristoteles ist der Begriff „Freundschaft" sehr vielschichtig. Er unterschied die „Freundschaft unter Gleichen" und die „Freundschaft unter Ungleichen". Die „Freundschaft unter Gleichen" war eine Freundschaft unter gleichgestellten Bürgern; hierbei unterteilte Aristoteles in Freundschaften um des Nutzens, der Lust und des Wesens willen. Die Freundschaft um des Nutzens Willen diente dazu, die Menschen zu einem Zweck zusammenzubringen. Die Lustfreundschaft war rein gefühlsmäßig begründet und ähnlich labil wie die Nutzenfreundschaft. Stabil dagegen war die letztgenannte Freundschaft, da sie um des Freundes Willen geschlossen wurde. Die „Freundschaft unter Ungleichen" beschrieb das Verhältnis zwischen Generationen und des Einzelnen zum Staat. Nach Aristoteles ist Freundschaft eine persönliche Beziehung, aber mit einer hohen gesellschaftlichen Bedeutung. Sie sollte den Gemeinschaftssinn stärken. Je mehr Freundschaftsbande es gab, desto stärker war der gesellschaftliche Zusammenhalt und umso mehr war

---

1 Hyatte 1994; Burke 1996; Lytle 1987.

es auch möglich, gesellschaftliche Ziele zu verwirklichen. Die Gesetze des Staates erachtete Aristoteles für dieses Ziel allein als unzureichend.

Cicero gab wie Aristoteles seiner Auffassung von Freundschaft ein moralisches Fundament: Die Beziehung sollte im Bestreben nach Virtus, „Tugend", verwurzelt sein;[2] nur wer sein Leben tugendhaft ausrichtete, war wahrer Freundschaft fähig. Freundschaft war eine Beziehung zwischen Individuen, die auf Grund gegenseitiger Zuneigung solidarisch miteinander umgingen und das in praktischer Hilfe und moralischer Unterstützung zum Ausdruck brachten. Cicero ging es vor allem um die vollkommene Übereinstimmung der Absichten, Interessen und Meinungen, jedoch sollte Freundschaft nicht allein auf dem gegenseitigen Nutzen beruhen. Darin unterscheidet sich Ciceros Freundschafts-Definition von der Definition „der Freundschaft um des reinen Nutzens Willen" nach Aristoteles.

Die Humanisten strebten nach einer idealen Freundschaft im Sinne Ciceros, beruhend auf Zuneigung und Streben nach Tugend. Freundschaft wurde dabei mit Verwandtschaft gleichgesetzt.

In der zweiten Hälfte des 16. Jahrhunderts formulierte Michel de Montaigne (1533–1592) seine Theorie über Freundschaft: Wahre Freundschaft sollte nicht von Vorsicht und kritischer Distanz sowie von der Erwartung geprägt sein, gegenseitige Dienste und Leistungen zu erfahren. Vielmehr lag in dem Anspruch, dass Freundschaft nicht auf gegenseitigem Vorteil, sondern nur auf Vertrauen basieren sollte, eine bedeutende Neuerung. Begriffe wie Gunst, Verpflichtung und Dankbarkeit wurden in den Hintergrund gedrängt.

Montaignes Idee von Freundschaft blieb jedoch eine Ausnahme, sodass bis ins 18. Jahrhundert das traditionelle Konzept, in dem Freundschaften und Beziehungen im Interesse der Familie geschlossen wurden, vorherrschte.

Die Familie hatte einen sehr hohen Stellenwert in der Frühen Neuzeit. Jedes Individuum war zuerst Mitglied einer Familie und trug demnach Verantwortung für seine Familie. Vor allem die erbberechtigten Familienmitglieder hatten vorrangig für Nachkommen zu sorgen, um so die Weitergabe von Besitz, Normen und Werten innerhalb des Familienverbandes zu gewährleisten. Auch musste alles daran gesetzt werden, das Ansehen und den gesellschaftlichen Status der eigenen Familie zu bewahren, wenn nicht sogar zu verbessern und das Erbe gut zu verwalten. Dazu diente der Aufbau und die Pflege eines Netzwerkes von Beziehungen und Freundschaften.[3]

Auch beim Hochadel wurden in der Frühen Neuzeit die Begriffe „Freundschaft" und „Verwandtschaft" wie schon im Mittelalter häufig synonym verwendet. Viele hochadelige Familien waren durch Ehen verwandtschaftlich miteinander verbunden, darüber hinaus wurden intime Bekannte mit verwandtschaftlichen Bezeichnungen wie „Bruder", „Schwester", „Tante", „Nichte", „Neffe" oder „Onkel" benannt.

Um Freundschaften zu pflegen, musste man regen Kontakt zueinander halten. Da es in der Frühen Neuzeit nicht viele Kommunikationsmöglichkeiten gab, blieb neben Besuchen nur der Bote als Übermittler mündlicher oder schriftlicher Nachrichten. Der Brief war in jener Zeit der Informationsträger schlechthin. Vor diesem Hintergrund ist die sehr umfangreiche Korrespondenz

---

2   Woldring 1994, S. 37–56.   3   Kooijmans 1997, S. 9–18.

der Margaretha von der Marck-Arenberg zu sehen. Noch heute sind davon große Teile im Archiv von Arenberg in Edingen überliefert.

3.2 DIE BRIEFKORRESPONDENZ ALS WICHTIGES KRITERIUM DER FREUNDSCHAFTSPFLEGE

3.2.1 DIE ZUSTELLUNG PER BOTE

Da Sibylle von Jülich-Kleve-Berg und ihre Schwestern die Angewohnheit hatten, sich bei den Adressaten für den erhaltenen Brief zu bedanken und den Weg zu erwähnen, den er genommen hatte, können wir uns heute ein Bild machen, wie ein Brief seinen Bestimmungsort erreichte:

Es war möglich, den Brief einem Boten zu übergeben. An großen Fürstenhöfen standen immer Boten zur Verfügung und das war in Jülich nicht anders. Vor allem in Düsseldorf, wo viele Leute ankamen, sich aufhielten und abreisten, fand sich immer ein solcher.

Wohlhabende Personen konnten auch jemanden in ihren Dienst nehmen, der als persönlicher Bote die Briefe zustellte. So hatte Margaretha von der Marck-Arenberg 1576 einen gewissen Maximilian zu Anna, Pfalzgräfin zu Neuburg, geschickt. Anna schrieb: *Was Macksimiliann belangenn tout, dar kan ich e. l. nicht anders vonn schreibenn dann das ich gar woll mit seinem dinst zu friden bin unnd wolt neur wans muglich were das inn behaltenn muchte. Aber weill er e. l. so lieb ist, mach ich dieselbe vonn e. l. weiterenn bericht untfangen werdt, unnd bitt e. l. wollenn mein grosser bott sein.*[4]

Wie das folgende Zitat aus einem Brief von Anna zeigt, waren Boten häufig enge Vertraute ihrer Auftraggeber: *so vill Macksimiliann belangett, denn solt ich e. l. dismall nicht nach schicken kunenn […] denn mein sneider hindereich ist vor wenig tagenn vergarngenn, das kein mensch wissenn kann wo er blibenn ist, unnd ich hab jezunt niemant dem ich etwas darff vertrawenn, denn macksimiliann, wie e. l. auch aus seinem eigenenn schreibenn verstehenn werden. Derhalben verhoff ich e. l. werdenn inn mir noch ein weill lassenn, biß zu der zeit zou das ich wider mit einem anderen kemerling verstehenn wert …* Ein persönlicher Bote konnte demnach ein Angestellter aus dem Haushalt sein, z. B. ein Schneider, ein Lakai[5] oder ein Kammerdiener. So reiste Peter, der Kammerdiener von Maria Eleonore, Herzogin von Preußen, 1579 längere Zeit durch die Fürstentümer am Rhein. Peter war zusammen mit einer Gesandtschaft aus Preußen in Düsseldorf angekommen und führte eine Anzahl Briefe von seiner Herrin mit sich. Von Düsseldorf reiste er weiter nach Arenberg mit einem Brief seiner Herrin und einigen Briefen, die er in Jülich von den Töchtern des Herzogs erhalten hatte. Margaretha von der Marck-Arenberg schickte ihn danach, mit eigenen Briefen versehen, wieder zurück zur Herzogsfamilie. So reiste Peter einige Male hin und her.[6]

Eine Anzahl katholischer Räte reiste oft im Auftrag des Herzogs in den Fürstentümern am Niederrhein umher. Einige unter ihnen, diejenigen die vertrauenswürdig

---

4 AAE, M. M. 68, Anna von Neuburg an Margaretha von der Marck-Arenberg, 9.1.1576.

5 Ebd., 103, Magdalena von Jülich-Kleve-Berg an Margaretha von der Marck-Arenberg, 15.1.1577.

6 AAE, M M. 118, Sibylle von Jülich-Kleve-Berg an Margaretha von der Marck-Arenberg, 17.2.1579 u. 24.4.1579 und Corr. M. M. 104, Magdalena von Jülich-Kleve-Berg an Margaretha von der Marck-Arenberg, 16.2.1579.

waren, nahmen auch gelegentlich Briefe von oder für Sibylle mit. So spielte Paulus Langer, der Sekretär des Herzogs von Jülich, eine wichtige Rolle für den Schriftverkehr zwischen Jülich und Arenberg.[7] Als er starb, beklagte Sibylle seinen Verlust und schrieb, wie sehr sie ihn vermissen werde. Auch der Amtmann von Arenberg, ein Vertrauter der Margaretha von der Marck, fungierte ab und zu als Bote und reiste nach Jülich.[8]

Im Frühjahr 1582 reisten Hofmeisterin Broell und ihre Tochter durch die Fürstentümer am Rhein. Nachdem sie im Februar den Karneval mit der Herzogsfamilie verbracht hatten, waren sie weitergereist. Sie hatten vor, auch dem Herzogtum Arenberg einen Besuch abzustatten und bekamen selbstverständlich einen Brief für Margaretha mit. Erst Anfang Juli sah Sibylle die beiden Frauen in Kleve wieder und sie hatten dann einen Brief von Margaretha für Sibylle dabei.[9] Margaretha konnte ihren Brief aber nicht nur über die Hofmeisterin Broell an Sibylle schicken, sondern auch, *wenn e. l. amptman auch die briff ann seiner nichtenn der hoffmaistrinnenn sent, denn kommen sie mich anstant zu*[10], womit Hofmeisterin Wilach gemeint war.

Diese Boten transportierten nicht nur Briefe, sondern auch Dinge, die sich die Frauen manchmal schenkten oder die sie voneinander erbeten hatten. In diesem Fall bedankte sich Anna bei Margaretha für *passementz* [*passement*: Band zur Verzierung oder Umsäumen von Kleidungsstücken, Sitzgelegenheiten etc.] *und der eisenen ket-*

tenn, unnd wenn e. l. hier zu unns komen, wert ich e. l. alles gelt wider gebenn was sey mich erlegt, denn ichs keinen bottenn vertrawenn darff nach dem es so gefarlich mit denn brifenn zu gehett.[11]

Welchen Weg ein nicht offizieller Brief zurücklegte, bevor er in Sibylles Hände gelangte, zeigt sich im folgenden Zitat aus einem Brief von Sibylle an Margaretha: *Es hatt auch keine far mit die briff ann mir zu bestellenn, wenn e. l. neur dem bottenn befellenn, denn e. l. dieser ort gefelt zu sentenn, das er nach Rolloff, unserem schneitter, fragh das der unns die briff lieber unnd dott sie nimantzs anter inn die hent. Alles denn hatt es kainenn mangell.*[12] Margaretha sollte den Boten beauftragen, in Hambach nach Rolloff, dem Schneider zu fragen. Der Bote durfte nur ihm den Brief für Sibylle aushändigen und keinem anderen, *denn er ist mir gar trouue.* Sibylle schrieb: *Man kann das woll so himlich haltenn, das es nimantzs waiss e. l. mir schribenn unnd ich wertt es auch nit underlassenn so offt ich gelagenhaitt kann habenn.*[13]

3.2.2   ZENSUR UND SELBSTZENSUR DER BRIEFE

Die meiste Korrespondenz erreichte ihren Empfänger auf inoffiziellen Wegen. Die Räte und sogar der Herzog wussten in der Regel nicht, dass es einen solch regen Schriftverkehr zwischen seiner Tochter und der Gräfin von Arenberg gab. Wenn Sibylle ihre Briefe jemandem Vertrauten aus der Hofhaltung oder einem ihrer persönlichen Diener mitgab, konnte sie mehr oder weniger ungehindert schreiben. Umgekehrt konnte

---

7   AAE, M. M. 118, Sibylle von Jülich-Kleve-Berg an Margaretha von der Marck-Arenberg, 6.6.1579.

8   Ebd., 103, Magdalena von Jülich-Kleve-Berg an Margaretha von der Marck-Arenberg, 15.1.1577.

9   Ebd., 121, Sibylle von Jülich-Kleve-Berg an Margaretha von der Marck-Arenberg, 12.7.1582.

10   Ebd., 29.10.1582.

11   Ebd., 68, Anna von Neuburg an Margaretha von der Marck-Arenberg, 25.2.1576.

12   Ebd., 121, Sibylle von Jülich-Kleve-Berg an Margaretha von der Marck-Arenberg, 29.10.1582.

13   Ebd., 29.11.1582.

auch Margaretha offen schreiben, wenn sie wusste, dass die Briefe Sibylle auf vertraulichem Wege erreichen würden. Davon zeugen die Antwortbriefe Sibylles, nachdem sie z. B. von Margaretha Geschenke bekommen hatte, die in Einzelfällen auch für den Herzog bestimmt waren. Sibylle schrieb, dass sie gerne *die zwiehen schachtelen zu presentierenn vonn e. l. wegen, so hab ich seulchs nicht deurffen thonn, wie es mir denn auch witterrattenn ist, will e. l. dissmall selber nicht ann hervatter geschribenn.* Der Brief und die Geschenke hatten sie auf inoffiziellem Weg erreicht und *so habenn seyngenatenn nicht gern das man ann uns etwas sent oder schribt,* ohne dass ihr Vater davon wusste. Wenn sie ihm die zwei Schachteln geben würde, würde er zweifellos Fragen stellen und würde *allerhant arghwann darauss geschept, alles wenn e. l. offtermallenn eygenen pottschafft ann mir sentenn, wie sie sich denn offtmaltzs seulchs dingh forbitenn.* Sibylle befürchtete, dass dies *die sach miehe verbitterenn meucht alles helffenn.* Darum riet sie Margaretha, vorher einen offiziellen Brief an ihren Vater zu schreiben. Sie würde *das schribenn unnd die schachtellenn so langh bey ir inn verwar haltenn unnd sie seyngenatenn denn woll presentierenn, dar ich e. l. inn mieherenn seynt zum freuntlihem gefallenn keunt seyn.*[14]

Von der Vorsicht, die geboten war, zeugt auch ein anderes Beispiel. Margaretha hatte einem Boten einen Brief mitgegeben, diesen aber ungeöffnet zurückbekommen. Sibylle erklärte wie das kam: *Es hatt mich auch der hoffmaister Ossenbrouch gebenn e. l. sinenn diemotigenn tienst zu vermeltenn unnd darneben zu ontscheultigenn des witterschickens halb der briff ann mir, denn er es umb orsachenn willenn nit hatt deurffen thonn, will der bott im die briff offentich for alle die rett*

hatt gesent also das er gezwoungenn ist gewessenn seulche antwort e. l. witter zu gebenn. Bitt e. l. wollenn es nit anters alles inn aller genattenn vermirckenn denn er daruber inn eynn gross verdenckenn solt kommen unnd keunt denn gein mitelen miehe habenn e. l. oder mir zu thienenn, alles denn weurt man im nicktz vertrouuenn dardurch wir denn nimmer etwas innenn keuntenn wertenn.[15] Hofmeister Ossenbroich kann als Vertrauter Sibylles gelten, über ihn erfuhr sie vieles und er stellte ihr häufig Briefe von Margaretha zu, so wie Paulus Langer es getan hatte. Er fühlte sich verpflichtet, den Brief zurückzuschicken, weil der Bote ihm diesen öffentlich gegeben hatte, es aber nicht öffentlich bekannt werden durfte, welche Dienste er Sibylle erwies.

Wenn die Briefe dem offiziellen Weg folgten, enthielten sie wenig interessante Informationen und die Autoren unterwarfen sich der Selbstzensur. Der Inhalt solcher Briefe ist zumeist oberflächlich gehalten und umfasste in der Regel nur formelle Freundschaftsbeteuerungen. Meistens erklärte sich Sibylle im nächsten Brief ein wenig offener. So geschah es, dass Margaretha dem Herzog von Jülich-Kleve-Berg offiziell Birnenkonfitüre und -saft mit einem Brief für ihn und einen für Sibylle geschickt hatte. Herzog Wilhelm hatte Margarethas Brief seiner Tochter persönlich überreicht. Sibylle hatte ihn *anstont inn beysin sin f. g. geoffent unnd inn dennselbigenn willenn forlessenn. Hatt es aber nit gewilt unnd alles gesaght gar nicktzs unnd gelacht. Darnacher ist er mit mir inn der kirchenn zu Altenbirgh gangenn unnd habenn die miss gehort. Nach der missenn hat er mich befollen, auss sich selber, sonter fragenn, ich solt e. l. witer schribenn unnd das woll zwei oder trey mall unnd ist do nach*

*dem viffenn nochmaltzs kommenn unnd das
schribenn geforter wilches ich inn dessenn bey-
seynn also inn der eill hab moussenn schribenn.
Darnach, wie ich inn geschribenn hatt, wirt
ich inn singenattenn forlessenn und gab inn
demselbigenn, aber wolt es nit horenn lessenn.*
[Er] *befoll ich dult inn zumachenn, wilches
ich denn diet, unnd* [ich] *gab inn darnacher
singenattenn. Do ist er stracks gangenn unnd
hatt inn auff die kantzliey getragenn.* Dieses
Mal war der Herzog bei guter Laune und
wollte nicht wissen, was die beiden Frauen
sich geschrieben hatten. Sollte es jedoch
zu einer regelmäßigeren Korrespondenz
kommen, könne dies sehr wohl der Fall
sein, meinte Sibylle. Wenn der Herzog erfahren würde, was sich die beiden so alles
schrieben, *so kright er eynn vertross darin,
also das man alzit nit seunterliche darin darf
schribenn, so hab ich e. l. mit derselbigh bott-
schafft nit keunnenn beantwortenn derselbigh
schribenn.*[16] Vorsicht war also geboten, denn
die Gefahr war groß, dass *eymal eynn schraei-
bes geoeffent weurt* und das würde, *wie ich
befreucht, der sachen mieher schedlich – wie
maein schwester inn dem bedencken auch ist
– alles beforlich sein weurt, unnd e. l. alles die
vertentige seulchs bey sich selbes keunnen erwegen*[17], schrieb Sibylle 1578. Einmal erhielt
Sibylle tatsächlich einen bereits geöffneten
Brief. Margaretha von der Marck-Arenberg
hatte auf offiziellem Wege dem Herzog und
seiner Tochter einen Brief geschickt. Der
Herzog brachte den Brief persönlich zu
seiner Tochter, *aber es war geoffent.* Er *hatt
es auch lassenn lessenn, hatt vermeint es wier
etwas seunterliche darin gewessenn.* [Ich] *hab
singenattenn denn inhallt nochmaltzs gesagt,
wiewoll er inn zoforenn woste.*[18]

Es gab Situationen, in denen es für
Sibylle schwierig war, Briefe zu verschicken. In den Herzogtümern Jülich und
Berg besaß sie genügend Vertraute, die
ihre Korrespondenz mitnehmen konnten.
Zudem war die Entfernung bis Arenberg
nicht sehr groß, vor allem nicht, wenn sie
sich in Hambach aufhielt. Sibylle freute
sich daher, wenn der Hof nach Hambach
kam. Auch in Düsseldorf war sie gern,
weil sich dort viele Leute aufhielten und
stetiges Kommen und Gehen herrschte,
sodass sich häufiger eine Gelegenheit ergab,
Briefe zu verschicken. Im Frühjahr zog die
Herzogsfamilie aber nach Kleve, wo sie den
Sommer verbrachte. Sibylle hasste es, dort
zu sein, und das schrieb sie jedes Jahr von
Neuem. Kleve, so weit im Norden, war
für sie das Ende der Welt, viel zu weit weg
von Margaretha. Kleve war für sie wie ein
Gefängnis, sie konnte und durfte kaum
hinaus. Die Mehrheit am klevischen Hof
war protestantisch und die Vertrauten von
Sibylle konnten ihr dorthin nicht folgen.
Einen Brief zu verschicken war an sich
schon schwierig, denn *keinenn leuttenn ist
zu trouuenn.* Über die Kanzlei wagte sie
nicht, ihre Briefe zu verschicken, weil sie
befürchtete, dass der Brief *inn des jetzigenn sekretarius Moutzhogens* [Mutzhagen]
hent kommen, dem sie nicht traute. Dazu
kam noch, dass *ob woll schonn bottenn nach
e. l. giehenn oder der ort, keumpt mir nit zu
wissen.*[19] Im Vergleich zu Jülich gab es in
Kleve nicht viele Boten und das Reisen im
Umland von Kleve war durch den Krieg in
den benachbarten Niederlanden gefährlich
geworden. Epidemien wie die Pest breiteten
sich aus und Banden machten die Straßen
unsicher.

---

16   Ebd., 121, Sibylle von Jülich-Kleve-Berg an Mar-
        garetha von der Marck-Arenberg, 11.3.1582.
17   Ebd., 117, 7.1.1578.
18   Ebd., 29.5.1582.

19   Ebd.

Auch wenn ihr Vater abwesend war, war es schwierig eine Nachricht zu verschicken, da viele von Sibylles Vertrauten ihren Vater begleiteten und diejenigen, die zurückblieben, Sibylle im Auge behielten.[20] Sie entschuldigte sich stets in ihrem nächsten Brief, dass sie Margarethas Brief nicht früher beantwortet habe: [Ich] *wolt seulche gern zur selbenn stont beantwort habenn. Hab es aber nicht zu wegen keunnenn bringenn will der hervatter nit gegenwertig ist. Bitt also e. l. wollenn es mir inn kaynenn ubell haltenn. Ich solt woll eynenn eygenn botten gern gesent habenn. Dorfft es aber nicht wagenn allerhant orsachenn halbe. Seunst waiss gott das es mir eynn freut ist wenn ich e. l. neur mit maynem bosem schribenn erseughenn umb e. l. almallen zu aduertierenn wes der umgichett.*[21]

Sogar wenn der Brief auf inoffiziellem Weg verschickt wurde, bestand die Gefahr, dass er in die falschen Hände fallen könnte und so der Inhalt bekannt würde. Wir brauchen nur an den Brief von Maria Eleonore an die Schwester von Wilhelm von Oranien zu denken, der in die Hände Herzog Albas geraten war.[22] Maria Eleonore war so unvorsichtig gewesen, ihre Meinung über politische Angelegenheiten auf dem Papier zu äußern, ohne die eventuellen Folgen zu berücksichtigen.

Wenn man über ganz bestimmte Leute schrieb, wurde manchmal ein Beiname verwendet, um die gemeinte Person anzudeuten, sodass nur die Eingeweihten wussten, wer gemeint war. So schrieb Sibylle am 30. März 1580 über eine Hochzeit, die in Düsseldorf stattgefunden hatte, aber sie erwähnte nicht, wer geheiratet hatte. Im gleichen Brief sprach sie auch zum ersten Mal über *der bewoste man* und auch hier lässt sich nicht ermitteln, wen sie damit meinte. Es ist deutlich, dass dieser Mann ein Vertrauter von Sibylle und Margaretha war und dass er dem Heiratsplan positiv gesonnen war. Vielleicht wollte sie seinen Namen nicht nennen, weil sie befürchtete, dass andere herausfinden könnten, wer dieser Mann war und welche Rolle er spielte.[23] Auch in den Monaten danach erwähnte Sibylle diesen geheimnisvollen Mann in ihren Briefen. Er war höchstwahrscheinlich ein Edelmann, der sich öfters lange Zeit am Hofe aufhielt. Sibylle grüßte ihn mehrmals von Margaretha.[24] Hier folgt ein Zitat von Sibylle, das typisch für diese Zeit ist: *e. l. gross hab ich am bewostenn man flisigh verricht. Ist eynn will nicht hie gewissenn. Hab im auch dean briff vonn e. l. geliebert. Thout sich tienstlich bedanckenn e. l. erbittenn halbe unnd thout sich in e. l. aller untertanighkait befellenn wie derselbigh tiethenn unnd spragh er verhoffenn e. l. selber ann zu treffenn zu Leutigh [...] unnd fraghtenn mir ob ich im nicktzs bestellenn wolle.*[25] Sibylle spricht hier vom feierlichen Einzug ihres Vetters Ernst von Bayern als neuer Bischof von Lüttich. Wie bereits oben erwähnt, reiste der Herzog mit einer Gesandtschaft nach Lüttich, um den Feierlichkeiten beizuwohnen und Ernst zu gratulieren. Auch Margaretha von der Marck-Arenberg würde an dem Einzug teilnehmen. Aus diesem Zitat kann geschlossen werden, dass der *bewoste man* ein Mitglied der Gesandtschaft aus Jülich-Kleve-Berg war. Auch aus Sibylles Briefen der folgenden Monate wird seine Identität nicht näher bekannt.

---

20 Ebd., 119, 10.9.1580.
21 Ebd., 3.10.1580.
22 Siehe hierzu auch S. 44.

23 Ebd., 120, 30.3.1580.
24 Ebd., 12.5.1580.
25 Ebd., 30.5.1580.

Wie eng die Freundschaft zwischen Sibylle und Margaretha war, zeigt der Umstand, dass Margaretha und Sibylle Briefe, die sie von anderen erhielten, z. B. von Sibylles Schwestern, jeweils an die andere weiterschickten. Auch wenn Margaretha einen Brief von Herzog Wilhelm V. bekam, leitete sie diesen an Sibylle weiter. Anschließend schickten sie die Briefe an die ursprüngliche Empfängerin zurück.

Es ging sogar so weit, dass Sibylle, wenn sie der Herzogin von Névers einen Brief schicken wollte, sie diesen zuerst an Margaretha sandte. Sie sollte den Brief lesen und beurteilen, ob er vernünftig formuliert war. Wenn sie den Inhalt billige, solle sie ihn zur eigentlichen Adressatin weiterschicken.[26]

Dieses Weiterschicken von Post geschah häufiger. Als die Herzogin von Névers Sibylle eine Antwort schicken wollte, war die Gräfin von Arenberg erneut die Zwischenstation. Margaretha sorgte dann dafür, dass der Brief zu Sibylle kam. Und dieses Vorgehen wiederholte sich erneut. Sibylle schrieb der Herzogin von Névers abermals und bat Margaretha, ob sie ihn *mit erster gelagenhait bestellenn* wollte.[27]

War die vertrauliche Korrespondenz im Allgemeinen von Offenheit geprägt, gab es aber von Sibylles Seite, bedingt durch den Altersunterschied zwischen ihr und Margaretha, auch einige Hemmungen. Dass Sibylle sich manchmal zurückhalten musste, geht aus dem folgenden Satz hervor: [Ich] *wolt e. l. gern ir schribenn auch willeustigh beantwortenn, aber mach nit gegenn e. l. disperdtierenn, denn e. l. elter sin alles ich. So gebe ich e. l. denn biligh recht inn irrer mainoungh. Die soll mir auch goutt sin.*[28]

3.3   DER AUSTAUSCH VON GESCHENKEN UND DIENSTEN

Die Freundschaft zwischen Margaretha von der Marck-Arenberg und den vier Töchtern Herzog Wilhelms V., vor allem zu Sibylle, entsprach dem Ideal der Freundschaft, wie es von den Humanisten propagiert wurde. Trotzdem war die Idee von Dienst und Gegendienst – wie sie im mittelalterlichen Freundschaftsverständnis verankert war – immer noch im Bewusstsein der Frauen. Der Austausch von Geschenken war neben der Korrespondenz ein Mittel, die Beziehung zu pflegen. Wenn Margaretha ihnen die ein oder andere Gunst erwies oder ihnen ein Geschenk schickte, klang das meist wie folgt: *denn mir so fill eheren unndt freutschafdt jeterzeit vonn e. l. ist beschiehenn unnd noch taeghlich miehe und miehe beseught das ich es die zeit maeines lebens nicht wiert umb e. l. waeiss zu vertienenn. Unnd e. l. habenn sich auch nicht anders zu mir zu versichenn alles eyner getrouuen freuntinnenn die inn alles bestentighkaeit weirt erfintenn wertenn, so fill inn mir wiert seynn, wie denn miehemallen gemeldt, denn was ich eymall gerdt habe, dar wert ich bey verblaeibenn. E. l. mach sich also mit nichtenn maeins geneickte gemodt zweiffellenn.*[29]

Der Wert der Geschenke variierte stark. Oft schickte Margaretha von der Marck-Arenberg Herzog Wilhelm V. und seinen Töchtern Quitten oder Quittenkonfitüre. Fruchtkraut von Quitten war offenbar eine Delikatesse, denn Sibylle schrieb, wie schnell und mit wie viel Appetit man immer davon aß. Wenn Margaretha Quitten schickte oder Sibylle selbst über Quitten verfügte, machte sie schon einmal selbst Konfitüre daraus, die sie dann an Margaretha schickte. Die

---

26   Ebd., 10.9.1580.
27   Ebd., 121, 29.6.1582.
28   Ebd., 120, 1.10.1581.

29   Ebd., 117, 2.6.1578.

Herstellung der Quittenkonfitüre gelang Sibylle immer besser, sodass Margaretha ihr auf Dauer sogar ein Kompliment machte, dass Sibylles *quittenn kraut* besser war als ihr eigenes. Neben Quittenkonfitüre gab es auch Quittensaft, der auch sehr gefragt und immer schnell verbraucht war.[30]

Sibylle schickte sogar das berühmte Rezept für Quittenkraut an Margaretha: *Das quitenn kraut* [Sirup] *zu machenn, moussenn e. l. grosse kuittenn nemmenn unnd lassenn sie mit einem saubrem touch wissenn unnd schellenn sie darnach unnd schnitenn inn die mite vonn eyn unnd thonn die cross darauss. Nemmenn darnacher so fill souckers alles kuittenn, aber e. l. moussenn erstenn denn soucker mit clar eillell rossoenn wasser ubergissenn also das das rossenwasser eynn finger hough uber denn soucke stiehett unnd lassenn denn denn soucker unnd rossenn wasser sittenn* [kochen]. *Unnd thonn denn die quittenn darinn unnd lassenn sie siettenn biss sie weich sin. Unnd nemmenn sie denn vonn dem feur unnd schlagenn sie durch eynenn durchschlagh. Unnd thonn es darnach, wenn sey kleynn seynn, witter inn die sirobp unnd lassenn sie siettenn biss es geneuch ist. Denn safft kann e. l. schwester besser machenn alles, ist nit goutt denn, ich mach.*[31]

Neben Quitten, Quittensaft und Quittenkraut wurden noch andere Leckerbissen verschickt, wie z. B. Honig[32], Marmelade[33], *confekt* (Zuckerware, Pralinen)[34], aber auch Wein, Äpfel und Möhren[35]. Auch Wild wie Hirsche und Eber waren beliebte Geschenke. Im Laufe der Jahre erhielt Margaretha von der Marck-Arenberg diverse *wilde schweine* von Herzog Wilhelm V. von Jülich-Kleve-

Berg, der ein leidenschaftlicher Jäger war.[36] 1582 bekam sie ein *hirschgen* von Marie von Orsbeck.[37]

In den vielen Jahren ihrer Freundschaft bedankte sich Sibylle bei Margaretha für eine Anzahl *eisenen ketten* und eine *gelaseren ketten*[38], drei Ringe und ein *christallenn hattzsbant*.[39] Auch Anna von Pfalz-Neuburg erhielt schon mal ein schönes Schmuckstück von Margaretha, z. B. ein *cristallenn kneupt hatsbentlein unnd brasseletten* [Armbänder].[40]

Auch Gewebe und Stoffe wie Seide und Filz sowie Kleidung, wie z. B. Hosen, für Herzog Wilhelm V. ,[41] wurden verschenkt. Der Herzog trug sie nachweislich, sodass Sibylle bemerkte, *das sey seyngenaten nun woll passenn.* [Er] *hatt auch nicht gegen unns gewogenn das sey zu klain sollenn seynn.*[42] Daneben verschickte man auch Accessoires wie *passementzs*[43], *roubans* en *cristallenn werks* […] *zum gurtell*[44], um Kleidung zu verzieren.

Viele dieser Accessoires und Stoffe wurden bei Margaretha von der Marck-Arenberg bestellt. Sie hatte offenbar zahlreiche Beziehungen, um solche Sachen zu bekommen. Es war aber wohl immer Margaretha, die die Initiative ergriff: Sie schickte den Frauen eine Anzahl Stoffmuster und daraus konnten diese dann wählen, welchen Stoff und welche Farben sie bestellten. Margaretha sorgte dafür, dass die Ware gekauft wurde und schickte sie zusammen mit der Rech-

---

30   Ebd., 121, 11.3.1582.
31   Ebd., 29.9.1582.
32   Ebd., 117, 25.2.1578.
33   Ebd., 118, 15.1.1579.
34   Ebd., 119, 11.7.1580.
35   Ebd., 118, 19.1.1579.

36   Ebd., 123, 13.9.1584.
37   Neu 1989, S. 386.
38   AAE, M. M. 116, Sibylle von Jülich-Kleve-Berg an Margaretha von der Marck-Arenberg, 15.1.1579.
39   Ebd., 120, 6.9.1581.
40   Ebd., 68, Anna von Neuburg an Margaretha von der Marck-Arenberg, 5.5.1576.
41   Ebd., 118, Sibylle von Jülich-Kleve-Berg an Margaretha von der Marck-Arenberg, 19.1.1579.
42   Ebd., 17.2.1579.
43   Ebd., 68, Anna von Neuburg an Margaretha von der Marck-Arenberg, 5.2.1576.
44   Ebd., 5.3.1576.

nung weiter. Auch Unterwäsche, Hemden und Bettwäsche wie z. B. *kossenobertrassen* [Kopfkissenbezüge] wurden schon mal bei Margaretha bestellt.[45]

Aus den Briefen geht auch hervor, dass die adeligen Damen sich viel mit Handarbeit beschäftigten und vieles ihrer Kleidung oder zumindest Teile davon – wie z. B. einen spanischen Kragen – selbst nähten oder sie verzierten ihre Kleidung mit Bordüren und Edelsteinen. Es wurde auch schon mal ein Muster ausgeliehen, um nach bestimmten Schnittmustern nähen zu können.[46]

Einmal fertigte Sibylle auf Bitten Margarethas einen Schal für Karl von Arenberg. Sie schrieb an Margaretha: *Ich sent e. l. hiemit denn begerten escharbe for e. l. sonn. Waiss doch nit ob er zu recht ist gemacht. Ist alzit schlecht, aber ich bekenn gern ich hab uber all kayn loust gehabt inn zu machenn, aber umb dieselbigenn hirin zu wilfarenn, hab ich es nit underlassenn wollenn. E. l. habenn inn alzit erst zu besiehenn ob er auch dienlich ist oder nicht. Darnach habenn inn mir e. l. witter zu sentenn, war der einige fell ann ist. Bitt seunst e. l. wollenn inn derselbigh son mit erster gelagenhait zusentenn, aber es mouss denn inn wacksen douch sin gemacht.*[47]

Margaretha schickte auch mehrere Male Bücher an Sibylle, die meistens in Französisch geschrieben waren, was Sibylle allerdings etwas Mühe bereitete. Sibylle hatte in ihrer Erziehung französisch als Fremdsprache erlernt, jedoch waren ihre Kenntnisse nicht so gut wie bei ihren älteren Schwestern Maria Eleonore und Anna. Anfang Juni 1578 erhielt Sibylle zum ersten Mal *zwien franschose boecher*. Sie fand sie *gar schohenn*. Sie hoffte *zu dem lieben*

getrouen gott, das ich inn seulchenn fill neutz vermannoungenn die eyn christ woll had zu beschetzigenn und fügte hinzu, dass sie mit diesen zwei Büchern genug habe und dass Margaretha sich nicht weiter bemühen solle.[48] Es ist wahrscheinlich, dass es sich hier um zwei Bücher mit religiösem Inhalt handelte, um Sibylle in der katholischen Lehre zu unterrichten. Im Februar 1578 hatten nämlich Margaretha und Sibylle anlässlich eines Besuchs Margarethas bei Sibylle dem Kaiser einen Brief geschrieben und um Zustimmung für eine Heirat zwischen Sibylle und Karl von Arenberg erbeten. Während des gleichen Besuchs hatte Sibylle ihr Wort gegeben, sich zum Katholizismus zu bekehren, sobald ihre Schwester Magdalena verheiratet sei.

Es ist bedauerlich, dass der Inhalt der anderen Bücher, die Sibylle von Margaretha erhielt, nicht zu ermitteln ist. Es lässt sich lediglich aus Sibylles Briefen erschließen, dass sie auch in französischer Sprache verfasst waren. Im März 1579 erhielt sie zwei weitere Bücher. Sie schrieb: [Ich] *wert flaisigh darin lessenn. Verhoffenn auch die fransose sprach dardurch zu mich zu lernenn*[49], was ihr aber offenbar nicht so gut gelang. Einige Monate später erhielt Sibylle noch ein *gar schone franschose bough.* Sie freute sich, aber sie schrieb: *ich bin eynn bose franseuese lesser. So wolt* [ich] *woll weunschenn das ich es woll keunt, denn ich seulchenn gefallenn darzu habe. Unnd es ist nimant hie der es kann, also wenn e. l. es nicht mir understittenn mit derselbigh schriben, solt mich sorg das wienigh das ich keunt, weurt ich gar vergessen.*[50]

Am Hof von Herzog Wilhelm V. wurde offenbar nur deutsch gesprochen und, wenn

---

45   Ebd., 121, Sibylle von Jülich-Kleve-Berg an Margaretha von der Marck-Arenberg, 12.11.1582.
46   Ebd., 68, 5.3.1576.
47   Ebd., 121, 28.3.1582.

48   Ebd., 117, 3.6.1578.
49   Ebd., 118, 9.3.1579.
50   Ebd., 19.10.1579.

wir Sibylle Glauben schenken dürfen, beherrschten nur wenige in ihrer Umgebung
französisch. Sibylle fand also niemanden,
der sie unterrichten konnte und sie hatte
offensichtlich große Probleme, die Sprache
allein zu erlernen. Dagegen beherrschten
ihre zwei älteren Schwestern diese Sprache
gut. Maria Eleonore schrieb ihre Briefe an
Margaretha von der Marck-Arenberg stets
auf Französisch und auch Anna hat lange
Zeit auf Französisch mit ihr korrespondiert.
Es ist daher anzunehmen, dass Margaretha
trotz ihrer perfekten Deutschkenntnisse in
französischer Sprache an Sibylle schrieb,
sodass Sibylle ihre geringen Französisch-
kenntnisse verbessern konnte. Zwei Jahre
später erhielt Sibylle ein Buch von Karl von
Arenberg. Erneut versprach sie, es zu lesen
*inn der hoffenough ob ich das franschoses
etwas lernenn keut, wiewoll es die gelagenhait
wienigh gibt es zu lernenn, denn der nimantzs
ist, der es kann* und das war für einen derart bedeutenden Hof wie den von Herzog
Wilhelm V. doch höchst eigenartig.[51]

Margaretha forderte die fünf Bücher
zurück, die sie Sibylle in den vergangenen
Jahren geschickt hatte,[52] da sie sie offenbar nur verliehen hatte, was angesichts der
hohen Druckkosten im 16. Jahrhundert
verständlich erscheint. Sobald Margaretha
ihre Bücher zurückerhalten hatte, schickte
sie Sibylle ein anderes.[53]

Diese adeligen Frauen widmeten sich
also nicht nur ihren häuslichen Aufgaben,
sondern bildeten sich durch das Lesen be-
stimmter Literatur auch intellektuell weiter.
Es ist bedauerlich, dass es nicht möglich ist,
den Inhalt der betreffenden Bücher zu ermitteln, da die Inventare des Schlosses Arenberg

des 16. und 17. Jahrhunderts mit keinem
Wort die Themen der Bibliothek erwähnen.
Alle Bücher, die im Besitz der Familie waren, wurden Anfang des 17. Jahrhunderts
nach Edingen gebracht. Das Inventar, das
1617 von dieser Bibliothek aufgenommen
wurde, erwähnt einerseits Traktate, unter
anderem über Schifffahrt und Botanik, und
andererseits eine Anzahl historischer und
religiöser Werke.[54] Wenn die Bücher, die
Margaretha an Sibylle ausgeliehen hat, sich
auch hierunter befinden, gehören sie höchstwahrscheinlich der zweiten Kategorie an.

Um die Bande zwischen adeligen Familien zu stärken, wurden häufig Töchter
und Söhne einer befreundeten Familie in
die eigene Hofhaltung aufgenommen. Karl
von Arenberg hatte sich auf diese Art lange
Zeit als Knappe am bayerischen Hof aufgehalten und sein jüngster Bruder Robert war
eine Weile bei den Herzögen von Savoyen
gewesen.

Aus der gesichteten Korrespondenz geht
hervor, dass Margaretha von der Marck-
Arenberg einige Male die Initiative ergriff,
jemanden aus Sibylles Umgebung an ihrem
Hof aufzunehmen, so z. B. im Jahr 1578
die Töchter des Marschalls Reinhold von
Wachtendonck und des Amtmanns Dietrich
von der Horst.[55] Zwei Jahre später nahm
sie *der vonn Birght irre tochter* in ihre Hofhaltung auf.[56] Sibylle hielt das für eine gute
Idee, wunderte sich aber einige Monate
später doch über den Umstand, dass *der her
vonn Geurtzenich seynenn eynigenn son bey
e. l. thon hatt. Wolt sey seunstenn so fill wort
witer e. l. gebrouchenn. So keunnenn sey e. l.
aber noch woll ire kinter zustellenn, das die
inn derselbigh hauss erzogenn wertenn. E. l.*

---

51 Ebd., 120, 10.10.1581.
52 Ebd., 121, 4.11.1582.
53 Ebd., 19.11.1582.
54 Neu 1939, S. 402
55 Siehe auch S. 77.
56 AAE, M M. 119, Sibylle von Jülich-Kleve-Berg an
     Margaretha von der Marck-Arenberg, 15.8.1580.

thonn innenn werlich mieher eherenn alles sey wert seynn. Wen sey e. l. vonn thonn habenn, so keunnenn sey e. l. woll anseughenn, wilchs billig behertzight solt wertenn, das sey auch etwas meitenn seulche wort zu gebrouchenn auff denselbigenn. Man mach sich eymal besserenn, will man sit das doch alles nicht hilfft was sie fornemmenn.[57]

1584 ergriff Sibylle die Initiative und vermittelte zwischen einerseits der Jungfrau Uelenbroch und Hofmeisterin von Hall sowie andererseits Margaretha, die zwei Jungen aufnehmen sollte. Sibylle schrieb ihr: *Ich hatt e. l. vonn eynem joungenn geschribenn, so Ullenbrouch bewant ist, denn sie gern bey e. l. hett, wenn der pflatzs wir bey e. l. eyn. Wie es e. l. denn darmit gefelt, keunnenn sie mich meltenn. Hallenn son wirt auch kommenn. Der ist aber werhafftigh unnd zimlich gross, aber nit gar grossenn allers, wie es e. l. nun mit dem anntren gefelt, keunnenn e. l. mich melt. Der tient noch for joungh, denn wie es e. l. gefelt, ist es mir auch lieb.*[58] Einige Monate später beschloss Margaretha, Sibylles Bitte zuzustimmen und die beiden Jungen aufzunehmen. Jungfrau Uelenbroch und die Hofmeisterin von Hall bedankten sich bei Margaretha für die Ehre.[59] Einer von den beiden war der Neffe oder Cousin der Jungfrau Uelenbroch, der zu diesem Zeitpunkt 14 oder 15 Jahre alt und somit der Jüngste der beiden war.[60] Er fand sich in seiner neuen Umgebung nicht zurecht und lief Anfang November 1584 davon. Das Verhalten des Jungen, der auf ihre Empfehlung hin an den arenbergischen Hof gekommen war, war Sibylle schrecklich unangenehm. Sie schrieb an Margaretha: *Das sich e. l. seunstenn so hough keummerenn*

umb des bosenn joungenn willen, so e. l. mir zum freuntlichenn gefallenn habenn, im tienst auff meynn freuntliches begerrenn genommenn, wilches mich for meyne personn nochmaltzs zum freuntlichstenn gegenn e. l. thonn, wie im gelichenn von wegenn meiner Ullenbrouch. Aber es ist mir troulich litt [das] er sich so ubell gehaltenn unnd darvon gelauffenn unnd e. l. die steurniss darvonn habenn. Ist woll zu denckenn er kainer goutter nattourenn ist gewessenn oder goutte tagh begert hatt, will er nit bey e. l. hatt keunnenn blaibenn. Unnd ist eynn gereinge orsach das er darumb ist weck gelauffenn ist, das man im inn seynem bestenn hatt gestrafft. So meustenn woll alle die joungenn vonnmatiell vonn hinnenn lauffenn. Also das e. l. sich nit derwegenn habenn zu keummerenn denn man woll erachtenn kann e. l. keynn scholt darann habenn oder orsach darzu gebenn habenn, hett er seunstenn eynes gouttenn willens gewessenn. Ist mir litt ich bey e. l. pronourt habenn es wir mich schwe machenn es mir bey e. l. zu forterenn. […] Bitt e. l. verzaienn es mir ich eynenn seulchenn bey e. l. ingestelt oder beforter habe. Es ist hie nit ankommenn. Sin nicht hatt auch vonn im nit vernommenn. Gott mach wissenn war er blibenn ist. Mich sorght alles ob er witter etwas schellemerey hett forgenommenn, will er so darvonn ist gelauffenn. E. l. habenn acht zu nemmenn wier on nott gewessenn e. l. das pfert zu reuck hettenn gesant, will er darvon ist gestrichenn unnd e. l. habenn im darbenebenn gekleitt gegenn denn witter. […] Ich waiss die moutter wirt gar verstort seynn. Ist eynn witteh unnd hatt der kinter noch mieher die es ann mir so fill begert hatt, will sey vernommenn die joungenn unnd antrenn mieher so woll der gehaltenn weurttenn.[61]

Einige Tage später tauchte der entlaufene Jüngling wieder auf. Die Jungfrau Uelen-

---

57   Ebd., 1.11.1580.
58   Ebd., 123, 9.5.1584.
59   Ebd., 15.9.1584.
60   Ebd., 30.5.1584.

61   Ebd., 7.11.1584.

broch entschuldigte sich bei Margaretha für das Verhalten ihres Neffen bez. Cousins. Um ihn abholen zu lassen, schickte sie das Pferd seiner Mutter an die Gräfin von Arenberg und bedankte sich bei ihr für *aller genattenn, so e. l. ir unnd denn eherenn erzaigenn.*[62]

Es war das letzte Mal, dass Sibylle Margaretha um eine derartige Gunst gebeten hatte.

3.4 WICHTIGE ABSCHNITTE IM LEBEN EINER ADELIGEN FRAU

3.4.1 DIE HOCHZEITSVORBEREITUNGEN

Wie bereits beschrieben, stellte die Eheschließung das wohl wichtigste Ereignis im Leben einer Frau in der Frühen Neuzeit dar. Von diesem Moment an veränderte sich ihr Leben tiefgreifend und sie musste ihre Aufgabe als Vorstand eines Haushalts, als Ehegattin und Mutter der Nachkommen erfüllen.

Die Verhandlungen, die zwischen den jeweiligen Familien im Vorfeld einer Hochzeit geführt wurden, und die Rolle der Frau hierbei, sind in den vorangegangenen Kapiteln ausführlich dargestellt worden. Die Verhandlungen zu den wirtschaftlichen Aspekten des Ehevertrages wurden bisher bewusst ausgelassen und werden nun ausführlich behandelt. Der Ehevertrag setzte sich aus drei grundlegenden Bestandteilen zusammen:

Zum einen gab es den B r a u t s c h a t z bzw. die M i t g i f t, die die Braut aus dem elterlichen Gut empfing. Dieser konnte prinzipiell aus Geld oder Immobilien bestehen. In der Regel neigten die Eltern jedoch dazu, ihren Töchtern Geld mitzugeben, um die Zerteilung des Familienbesitzes zu verhindern.

Das zweite Element war die M o r g e n g a b e. Diese erhielt die Braut von ihrem Bräutigam aus seinen oder aus den gemeinsamen Gütern, nachdem der Beischlaf stattgefunden hatte. Es handelte sich dabei in der Regel um eine kleine Summe Geld.[63]

Bei dem dritten Element handelte es sich um die L e i b z u c h t bzw. die A u s s t e u e r, die in der gesichteten Korrespondenz Jülich-Kleve-Berg auch *rostung* oder *rustung* genannt wird. Was im Einzelnen zu dieser Aussteuer gehörte, war von Fall zu Fall verschieden, aber bestimmte Teile finden sich stets wieder. Ein wichtiger Bestandteil der Aussteuer war die Kleidung, von reich verzierter Über- und Unterwäsche bis zur alltäglichen und bequemen Kleidung und allen dazu gehörenden Sachen. Wäsche, Zubehör wie Kannen und Waschbecken und Utensilien für die Körperpflege brachte die Braut ebenfalls mit. Einen weiteren Schwerpunkt bildete der Schmuck. Neben den so genannten Kleinodien gab es Medaillen und Broschen, Halsketten, Ketten, Gürtel und Anhänger, Armbänder und Ringe, Ohrhänger, Accessoires für Kopf- und Haarschmuck und zum Schmücken und Verzieren der Gewänder. Weiter enthielt die Aussteuer manchmal auch kunstvolle Gegenstände wie Tafelgeschirr, Mobiliar und dekorative Gegenstände.

Die Mitgift (Brautschatz) war das wertvollste Element; sie fehlte im Vertrag nie und gehörte deswegen obligatorisch zu den Gütern, die die Braut von ihren Eltern erhielt.

Aus der gesichteten Korrespondenz geht hervor, dass die Mitgift dennoch nicht die Hauptsorge der Braut darstellte, da

---

62   Ebd., 12.11.1584.

63   Koch 1993, S. 158f.

ihr Hauptaugenmerk auf der Aussteuer lag. Die hier untersuchten Quellen geben Auskunft über ihre Zusammensetzung und Anfertigung. Letzteres nahm manchmal Monate in Anspruch und bereitete manches Mal Probleme.

Über die Aussteuer der ältesten Tochter Maria Eleonore sind wir gut informiert, weil u. a. eine Kopie des Inventars der Kleidung im Arenberg-Archiv in Edingen erhalten ist.[64] Herzog Wilhelm hatte Margaretha von der Marck-Arenberg diese Kopie zugeschickt. Das Inventar zeichnet ein deutliches Bild davon, wie sich der Brautschatz einer adeligen Frau im 16. Jahrhundert zusammensetzte. Es wird hauptsächlich Kleidung aufgeführt. Daneben findet sich eine Zusammenstellung der goldbestickten und seidenen Stoffe, die für die Kleidung der Prinzessin aus Anlass ihrer Hochzeit bestellt wurden. In der umfangreichen Liste sind auch die Preise der Stücke erwähnt. Der Münzwährung ist zu entnehmen, dass die meisten Stoffe in Brabant eingekauft wurden. Daneben finden wir Stoffe, die in *florentsch gulden doich* bezahlt wurden. Obwohl nur wenige deutsche Stoffe erwähnt werden, bedeutet das nicht unbedingt, dass nur diese wenigen eingekauft wurden. Möglicherweise wurden nicht alle aufgeführt. Für die Regenmäntel wurde englisches Tuch verwendet. Die Über- und Unterkleidung wurde offenbar aus mit Gold und Silber bestickten Stoffen gefertigt.[65]

In die Vorbereitungen für die Vermählung von Maria Eleonore mit Albrecht Friedrich von Preußen wurde Margaretha von der Marck-Arenberg miteinbezogen. So wurde ihr Schneidermeister nach Jülich geschickt, um bei der Anfertigung der Aussteuer zu helfen. Im Archiv von Edingen befindet sich außer der bereits erwähnten Kopie des Aussteuerinventars auch eine Aufzeichnung der Stücke, die die Gräfin von Arenberg in diesem Zusammenhang bestellt hatte. Im Januar 1573, als die Vorbereitungen für die Aussteuer der Maria Eleonore noch im Gange waren, schrieb Anna, die zweite Tochter des Herzogs, über die Hilfe die sie von Margaretha erhielten: *Ich habe gehört, dass mein Vater Sie so gut beköstigt hat, worüber ich mich sehr freue […] denn Sie haben meiner Schwester so viele Hilfen entgegengebracht, die auch uns an manchen Tagen helfen könnten, und ohne Sie wäre es nicht gut gegangen. Man kommt zu keinem Ende mit diesen Stickereien, da sie noch nichts zu verschicken hatten, als dieses hier und noch einige kleine Stücke.*[66]

Was diese *Hilfen* (*servises*) beinhalteten, wurde nicht erwähnt, aber aus einem Brief von Anna zeigt sich, dass Margaretha unter anderem eine Geldsumme bereitgestellt hatte: *Das Kammergeld angehend, versichere [ich] Ihnen, dass sie meine Schwester sehr zufrieden macht.*[67]

Anna hoffte, dass Margaretha für sie das Gleiche tun würde, wenn sie heiraten würde.[68] Einige Monate später stand dann

---

64 AAE, M. M. 114, Kopie des Aussteuerinventars von Maria Eleonore von Jülich-Kleve-Berg.

65 Ebd., 113, Memoire von goldenen und seidenen Stücken, die für die Kleidung für Marie Eleonore von Jülich-Kleve-Berg nach einer Anleitung für ihre Hochzeit mit dem Herzog von Preußen bestellt wurden. S. a. Goldschmidt 1911a, S. 127.

66 *j'entendu que monseigneur mon pere vous a fait si bonne chiere de quoi je esté for bien aisé […] car vous aves fait tant des servises a madame ma soeur que pouroyent ausi quelques jours servix a nous aultres et sans vous le offer neussent pas bien alle. On ne fait venir a nulle fin avec ces brodeurs car ils ont encor rien envoyé, que icy et la quelque petit piecet …*AAE, M. M. 67, Anna von Jülich-Kleve-Berg an Margaretha von der Marck-Arenberg, 7.1.1573.

67 *touchant la somme de chambre* [je] *vous assure quelle contente sert madame ma soeur,* ebd., 20.7.1573.

68 Ebd., 29.10.1573.

die Vermählung zwischen ihr und Philipp von Pfalz-Neuburg an. Man begann mit der Anfertigung ihrer Aussteuer und konnte dabei Hilfe gut gebrauchen. Für die Hochzeiten von Anna und von Magdalena sind keine Aussteuerinventare erhalten geblieben, sodass wir darüber heute nur dank der Briefe aus Jülich an Margaretha von der Marck-Arenberg gut informiert sind.[69]

Herzog Wilhelm bat die Gräfin von Arenberg: *Ir wollet uns euren schneider m[aister] Niclas, der am jungsten unser geliebter dochter frau Marien Leonore kleider machen helfen, am ehisten samt einem geschikten knecht und etlichen gesellen [...] auf unsere kosten zukommen lassen.* Der Herzog hätte es weiterhin gerne gesehen, dass die Gräfin *konnte uns verfugen, um solchem werk, wie es am besten und treglichsten furzunemen, anweisung zu geben.*[70] Margaretha nahm die Einladung an und erfreute Anna sehr mit ihrer Anwesenheit.

Weitere Hilfe erhielt Anna von *madame de Blancenem* (Blankenheim) und *la contesse de Neuenar*, aber *sie ist so ängstlich, dass sie in nichts meinem Herrn widersprechen würde, so dass ich fürchte, dass ich nicht gut von ihr bedient werde.*[71] Über den *Diener*, den Margaretha ihr geschickt hatte, war sie *sehr zufrieden (bien content)*, aber sie schrieb: *Ich habe befürchtet, dass sie so lange auf ihn*

verzichten müssen, da der andere, der noch in Preußen ist, noch nicht zurück ist.[72]

Den gleichen Ablauf finden wir bei den Vorbereitungen für die Hochzeit Magdalenas, der dritten Tochter Herzog Wilhelms. Der Graf von Schwarzenberg, Hofmeister in Düsseldorf, hatte offenbar die Leitung übernommen. Er entschied, ob etwas angefertigt, bestellt oder gekauft wurde. Margaretha von der Marck-Arenberg, stets gut informiert, konnte es nicht lassen, Magdalena guten Rat zu geben. Lange bevor der Ehevertrag unterschrieben war, riet sie Magdalena, Hofmeister Schwarzenberg zu überzeugen, *das man die passementen und guldestucken bey dem e. l. nennen, zu Kollen, solt bestellen.* Magdalena bedankte sich bei Margaretha für die *gouten radts,* aber weil *Schwartzbir von diser sagen mit mich, noch nemants geriedt* hatte, traute sie sich nicht, ihn darauf anzusprechen.[73]

Anfang 1579, als endlich die Absprachen für den Ehevertrag getroffen worden waren, bat Magdalena Margaretha, ihr zwei Schneider vorzuschlagen, von denen sie sich dann einen aussuchen würde. *dan werlich wan meine sagen einmall seinen fordtganck wordt gewinnen, solt ich eines gouten schniders woll von don haben und wordt e. l. mir ein sonder gefalens und freunschafft zu ertzigen mit einem zu behelffen der woll arbiten kont.*

Bemerkenswert ist das folgende Zitat Magdalenas: *ich halte e. l. jetz for meine motter und werdt allen ratt dot und zustant bey e. l. sagen, wan es noun ein mall so widt wir kommen das man meine rostung wirdt magen.* Es ist eigenartig, dass Maria von

---

69   Seit dem Ende der 1560er-Jahre waren die Kontakte zwischen Margaretha und dem jülich-klevischen Hof intensiver geworden. Vor allem was Hochzeiten betraf, legten beide Familien Wert auf die Meinung der jeweils anderen Familie. So bat Margaretha 1575 ihrerseits den Herzog in der Heiratsangelegenheit ihrer Tochter Antonia Wilhelmina um Rat.

70   Ebd., 76, Herzog Wilhelm V. an Margaretha von der Marck-Arenberg, 10.5.1574. S. a. Goldschmidt 1911a, S. 127.

71   *est si craintive qu'elle nen oserait rien contredire a mon segneur, que je crains que je nen seray pas bien servy d'elle.*

72   *j'ay crains que vous le feres si long temps abandoner puis que l'autre qui est encors en Preusenn n'est reveneu;* AAE, M. M. 67, Anna von Jülich-Kleve-Berg an Margaretha von der Marck-Arenberg, 26.7.1574.

73   Ebd., 103, Magdalena von Jülich-Kleve-Berg an Margaretha von der Marck-Arenberg, 18.3.1578.

Österreich bei den Hochzeitsvorbereitungen ihrer Töchter nicht erwähnt wird. Die Rolle, die die Mutter hätte übernehmen sollen, füllten befreundete adelige Damen wie Margaretha von der Marck-Arenberg aus. Als Maria Eleonore, wie bereits beschrieben, mit ihrem Hochzeitszug nach Preußen gebracht wurde, wurde sie von ihrem Vater und einigen Hofdamen begleitet, von denen eine die Aufgaben der Brautmutter übernahm. Auch für die Anfertigung der Aussteuer waren die drei Töchter auf befreundete adelige Frauen angewiesen, obwohl es doch die Aufgabe der Mutter war, für eine angemessene Ausstattung ihrer Töchter zu sorgen. Da Maria von Österreich in der gesichteten Korrespondenz bis auf ihren Tod 1581 keine Erwähnung findet, können über die Hintergründe ihres von der Norm abweichenden Verhaltens bei der Vorbereitung der Hochzeiten ihrer Töchter keine gesicherten Aussagen getroffen werden. Wahrscheinlich war Maria von Österreich auf Grund ihrer schwachen Gesundheit nicht im Stande, für das Wohlergehen ihrer Töchter zu sorgen.

Die Aufgaben der Mutter hatte bei den Hochzeitsvorbereitungen für Magdalena bislang Hofmeister Schwarzenberg übernommen. Da aber am 14. Januar 1579 *hoffmister Schwartzbirg […] mit dott ab ist gangen*, wandte sich Magdalena nun an Margaretha von der Marck-Arenberg. Der Tod des Hofmeisters war bezüglich der Aussteuer eine Katastrophe, denn *er war uns stetz so beholffligen in allen dingen. Und er ist alein darbey gewessen wie die rostung meiner anderen schwesteren gemacht, also das nyemans hie ist, der ich solt geleuben, der wissens wordt haben, wie er es for die hant solt nemmen, want solges wider zu don for die hant kem, also das ich nochfals woll mach spregen mir e. l. hog notig ein mall werden sein.*

Und [ich] *werdt e. l. bitten, for meine person, zum aller freuntligsten, das ein mall hiher zu kommen.* [Ich] *werdt auch goute freundt bitten das sey helffen beforderen e. l. gefordert mag werden, wie woll ich waisz es zu fill von mir ist, e. l. so fill zu bemoen. So kennen ich e. l. mir doch so genigt, das ich die freihit werdt nemmen und solt wonschen das ich zu der zit so gluckligen mogt sein.*[74] Magdalena hielt die weitere Hofhaltung für unfähig, diese Aufgabe des verstorbenen Hofmeisters zu übernehmen, und bat daher Margaretha von der Marck-Arenberg um Hilfe. Diese war gern dazu bereit, ihren Schneider auszuleihen, um Magdalenas Kleider anzufertigen. Denjenigen, den Margaretha vorschlug, um die Kleider für die Aussteuer zu machen, war ein gewisser Niclas. Es handelte sich um denselben, der *meiner anderen schwesteren kleider auch gemagt hatt*, so schrieb Magdalena, und *wan es zu solgen ein mall wirdt kommen, werdt ich e. l. eumb solgem bitten er mir arbit wie den andren geschen und wordt es wider gen e. l. verdienen.* Weil Hofmeister Schwarzenberg verstorben war, musste sie versuchen, sich mit den Mitteln zu behelfen, die ihr zur Verfügung standen: *den efentarium von meiner schwester klider haben ich noch, dar ich mich dan mit habe zu behelffen.* [Ich] *solt aber leiber sehen und wonsch e. l. zu der zeit hie weher, wilges mich kain geringes solt batten.* Sie schrieb an Margaretha: *Ich werdt e. l. rat auch folgen mit den kleideren alle zu nemmen, das es kompt mich ales zu pasz.*

Sie war froh, dass Margaretha es so gut mit ihr meinte. Margaretha hatte zum Verzieren der Kleider wohl schon Perlen besorgt, denn Magdalena bat sie, diese noch einige Zeit bei sich zu behalten, *bisz zu der zeit ob*

---

74 Ebd.,104, Magdalena von Jülich-Kleve-Berg an Margaretha von der Marck-Arenberg, 15.1.1579.

man irer von don hette.[75] Margaretha konnte es aber nicht lassen, erneut von den *perlen* anzufangen, und wieder musste Magdalena sie zurückhalten: [Ich] *kan e. l. aber auff den kain ander antwordt geben, als das ich noch niemans darvon darff reden, bisz der tractat gehalden ist. Als dan, wird ich mit Ossenbroch darvon reden. Ich haltz altzeit darfor dar es uns zu diensten kan sein.* Ebenso konnte Magdalena bezüglich des Schneiders noch keine definitive Antwort geben *bisz folger tractat gehalten ist.* Bis dahin *wirdt noch keine rostung gemagt.* Anscheinend handelte es sich hier um einen ausländischen Schneider, wie sich im Folgenden zeigt. Es war Magdalena unangenehm, dass sie noch keine Antwort geben konnte, denn *den gouten knegt doch behinderen an seinem gluck, solt ich ungehern don, will er gemindt ist wider in sein lant zu gen, unangesehen ich meine kleider geher von im gemagt hette. So solt ich in doch nicht gehern behinderen an seinem bestotnisz, so er dan for der zeit zeugt eher min rostung werdt gemagt.* Magdalena bat deshalb Margaretha, ihr *einen anderen lehen, der woll arbit eumb meine kleider zu magen* würde, wenn der genannte Schneider abreisen würde, bevor man mit der Anfertigung ihrer Aussteuer begann.[76]

Es war offenbar Tradition, dass im Brautzug neben Köchen und Dienern auch Schneider mitreisten. Maria Eleonore hatte einen Schneider mitgenommen, den Margaretha von der Marck-Arenberg besorgt hatte. Und nun schlug sie Magdalena erneut einige Kandidaten vor. Das erwies sich als nicht so einfach, Magdalena schrieb: *so solt ich werligen den Lotringer, will ich von e. l. versten er woll arbit, gehern nemmen. Aber will er katolisz ist, darff ich in nicht mit bringen,*

dan hertzug Hans hatt morgen noch leudt eumb wolt sehen die ich mit in dem landt brigt, das sey einerley religion wehere, darmit man ein eindregtig haushaltung hett. So haben ich aber am jungen von e. l. verstanden das den anderen, den sey auch noch haben, der religion weher, so solt er woll in dem landt bliffen, oder dienen, will ich aber vernem er so grozmister noch nicht ist mit seinem nebiden, so were ich woll der meinung der gin zu nemmen, ausz dennen orsagen.[77] Der Schneider aus Lothringen war zwar kompetent, aber katholisch, während der andere Schneider zwar die erforderliche Konfession aufwies, aber noch kein Großmeister war. Daher beschloss sie, sich vorläufig für keinen von beiden zu entscheiden. Sie musste sich dem Willen ihres zukünftigen Ehemannes fügen, der bestimmte, dass die gesamte Hofhaltung in Zweibrücken ein und derselben Konfession angehöre, nämlich der protestantischen. Der katholische Schneider aus Lothringen war daher nicht willkommen.

Bezüglich der Perlen konnte Margaretha offenbar nicht weiter abwarten. Sie schickte sie Magdalena umgehend. Diese fand sie zwar sehr schön, konnte aber noch nicht mit Bestimmtheit sagen, *ob man sey wirdt halden oder nit.* Sie würde auf jeden Fall *flissig darumb bitten, wan der kammermaister Ketler kompt, der ich dan hor befelg von meiner rostung wirdt haben. Und so lang er noch nicht kompt, wirdt nichts forgenommen zu bestellen oder zu magen.*[78] Der Kammermeister Ketler hatte nun die Leitung über die Anfertigung der Aussteuer von Magdalena und so lange er nicht anwesend war, konnte nichts unternommen werden. Inzwischen war es Ende April 1579 geworden und die Hochzeit war für den Herbst desgleichen

---

75 Ebd., 16.2.1579.
76 Ebd., 15.3.1579.

77 Ebd., 15.3.1579.
78 Ebd., 24.4.1579.

Jahres geplant. Die Zeit wurde knapp und Magdalena fing an, sich Sorgen zu machen.

Anfang Juni ließ Magdalena Margaretha wissen, dass sie die Perlen behalten dürfe,[79] aber als Magdalena Mitte Juli in Düsseldorf die Rechnung erhielt und diese den Räten präsentierte, *so sindt sey wider zu rock geffallen und gesagt das sey zu deur weren.* Magdalena wollte den Preis herunterhandeln, denn sie dachte, dass *wan er sey noch eymb die hondert daller wolt lassen, so worden sey die noch nemmen.*[80] Sie würde mit den Räten reden und ihnen befehlen *das sey mit dem man wolten handelen.*[81]

Ende Mai ließ Herzog Wilhelm endlich den Schneider von Margaretha aus Arenberg kommen, um bei der Aussteuer seiner Tochter zu helfen. Magdalena war über seine Anwesenheit erleichtert und mit seiner Arbeit sehr zufrieden, *dan er werlig seyn flisz und best auch forwent mir zu dien-nen.* Sie könne ihn nicht mehr missen, *dan wer er nicht hie, so werdt von meiner rostung nichts werden.*

Mit den Räten am Hofe war sie jedoch nicht zufrieden: *sey wollen mir alle die kleider nicht geben, sonderen for etlie gelt.* [Sey] *wollen nicht ales bestellen, aber ich werdt anstont bestellen, das der h[err] von Zweibrock an den reden schrib das man mir doch alle die kleider oder stuck woll geben die mine schwe-ster gehabt hatt, eumb meherer gelighit, will wir dar so noch bey ein und in einem hausz verhirat werden. So mossen sey mir woll ales geben.* Man weigerte sich offenbar, ihr eine ebenso angemessene Aussteuer zu gewähren wie ihrer Schwester Anna. Magdalena wollte sich damit nicht abfinden. Sie würde ihren zukünftigen Ehemann bitten, an die Räte zu

schreiben und sie aufzufordern, ihr ebenso viel zuzugestehen, wie seine Schwägerin Anna erhalten habe. Magdalena bestand umso mehr auf eine gleichwertige Aussteuer, weil sie in das gleiche Haus einheiratete. Sie beschwerte sich auch über die Haltung der Räte im Allgemeinen. Sie fand, dass sie sie nicht angemessen behandelten, *doch ich mosse es irrer unwossenhit zu messen das sey es nicht versten.*[82]

Durch die vorangegangenen Rückschlä-ge hatte es den Anschein, dass die Aussteuer von Magdalena nicht mehr rechtzeitig fertig werden würde. Aber darum kümmerte sich die Braut nicht mehr allzu sehr: *wirdt es gegen der reisen nicht ales reidt, so werden sey es mich woll noch konen senden wan es geferdigt ist.*[83]

Magdalena von Jülich-Kleve-Berg be-stellte alles über Margaretha von der Marck-Arenberg, weil diese über gute Beziehun-gen verfügte: *Bitt woll an e. l., wie woll ich bekennen mosz ich e. l. zu fill bemo, das sey mir noch etlig von die rubans* [Bänder] *wolt bestellen auff rock zu brougen, denn ich sey gar schon befindt, die e. l. uns gesent auch gar woll kleiden. Was sey konten kosten, werdt ich betzallen. Wolt auch dar e. l. der gelassenen nalden wisten zu besten wege man sey in Franckrig hatt, solt ich noch woll freuntlig eumb gebetten, wordt die betzalung senden was sey worden kosten. Waisz sey hie so nirgen zu bestellen.* Außerdem erinnerte sich Mag-dalena, dass Margaretha ihre *schwester der pfalsgrefin vorsen haben gehabt, mit einer gar schoner hauben von har, dar gestins oder knop auff zu gebrougen.* Sie wünschte sich selbst die gleiche Haube, wie Anna sie getragen hatte, und fragte Margaretha, woher sie

---

79 Ebd., 6.6.1579.
80 Ebd., 18.7.1579.
81 Ebd., 22.7.1579.

82 Ebd., 6.6.1579.
83 Ebd.

diese habe.[84] Margaretha anwortete: *Was sonsten mine kantilien und perlen hauben anlangen, werden ber der frawen im walfisz bestelt in gligen die krens auch krosses oder loben wie man nempt und sonsten von dem Eitaliencen kauffman meine kleider. […] Des zugesanten cristall zu eim patron don ich mich gar freuntligen gegen e. l. bedancken. Sendt in e. l. hiebey verwart wider mit freuntliger dancksagung und erbiten e. l. wider zu diennen nach meiner magt.*

Die Probleme mit dem Schneider, der mitreisen sollte, waren noch nicht gelöst. Man hatte Magdalena von Zweibrücken aus *domals also berigt ich solt irrer nicht noden haben, aber jetz befindt ich es in der datt anders das ich fill besser von e. l. leuden gedient sein wordt als von dennen ausz disen landen, wie etlige von den reden hie dan auch mossen bekennen.* Sogar einige der Räte hatten zugeben müssen, dass Magdalena besser von Margarethas Leuten bedient wurde als von denjenigen, die vom Pfalzgrafen von Zweibrücken geschickt worden waren. Magdalena bat also Margaretha ob sie *den ausz dem landt zu Lotring noch bey sig hetten, dar sey mir am letzen von geschrieben* hatte. Magdalena bat Margaretha, sofern der Schneider noch in Arenberg war, ihn nach Jülich kommen zu lassen *will er woll arbeit. War der ab jetz nicht zu bekommen weher, wolt ich e. l. gebetten haben, dar sey einnen anderen wisten, mich mit dem zu behelffen.*[85]

Margaretha wollte der jungen Frau nur zu gerne helfen, einen guten Schneider zu finden. Sie hatte schon einen ins Auge gefasst, aber aus dem, was sie schrieb, konnte Magdalena *noch nicht von vernemmen ob er meister sey oder nit. Wan e. l. bedogten, das sey einnen in Flanderen kondt bekommen,* *der goutd weher, solt ich woll bitten das sey dareumb ontbot. War nit so, mosz ich gedolt haben und nemmen* [ich] *hie einnen, dar mich dogt das ich zimlig von gedient wehere.*[86]

Den Schneider aus der Hofhaltung zu Jülich konnte sie nicht in ihre Umgebung aufnehmen. Außerdem *hatt er hie im landt wib und kindt und was im der liebe gott verient hat, also das es sein gelegenhit nicht woil solt geben. Er wirdt aber noch bisz dar mit mir zehen for kammerknegt und mit dem hauffen wider heraber kommen.* Der Kammermeister hatte Niclas, den *schnider* von Margaretha von der Marck-Arenberg *befollen er soll in Franckrig oder sonsten hie beniden noch einem werffen. Wan man in for meinen verrisen nicht kondt bekommen, so kondt er altzeit noch kommen. Er wirdt altzeit seinen fleisz anwenden.* Ausländische Schneider aus Flandern, Lothringen oder Frankreich waren offensichtlich beliebter als ihre Kollegen aus den deutschen Fürstentümern. Magdalena befürchtete, dass es schwer werden würde, noch einen zu finden, aber sie hoffte, dass Niclas dennoch *einen wirdt bekommen, dar mich dan ein sonder gefalens an wirdt beschen.*[87] Aber am 10. August wartete Magdalena immer noch auf eine Antwort vom Schneider, den Niclas angeschrieben hatte. Sie wusste noch nicht mal, *ob er noch im landt ist.* Wenn er nicht schnell käme, würde sie darauf Acht geben, dass man *eigen botten darhin sendt, darmit man in noch bekomt.*[88] Abschließend sagte sie über den treuen Schneider: *der goudt Nicklasz ist so in minem dinst das ich nicht waisz wie ich wider gegen e. l. von im solt versolden.*[89] Zehn Tage später stand es immer noch nicht besser um Magdalenas

84   Ebd.
85   Ebd., 17.6.1579.

86   Ebd., 18.7.1579.
87   Ebd., 22.7.1579.
88   Ebd., 10.3.1579.
89   Ebd., 22.7.1579.

Aussteuer. Die Abreise des Brautzugs war auf den 20. August festgelegt worden, *wiewoll es sonsten so zum besten nicht kompt mit meiner rostung.* Sie konnte sich jedoch damit trösten, dass sie Margaretha in Kürze wiedersehen würde.[90]

Eine weitere Aussteuer der Jülicher Herzogsfamilie, über die wir sehr gut informiert sind, ist die von J a k o b e v o n B a d e n, der Gattin Herzog Johann Wilhelms I. von Jülich-Kleve-Berg. Das Inventar ist bereits in einer Studie über die Bedeutung von Luxusgütern für adelige Frauen im 16. Jahrhundert veröffentlicht worden.[91] Die Lebensgeschichte der jungen Markgräfin von Baden zeigt, dass eine Aussteuer auch eine politische Bedeutung hatte und für eine adelige Frau manchmal lebensnotwendig sein konnte. Jakobe war als Waise zusammen mit ihren drei Schwestern am Hof ihres Onkels, Herzog Albrecht V. von Bayern, erzogen worden. München war damals eines der bedeutendsten Kulturzentren Europas. Der Herzog war ein leidenschaftlicher Sammler von Kunstgegenständen und die höfische Repräsentation nahm einen hohen Stellenwert ein. Albrecht V. wurde in seiner Sammel- und Prunksucht noch von seinem Sohn und Erben, Herzog Wilhelm V., übertroffen, der sich vor allem nach seiner Hochzeit mit Renate von Lothringen den gewünschten exklusiven Lebensstil erlauben konnte. Aber nicht nur die hohe Kunst stand im Mittelpunkt des Interesses, auch Maskeraden, Tanz, Jagdpartien und andere Vergnügungen fanden täglich am Münchener Hof statt. Das Luxusleben erforderte einen großen Personalstab, außer Musikern, Komödianten, Künstlern, Malern, Goldschmieden, Kunsthandwerkern und

französischen Köchen sind auch französische Schneider auf den Lohnlisten zu finden.

In dieser Welt von Luxus und Amüsement wurden Jakobe und ihre Schwestern erzogen. Die teure Hofhaltung und der verfeinerte Lebensstil hinterließen zweifellos einen tiefen und bleibenden Eindruck bei ihr. Jakobe erhielt 1585 bei ihrer Hochzeit eine Aussteuer, bestehend aus Kunstwerken, Schmuck und Kleidung, die den enormen Luxus, den sie in München gewohnt war, nur zu deutlich widerspiegelte. Ihre politischen und persönlichen Widersacher warfen ihr später in Düsseldorf ihre außergewöhnliche Sucht nach Luxus vor.

Weil sie streng katholisch erzogen worden war und eine starke Persönlichkeit hatte, schien sie eine ideale Gattin für den schwachsinnigen Johann Wilhelm I. von Jülich-Kleve-Berg. Man hoffte so, eine schnelle Verbreitung des Protestantismus in den Fürstentümern zu verhindern. Auch der Kaiser stimmte dieser Heirat zu und sah in ihr eine Möglichkeit, den alten Glauben in den Vereinigten Herzogtümern zu stärken. Das bayerische Fürstenhaus verfolgte mit dieser Verbindung seine eigenen Interessen. Seit der jüngste Bruder Herzog Wilhelms V. von Bayern, Ernst, Kurfürst von Köln geworden war, richteten sich die bayerischen Interessen auch auf die umgebenden Territorien und man versuchte, den bayerischen Einfluss von Köln aus auch dort zur Geltung zu bringen. Zudem würde Johann Wilhelm bei seiner Eheschließung auf das wichtige geistliche Amt des Administrators von Münster verzichten müssen; in diesem Fall würde dieses Amt auf Ernst von Bayern übertragen werden.

Am jülich-klevischen Hof war man allerdings wenig begeistert von den Heiratsplänen. Die protestantische Hofpartei sprach sich offen gegen die Verbindung aus. Auch

90   Ebd., 13.8.1579.
91   Kurzel-Runtscheiner 1993.

manche katholischen Räte widersetzten sich, weil sie befürchteten, dass eine starke Persönlichkeit wie Jakobe ihre Machtposition bedrohen würde, die sie sich während der vergangenen Jahre unter dem kranken Herzog Wilhelm V. und seinem schwachen Sohn Johann Wilhelm erworben hatten. Herzog Wilhelm erhob ebenfalls Einwände gegen die Vermählung seines Sohnes, denn er würde in diesem Fall seine Macht mit ihm teilen müssen, was er zu diesem Zeitpunkt ablehnte. Unter dem Druck des Kaisers, des Papstes und des spanischen Königs gab er schließlich doch nach.

Wie schon erwähnt, war die Festlegung des Brautschatzes ein bedeutender Diskussionspunkt bei Eheverhandlungen und das traf auch auf Jakobes Eheschließung zu. Weil ihr Vater verstorben war, übernahm ihr Bruder Philipp von Baden die Aufgabe des Unterhändlers. Normalerweise bekamen die Prinzessinnen des Hauses Baden nicht mehr als 10.000 Gulden, aber unter dem Druck Herzog Wilhelms wurde die Summe auf 25.000 Gulden erhöht, weil er für seine eigenen drei Töchter, die schon verheiratet waren, ebenso viel gezahlt hatte. Später forderten die Räte noch mal eine Erhöhung auf 31.000 Gulden. Ernst von Bayern riet Philipp von Baden, sich zum Schein darauf einzulassen, weil der Bräutigam schon erklärt habe, dass er *einer solchen summa auch nit begern und mit 10 M. fl. heiratguet wol zufriden sein* würde.[92]

Schließlich hatte der Markgraf von Baden versprochen, *das frewlin dermaßen mit kleidern und anderen geschmuck außfertigen zu lassen, dass der alt und jung Herzog damitten allerdings zufriden sein sollen.* Hierüber wurden *de gülichschen und clevischen rheten die vertrauliche andeutung gethan, das solche*

zier, ornamenta und anders einmahl hundertthausent gulden werdt weren. Die Aussteuer würde die Braut zur Hochzeit erhalten, der Brautschatz sollte nach dem Vollzug der Ehe ausbezahlt werden. Als Gegenleistung versprach Johann Wilhelm seiner zukünftigen Gattin im Ehevertrag eine Leibrente in gleichem Wert des Brautschatzes und eine Morgengabe von 6.000 Gulden. Der Ehevertrag wurde am 18. September 1584 unterschrieben und die Hochzeit fand äußerst prunkvoll am 16. Juni 1585 in Düsseldorf statt.

Die neue Herzogin befand sich von Beginn an in einer schwierigen Situation. Sowohl Herzog Wilhelm als auch die mächtigen Räte, die an der Regierung beteiligt waren, standen der katholischen Fürstin, die ihnen vom Kaiser, König und Papst aufgezwungen worden war, feindselig gegenüber. Alle befürchteten, dass Jakobe sich in die Politik des Landes einmischen würde. Auch ihre finanzielle Situation war keineswegs befriedigend. Es hatte von Anfang an den Anschein, dass ihr Brautschatz nicht ausgezahlt werden würde. Es kam zu einer handfesten Auseinandersetzung, als Herzog Wilhelm erfuhr, dass sich sein Sohn hinter seinem Rücken mit einem Brautschatz von 10.000 Gulden einverstanden erklärt hatte. Trotzdem forderte er die gesamten 31.000 Gulden, die im Ehevertrag festgelegt worden waren. Für Jakobe, die von dieser Abmachung nichts wusste, war dies ein großer Schock. Auch fiel die zugesagte Leibrente weg, wodurch Jakobes Vermögen nur aus den 6.000 Gulden Morgengabe, die sie von Johann Wilhelm erhielt, und der Aussteuer bestand, die sie aus München mitgebracht hatte. Von den Räten erhielt das Herzogpaar pro Jahr nur die sehr geringe Summe von 800 Reichstalern, während sich Jakobes schärfster Widersa-

92 Lossen 1895, S. 66.

cher, Marschall Schenkern, selbst mehrere Ämter zugeschanzt hatte, die ihm jährlich etwa 8.000 Reichstaler einbrachten.[93] Die Hofhaltung des jungen Paares war also im Gegensatz zu der des alten Herzogs schlecht versorgt und unterbezahlt. Wie oben schon erwähnt, protestierte Jakobe gegen dieses Unrecht, stieß aber stets auf Widerstand. Es muss sie enorm frustriert haben, zumal sie einen anderen Lebensstil gewohnt war. Zusätzlich zu ihrem finanziellen Elend kam noch die sich stetig verschlechternde Geistesverfassung ihres Gatten. Er war aber einer der wenigen am Hof, der ihr wohl gesonnen gewesen war.

In dem Streit um die Regentschaft Johann Wilhelms I. beging Jakobe einige Fehler, die ihr die letzten Freunde und zudem das Vertrauen des Kaisers kosteten.[94] Sie flüchtete in Maskeraden und Feste, um ihre Probleme zu vergessen, und weckte damit noch mehr Neid und Hass bei ihren Feinden.

Sie wurde von ihren Feinden u. a. wegen Ehebruchs angeklagt. In einer ersten Maßnahme wurde ihr Kammergeld eingezogen und ihr der Zutritt zur Kammer ihres Gatten versagt. In dieser schwierigen Zeit war Jakobes Besitz an Kleidern, Juwelen, Tafelsilber und anderen Luxusgütern, vornehmlich aus ihrer Aussteuer, ihre einzige finanzielle Sicherheit. Um den benötigten Rechtsbeistand während des Prozesses bezahlen zu können, ließ sie etliche ihrer *eigenthumbliche silbergeschirr gegen ufbringung zweier tausendt rechsthaller* von einem Vertrauten insgeheim nach Köln bringen und dort verpfänden.[95] Aus Angst vor dem Zugriff der Räte brach-

te sie einen Teil ihrer Aussteuer bei ihren Schwager Georg Ludwig von Leuchtenberg und Johann Karl von Baden in Sicherheit. Diese Vorgehensweise stellte sich als notwendig heraus, weil die Räte der Meinung waren *das durch albereit aufgenohmene inquisition das bezichtige delicium überflüssig erwiesen, und dahero nit allein der Herzogin Jakobe donations gerechtigkeit an den hochzeit presenten, sondern auch alles ier anders haab unnd guet neben der criminal straff ihrem Gnädigen Fürsten und Hern schon verfallen seye.*[96] Die hier geschilderte Situation zeigt, welche Bedeutung die Aussteuer für die Ehefrau haben kann: Solange Jakobe über ein Vermögen verfügte, konnte sie sich gegen die Intrigen und Anschuldigungen ihrer Widersacher mit Hilfe gelehrter Juristen zur Wehr setzen. Darüber hinaus konnte sie ihr Vermögen zur Kontaktpflege zu anderen Fürsten einsetzen.

In ihrer Untersuchung über die Aussteuer der Jakobe von Baden äußert Monica Kurzel-Runtscheiner die Vermutung, dass Jakobes Verwandter Georg von Leuchtenberg möglicherweise den Gedanken gehegt hat, der Erbe der kinderlosen Herzogin werden zu können, und dass dies ihn möglicherweise motiviert hat, ihr seine Unterstützung anzubieten.[97]

Der unglaubliche Luxus der Aussteuer muss in einem anderen Licht betrachten werden: Bei der Festlegung des Brautschatzes war man bereit gewesen, Zugeständnisse zu machen, denen man aber offensichtlich nicht nachkommen konnte. Die Auszahlung

---

93   Stieve 1877, S. 18ff.
94   S. Kap. 2.14.2.
95   Kurzel-Runtscheiner 1993, S. 19. Das Zitat stammt aus ein Bericht von Haims an Kaiser Rudolf II. v. 9.9.1595, in: Haus-, Hof- und Staatsarchiv Wien

(HHStA), Reichshofrat, Judicialia Miscellanea 34 (G 4).
96   Ebd., S. 18. Das Zitat stammt aus ein Brief Jacobes vom 30.8.1595 an den kaiserlichen Kommissar Freiherrn von Haim in: HHStA, Reichshofrat, Judicialia Miscellanea 34 (G4).
97   Kurzel-Runtscheiner 1993, S. 19.

des Brautschatzes geschah traditionell erst nach dem Vollzug der Ehe, sodass beim Ausbleiben der Zahlung die vollzogene Ehe nicht mehr rückgängig gemacht werden konnte. Zudem war es nicht sicher, dass der Brautschatz und die damit verbundene Leibrente in Jakobes Besitz verbleiben würde. Bezüglich ihres Kammergeldes war sie abhängig vom guten Willen des regierenden Fürsten oder seiner Räte. Anders verhielt es sich dagegen mit ihrer Aussteuer. Diese deckte den persönlichen Besitz der Braut an Kleidung, Juwelen und Tafelsilber, der ein wichtiger Bestandteil der fürstlichen Repräsentation darstellte, und musste deshalb im Moment der Eheschließung bereits vorhanden sein. Wie sehr das Prestige einer jungen Fürstin vom Reichtum ihrer Aussteuer abhing, zeigt sich in dem Umstand, dass bei der Hochzeit in Düsseldorf Jakobes Aussteuer über neun Tische ausgebreitet lag. Gleichzeitig repräsentierten diese Gegenstände einen Wert, der unmittelbar Jakobes Zugriff unterlag und der damit ihre finanzielle Unabhängigkeit garantierte. Ihre Aussteuer war das Einzige, das ihr nicht genommen werden konnte; daher ging man bei der Zusammenstellung der Aussteuer großzügiger vor als bei der Auszahlung des Brautschatzes. Der Wert überschritt weit den im Ehevertrag festgelegten Wert von 100.000 Gulden. Jakobe besaß wahrscheinlich eine der teuersten Aussteuern ihres Jahrhunderts. Allein ihr kostbarstes Kollier war 14.000 Reichstaler wert. Monica Kurzel-Runtscheiner geht davon aus, dass sich ihre Verwandten bewusst dafür entschieden hatten, die Aussteuer so reichlich zu gestalten und dass sie den Brautschatz nicht bezahlten, weil sie vorhersahen, dass das Geld in die Kasse des Landes geraten würde und dass die Auszahlung der Zinsen an die umstrittene Herzogin durch die Räte

nicht stattfinden würde. Die Aussteuer konnte ihr nicht abgesprochen werden und das war für Jakobe von großer Wichtigkeit. Weil das Haus Baden sich eine solche Aussteuer nicht leisten konnte, trug das Haus Bayern einen großen Teil der Kosten, da es ein großes Interesse an dieser Ehe hatte. Wegen der wichtigen Rolle, die Jakobe auf der politisch-konfessionellen Ebene für die katholische Partei spielen sollte und wegen der zu erwartenden Schwierigkeiten mit denjenigen, die sie wegen dieser Rolle angreifen würden, wollte man sie mit einer besonders reichen Aussteuer, die ihr eine große finanzielle Sicherheit geben würde, stärken. Später nutzte Jakobe diese Möglichkeit und verpfändete ihren Besitz, um ihren juristischen Beistand finanzieren zu können.

Die Geschichte der Jakobe zeigt, dass in einer Zeit, in der Frauen in jeder Hinsicht vom Wohlwollen ihrer Umgebung abhängig waren, der Besitz an Kleidung und Juwelen die Existenz sichern und unter Umständen lebensrettend sein konnte. Wie bereits erwähnt, verstarb Jakobe 1597 nach einem jahrelang währenden Prozess unter mysteriösen Umständen. Um den Anteil an Kleidung, Juwelen und Kunstwerken, den sie zum Zeitpunkt ihres Todes noch nicht verkauft oder verpfändet hatte, brach ein verbissener Streit zwischen den Räten des Herzogs und dem Landgrafen von Leuchtenberg als Vertreter ihrer gesetzlichen Erben aus.[98]

3.4.2 SCHWANGERSCHAFT UND GEBURT

Es ist davon auszugehen, dass die wichtigste Aufgabe einer adeligen Frau die Geburt von Nachkommen war. Männliche Nachkom-

98   Kurzel-Runtscheiner 1993, S. 7–21.

menschaft war essentiell für den Fortbestand einer Familie.

Die Geburt von Söhnen war keine Selbstverständlichkeit und die Enttäuschung war oft groß, wenn aus einer Ehe nur Töchter hervorgingen oder die Söhne früh starben. Das war der Fall bei Maria Eleonore von Preußen. Die älteste Schwester von Sibylle von Jülich-Kleve-Berg führte kein glückliches Leben mit ihrem geistesgestörten Ehemann Albrecht Friedrich von Preußen. Ein Jahr nach ihrer Hochzeit wurde die erste Tochter Anna geboren (*3.7.1576). Drei Jahre später kam Maria zur Welt (*23.1.1579) und am 1. Juni 1580 wurde endlich ein Junge geboren, der nach seinem Vater Albrecht Friedrich genannt wurde. Die erfreuliche Nachricht erreichte Jülich einen Monat später. Sibylle schrieb an Margaretha von der Marck: [Ich] *solt e. l. darnebenn freuntlich nicht bergenn wie das main schwester die herzogin inn Preussenn eynes joungenn sons ist ingelugen, dem herrenn sey lob. Der wil forter seynn genat unnd gedeienn zu allenn thailenn verlaienn, warmit er inn aller gottesforcht mach auff wacksenn. Der her wolt denselbigen sampt mainer schwester auch for alem lait bewarenn, denn es wirt notigh seynn das ir lieb sampt dem kint sich woll acht nemmenn seunst weurt es innenn nit woll giehen.*[99] Es ging Mutter und Kind nicht gut. Der Zustand des Jungen verschlechterte sich und am 8. Oktober starb er. Als Sibylle die traurige Nachricht erfuhr, schrieb sie an Margaretha: *Auss Prussenn ist auch kaijne goutte zitoungh kommen. Das jounge borlingh hatt gott der schwester witer genommenn, wilchs kaijn geringh laijt bey derselbigh verorsacht. Gott erbarmme*

es der kan gnat gebenn das sie witer eynenn bekemmen.[100]

Nach dem Tod von Maria Eleonores erstem Sohn hofften alle in der Familie, dass das nächste Kind erneut ein Junge sein würde. Am 31. März 1582 gebar sie eine Tochter, die Sofie genannt wurde. Sibylle schrieb: *Es ist jetzs eynn gesanter vonn mein schwester vonn Preussenn hie […] unnd hatt darbenebenn die zittoungh bracht mein schwester niter ist kommenn eyner jounger tochter. Es wier woll zu weunschenn gewessenn es eyn hertingh wier gewessenn, doch was gott gibt, ist alles goutt. Ir lieb sint noch gelagenhait zimlich woll auff alaijnn sie keunnenn nicktzs uberall schlaffenn also das ich sorgh es auff das leste eynn boses ent wirt nemmenn.*[101] Maria Eleonore hatte offenbar wieder eine schwere Geburt hinter sich. Eine Geburt war nie ohne Gefahren, weder für die Mutter noch für das Kind. Gab es Komplikationen, konnte es sowohl für die Mutter als auch für das Kind fatale Folgen haben. Hatte die Mutter die Geburt überstanden, bestand immer noch die Gefahr postnataler Blutungen und Infektionen. Sehr viele Kinder und Frauen starben im Kindbett. Besonders die Säuglingssterblichkeit in der Frühen Neuzeit war sehr hoch und auch die Enkel Herzog Wilhelms blieben von ihr nicht verschont. Im Durchschnitt starb eins von fünf Kindern innerhalb des ersten Jahres nach seiner Geburt.

Als Maria Eleonore erneut schwanger wurde, waren alle voller Hoffnung, dass es ein Junge werden würde, denn der Herzog von Preußen hatte noch immer keinen Nachfolger. Auch Sibylle teilte diese Hoffnung und schrieb am 28. Juli 1583: *mein schwester die hertzogin inn Pruessenn, wilche*

---

99 AAE, M. M. 119, Sibylle von Jülich-Kleve-Berg an Margaretha von Marck-Arenberg, 4.7.1580.

100 Ebd., 28.11.1580.
101 Ebd., 121, 29.5.1582.

jetzs witter grobschwanger ist. Der her geb ir geleuck. Wier zu weunschenn wenns gott gefill es eynn jonger her wier, doch mouss man mit dem willenn des herrenn zufrittenn seynn inn allem, der kann es schicken nach sinnem gotlichenn willenn.[102] Der Wunsch sollte nicht in Erfüllung gehen, denn im August schenkte Maria Eleonore erneut einer Tochter das Leben, die nach ihr benannt wurde.[103] Auch dieses Mal war es eine schwere Geburt: *meyn schwester inn Preussenn hatt es im vergangenen kintbett gar schwerlich gehatt. Hatt woll ziehnn wochenn kintbett gehaltenn alles vonn wegenn das sie nit schlaffenn kann. Ist jetzs witter zimlich.*[104]

Nach der Geburt eines Kindes erwartete man so schnell wie möglich die nächste Schwangerschaft. Sibylles Schwestern ließen es sie immer wissen, wenn sie schwanger waren. Wenn es dann soweit war, wurde die erfreuliche Nachricht der Familie so schnell wie möglich mitgeteilt.

Auch Margaretha von der Marck-Arenberg wurde benachrichtigt. So ließ Anna sie Anfang Mai 1578 wissen, dass *mein glibter her und gemall, ich sampt unsere kinder noch bey zemlicher gesontheit sein. […] Das aber e. l. auch verner begerenn zu wissen ob ich noch nicht wider swanger sey, dar solt ich e. l. nicks gewisses vonn schreibenn kunenn, aber wenn ichs erfarenn kann, solls e. l. auch unverhaltenn bleiben.*[105] Anna hatte zu dem Zeitpunkt bereits zwei Töchter. Schon ein Jahr nach ihrer Hochzeit hatte sie ihre erste Tochter Anna Maria (*18.8.1575) bekommen, zu der ihr die Gräfin von Arenberg herzliche Glückwünsche sandte.[106] Ein Jahr

später folgte Dorothea Sabine (*13.10.1576). Als Anna den oben genannten Brief an Margaretha von der Marck schrieb, war sie erneut schwanger, aber sie wusste es offensichtlich noch nicht. Fünf Monate später gebar sie ja ihren ersten Sohn, Wolfgang Wilhelm (*25.10.1578). Anna hatte diesbezüglich mehr Glück als ihre älteste Schwester, denn Wolfgang Wilhelm blieb am Leben. Ihr nächster Sohn, Otto Heinrich (*29.10.1580)[107], starb jedoch wenige Monate nach seiner Geburt.

Als Johann Wilhelm I. von Jülich-Kleve-Berg ursprünglich Anfang Januar 1585 heiraten sollte, sah es danach aus, dass keine seiner drei Schwestern zur Hochzeit kommen würde, denn *die von Neubourgh [Anna] ist grobschwanger, hatt umb Winnaachtenn aussgerechent. Der her gebe ir was selich ist. So sorght mich es wirt mit der anrenn im gelichenn gelagenn seynn, also das der nit fill feurstenn personnenn werttenn kommenn.*[108] Anna hatte den Geburtstermin richtig errechnet, denn sie gebar am 24. Dezember 1584 eine Tochter, Amelie Hedwig. Glücklicherweise wurde die Hochzeit von Johann Wilhelm mit Jakobe von Baden bis Pfingsten aufgeschoben, sodass Anna daran teilnehmen konnte. Ob Maria Eleonore kommen würde, war noch ungewiss, denn auch sie war schwanger und sollte im Juni niederkommen, aber wenn es nur irgendwie möglich war, würde sie kommen. *Die hertzogin inn Preussenn schribtt wenn der weck nit so witt wir, wolt ir liebenn auch zur houghzit kommenn, umb unns allenn noch for irrem ent zu siehenn. Man saght ir liebtenn sol witter schwanger seynn, aber sie schribt es mich nit, sonter der lacay saght es.*[109]

---

102 Ebd., 122, 28.7.1583.
103 Ebd., 27.9.1583.
104 Ebd., 123, 30.5.1584.
105 Ebd., 68, Anna von Neuburg an Margaretha von der Marck-Arenberg, 5.5.1578.
106 Ebd., 12.11.1575.

107 Ebd., 119, Sibylle von Jülich-Kleve-Berg an Margaretha von der Marck-Arenberg, 13.11.1580.
108 Ebd., 123, 7.11.1584.
109 Ebd., 124, 8.1.1585.

Der Lakai behielt Recht, denn am 23. Juni gebar sie einen Jungen, Wilhelm Friedrich genannt. Leider war diese Freude nur von kurzer Dauer, denn einige Monate später starb er. Maria Eleonore bekam danach noch eine Tochter. Ihre fünf Töchter blieben alle am Leben, ihre zwei Söhne hatte sie beerdigen müssen. Ihre älteste Tochter Anna würde alles erben; Anna heiratete Johann Sigismund, Markgraf von Brandenburg, und wurde die Stamm-Mutter der späteren Preußischen Könige. Als 1609 Herzog Johann Wilhelm I. kinderlos starb und das Herzoghaus Jülich-Kleve-Berg dadurch ausstarb, verteidigte Johann Sigismund im Namen seiner Frau ihre Ansprüche auf die Fürstentümer am Niederrhein.[110]

Von den Töchtern Herzog Wilhelms von Jülich-Kleve-Berg gebar Magdalena die meisten Kinder. Im September 1580, noch kein Jahr nach ihrer Hochzeit, pries sie sich glücklich, *denn ich, denn herren sey lob und danck, woll auff bin.* [Ich] *bin starck und gesondt, werdt aber gar schwer und meiner rechnung noch soll ich nicht lenger zu gan haben, bisz in dem letzen nofembre. Gott verlehen mir nur ein seliges und gluckige stondt.*[111] Am 13. Dezember schrieb Sibylle an Margaretha: [Ich] *solt e. l. darnebenn nicht bergern wie das der almechtige gott mein schwester vonn Zweibreuckenn mit eynem joungenn herrenn erfreut hatt, vergangenn mon[a]tzh fierziehenn tagh gewessenn, denn herrenn sie lob.* [Es] *stehet auch goltlob noch woll mit der frawemouter unnd dem kint.*[112] Aber wie ihren Schwestern blieb Magdalena kein Leid erspart, denn ein Jahr später, am 2. Oktober 1581, schrieb Sibylle an

die Gräfin von Arenberg: *Mein schwester vonn Zweibrieucken hatt schonn irrenn son witter verlorenn. Wirt aber die pflatz balt witter verfeullenn, denn ir lieb balt witter niter wirt kommen. Der liebe godt gebe seyne genatt unnd segenn darzu. Ir lieb ist gott lob woll zu fritenn mit irrem herrenn. Der her erhalt es lanwerig.*[113] Über den Tod ihres ersten Kindes verlor Magdalena kein Wort in ihrem Brief an Margaretha von der Marck-Arenberg. Sie schrieb wohl, dass sie erneut schwanger war.[114] Am 7. November 1581 gebar sie eine Tochter und etwas mehr als ein Jahr später schenkte sie erneut einer Tochter das Leben. Am 23. Januar 1583 schrieb sie an Margaretha: [Ich] *kan e. l. also freuntligen nicht bergen das mich der almegtige gott am meuiars dag den abent genedig mit einer junger dogter erfreudt hatt, dar ich im von hertzen eumb danck sage. Und ist solge meine junger dogter den 20. dises hie gedeufft worden und Anna magdalena genent worden. Der almegtige gott verlen forder genadt das ein from, gotzfrogtig minsz darausz mag waxsen. Und bin ich neben beiten kleinnen gott lob und danck, nog gelgenheit woll auff.*[115] Es war das erste und einzige Mal, dass in einem Brief der Name und die Taufe eines Kindes erwähnt wurden.

Diese Tochter lebte nicht lange, denn am 23. April informierte Sibylle Margaretha, dass *mainer Schwester tochter, die vonn Zwaibreucen tott ist, das sie am jeunghstenn hatt ingelegenn. Dar ist nun witter eynn neuues lit.*[116] Im März des folgenden Jahres bekam sie erneut einen Jungen, der Johann genannt wurde und der am Leben blieb, sodass sie

110 Anderson 1992; Carsten 1959, S. 289–318.
111 AAE, M. M. 105, Magdalena von Zweibrücken an Margaretha von der Marck-Arenberg, 19.9.1580.
112 Ebd., 119, Sibylle von Jülich-Kleve-Berg an Margaretha von der Marck-Arenberg, 13.12.1580.
113 Ebd., 120, 2.10.1581.
114 Ebd., 105, Magdalena von Zweibrücken an Margaretha von der Marck-Arenberg, 29.9.1581.
115 Ebd., 23.1.1583.
116 Ebd., 122, Sibylle von Jülich-Kleve-Berg an Margaretha von der Marck-Arenberg, 24.4.1583.

und ihr Gatte einen männlichen Nachfolger hatten.[117]

In den folgenden Jahren ließ der Kontakt zwischen Magdalena und Margaretha von der Marck-Arenberg nach. Anlässlich eines Besuches von Magdalena 1590 in Düsseldorf ergriff die Gräfin von Arenberg die Initiative, ihr erneut zu schreiben und sich nach ihrem Befinden zu erkundigen. Magdalena antwortete: *Was dem angett, das e. l. berigt sein das ich 5 kinder habe und mir alle wolfart zuwonschen, don mich for es ehert e. l. gouder onsz bedancken. Ich kan e. l. aber nicht verhalden das ich 5 son und 4 dogter gehabtt hab. Darfon sindt 2 son und 2 dogter bey gott. Habe also noch 3 son und 2 dogter im leben, wie ich zu gott nicht hoffen woll. Sindt alle zu Zweibruck, ausgenommen ein dogter die ich hie bey mir habe und meins her vatters groste kortzwill ist. Sey ist noch nicht gar 10 jar. Gott wolle sey mir alle genedig behoden und geben das sey from dogensam mogen werden.*[118]

Die drei erwähnten Söhne blieben am Leben. Von den genannten Töchtern sollte eine sterben, aber es würde noch eine hinzukommen; darüber hinaus hatte Magdalena noch eine Totgeburt. Letztlich erreichten von den insgesamt elf Kindern fünf das Erwachsenenalter, während sechs früher gestorben waren.[119]

Sibylle, die selbst unverheiratet war, fühlte sehr stark mit den Müttern in ihrer Umgebung. Als sie erfuhr, dass Margaretha von der Marck zu ihrer jüngsten Tochter ging, um ihr bei der Niederkunft zu helfen, war sie in Gedanken bei ihr. Sie hoffte, dass Antonia Wilhelmina eine *erfreute mouter*

mach werten.[120] Als es endlich soweit war, ließ Margaretha ihr die gute Nachricht zukommen. Sibylle antwortete: [Ich] *habe seunst mit houghenn freutenn vernommenn das e. l. tochter vonn Eisenbirgh der liebe gott mit eyner schoner tochter hatt erfreut. Derselbigh gebe forter genat unnd geleienn zu allenn tail!enn das sey aller freut unnd wan ann derselbigh mogen siehen warmit sey inn aller gottes forcht unnd christlichen toghtenn mach auffwacksenn, das sey dem libenn gott gefelt […] unnd bitt e. l. auch sie wollenn derselbigenn zu forfallenter gelagenhait mainern freurtlichenn grouss und erbitough vermeltenn und seunt fill eher, libes unnd goutzs aller geleuckweunschoungh mit der jounger tochter. [Ich] wolt ich keunt mich zu derselbigenn weunschenn wilchs mich hough erfreuuenn weurt.*[121]

So ähnlich fiel die Reaktion immer aus, wenn Sibylle erfuhr, dass ein Kind in ihrem Verwandten- oder Bekanntenkreis geboren worden war. Die dankbare Anrufung Gottes war ein fester Bestandteil sowie auch der Wunsch, dass das Neugeborene als guter Christ aufwachsen möge.

In der Literatur wird die Frage kontrovers diskutiert, ob es im 16. Jahrhundert Muttergefühle im heutigen Sinne gab. Einige Familienhistoriker stellen die Hypothese auf, dass man von solchen Gefühlen erst einige Jahrhunderte später sprechen kann und im 16. Jahrhundert die Mütter – vor allem im Adel – ihren Kindern gleichgültig gegenüberstanden: Sie gaben ihre Kinder in Pflege und ließen sie von einer Amme stillen.[122] In letzter Zeit hat sich in der Forschung eine positivere Auffassung über die Mutterschaft in dieser Zeit durchgesetzt, der

117 Ebd., 123, 9.5.1584.
118 Ebd., 106, Magdalena van Zweibrücken an Margaretha von der Marck-Arenberg, 16.9.1590.
119 Isenburg 1960 Bd.1, Tafel 36.

120 AAE, M. M. 118, Sibylle von Jülich-Kleve-Berg an Margaretha von der Marck-Arenberg, 28.11.1579.
121 Ebd., 10.12.1579.
122 S. u. a. Ariès 1987 im Widerspruch zu Kloek 1989.

ich mich anschließen möchte.[123] Obwohl das gesichtete Quellenmaterial zu wenig Anhaltspunkte bietet, um eine gesicherte Schlussfolgerung zu diesem Thema ziehen zu können, erhält man doch den Eindruck, dass die Frauen des 16. Jahrhunderts ihren Kindern gegenüber nicht gleichgültig waren. Der Tod eines Kindes verursachte stets ein *nicht geringes litt.*[124]

Es war üblich, wie auch die vorliegende Studie belegt, dass die meisten adeligen Frauen ihre Kinder in Pflege gaben. Dies lässt sich aus zwei sich mehr oder weniger bedingenden Faktoren begründen: Da eine rasche und hohe Geburtenzahl aus Gründen der Erbfolge gewünscht war und die Stillzeit einen verhütenden Einfluss auf die Fruchtbarkeit der Frau hatte, verzichteten die adeligen Frauen auf das Stillen ihres Kindes und gaben es an eine Amme ab; außerdem war man in der Frühen Neuzeit der Meinung, dass eheliche Beziehungen während der Stillzeit einen schlechten Einfluss auf die Qualität der Milch habe. Es kam also zu einer raschen Geburtenfolge, was ebenso wie schon vorhandene Säuglinge und Kleinkinder eine große Belastung für die Mutter war. Die Mütter waren also nicht abgeneigt, ihre Kinder in Pflege zu gegeben, um ein wenig Erleichterung zu erhalten.

3.4.3 KRANKHEITEN

Kinder waren in ihren ersten Lebensjahren durch Krankheiten besonders bedroht. Die Gefahr nahm ab, je älter die Kinder wurden, aber auch die typischen Kinderkrankheiten forderten noch viele Opfer unter denjenigen, die das Säuglingsalter überstanden hatten. Die meisten Kinder bekamen im Laufe ihrer

Entwicklung die Masern oder die Pocken. Die Mehrheit überstand die Krankheiten, aber es war keineswegs gewiss, dass die Krankheit nicht tödlich verlaufen oder bleibende Schäden hinterlassen würde. Vor allem die sehr ansteckenden Pocken waren gefährlich. War ein Kind der Familie angesteckt, dauerte es meist nicht lange, bis die ganze Familie erkrankte.

Im Sommer 1573 erkrankten die beiden ältesten Töchter Herzog Wilhelms, Maria Eleonore und Anna. Magdalena schrieb an Margaretha: *meine schwester Anna dott sich auch untscholdigen das sey e. l. nicht geschriebenen hat, dan sey hat auch, wie e. l. woll bewost wirdt sin, de kinderpocken, also das es ir nicht mochlich ist gewessen zu schreiben, dann sey licht noch plat zu bett. Ich kan e. l. nich genochsan schreiben, in was verfernus wir sind gewessen, meiner beitz schwesteren halben, dann sey sin beide so schwach gewessen, das wir alle gemeint haben das der almechtige sey zu sich hett willen forderen. Aber es ist jetzonder, der herr hab lob und danck, zemlich gout.*[125] Eine knappe Woche später ging es Anna offenbar schon etwas besser, denn sie konnte Margaretha von der Marck-Arenberg schon wieder schreiben: *Ich fühle mich nicht sehr wohl, hoffe aber, dass es bald vorbei sein wird. Ich versichere Ihnen, dass es mir mehrere Tage lang sehr schlecht ging, bevor sie* [die Pocken] *sich bildeten, aber seitdem sie weg sind, geht es mir viel besser, aber ich hatte so viele Pocken, es wäre nicht möglich mehr davon zu haben. Ich kann kaum die Feder in der Hand halten, was Sie an meiner Schrift erkennen können. Was die Gesundheit meiner Schwester betrifft, es geht ihr jetzt besser, und alle Pocken sind schon verschwunden, und*

---

123 Hufton 1992, S. 31.
124 AAE, M.M. 119, Sibylle von Jülich-Kleve-Berg an Margaretha von der Marck-Arenberg, 28.11.1580.

125 AAE, M. M. 102, Magdalena von Jülich-Kleve-Berg an Margaretha von der Marck-Arenberg, 14.7.1573.

ich hoffe, dass sie bald in der Lage sein wird, die Reise zu machen und sie bis zum Beginn des Monats August zu verlängern. Ich weiß nicht, ob es möglich sein wird, so bald von hier wegzufahren, da meine Schwester sich noch nicht so gut fühlt.[126] Die Krankheit kam äußerst ungelegen, denn Maria Eleonore hätte zu dem Zeitpunkt mit ihrem Brautzug nach Preußen reisen sollen, um dort Herzog Albrecht Friedrich zu heiraten. Die Reise musste also verschoben werden und der bayerische Abgesandte Wilhelm, Herr von Bern, vermutete zu Unrecht, dass die Krankheit für den Aufschub der Reise eine schlechte Ausrede sei.[127]

Die zwei Prinzessinnen kamen glimpflich davon, obwohl Anna sich um die große Anzahl Pocken auf ihrem Körper Sorgen machte. Magdalena hoffte vergebens, dass ihr und ihrer jüngsten Schwester Sibylle diese Krankheit erspart bleiben würde.[128] Margaretha von der Marck-Arenberg schickte aus Besorgnis *pastilles,* um den Kranken zu helfen.[129] Am 1. September 1573 schrieb

Anna, dass alle wieder gesund seien. Sie hoffte, dass die Spuren der Krankheit mit der Zeit verschwinden würden und falls sie Narben behalten sollte, diese nicht so groß wie bei ihrer Schwester Magdalena bleiben würden. Sibylle hatte dagegen kaum Narben im Gesicht. Für unverheiratete Mädchen war ihr Äußeres offensichtlich von großer Bedeutung, sodass es verständlich ist, dass sie darum sehr besorgt waren, auch die Töchter von Herzog Wilhelm V., zumal ihre Tante, Anna von Kleve, angeblich wegen ihres wenig ansprechenden Äußeren von ihrem Gatten König Heinrich VIII. von England verstoßen worden war und den Rest ihrer Tage mit dieser Demütigung in einem englischen Schloss verbrachte.[130]

Maria Eleonore war inzwischen mit ihrem Vater Richtung Preußen abgereist. Sie trugen jedoch die Infektion mit sich, sodass viele Mitreisende unterwegs erkrankten.[131]

Hatte man die Kinderkrankheiten überlebt, drohte immer noch die Gefahr, dass man Opfer einer Epidemie, z. B. der gefürchteten Pest, wurde. Sie herrschte 1580 in Kleve. Die Herzogsfamilie, die gewöhnlich den Frühling und einen Teil des Sommers in Kleve verbrachte, reiste trotz der Warnungen auch im März dieses Jahres dorthin. Sibylle machte sich nicht allzu viele Sorgen, denn sie hoffte, dass Gott sie beschützen würde, *denn wir werlich in grosser gefar nach Clieff giehenn, so woll vonn creghsfolck alles der boser kranckhit des pestelns, wilche noch inn sibenn oder acht heusser ist in der statt unnd nit wit vom schloss. Doch ich sorght mich nicht darfor der liebe gott kan mich so woll auff dem eynem ort fintenn als*

---

126 *…je ne me trouve pas trop bien, mais j'espere qu'il se passera bien tôst. Je vous asseure que j'ay este fort mal quelques jours en ca, devant qu'ils vollaient sortir, mais depuis qu'ils sont sorty je n'ay fort bien trouve, mais j'ay tant des véroles qu'il nen seroit possible d'en avoir plus. Que jay ne say a grand paine tenir la plume en main come vous cognoistres bien par mon escriyre. Or touschant la santé de madame ma soeur, elle se porte asteur bien et toutes les vérolles luy sont deya tombe que j'espere qu'elle sera de brif tout refait le voiage et ralonge jusques au comencement de l'august. Je ne say s'ill sera bien possible de partir sy tost d'icy, puis que ma soeur ne se trouve pas encors torp bien.* Ebd., 67, Anna von Jülich-Kleve-Berg an Margaretha von der Marck-Arenberg, 20.7.1573.

127 Bericht des bayerischen Gesandten Wilhelm, Herr von Bern, über seine Reise mit dem Brautzug von Maria Eleonore von Jülich-Kleve-Berg, in: Goldschmidt 1911a, S. 128.

128 AAE, M. M. 102, Magdalena von Jülich-Kleve-Berg an Margaretha von der Marck-Arenberg, 20.7.1573.

129 AAE, M. M. 67, Anna von Jülich-Kleve-Berg an Margaretha von der Marck-Arenberg, 19.8.1573.

130 Vgl. S. 41, Anm. 113.

131 AAE, M. M. 67, Anna von Jülich-Kleve-Berg an Margaretha von der Marck-Arenberg, 1.9.1573.

auff dem antrenn wen die selige our dar ist, so mouss es seynn.[132]

Die Pestepidemie in Kleve stand wahrscheinlich im Zusammenhang mit dem Krieg in den benachbarten Niederlanden. In Kleve hielten sich Flüchtlinge, vagabundierende Banden und durchziehende Truppen auf, die die Krankheit mitgebracht haben konnten, zumal die schlechten hygienischen Verhältnisse bei einer solchen Vielzahl von Menschen eine Ausbreitung begünstigten. Sibylle hatte gehört, dass die Truppen planten, die Stadt Nimwegen zu belagern, *dar heurenn wir denn alle denn tag eyn alarm.*[133]

Im Laufe des März 1580 fühlte sich Sibylle einige Tage nicht wohl, aber das ging glücklicherweise schnell vorüber. Ende März klagte der gesamte Hof in Kleve über Beschwerden. Die Pestwelle war noch nicht vorbei und Sibylle war sich sicher, dass *im fall es hie mit der boser kranckhait nicht wirt auffheurenn, das wir denn auff Dinslackenn wertenn giehenn. Aber es hett sich jetz zemlich woll. Do wir inn der erstenn hie kommenn, ging es gar hefftigh fort.*[134] Letztlich blieb der gesamte Hof während des Sommers in Kleve. Aber weil die Ansteckungsgefahr in der Stadt als sehr groß erachtet wurde, durfte Sibylle zu ihrem Bedauern kaum ins Freie hinaus. Sie hasste Kleve schon genug, auch ohne diese zusätzliche Einschränkung. Sie schrieb: *Ich gelaubenn wir sint diese sommer nicht uber drey oder fir mall im gartenn gessenn, wilchs mir peinnenn genough ist, wils seulchenn schonnenn wetter is. […] Es ist aber auch jetzs nicht gout herauss giehenn wils seulchenn bosenn laufft ist. Gott mach unns noch hiervondann helffenn. Es ist seunst noch vonn*

enserem auffbrough hivondan kain gewach. Mich sorgt wir wertenn es noch hie mouss herttenn, biss zu Sint Jacob [25. Juli]*, aber es ist inwarhait gar ferlich, die bosse kranckhait ist woll inn funff oder secks hofftiener heusser, die etlicher kinder verlorn haben.*[135]

Sibylle wollte so gern nach Hambach zurückkehren, aber das war nicht möglich, denn *das lant vonn Geulich unnd Berrigh ist so ellentigh vonn dem krighsfolck ferdorbenn, das wir nit woll der ort keunnenn ligenn, denn sey kain fouderough for die pferdt habenn.* Die Pestepidemie war inzwischen abgeklungen, denn sie schrieb: *mit der sterbender laufft ist es jetzs witer gout,* aber das hieß nicht, dass die Umstände in der Stadt wieder sicher waren, denn *seunst ist der jetze eyn neuue kranckhait, wie die barill kranckhait unnd man hatt seulche schweule heitze unnd kopffwiehe, die kegirt hie groussam, wie auch zu Deusseldurff, aber wienigh leut sterben darann. Fill hoffdiener habenn sey gehabt, wie auch e. l. liehenn von userenn kammermeghtenn. Main brouter hatt auch eyn anstosz darvonn gehabt, wie main hervatter vonn Deusseldurff gezogenn. Es ist aber witer auff der besserough.*[136]

Wegen seiner schwachen Gesundheit hatte Herzog Wilhelm Dr. Solenander als Leibarzt an den Jülicher Hof geholt. Als Ende Oktober 1578 eine Dame am Hof der Margaretha von der Marck-Arenberg schwer erkrankte und die *schwacheit* der Frau zunahm, bat die Gräfin Herzog Wilhelm, seinen Leibarzt nach Arenberg zu schicken. Herzog Wilhelm erfüllte ihr diese Bitte, *wiewoll wir umb unsers hoffmeisters Schwartzenberg, noch immer werenden quttern febers derselben übel entraten können.*[137] Am

---

132 AAE, M. M. 119, Sibylle von Jülich-Kleve-Berg an
       Margaretha von der Marck-Arenberg, 6.3.1580.
133 Ebd., 119, Sibylle von Jülich-Kleve-Berg an Mar-
       garetha von der Marck-Arenberg, 6.3.1580.
134 Ebd., 27.3.1580.

135 Ebd., 1.6.1580.
136 Ebd., 4.7.1580.
137 Ebd., 79, Herzog Wilhelm V. von Jülich-Kleve-
       Berg an Margaretha von der Marck-Arenberg,

13. November kehrte Solenander allerdings schon wieder nach Schloss Hambach zurück, da die Frau gestorben war.[138] Hofmeister Schwarzenberg erlag ebenfalls zwei Monate später seinem heftigen Fieber.

Im November 1580 erkrankte Herzog Wilhelm. Er hatte *diese neuue pflagh mit dem houst unnd ist gar ubell auff*[139], *die spaeiss unnd das trinckenn schmacht seyngenatenn nicht, der liebe gott gebe im goute gesonthait. Er ist so ungedeultigh das er nicht herauss mach ziehen. […] Singenatenn habenn auch seulche bosse augenn das man eyn mitlitenn darmit mouss habenn. Mich sorght ich wert sie auch bekommenn, so waiss ich kaijnenn ratt. Sie verderbenn sie mit eyn das sie so im wint darmit lauffenn.*[140] In den folgenden Tagen waren auch Sibylle und Margaretha von der Krankheit betroffen.

Es ist bedauerlich, dass in der Korrespondenz nicht viel über die Art der Behandlung von Krankheiten gesagt wird. Nur einmal kommt dies zur Sprache, als Sibylle im Mai 1584 schwer erkrankte. Sie schrieb: *…der dockter liss mich stracks zur adrenn, das tiehett mich statt. Gigh mir mit eynem schwipffenn, host an unnd schnopff, also das der dockter saght wier mich der floss der mich durchs heupt ging so fort auff die brost gefallenn. Ich soll die brostkranckhaitt bekommenn habenn.* Als ob das noch nicht ausreichte, bekam sie zudem heftiges Fieber, *wilche hitz mich gar schwach hat gemacht.*[141] Sibylle litt an einer schweren Lungenerkrankung und der Arzt ließ sie zur Ader. Man war der Ansicht, dass als Auslöser dieser Krankheit eine Störung des Gleich-

gewichtes zwischen den vier Lebenssäften vorlag, wie sie von Hippokrates beschrieben worden waren. Indem man überflüssige oder beeinträchtigte Säfte abließ, erhoffte man sich eine Wiederherstellung des Gleichgewichtes. So spülte man z. B. die Därme durch, indem man einen Einlauf oder Abführmittel verabreichte. Erbrechen und Schwitzen war manchmal eine beliebte Therapie sowie der so genannte Aderlass. Es ist eigenartig, dass der Arzt ihr zudem mit einer kleinen Peitsche zu Leibe rückte. Wahrscheinlich tat er dies, um den Schleim in ihrer Brust zu lösen, damit Sibylle ihn abhusten konnte. Auch heutzutage wird den Patienten bei einem solchen Leiden sanft auf den Rücken geklopft.

3.4.4 DER TOD

Prinzipiell ging man davon aus, dass man, wenn die Kinderjahre überstanden waren, eine gute Chance hatte, seinen sechzigsten Geburtstag zu erreichen. Dennoch lebten die Menschen in dem Bewusstsein, dass ihr Leben jeden Augenblick ein Ende haben konnte. Man glaubte, dass das Schicksal eines Menschen in Gottes Hand lag, da – wie Sibylle es formulierte – *der liebe gott kan mich so woll auff dem eynem ort fintenn als auff dem antrenn. Wen die selige our dar ist, mouss so seynn.*[142] Wie sehr man sich die menschliche Vergänglichkeit auch bewusst war, der Tod blieb beängstigend. Vor allem hatte man Angst vor einem plötzlichen Tod. Man wollte die Gelegenheit haben, sich auf das Sterben vorzubereiten und auch die Verwandten wollten gerne die Möglichkeit erhalten, sich zu verabschieden.

Annas Bericht über den Tod des Herzogs Albrecht V. von Bayern zeugt von

---

30.10.1578.

138 Ebd., 117, Sibylle von Jülich-Kleve-Berg an Margaretha von der Marck-Arenberg, 13.11.1578.

139 Ebd., 119, Sibylle von Jülich-Kleve-Berg an Margaretha von der Marck-Arenberg, 28.11.1580.

140 Ebd., 30.11.1580.

141 Ebd., 123, Sibylle von Jülich-Kleve-Berg an Margaretha von der Marck-Arenberg, 7.5.1584.

142 AAE, M. M. 68, Anna von Neuburg an Margaretha von der Marck-Arenberg, 29.11.1579.

der Empfindsamkeit bei einem Sterbefall. Albrecht V. starb am 29. September 1579. Anna schrieb an Margaretha von der Marck-Arenberg: *Es werden e. l. nunmher denn tottliche abgang der herzugenn inn Bairen vernomenn habenn, wilches mich inn hochster warheit hart kumert hat. Unnd das thut mir noch zum aller laidstenn, das ich verstehe das sich die herzugin so ubell helt unnd sich mit nichtenn will trostenn lassenn. Ich bin selber willens gewesen bey ir lieb zu ziehenn. So hatt man mich bericht ir liep soltens gar gern sehenn uber wann sie im aus seg der ir lieb were, thett sie noch vill uber, also das sie auch ire eigne kinder nit zu ir wolt lassen unnd wie ich das gehort habe. So hab ich nicht hinuber mugenn ziehenn. Sonst bin ichs gentslich entschlossen ewessenn dar mit, aber ich e. l. ire schreibenn vorter beantwort.*[143]

Die Korrespondenz zwischen Sibylle und Margaretha von der Marck-Arenberg zeichnet sich dadurch aus, dass Sibylle den Leidensweg der letzten Lebenstage ihrer Mutter beschreibt. Aus dieser Beschreibung geht einmal mehr hervor, dass man nicht so gleichgültig und gefühllos war, wie häufig von der Forschung noch heute angenommen wird.

In Sibylles Fall weckt das einige Verwunderung, weil Sibylle wie erwähnt kaum über ihre Mutter schrieb. Zu den Verhandlungen um die geplante Hochzeit zwischen Sibylle und Karl von Arenberg kennen wir die Meinung der Mutter nicht. In den wenigen Briefen, die Maria von Österreich an Margaretha von der Marck geschickt hat, erwähnt sie das Heiratsprojekt mit keinem Wort, sodass wir nicht wissen, ob Sibylle von ihr unterstützt wurde.

Es klingt zynisch, wenn Sibylle zum ersten Mal über ihre Mutter im Dezember 1581 schreibt, als diese schwer erkrankt war und schließlich noch im selben Monat starb. Es ist anzunehmen, dass Maria schon längere Zeit gesundheitliche Probleme hatte und dadurch ihre Handlungsmöglichkeiten eingeschränkt waren, was erklären würde, dass sie bei vielen Begebenheiten am Hofe nicht erwähnt wurde. Aber auch dann bleibt es eigenartig, dass Sibylle in all den Jahren, in denen sie mit Margaretha von der Marck-Arenberg korrespondiert hat, hierüber nie etwas geschrieben hat, denn alle eigenen Leiden und Krankheiten oder die Krankheiten anderer erwähnte sie wohl.

Am 3. Dezember 1581 meldete Sibylle zum ersten Mal, dass *die frawemoutter, ire durchleuchtigkait, gar schwagh ist*. Sibylle machte sich große Sorgen, weil *ir genatten kain ratt ist zu thonn*. Sie beschrieb die Kranke wie folgt: [sie] *wollen nicktzs nach sich nemmenn,* [sie] *habenn einenn gar bosenn houst,* [sie] *werffenn alles blout mit auff,* [sie] *haltenn nicht fill bey sich uber dem houstenn.* Sie hoffte immer noch, dass es schnell besser werden würde, aber sie befürchtete das Schlimmste: *so fall ich noch mein lait nit alles habenn ubersesen, denn es nit goutt alain bey dem hervatter wier seynn.*[144] Es ist deutlich, dass sie Angst hatte, allein mit ihrem Vater zusammenleben zu müssen.

In den folgenden Tagen verbesserte sich der Zustand der Kranken etwas, *aber ist noch kein rouue darin*, schrieb Sibylle am 10. Dezember. *Ire durchleuchtighkait houstenn auch gar schwint noch, doch der hervatter verorsaght es fill.* [Er] *liest irer durchleuchtighkaitt allerlaiss essenn vonn salt, der denn essigh auff ist. Das verdirbt es unnd nit eynn,*

---

143 AAE, M. M. 68, Anna von Neuburg an Margaretha von der Marck-Arenberg, 29.11.1579.

144 Ebd., 120, Sibylle von Jülich-Kleve-Berg an Margaretha von der Marck-Arenberg, 3.12.1581.

wenn wir mainenn es am bestenn ist, sagh es am wienighstenn.[145]

Herzog Wilhelm war in der Sache nicht sehr hilfreich, sofern man Sibylle glauben darf. Er gab seiner Frau Gepökeltes zu essen, da es keinen Essig mehr gab. Welche Absicht dahinter stand, ist nicht eindeutig, aber Sibylle hielt es offensichtlich für keine gute Idee, denn sie fand, dass dies alles verschlimmerte. Allerdings wagte niemand, sich zu widersetzen. Die Versorgung ihrer kranken Mutter und die Sorgen, die Sibylle sich machte, führten dazu, dass auch sie sich nicht mehr wohl fühlte.

Am nächsten Tag, dem 11. Dezember, verschlechterte sich der Zustand der Kranken weiter. Sibylle schrieb, dass ihre Mutter *diesenn tagh gantzs schwagh sint gewessenn unnd war es kainnenn umbschlag gewint, stiehedt allerlaiss zu besorchtenn, dar doch gott genetigh for will seynn.* Wenn es nicht schnell besser werden würde, müsste man sich auf das Ende vorbereiten und es war schon *der ziente tagh,* dass Maria krank daniederlag. Obwohl sie einsah, wie schlecht es ihrer Mutter ging, hoffte Sibylle auf ein Wunder.[146]

Aber ihre Hoffnung war vergeblich, denn in der Nacht vom 11. auf den 12. Dezember 1581 um Mitternacht, starb Maria von Österreich, Herzogin von Jülich-Kleve-Berg. Gott hatte Sibylles *hertze allerliebestenn frawemouter […] auss diesem jammertall zu sich geroufenn.* Sie war zusammen mit ihrem Vater bei der Kranken geblieben *biss der attem auss ist gewessenn.* Maria war bei vollem Bewusstsein gestorben, denn sie *hatt geret biss zum lestenn.*[147] Sie hatte einen *christlichenn abschit* bekommen und *etliche*

tagh for derenn abschaitt hatte sie noch *denn liebenn gott so treulich angerouffenn, das es eyn freut ist gewessenn anzuhorenn unnd zu siehenn.* Nun beherrschte der Kummer und der Schmerz *des absterben.*[148]

Über die Reaktion ihres Vaters im Moment des Todes schrieb Sibylle: *der hervatter hilt sich auch gar betreubt, das eynn minsch docht das herzs solt eynem zubrechenn darvon.* Aber einen Tag später hatte sich seine Gemütslage bereits verbessert. Sibylle dachte daran, dass ihr Elend nun erst anfing, *denn es mir beschwerlich wirt sin, so alaynn bey dem hervatter zu blaibenn unnd siehenn auch noch wienigh mitlenn darauss zu kommenn.*[149] Sibylle sah ihre Zukunft düster: *Ich kann es mich nit woll getrostenn wenn ich bedenckenn wes mich darauff erfolgenn wirt for litt.* Das wird *eynn betreubtess lebenn das ich forthin feurenn wert mit singenattenn, denn alle der frawemoutter leut willenn weck ziehenn: die hofnaistrin mit irre tochter. Mich deunck sie wertenn irenn erleubniss auch bekommenn. Roltzhaussenn will auch weck, also das ich woil balt alle pasiens solt verlierenn, denn e. l. denckenn eymall was ellent ich habenn wert. Ich waiss kein radt lenger.* Alle Hofdamen, Jungfrauen und die Dienerschaft der verstorbenen Herzogin wollten den Hof verlassen, *denn nimantzs gern bey dem hervatter blaib inn diesem fal.*[150] Der unangenehme und wechselhafte Charakter des Herzogs von Jülich-Kleve-Berg muss manche Menschen abgeschreckt haben.

Maria sollte in Kleve beerdigt werden. Noch vor Weihnachten reiste der Leichenzug aus Hambach ab. Sibylle befürchtete, dass man sie verpflichten würde, im verhassten Kleve zu bleiben. Sie schreckte vor der

---

145 Ebd., 10.12.1581.
146 Ebd., 11.12.1581.
147 Ebd., 13.12.1581.

148 AAE, M. M. 120, Sibylle von Jülich-Kleve-Berg an Margaretha von der Marck-Arenberg, 21.12.1581.
149 Ebd., 13.12.1581.
150 Ebd., 21.12.1581.

Reise zurück, die sie mit dem Leichnam unternehmen sollte: *mich deunck min hertzs soll mich brechenn*. Ihr Vater machte es ihr inzwischen auch nicht leichter. Er war *trourigh* und unzugänglich und duldete keinen Menschen in seiner Nähe. Sibylle wusste nicht mehr ein noch aus: *ich siehenn kein radt lenger*.[151] Ihr Gemütszustand wurde noch schlimmer: [ich] *soll filichtenn kein freut miehe inn dieser welt habenn biss hernachmaltzs inn der ewighkait, denn soll die freut derzo grosser sin.* Denn jetzt empfand sie den ganzen Schmerz, der *das scheitenn thout zwissenn mouter unnd kint.* Sie wäre lieber selbst zuerst gestorben *wenn es gott auch gefill, wier es mir heut lieber alles morgen.* Und der depressive Ton nahm noch zu: [ich] *solt mich geleucklich achtenn, das ich so auss dieser betreubter welt meucht schaittenn, denn hett man kein lieb, oder lit miehe vonn mir zu gewartenn.* Trotz des unangenehmen Charakters ihres Vaters wünschte sie: *wolt mich der lieb gott neur denn hervatter noch lassenn, so langh ich lebenn.*

Sie fühlte sich noch schlechter, als sie hörte, dass sie *immer zu Clieff wertenn blaibenn, auss jetermanss wegenn. Der hervatter wirt mich auch nunmiehe nit mieh mit nemmenn, wie biss anher.* Und er hatte offenbar nicht vor, seine Meinung zu ändern. Sibylle beschloss: *eynn minsch meuch neutzer inn einem closter sin alles hie* […]. Hiermit musste sie ihren Brief beenden, denn sie konnte *nit miehe schribenn for weinenn, denn die klocken giehenn witter ann, das die frawemouter beleut wirt.*[152]

Die Reise nach Kleve war elend. Im tiefsten Winter musste der Trauerzug den langen Weg nach Norden zurücklegen. Es tat Sibylle nicht gut, dass sie *die frawemou-*

tersillger stedzs for mich hab moussenn siehenn auff dem wegh. Überall wo der Trauerzug vorbeikam, grüßte man den Sarg und ehrte die Verstorbene. In Düsseldorf wurde der Sarg von einer großen Prozession feierlich begleitet. *Es ist aber erbermlich umb zu siehenn unnd horenn.*[153] Dort kamen Gesandte aus Köln und des Erzherzogs Matthias an, um ihr Beileid zu bekunden. Letztere haben Sibylle persönlich ihr Beileid bekundet *auff der hoffstoubenn, nach dem essenn.*[154] Von Düsseldorf aus zog der Trauerzug in Richtung Kleve, wo er am 11. Januar eintraf. Danach wurde *irre deurchleuchtighkait houghlobliche gedechteniss mit prosess alles inn unnd auss gefeurt.* Am 15. Januar wurde Maria von Österreich *zur ertenn bestelt.* Über die Beerdigung schrieb Sibylle: *Ich bin mit dem gantzem frawenzimmer der lichenn gefolght inn der kirche unnd wort durch die zwiehenn erbhoffmaistrenn gefeurt, mit seulchem lit das ich es e. l. nit solt keunenn uffschribenn. Unnd hatte der dienst inn der kirchenn lenger alles trij stontenn gewert. Sint gar fill vonn Mottell, vonn Rettenn, unnd joungenn jounckenn dem hervatter gefolght, aber vom frawennzimmer ist er nimantzs miehe gewessenn denn wie gewoenlich.*[155] Danach waren Sibylle und ihr Vater dem Sarg gefolgt, als dieser zu Grabe getragen wurde. *Meiner broutter ist nit hie gewessenn.* Es ist eigenartig, dass der einzige Sohn und Nachfolger nicht bei der Beerdigung seiner Mutter anwesend war. Dass die anderen drei Töchter nicht anwesend waren, ist verständlich, da sie von weither hätten kommen müssen.

Sibylle blieb also allein mit ihrem Vater zurück. Gott war nun ihr einziger Trost:

---

151 Ebd., 21.12.1581.
152 Ebd., 22.12.1581.

153 Ebd., 29.12.1581.
154 Ebd., 121, Sibylle von Jülich-Kleve-Berg an Margaretha von der Marck-Arenberg, 8.1.1582.
155 Ebd., Sibylle von Jülich-Kleve-Berg an Margaretha von der Marck-Arenberg, 31.1.1582.

der her wirt mich nit verlassenn sonter mein troster sin inn allem lit, denn er sich eynn vatter der witwenn unnd wiessenn nent. So bin ich litter miehe alles eyn wiesse vonn eynem jeterenn verlassenn.[156]

3.5 Das Leben am Hof von Herzog Wilhelm V.: Misstrauen, Gerede und Intrigen

In einer Hofhaltung, in der viele Menschen zusammenlebten, war es verständlich, dass nicht alle gut miteinander auskamen. In jeder Hofhaltung gab es Gerede hinter dem Rücken der anderen: Verschwörungen und Intrigen waren nicht ungewöhnlich.

Sibylle, die nie einen anderen Hof kennengelernt hat, als den, an dem sie aufgewachsen war, schreibt über ihn wie folgt: *Es ist eynn seltzammer hoff.* Ganz falsch lag sie mit dieser Feststellung nicht. Ihr Vater war ein sonderbarer Mann, linkisch und manchmal extrem aggressiv. Zudem litt er unter merkwürdigen „Anfällen". Der Überlieferung nach handelte es sich dabei um Schlaganfälle, die seine Gesundheit immer weiter schwächten.[157] Aus der gesichteten Korrespondenz geht hervor, dass er manchmal wirr redete. Vielleicht wurde er durch die Anfälle vorübergehend seiner Sprachfähigkeit beraubt oder das wirre Gerede war eine Folge seiner Geistesverfassung, die sich zusehends verschlechterte. Alles in allem ist festzustellen, dass Herzog Wilhelm V. einen labilen Charakter hatte.

Zwischen den Ratsherren am Hofe herrschte Rivalität, da sie unterschiedlichen Konfessionen angehörten, sodass der jülich-

klevische Hof ein Ort voller Misstrauen, Gerede und Intrigen war. Im Herbst 1581 wurde die Situation am Hofe für Sibylle besonders unangenehm, woran ihr Vater nicht ganz unschuldig war. Sie flehte den Landdrosten Gymnich und den Amtmann von der Horst an, ihre geplante Hochzeit mit Karl von Arenberg nun endlich in die Wege zu leiten. *Hie lenger zu sin, wier mir unmoglich, denn der hervater so seltzam wirt, das es unaussprechlich ist*, schrieb sie. Beide versprachen, ihr Bestes zu tun. Aber im Nachhinein erfuhr Sibylle, dass beide Räte ihrer Tante, der Herzogin Anna von Bayern, geschrieben hatten, um Sibylle *zu bringenn inn der mainoungh denn weurt ich woll zum Marckgraffenn* [von Baden] *verstiehenn.* Als sie davon erfuhr, ging sie zu ihnen: *Sie habenn der nimmer hoffenoungh zu zu habern umb, ob sie* [mich] *noch schonn dausent millenn vonn e. l. liehenn, weurt ich seutches gemeut nimer nit enterenn.*[158]

Gerede und Intrigen am Hofe, über die Sibylle keine Einzelheiten schrieb, führten dazu, dass Herzog Wilhelm einige von Sibylles Bediensteten entließ. Der Kammerdiener Jakob war der erste, der gehen musste.[159] Einige Tage später gab es bereits einen Nachfolger. Was man Jakob auch vorwarf, Sibylle war der festen Überzeugung, dass er unschuldig war. Da ihr Vater anderer Meinung war, hatte er allen verboten, über Jakob zu sprechen, und dem Beschuldigten selbst war untersagt worden, sich am Hofe aufzuhalten. Herzog Wilhelm hatte hinzugefügt, dass es ihm nichts ausmachen würde, ihn *umbs leben zu bringenn.*[160] Nachdem er den Kammerdiener entlassen hatte, wandte sich Wilhelm den weiblichen Bediensteten

---

156 AAE, M. M. 121, Sibylle von Jülich-Kleve-Berg an Margaretha von der Marck-Arenberg, 31.1.1582.
157 Vgl. Midelfort 1992.

158 AAE, M. M. 120, Sibylle von Jülich-Kleve-Berg an Margaretha von der Marck-Arenberg, 6.9.1581.
159 Ebd., 6.9.1581.
160 Ebd., 23.9.1581.

von Sibylle zu: Er wollte *min Paskalin unnd irre suester unnd die kammermaght Pladtal kwit sin*.[161] Was Sibylle auch einwendete, es half nichts und so wurden diese Jungfrauen einige Tage weggeschickt. Sibylle blieb beinahe allein zurück: *Hab also nimantzs alles Oulenbrough unnd unsere hoffmaistrin, die bey mir im tienst sin und ich geleubenn wenn der hervatter antre jounckfrawenn keunt bekommenn, er lis Oullenbrough auch ziehen.* Diese Jungfrau würde selbst *auch nicht lenger blaibenn, will sie inn dem verdenckenn hett unnd seulche hesseliche dingenn nach seght, das es eynn schant ist*.[162] Sibylle hoffte, dass sie ihre Meinung noch ändern und bleiben würde. Sie war wütend über die Vorgehensweise, denn ihrer Meinung nach waren *sie alle unscheultigh* und nichts von dem, was man sich erzählte, war tatsächlich geschehen. Das Einzige, was Jakob getan hatte, war, dass er *baussenn zitzs auff der kammer ist gewessenn*.[163] Damit wissen wir nichts Genaues über die Geschehnisse, aber es wird deutlich, dass Gerede und Intrigen in diesem Drama eine große Rolle gespielt haben.

Herzog Wilhelm V. wird hier erneut in einem wenig schmeichelhaften Licht dargestellt. Wer bei ihm in Ungnade fiel, würde das nie vergessen. Sibylle schrieb über ihn: [er] *spright weunterlige dingenn, der wir uns nit verstiehenn*.[164] Und wer es wagte, dem Herzog zu widersprechen, der *ist sin fiant*. Sie beschloss: *so dout singenatenn, das eynn minsch meucht gan lauffenn.*

Margaretha von der Marck konnte sich gut vorstellen, *was lait mir diss ist*. Sibylle war tief betrübt und sie wünschte: [ich] *meucht*

neutzer dot seynn. Dennoch war der Herzog vornehmlich gegen andere eingenommen und seine Ausfälle an sich waren gar nicht gegen seine jüngste Tochter gerichtet, denn Sibylle schrieb: *er zigt mir eherenn, alles ich wert beynn unnd ist wolzufrittenn mit mir.* Sie hoffte, dass *singenattenn schwachhait* von selbst vorübergehen würde.[165]

Am 23. September 1581 hatte sie noch immer keine Stellvertreterin für ihre Jungfrau und ihre *kammermagt* gefunden. Sie musste abwarten, wen sie bekommen würde, aber sie stellte ihre Bedingungen: *Es wier woll notigh das ich eynn hedt, die proper unnd woll arbittenn keunt, seunst dienten sie mir nit*.[166]

Glücklicherweise hatte Sibylle Jungfrau *Oullenbrouch* überreden können, zu bleiben. Sie würde ihren Dienst fortsetzen, wenn Herzog Wilhelm damit aufhören würde, gehässige Dinge über sie zu sagen, *denn seulches wier nit zu deultenn, wens so blaibenn solt, denn sie sich inn allenn frey unnd unscheultigh weuste.* Sibylle hoffte, dass *es wirt nun mit der zit vergessen wertenn*.[167]

Wie bereits erwähnt steckten während dieser Zeit die Heiratspläne zwischen Sibylle und Karl fest. Um das Ganze voran zu bringen, schrieb Margaretha von der Marck-Arenberg im Oktober 1581 einen Brief an Herzog Wilhelm V. von Jülich-Kleve-Berg, in dem sie darum bat, an den jülich-klevischen Hof kommen zu dürfen. Der Herzog störte sich nicht an dem aufdringlichen Ton und er gab sein Einverständnis, aber er zog Sibylle damit auf. Er machte sich einen Spaß daraus, den Inhalt des Briefes bei Tisch und im *frawennzimmer* laut zu verkünden, sodass ihn jeder kannte.

---

161 Ebd., 6.9.1581. Gemeint sind Camilla Pasqualini und wohl ihre Schwestern Lucretia und Katharina.
162 Ebd., 23.9.1581.
163 Ebd., 23.9.1581.
164 Ebd., 6.9.1581.

165 Ebd., 6.9.1581.
166 Ebd., 23.9.1581.
167 Ebd., 1.10.1581.

Das machte Sibylle ganz nervös und sie hatte *woll beschem gewessenn am tiss*, denn sie hatte allen über Margaretha und ihren Sohn erzählen müssen.[168] Unglücklicherweise erkrankte Margaretha Mitte Oktober, sodass sie den Besuch absagen musste.

Einige Tage später ergab sich eine andere prekäre Situation. Auf Hambach waren der Landdrost Gymnich und der Marschall Nesselrode eingetroffen. Letzterer war nicht gerade ein Freund der Margaretha von der Marck-Arenberg. Auch aus den vorangehenden Briefen von Sibylle war deutlich hervorgegangen, dass es Meinungsverschiedenheiten zwischen der Familie von Arenberg und den Herren von Nesselrode gab. Jeder wusste davon, auch Herzog Wilhelm V. Dieser hatte seine Tochter beauftragt, dem Marschall Reuschenberg mitzuteilen, dass Margaretha ihm Birnenkonfitüre geschickt habe und dass ihm das sehr angenehm gewesen sei. Also sagte Sibylle *hart uber dem tiss e. l. hettenn es ingenatenn gesent.* Der Marschall von Nesselrode betrachtete sie *hesselich, das ich e. l. nant.* Die Folge seines gehässigen Blickes war, dass Sibylle in herzliches Gelächter ausbrach und sie sah ihn *immer so hesselich ann, alles er mir.*[169]

Auch aus dem Folgenden geht hervor, dass das Verhältnis zwischen den Familien von Arenberg und von Nesselrode nicht besonders gut war. Als Margaretha Ende November 1581 für einige Tage in Hambach war, verließ der Marschall das Schloss, um eine Konfrontation zu vermeiden. Als Margaretha abgereist war, kehrte er wieder zurück. Margaretha hatte aber ihren jüngsten Sohn Robert auf Schloss Hambach zurückgelassen. Eine Begegnung mit ihm konnte nicht ausbleiben. Am Abend des

zweiten Dezembers hatte Robert *sinen nachbar. e. l. goutter freuntt gistrenn abent siehenn moussenn, der mit am tiss ist gewessen.* Über den Marschall Nesselrode schrieb Sibylle: *er sagh so verferlich. Ich moust es aber lachenn. Ich gelaubenn er hett was darumb gebenn [das] er nit hie hedt houffenn zu kommenn, denn am lesten, wie e. l. hie kammenn, zogh er weck.*[170]

Im Allgemeinen fühlte sich Sibylle am jülich-klevischen Hof nicht wohl. Sie hoffte auf den Tag, an dem sie alles hinter sich lassen und ein neues friedliches Leben beginnen konnte: [Ich] *solt mich neur geleucklich achtenn ich neur hievondann wier, denn es wirt eynn seltzam hoff. Bins so meut unnd ist dermassenn das der nimantzs begert zu kommenn unnd die der sin, begerenn der nit langh zu blaibenn, also das mich miehe eherenn bey demselbigenn weurt geschiehenn alles ich wert wier. Denn was wolt eynn minsch miehe weunschenn denn fritenn? Unnd man hatt hie nit zu erwartenn, alles hie eynn kneutrenn unnd keiffenn. Denn theut man dem einenn zu fill unnd dem antrenn zu wienich. Solt das eynn minsch nit vertriffenn?*[171]

Sibylle sollte den von ihr ersehnten Frieden nicht finden. Sie wurde schließlich in ein schmutziges Komplott gegen Jakobe von Baden involviert, das ihrer Schwägerin schließlich das Leben kostete. Sibylles Beschreibung der Atmosphäre am Hof zu Jülich-Kleve-Berg erscheint vor diesem Hintergrund glaubhaft.[172]

---

168 Ebd., 7.10.1581.
169 Ebd., 22.10.1581.

170 AAE, M. M. 120, Sibylle von Jülich-Kleve-Berg an Margaretha von der Marck-Arenberg, 3.12.1581.
171 Ebd., 12.11.1582.
172 S. hierzu Kap. 2.14.2.

3.6 DER POLITISCHE EINFLUSS ADE-LIGER FRAUEN IM 16. JAHRHUNDERT

Verheiratete adelige Frauen nahmen vor allem die Rolle der *Hausfrauw* ein, womit auf ihre Stellung als Ehefrau und Leiterin des Haushaltes Bezug genommen wurde. Sie waren ihrem Mann Gehorsam schuldig, waren aber gegenüber den Bediensteten des adeligen Haushaltes weisungsbefugt. Von Rechtswegen waren sie unmündig und benötigten einen männlichen Vormund. Darin unterschieden sich adelige kaum von bürgerlichen Frauen. Adelige Frauen hatten aber gegenüber bürgerlichen Frauen größere finanzielle Freiheiten, da sie über ihre Morgengabe, ihren Schmuck und die Kleinodien frei verfügen konnten.[173]

Wenn man auf die politische Geschichte der Frühen Neuzeit blickt, fällt auf, dass es vor allem eine Geschichte der Männer ist, in der Frauen im Allgemeinen vom aktiven politischen Leben ausgeschlossen waren. Die Niederlande kannten im 16. Jahrhundert drei Generalstatthalterinnen: Margaretha von Österreich, Maria von Ungarn und Margaretha von Parma. Wenn auch ihre Kompetenzen durch geheime Instruktionen beschränkt waren, hatten sie doch eine große Macht und man darf sie zu Recht als Machthaberinnen bezeichnen. Auch England kannte in diesem Jahrhundert eine Anzahl von weiblichen Herrschern: Maria Tudor, Maria Stuart und Elisabeth I. Vor allem Elisabeth hat als Königin ihr Land über fast ein halbes Jahrhundert allein regiert. In Frankreich übte Katharina de' Medici für einige Zeit politischen Einfluss aus. Es ist zu berücksichtigen, dass es sich hierbei ausschließlich um Frauen von königlichem Blut handelte und dass sie deshalb

eine Ausnahme von der Regel darstellten. Führende Funktionen wurden als typisch männlich betrachtet. Eine Frau in führender Position war in den Augen männlicher Zeitgenossen etwas Unnatürliches. Es ist bemerkenswert, dass zudem Frauen, die Macht ausübten, entweder verwitwet oder unverheiratet waren oder aber einen politisch schwachen Gatten hatten. Diese Frauen waren frei, selbstständig und unabhängig, was in einer Gesellschaft, in der Frauen im Allgemeinen von einem Mann abhängig waren, etwas Besonderes darstellte.[174]

Aber welche politische Rolle nahmen im 16. Jahrhundert die adeligen Ehefrauen ein, deren Ehemänner die Politik eines Landes mitbestimmten oder Heerführer waren ein? Wenn auch die Frauen nie einen Platz im geheimen Rat des Souveräns erhielten, konnten sie sich dennoch an der politischen und persönlichen Konversation, die außerhalb geführt wurde, beteiligen. Sie waren sehr wohl in die Politik einbezogen, wenn auch nur indirekt und hinter den Kulissen. Wenn sie interessiert waren, gab es kein Hindernis für sie, sich zu informieren und zu versuchen, auf ihre Art Einfluss auszuüben. Auch wenn sie nicht in den Geschichtsbüchern genannt werden, spielten Frauen stets eine wichtige Rolle im Hintergrund.

Die in dieser Untersuchung erwähnten adeligen Frauen waren außerordentlich an politischen Angelegenheiten des eigenen Landes als auch des Auslandes interessiert und sie versuchten, den Lauf der Dinge manches Mal mit mehr oder weniger großem Erfolg zu beeinflussen.

Margaretha von der Marck-Arenberg verwaltete als Witwe dreißig Jahre lang vollkommen selbstständig ihre ausgedehnten Güter. Nach dem Ehevertrag beerbten Margaretha und Johann von Ligne einander. So musste Karl von Arenberg warten, bis seine Mutter verstorben war, um den größten Teil des Familienbesitzes zu erhalten. Während dieser 30 Jahre vertrat Margaretha ihren Mann auch als Haupt der Familie und forderte von ihren Kindern absoluten Gehorsam. Sogar noch Jahre nach dem Tod ihres Ehegatten dominierte sie ihren volljährigen Sohn Karl und hielt ihn von dem Krieg in den Niederlanden fern. Erst nach 1578 konnte sie ihn nicht länger zurückhalten, Partei zu ergreifen. Bezüglich seiner Eheschließung war es auch seine Mutter, die Entscheidungen traf, obwohl er selbst schon 37 Jahre alt war, als er schließlich heiratete. Margarethas Aufgabe war es, geeignete Partner für ihre Kinder zu finden. Sie erfüllte diese Aufgabe mit ganzem Herzen; nur das Beste war gut genug. Sie wollte dafür sogar König und Kaiser trotzen.

Was auch immer Margaretha unternahm, es geschah zum Wohlergehen ihres Hauses. Der Friede in den Niederlanden war eines ihrer vorrangigen Ziele. Deshalb traf sie sich mit Don Juan in Luxemburg, um sich für den Frieden einzusetzen, und sie war schließlich bei der Unterzeichnung des Ewigen Ediktes anwesend. Wie bereits erwähnt, blieb sie ihr ganzes Leben in dem Konflikt, der die Niederlande betraf, neutral. Unterdessen unterhielt sie einen Briefwechsel mit den Generalstatthaltern, damit sie und ihr Haus nicht in Vergessenheit gerieten und sie selbst über das, was auf politischem und militärischem Gebiet geschah, informiert blieb. Darüber hinaus verfügte sie über zahlreiche Kontakte zu europäischen Fürstenhäusern, da einerseits ihre Besitztümer über mehrere staatliche Gebiete verstreut lagen und sie andererseits persönlich bemüht war, solche Beziehungen zu unterhalten. Als man zum dritten Mal ihre Güter in den nördlichen

Niederlanden konfiszierte, bot sie erfolgreich ihren ganzen Einfluss beim Kaiser auf, damit er Druck ausübe, um die Freigabe ihrer Besitztümer zu erreichen.

Wenn wir die Selbstständigkeit und Freiheit der Margaretha betrachten, müssen wir berücksichtigen, dass sie Witwe war. Da sie keinen männlichen Vormund hatte, konnte sie vollkommen frei nach eigenem Gutdünken handeln. Möglicherweise hätte sie aber genauso gehandelt, wenn sie nicht Witwe geworden wäre, da sie eine starke Persönlichkeit war.

Ihr ausgeprägter Charakter ist in ihrer persönlichen Entwicklung zu suchen: Als Siebzehnjährige hatte sie eine der größten Besitzungen in den Niederlanden geerbt und sie hatte mit Hilfe zweier Vormunde gelernt, ihren Besitz zu verwalten. Die vielen persönlichen Verluste, die sie erlitten hatte, hatten sie stark gemacht und es lag wahrscheinlich in ihrer Art, sich durchzusetzen. Die Heirat mit Johann von Ligne ging an erster Stelle auf ihre Initiative zurück. Während ihrer Ehe waren die Eheleute häufig getrennt gewesen und jeder war seinen eigenen Weg gegangen, was Margarethas Selbstständigkeit weiter gefördert haben wird. Es kann vermutet werden, dass sie sich auch nach ihrer Hochzeit hauptsächlich mit der Verwaltung der Besitzungen beschäftigte. Ein dominanter Mann war Johann von Ligne offenbar nicht. So ging Margaretha Ende der 1550er-Jahre allein zu den Friedensverhandlungen zwischen Frankreich und Spanien und war bei der Unterzeichnung des Friedens von Cateau-Cambrésis anwesend.

Für ihren ältesten Sohn Karl von Arenberg hatte sie zuerst als Ehefrau Sibylle von Jülich-Kleve-Berg ins Auge gefasst. Eine leidenschaftliche junge Frau, die wusste, was sie wollte, und dafür bis zum Äußersten ging, genau wie Margaretha selbst. Als die Hoch-

zeit Jahre später auf Grund von Standesun-
terschieden nicht stattfinden konnte, fand sie
in der Person der Anne von Croy eine andere
Braut für ihren Sohn. Auch diese war eine
Frau mit einer starken Persönlichkeit. Sie
führte ihren Haushalt bis zu ihrem Tode mit
eiserner Hand.[175] Sie war vermutlich noch
dominanter als ihre Schwiegermutter. Sie
weigerte sich Zeit ihres Lebens, Besitzungen oder Macht aus den Händen zu geben
und schrak nicht davor zurück, ihre Kinder
gegeneinander aufzuhetzen oder gegen sie
zu prozessieren. Aber trotz ihres vielleicht
unfreundlichen Charakters muss man ihr
zugute halten, dass das Haus Arenberg von
ihrer Führung profitiert hat.

Margaretha von der Marck-Arenberg
hat ihren Charakter auch ihrer Tochter
Margaretha von Lalaing vererbt. Aus der
Korrespondenz zwischen Kardinal Granvelle und den Landvögten geht hervor,
dass man die Gräfin von Lalaing oder ihre
Mutter ansprechen solle, um Graf Philipp
von Lalaing für eine bestimmte Sache zu
gewinnen. Es war also in politischen Kreisen
allgemein bekannt, dass der Graf von seiner
Frau dominiert wurde.[176]

In dieser Studie sind weitere Frauen
berücksichtigt worden, die außerhalb des
eigenen Haushalts aktiv waren. A n n a v o n
B a y e r n , die Witwe Herzogs Albrecht V., ist
ein weiteres Beispiel, da sie – wie allgemein
bekannt – sehr viel Einfluss auf Kaiser Rudolf II. hatte. Nicht ohne Grund werden die
jülich-klevischen Räte die Herzogin mittels
der Gesandten Maxlrain und Dandorf gebeten haben, den Kaiser anzusprechen und für
bestimmte Angelegenheiten ihr Wort einzulegen. Manchmal scheinen die Gesandten in
Annas Auftrag gehandelt zu haben, denn die

Anweisungen, die sie erhielten, kamen aus
ihrer Hand und betrafen mehr als nur die
Vermählungen von Sibylle und deren Bruder Johann Wilhelm. Wie Margaretha von
der Marck-Arenberg beeinflusste auch Anna
ihre Söhne noch lange Zeit. In der Heiratsangelegenheit zwischen Jülich und Arenberg
befahl sie ihrem Sohn Ernst (Bischof von
Lüttich ab 1581 und Erzbischof von Köln
ab 1583) sich nicht einzumischen. Anna tat
alles, um den bayerischen Einfluss in den
Fürstentümern am Rhein zu vergrößern,
denn vor allem der Rückgang des Katholizismus bereitete ihr große Sorge. Nicht umsonst befürwortete sie eine Doppelhochzeit
zwischen Sibylle von Jülich-Kleve-Berg und
ihrem Neffen Philipp von Baden einerseits
und Johann Wilhelm I. von Jülich-Kleve-
Berg und ihrer Nichte Jakobe von Baden
andererseits. Die beiden Waisen aus Baden
standen schließlich vollkommen unter baye-
rischem Einfluss.[177]

Auch am Hof von Jülich-Kleve-Berg
waren die Frauen an Politik interessiert und
wussten genau, was in ihrem Land vorging.
Sie verfolgten den Verlauf des Aufstandes
in den Niederlanden mit Argusaugen und
sie hielten sich mit ihrer Meinung über
politische und religiöse Fragen nicht zurück. Das geht unter anderem aus dem
bewussten Brief der Maria Eleonore an die
Schwester Wilhelms von Oranien hervor,
der von den Spionen Albas abgefangen
wurde und in dem sie ungehemmt ihre
Meinung äußerte.[178]

Auch S i b y l l e v o n J ü l i c h - K l e v e -
B e r g war stets gut informiert, besonders
über die Verhältnisse in den Niederlanden und in diesem Zusammenhang auch
über gefährdete oder von der Konfiszie-

---

175 S. Kap. 2.14.1.
176 S. Kap. 1.3.6.

177 S. Kap. 2.10.
178 S. Kap. 1.5.5.

rung bedrohte Güter der Margaretha von der Marck-Arenberg. Andere Nachrichten erfuhr Sibylle von Boten, die den jülich-klevischen Hof besuchten, oder von einigen geheimen Räten, mit denen Sibylle sich gut verstand. Als der Kölner Krieg Anfang der 1580er-Jahre ausbrach und die Fürstentümer am Rhein von marodierenden Truppen verwüstet und geplündert wurden, war sie über jede Besatzung oder Bewegung der Truppen informiert und machte sich große Sorgen. Vor allem als die Truppen von Karl von Arenberg meuterten und mehrere Adelige sich bei Herzog Wilhelm V. beklagten, war sie sehr besorgt sowohl um die Bevölkerung als um das Wohlergehen Karls.[179]

In ihren Briefen informierte Sibylle Margaretha von der Marck-Arenberg über alles, was passierte. Es ist bemerkenswert, wie detailliert und genau ihre Beschreibungen sind.

Sibylle lehnte jeden Krieg oder Streit radikal ab: *Seunst seyenn die kriegh wie sie wollenn, sie sint nit christilich oder got gefeligh, wenns nit gegenn dem teurckenn ist. Wir sint gelichewoll christenn zusammenn, ob son der hoger intonn ist im gelaubenn. Seunst ist es gott nit angenem das eynn christ gegenn dem antrenn ist.* Deswegen war es ihr nicht recht, dass Karl sich in den Konflikt einmischte, aber sie verstand, dass andere über Krieg und Frieden entschieden und sie wusste, dass man der Obrigkeit gehorchen musste.[180]

Sie fand es schrecklich anzuhören, wie Geistliche von den Truppen des abgesetzten Kölner Kurfürsten Gebhard Truchsess von Waldburg behandelt wurden: *dar des jetzigenn abgesetzstem corfeurstenn folck hin zeught, machenn sie es ellentigh mit plonternn,*

brennenn unnd fangenn die arme gistlichkaitt. Mouss anhaltenn giehenn dar ellentigh mit umb ist, nickts alles verherttenn unnd verderbern. [Sie] *habenn auch des hervatters closter eyns geplontren Haisterbach unnd denn abpt mitgenommenn auff Bonn unnd antrenn herrenn miehe unnd ellentigh mit denn antrenn im closter umbgangenn, das es eynn steinenn hertzs erbarmmenn meucht.*[181]

Das Schicksal der Untertanen, unschuldige Opfer eines Krieges, der nicht der ihre war, ging ihr sehr zu Herzen. Sie klagte vor allem über die Truppen des Herzogs von Parma und Karl von Arenbergs. Sibylle schrieb: *der hervatter keummert sich hough hierin das er seyne lantenn so jemmerlich sampt dern underthannenn sight verterbenn unnd ist nit zu wentenn, will wir sey im lant habenn.* [Sie] *haltenn sich gar unfreuntlich, stellenn sich alles wenn sie inn fiantzs lantenn wierenn, mit brennenn, mortenn unnd roubenn, dar e. l. sons rigement kain fell ann schlitt, denn sie sint die princepallenn.*[182]

Nach dem Tod ihres Vaters 1592 begann sie sich immer stärker in die Politik des Landes einzumischen. Als Verfechterin des Katholizismus stand sie auf der Seite der wenigen geheimen Räte, die die Macht des Landes vollkommen in Händen hatten. Über echte Macht verfügte sie nicht, aber sie konnte wohl ihren Einfluss ausüben, auch wenn es nur über einige männliche Vertraute geschah.

Ihre Schwägerin Jakobe von Baden strebte ebenfalls nach Macht im Fürstentum. Sie war als starke weibliche Persönlichkeit und als überzeugte Katholikin vom Kaiser und dem Haus Bayern als Frau an die Seite des schwachen Herzogs Johann Wilhelm I. gestellt worden. Sie war dazu bestimmt, eine

---

179 Neu 1989, S. 250f.
180 AAE, M. M. 120, Sibylle von Jülich-Kleve-Berg an Margaretha von der Marck-Arenberg, 23.9.1581.

181 Ebd., 122, 28.7.1583.
182 Ebd., 123, 8.3.1584.

politische Rolle zu spielen und die Fürstentümer am Rhein zum Katholizismus zurückzuführen. Als der Geisteszustand ihres Gatten sich verschlechterte, sah Jakobe ihre Chance, ihre Macht und ihren Einfluss zu vergrößern. Der Schlüssel hierzu war die Vormundschaft über den schwachen Herzog. Darüber entbrannte ein Streit zwischen Jakobe und einigen Räten, die alle Macht in Händen hatten. Die Herzogin handelte sehr unvernünftig und unvorsichtig, aber mutig. Trotz der Tatsache, dass sie eine Frau war, schreckte sie nicht davor zurück, für ihre vermeintlichen Rechte zu kämpfen. Die Geschichte des Prozesses, in den man sie später zog, ist auch eine Geschichte über zwei Frauen, die sich auf politischem Feld feindlich gegenüber standen. Aufgehetzt oder nicht, Sibylle hat hierbei eine große Rolle gespielt.[183]

183 S. Kap. 2.14.2.

SCHLUSSBETRACHTUNG

Ziel dieser Untersuchung war es, die gesellschaftliche Stellung, die Geisteshaltung und das Selbstbild einiger hochadeliger Frauen in der zweiten Hälfte des 16. Jahrhunderts darzustellen. Als Quelle diente fast ausschließlich der private Briefwechsel zwischen der Familie von der Marck-Arenberg und dem Haus Jülich-Kleve-Berg. Bedingt durch das Quellenmaterial wurden zwei Hauptthemen näher beleuchtet.

Den ersten Themenschwerpunkt stellten die Eheverhandlungen im Hochadel dar. Zusammenfassend lässt sich feststellen, dass bei hochadeligen Eheschließungen diverse Faktoren eine Rolle spielten. Die Verhandlungen dauerten mitunter Jahre, bevor sie in einem Ehevertrag mündeten und es waren verschiedene Personen und Interessensgruppen darin involviert. Dabei spielten nicht nur der engere, sondern auch der weitere Familienkreis sowie die fürstliche Verwaltung eine Rolle. Im Falle der Familie des Herzogs von Jülich-Kleve-Berg wurde so das Haus Bayern und in Hinblick auf den jülich-klevischen Hof zumindest die geheimen Räte, der Landvogt und einige maßgebliche Ritter miteinbezogen. Für Herzog Wilhelm V. von Jülich-Kleve-Berg war aber auch sowohl die Meinung des

Kaisers als auch die des spanischen Königs wichtig, da er durch seine eigene Ehe mit Maria von Österreich in einem engeren verwandtschaftlichen Verhältnis zu ihnen stand.

Die wichtigsten Faktoren für das Zustandekommen einer Hochzeit waren dynastische und politische Belange der an den Verhandlungen Beteiligten. Die engere verwandtschaftliche Beziehung zu den Habsburgern hatte für die Eheschließung der Nachkommen Wilhelms V. weitreichendere Konsequenzen, da nicht nur die territorial-, sondern auch die reichspolitischen Aspekte berücksichtigt werden mussten. Die Töchter von Herzog Wilhelm V. von Jülich-Kleve-Berg waren aufgrund der strategischen Lage, der Größe, der fruchtbaren Böden und des Reichtums des Fürstentums am Niederrhein begehrte Ehepartner, zumal die Erbfolge des Herzogtums Jülich-Kleve-Berg aufgrund der schwachen Gesundheit des einzigen männlichen Erbens vermutlich auf diese übergehen würde.

Maria Eleonore von Jülich-Kleve-Berg wurde mit Albrecht Friedrich von Preußen verheiratet, obwohl dieser unter einer psychischen Störung litt. Diese Verbindung lag aber im Interesse Kaiser Maximilians II.

Aufgrund der aussichtsreichen Erbfolge hatte auch Philipp Ludwig von Pfalz-Neuburg um die Hand von Maria Eleonore von Jülich-Kleve-Berg angehalten. Nachdem ihm diese Verbindung verwehrt worden war, bemühte er sich erfolgreich um die zweitälteste Tochter Anna. Mit den gleichen Ambitionen, die ihn zu seiner eigenen Ehe motiviert hatten, vermittelte er dann auch zwischen seinem jüngeren Bruder, Johann von Zweibrücken, und der dritten Tochter des Herzogs, Magdalena.

Nicht nur dynastische und politische Faktoren, sondern auch konfessionelle Aspekte konnten für eine Eheverbindung ausschlaggebend sein. So musste die katholische Jakobe von Baden den gesundheitlich schwachen Johann Wilhelm I. von Jülich-Kleve-Berg heiraten, um den Katholizismus im Fürstentum wieder herzustellen bzw. zu stärken. Darüber hinaus diente diese Ehe auch den machtpolitischen Belangen des Hauses Bayern, das seinen Einfluss im Rheinland ausbreiten wollte. Aus diesem Grund stieß der Eheplan auf Widerstand sowohl bei den jülich-klevischen Räten als auch bei Herzog Wilhelm V., der seine Macht nicht aus den Händen geben wollte. Ebenfalls durch den Druck von Kaiser Rudolf II., aber auch durch König Philipp II. von Spanien, kam diese Ehe dann doch letztlich zustande.

Wie ausschlaggebend das Wort des Kaisers sein konnte, wird am deutlichsten an der tragischen Geschichte von Sibylle, der jüngsten Tochter von Herzog Wilhelm V. Margaretha von der Marck-Arenberg hatte aufgrund politischer und sozial-ökonomischer Überlegungen eine Hochzeit zwischen ihrem Sohn Karl und Sibylle in Erwägung gezogen. Sie hoffte, dass durch diese Verbindung ihr Haus zu mehr Ansehen und Reichtum gelangen würde, darüber hinaus

empfand sie auch Sympathie für die junge Frau. Jahre zuvor hatte Margaretha einen engen Briefverkehr mit den drei älteren Töchtern von Herzog Wilhelm V. unterhalten und Zuneigung zu allen Schwestern entwickelt, trotz der konfessionellen Unterschiede. Sibylle schien ebenfalls im Laufe der sich über Jahre hinziehenden Heiratsverhandlungen tiefe Gefühle zu Karl von Arenberg entwickelt zu haben und tat dieses auch jedem kund.

Kaiser Rudolf II. führte aber sowohl Standesunterschiede zwischen den beiden Familien als auch den Umstand, dass die Familie von Arenberg politisch zu unbedeutend sei und ihre Besitzungen kriegsbedingt in unsicherem Gebiet lägen, für eine Ablehnung dieser Verbindung an. Da aber Sibylle und Margaretha aus unterschiedlichen Gründen so verbissen an dem Vorhaben festhielten und zudem Herzog Wilhelm V. von Jülich-Kleve-Berg sich wenig entscheidungsfreudig zeigte, dauerten die Verhandlungen zehn Jahre und verursachten vor allem bei Sibylle viel Kummer und Schmerz. Als sicher feststand, dass die Ehe von Sibylles jüngerem Bruder, Herzog Johann Wilhelm, ohne Kinder bleiben würde, wurde Sibylles Hand auch noch Streitpunkt zwischen dem protestantischen und dem katholischen Lager.

Zusammenfassend lässt sich feststellen, dass alle Eheschließungen der Kinder von Herzog Wilhelm V. von Jülich-Kleve-Berg politisch oder konfessionell motiviert waren, wie es im Hochadel in der Regel wohl üblich war. Das bedeutet aber nicht unbedingt, dass diese Ehen unglücklich waren, wie es bei Maria Eleonore der Fall war. Anna und Magdalena hatten sich jedoch im Laufe der Ehe mit ihren jeweiligen Ehepartnern arrangiert, sie schätzen gelernt und darüber hinaus wohl auch tiefere Gefühle für sie entwickelt. Sie schrieben mehrmals, dass sie glücklich mit ihren Ehegatten seien. Und auch zwischen Jakobe von Baden und Johann Wilhelm I. von Jülich-Kleve-Berg wird eine gegenseitige Zuneigung bestanden haben.

Der zweite Schwerpunkt dieser Studie widmete sich den Freundschaften zwischen hochadligen Frauen. Die Quellen vermitteln den Eindruck, dass diese Freundschaften mit Frauenfreundschaften unserer Zeit vergleichbar sind, da es sich bei den Beziehungen um Beziehungen zwischen Individuen zu handeln scheint, die auf Zuwendung, Vertrauen und Offenheit basierten. Das war tatsächlich in der Beziehung zwischen Sibylle und Margaretha so. Sie stützten sich in schlechten Zeiten gegenseitig, sprachen über ihre Sorgen und versuchten einander zu trösten. Es war eine nahezu ausgewogene Verbindung. Da Margaretha die ältere war, konnte sie sich in ihren Briefen frei ausdrücken, wohingegen Sibylle zwar fast alles sagen oder schreiben konnte, aber immer mit dem nötigen Respekt der älteren Briefpartnerin gegenüber. Sie sah Margaretha ein wenig als ihre Mutter an und nannte sie *hertzebliebe moume*, also „Tante".

Der auch zwischen Margaretha und Sibylle übliche Austausch von Geschenken und Diensten war ein Ritual, das noch aus der traditionellen Auffassung von Freundschaft als einer Beziehung von gegenseitigem Nutzen mit Verpflichtungen für beide Parteien herrührte. Bemerkungen wie „Sie sind zu gütig zu mir" oder „mein Vermögen ist zu gering, um Sie entlohnen zu können" müssen vor diesem Hintergrund interpretiert werden.

Die Briefe sind nicht nur eine Quelle für die hier ausführlich behandelten Themen, sondern geben darüber hinaus auch Auskunft auf weitere soziologische Fragen. Da es sich um private Briefe zwischen gut bekannten bzw. befreundeten Frauen handelt, ist es mehr als natürlich, dass die Verfasserinnen auch ihre persönlichen Gefühle mitteilten.

So können aus den Quellen gewisse Aussagen zum Familienleben, zur Gemütsbewegung der Frauen und ihrer familiärer Stellung herausgelesen werden. Einige Familienhistoriker, wie Lawrence Stone, charakterisieren das Verhältnis zwischen den Familienmitgliedern der neuzeitlichen Familie als autoritär, lieblos und distanziert.[1] Die Quellen, die für die vorliegende Studie herangezogen wurden, zeigen aber ein etwas differenzierteres Bild. So äußern die hier relevanten Personen sehr wohl Gefühle; Sibylle empfand und äußerte eine große Trauer, als Magdalena bei ihrer Hochzeit den jülich-klevischen Hof verließ oder als ihre Mutter, Maria von Österreich, starb.

In Bezug auf das „Muttergefühl" lässt sich aus den Briefen ein anderes Bild herauslesen, als das, was in manchen Theorien wie auch bei Philippe Ariès[2] in den letzten Jahrzehnten vertreten worden ist. In den Briefen der Töchter von Herzog Wilhelm V. werden Emotionen wie Freude über ihre Kinder aber auch Trauer bei Tod und Krankheit eines Kindes geäußert. Es bleibt zu hoffen, dass sich die Forschung in den nächsten Jahren auch diesem Thema noch einmal neu zuwendet und dazu die Korrespondenz der weiblichen Mitglieder des Adels nutzt, die häufig noch unbearbeitet in Archiven ruht.

Ihre Gefühle mussten die Frauen allerdings den Belangen ihrer Familie bzw. den dynastischen Erwartungen unterordnen.

---

1   Lawrence Stone, The family, sex and marriage in England 1500–1800, London, 1977, S. 113–125.
2   Siehe hierzu Ariès, insbesondere S. 209.

Das wird sehr deutlich an dem für Sibylle unglücklichen Verlauf der Eheverhandlungen mit Karl von Arenberg. Sibylle schien in Karl hoffnungslos verliebt gewesen zu sein. Sie war nahezu besessen von der Idee, ihn zu heiraten, aber sie stieß an die Grenzen, die Frauen auferlegt waren. Sie war abhängig von der Entscheidung zahlreicher Männer aus ihrer Umgebung; an erster Stelle musste sie sich ihrem Vater, aber auch dem Kaiser und den Räten unterordnen.

In diesem Zusammenhang ergänzt diese Studie den Blick auf die Position der hochadeligen Frau in der Neuzeit. In der Forschungsliteratur wird häufig das Bild der Frau als stille Person vermittelt, die nichts zu sagen hatte und dem Mann völlig unterworfen und von ihm abhängig war. Frauen schienen bei den sie betreffenden Heiratsverhandlungen nicht involviert gewesen zu sein. Aus den untersuchten Quellen lässt sich aber herauslesen, dass Frauen doch nicht so abwesend waren, wie bisher angenommen. Ihr Wort war zwar oft nicht so wichtig, dass sie sich gegen die die Verhandlungen führenden Männer durchsetzen konnten, aber sie ließen sich auch nichts aufzwingen und versuchten ihre Interessen auf unterschiedlichste Art und Weise zu wahren. Innerhalb der Grenzen, die familiäre und politische Belange setzten, hatten sie einen gewissen Spielraum. Das war bei jeder Frau anders, weil der Spielraum, den sie hatte, bestimmt war durch den Charakter und die Position des Mannes, von dem sie juristisch abhängig war. Aus diesen Gründen hatte zum Beispiel eine Witwe oder eine Frau mit einem „schwachen" Mann oder Vater mehr Macht als eine Frau mit einem dominanten und autoritären Mann bzw. Vater. Die Frauen aus dieser Studie passen so perfekt

in das Bild, das Anton Blok[3] entworfen hat. Margaretha von der Marck-Arenberg war verwitwet und auch die alte Herzogin Anna von Bayern erarbeitete sich nach dem Tod ihres Mannes Herzog Albrecht eine beachtliche Position. Jakobe von Baden und Maria Eleonore von Preußen hatten beide gesundheitlich schwache und zeitweise geistig verwirrte Männer, sodass sie ihren Einfluss gelten machen konnten. Wie diese Studie zeigt, ergriffen diese Frauen ihre Möglichkeiten, da es sich bei ihnen auch um charakterlich starke Persönlichkeiten handelte. Ihr Vorgehen wurde von ihrer männlichen Umgebung allerdings nicht immer toleriert.

Es muss allerdings berücksichtigt werden, dass es sich bei allen hier erhaltenen Erkenntnissen nur um Rückschlüsse aus den hier untersuchten Quellen handelt und dass bei einer Verallgemeinerung stets Vorsicht geboten ist.[4] Dennoch lässt sich festhalten, dass wir in dieser Studie mit einer Reihe von Frauen mit starker Persönlichkeit konfrontiert worden sind. Die bisherige Forschung lässt vermuten, dass es sich dabei um Ausnahmen handelt. Ich möchte aber abschließend die These aufstellen, dass es in der Frühen Neuzeit viel mehr hochadelige Frauen mit starken Charaktereigenschaften gab und diese wesentlich entscheidender die Geschichte beeinflusst haben, als es bisher vermutet wurde.

---

3   Blok 1990.
4   Kloek 1989, S. 83.

Taf. 1: Silberner Taler der Margaretha von der Marck-Arenberg von 1576 mit dem Arenberger
Wappen sowie dem Christuskind im Sonnenkranz und der Devise „Protector meus es
tu" (Mein Beschützer bist du), Archiv von Arenberg, Edingen.

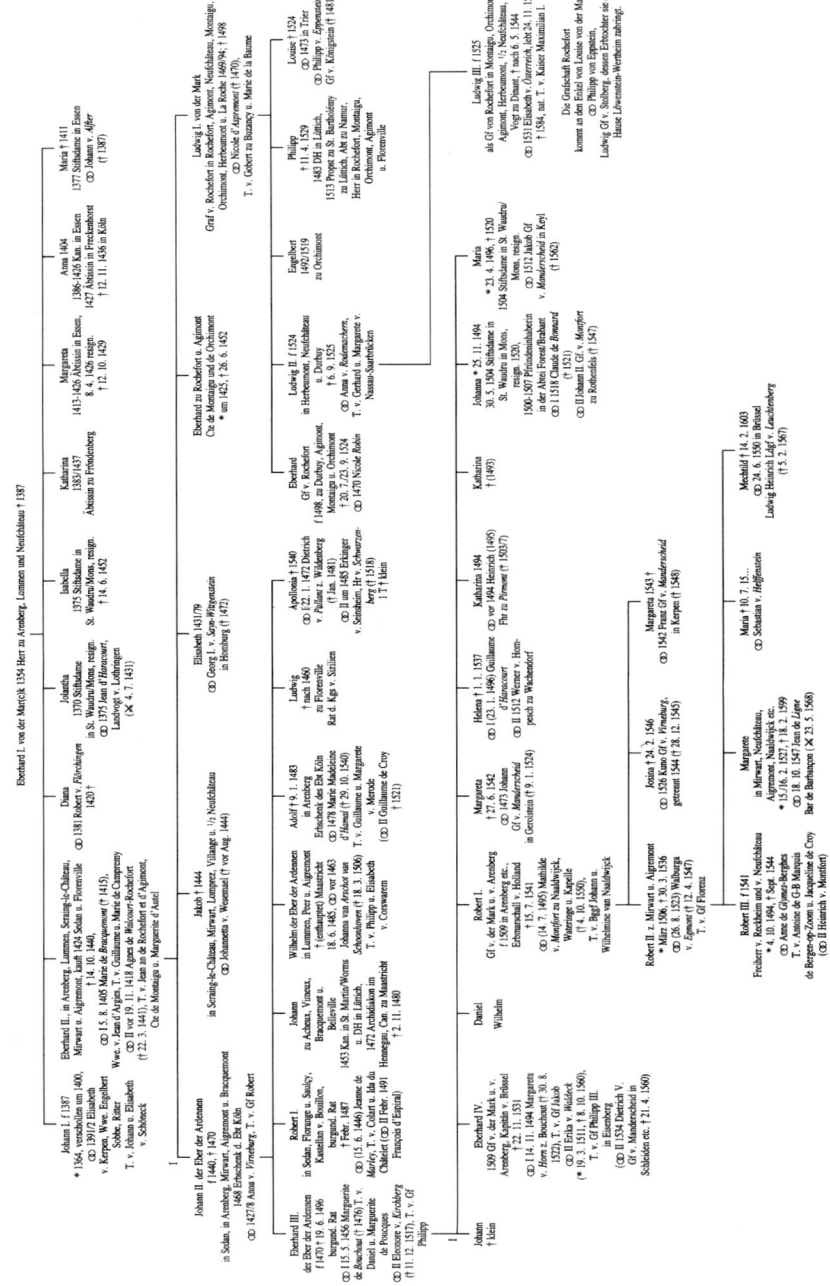

Die Herren, seit 1509 Grafen von der Mark und von Arenberg
Die Herren von der Mark, Grafen von Rochefort

TAF. 2: STAMMTAFEL DER HERREN, SEIT 1509 GRAFEN VON DER MARK UND VON ARENBERG.

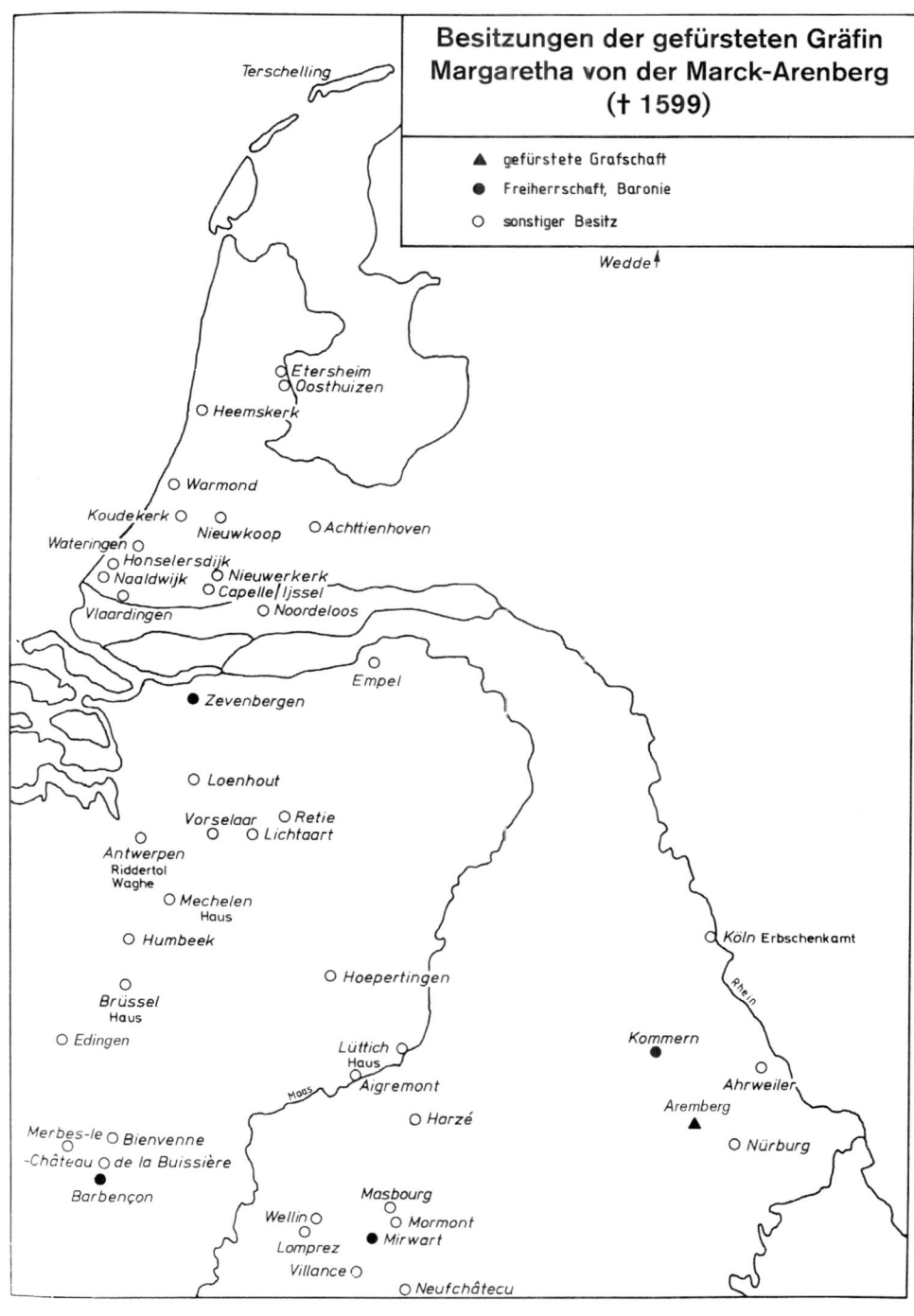

Taf. 3: Besitzungen der gefürsteten Gräfin Margaretha von der Marck-Arenberg.

TAF. 4: DIRCK CRABETH, PORTRÄTS VON JOHANN VON LIGNE UND MARGARETHA VON DER MARCK-ARENBERG, AUSSCHNITT AUS DEM ENTWURFSKARTON DES FENSTERS „JUDITH UND HOLOFERNES" FÜR DIE SINT JANSKERK IN GOUDA, 1571.

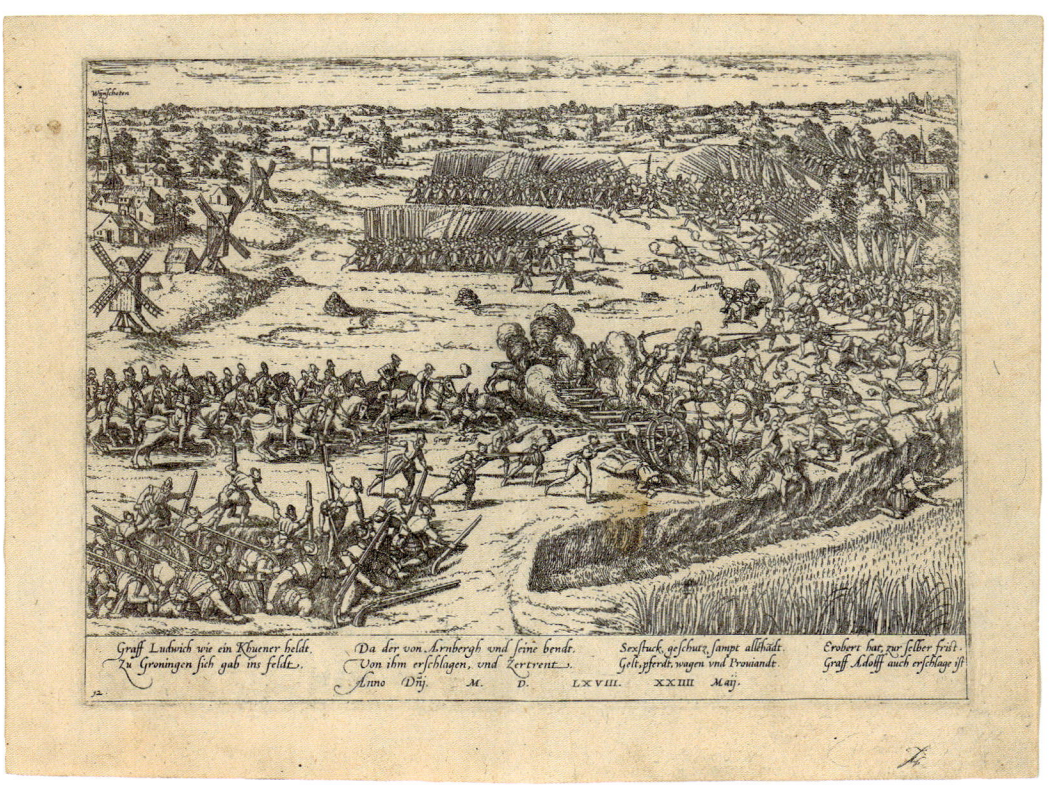

TAF. 6: FRANZ HOGENBERG, SCHLACHT VON HEILIGERLEE, 1568 KUPFERSTICH, 27 × 18CM.

TAF. 7: PORTRÄT DER MARGARETHA VON DER MARCK-ARENBERG, ARCHIV VON ARENBERG, EDINGEN.

TAF. 8: PORTRÄT KARL VON ARENBERG, ARCHIV VON ARENBERG, EDINGEN.

Taf. 9: Porträt Anne von Croy, Archiv von Arenberg, Edingen.

Taf. 10: François Pourbus d.J. (zugeschrieben), Porträt der Familie des Karl von Arenberg und der Anne von Croy, um 1593, K.U. Leuven, Sammlung Arenberg.

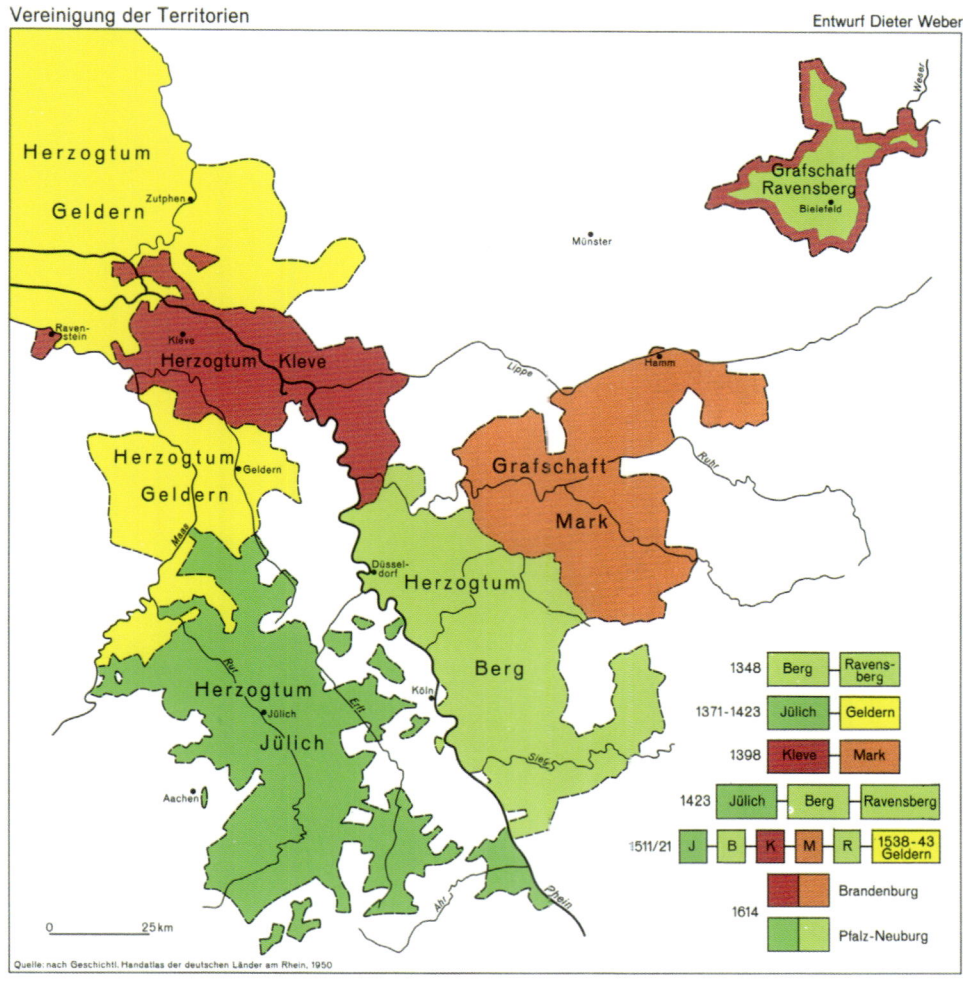

Vereinigung der Territorien

Entwurf Dieter Weber

TAF. 11: KARTE DER VEREINIGTEN HERZOGTÜMER JÜLICH-KLEVE-BERG.

FOLGENDE SEITEN:

LINKS:

TAF. 12: STAMMTAFEL DES HAUSES JÜLICH-KLEVE-BERG.

RECHTS:

TAF. 13: STAMMBAUM DER GRAFEN UND HERZÖGE VON JÜLICH-KLEVE-BERG VOR DEF VEDUTE DER STADT KLEVE, 1608, MUSEUM ZITADELLE JÜLICH, INV.-NR. 1997-0064.

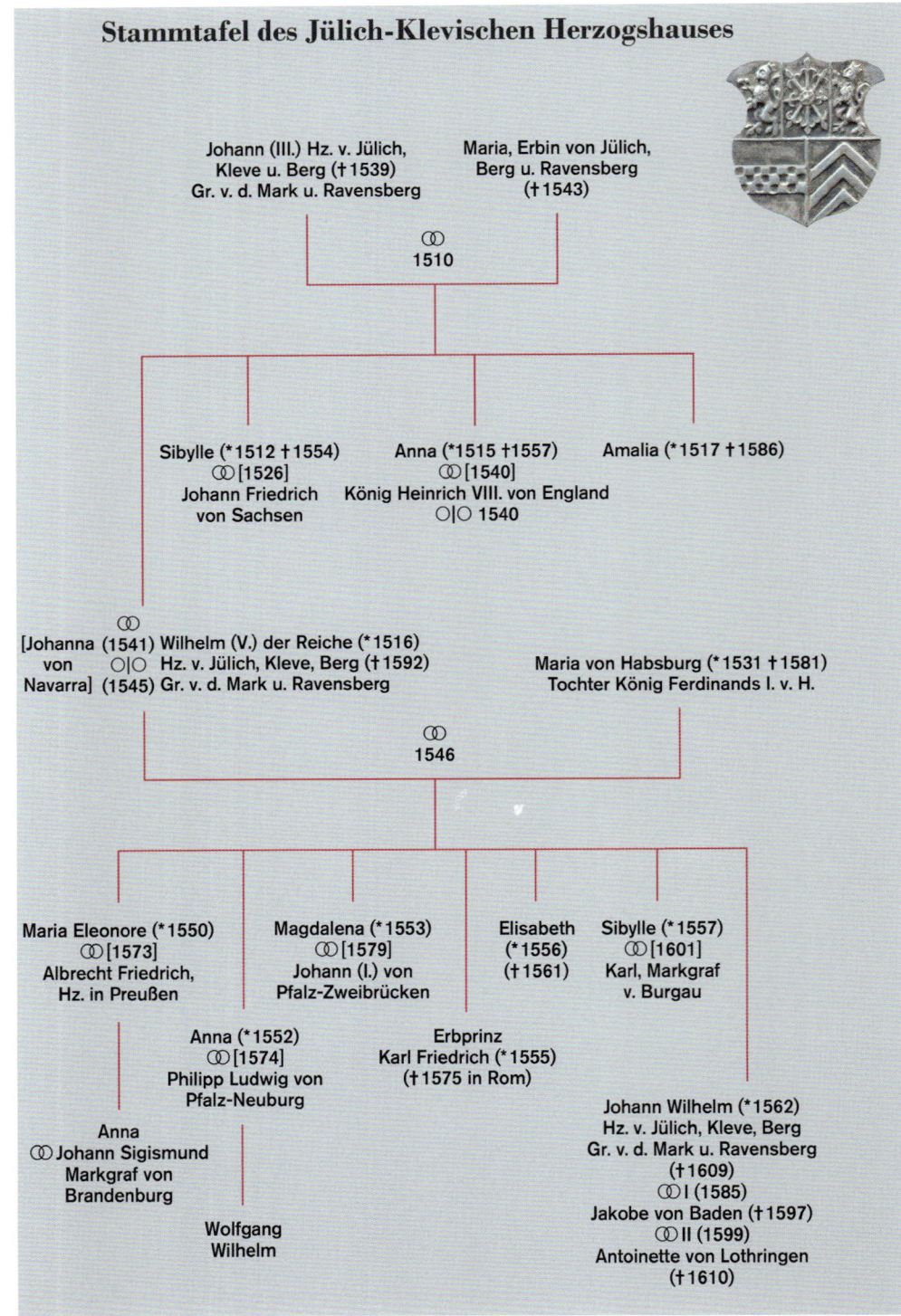

Stammtafel des Jülich-Klevischen Herzogshauses

Johann (III.) Hz. v. Jülich, Kleve u. Berg (†1539) Gr. v. d. Mark u. Ravensberg

Maria, Erbin von Jülich, Berg u. Ravensberg (†1543)

⚭ 1510

Sibylle (*1512 †1554) ⚭ [1526] Johann Friedrich von Sachsen

Anna (*1515 †1557) ⚭ [1540] König Heinrich VIII. von England ○|○ 1540

Amalia (*1517 †1586)

[Johanna (1541) von Navarra] (1545)

⚭ ○|○

Wilhelm (V.) der Reiche (*1516) Hz. v. Jülich, Kleve, Berg (†1592) Gr. v. d. Mark u. Ravensberg

Maria von Habsburg (*1531 †1581) Tochter König Ferdinands I. v. H.

⚭ 1546

Maria Eleonore (*1550) ⚭ [1573] Albrecht Friedrich, Hz. in Preußen

Magdalena (*1553) ⚭ [1579] Johann (I.) von Pfalz-Zweibrücken

Elisabeth (*1556) (†1561)

Sibylle (*1557) ⚭ [1601] Karl, Markgraf v. Burgau

Anna (*1552) ⚭ [1574] Philipp Ludwig von Pfalz-Neuburg

Erbprinz Karl Friedrich (*1555) (†1575 in Rom)

Anna ⚭ Johann Sigismund Markgraf von Brandenburg

Johann Wilhelm (*1562) Hz. v. Jülich, Kleve, Berg Gr. v. d. Mark u. Ravensberg (†1609) ⚭ I (1585) Jakobe von Baden (†1597) ⚭ II (1599) Antoinette von Lothringen (†1610)

Wolfgang Wilhelm

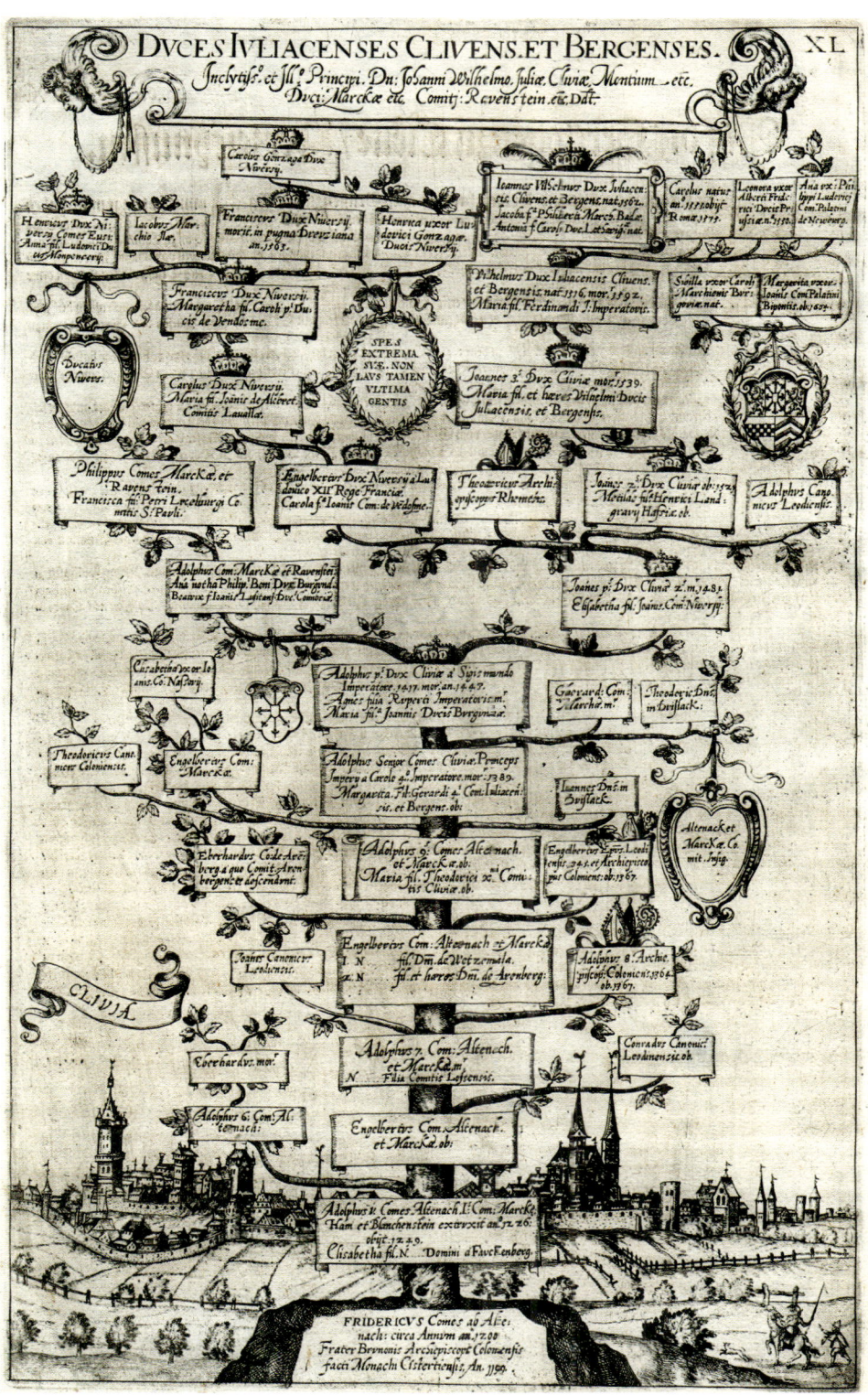

Taf. 16: Silbermedaille mit dem geharnischten Brustbild Herzog Wilhelms V. von Jülich-Kleve-Berg und seinem Wappen, 1566, Museum Zitadelle Jülich, Inv.-Nr. 2006-0042.

Vorseite:
◀◀:
Taf. 14: Unbekannter niederdeutscher Maler, Herzog Wilhelm V. von Jülich-Kleve-Berg, 1554, Kunsthistorisches Museum Wien, Inv.-Nr. GG 8183.
▶▶:
Taf. 15: Unbekannter niederdeutscher Maler, Erzherzogin Maria von Österreich, Herzogin von Jülich-Kleve-Berg, 1554, Kunsthistorisches Museum Wien, Inv.-Nr. GG 8186.

Taf. 17: Pieter van der Heyden, Porträt der Erzherzogin Maria von Österreich, Herzogin von Jülich-Kleve-Berg, um 1550, Stadtarchiv Jülich, Inv.-Nr. GS 210-65.

TAF. 18: JOHANN MALTHAIN, HERZOG WILHELM V. VON JÜLICH-KLEVE-BERG, 1591, FREUNDESKREIS MUSEUM KURHAUS KLEVE.

Taf. 19: Unbekannter Maler, Maria Eleonore von Jülich-Kleve-Berg, Herzogin von Preussen, um 1600, Stiftung Preussische Schlösser und Gärten Berlin-Brandenburg.

TAF. 20: CRISPIN DE PASSE D.Ä., ANNA VON JÜLICH-KLEVE-BERG, HERZOGIN VON PFALZ-NEUBURG, 1576, LWL-MUSEUM FÜR KUNST UND KULTURGESCHICHTE, PORTRÄTARCHIV DIEPENBROICK.

TAF. 21: MAGDALENA VON JÜLICH-KLEVE-BERG, HERZOGIN VON PFALZ-ZWEIBRÜCKEN, SPÄTES 16. JAHRHUNDERT, AQUARELLIERTE ZEICHNUNG AUS EINEM KABINETTSCHRANK, GOTISCHES HAUS, KULTURSTIFTUNG DESSAUWÖRTLITZ.

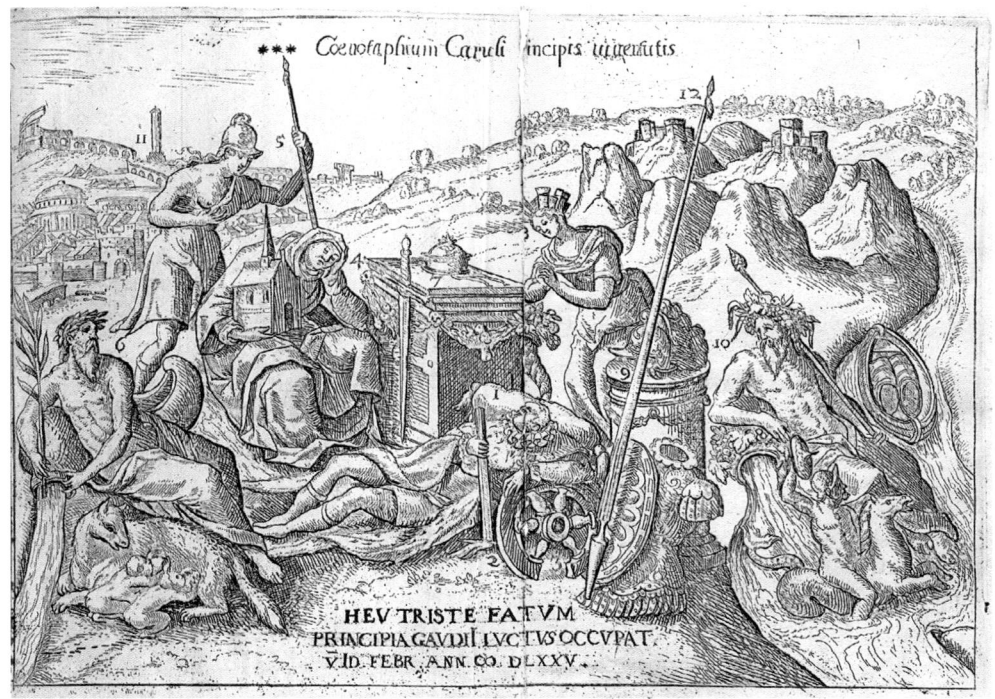

TAF. 22: „EHRENGRAB" DES ERBPRINZEN KARL FRIEDRICH VON JÜLICH-KLEVE-BERG. ALLEGORISCHE
DARSTELLUNG AUF DEN TOD DES ERBPRINZEN 1575 IN ROM AUS DER ZWEITEN AUFLAGE DES WERKS „HERCULES
PRODICIUS" VON STEPHAN WINANDUS PIGHIUS AUS DEM JAHR 1609, DAS DIE KAVALIERSTOUR DES KARL
FRIEDRICH BESCHREIBT, KUPFERSTICH, MUSEUM ZITADELLE JÜLICH, INV.-NR. 2006-0041.

TAF. 23: PORTRÄT DES ERBPRINZEN KARL FRIEDRICH VON JÜLICH-KLEVE-BERG, UM 1600, KUPFERSTICH, MUSEUM ZITADELLE JÜLICH, INV.-NR. 2015-0043.

Taf. 24: Crispin de Passe d.Ä. nach Johann Malthain, Porträt des Herzogs Johann Wilhelm I. von Jülich-Kleve-Berg, 1599, LWL-Museum für Kunst und Kulturgeschichte, Porträtarchiv Diepenbroick.

Taf. 25: Crispin de Passe d.Ä., Porträt der Jakobe von Baden, vor 1596, LWL-Museum für Kunst und Kulturgeschichte, Porträtarchiv Diepenbroick.

TAF. 26: FRANZ HOGENBERG, DAS HOCHZEITSBANKETT IM GROSSEN FESTSAAL DES DÜSSELDORFER SCHLOSSES ANLÄSSLICH DER HOCHZEIT HERZOG JOHANN WILHELMS I. MIT JAKOBE VON BADEN 1585 AUS DER FESTBESCHREIBUNG DURCH DIEDRICH GRAMINÄUS VON 1587, STADTMUSEUM DER LANDESHAUPTSTADT DÜSSELDORF.

TAF. 27: FRANZ HOGENBERG, DIE FEUERWERKSPANTOMIME „DER SCHIFFSSTREIT" AUF DEM RHEIN ANLÄSSLICH
DER HOCHZEIT HERZOG JOHANN WILHELMS I. MIT JAKOBE VON BADEN 1585 AUS DER FESTBESCHREIBUNG DURCH
DIEDRICH GRAMINÄUS VON 1587, STADTMUSEUM DER LANDESHAUPTSTADT DÜSSELDORF.

1576.

Von Gods gnade Sibilla geborne Furstinne
von Geulich, Cleue, vnd Berch, &c.

Taf. 28: Porträt der Herzogin Sibylle von Jülich-Kleve-Berg, 1576, LWL-Museum für Kunst und Kulturgeschichte, Porträtarchiv Diepenbroick.

▶ Taf. 29: Lukas van Valckenborch, Ganzkörperporträt der Herzogin Sibylle von Jülich-Kleve-Berg, um 1578, Kunsthistorisches Museum Wien, Inv.-Nr. GG 3246.

TAF. 30: CRISPIN DE PASSE D.Ä., PORTRÄT DER HERZOGIN SIBYLLE VON JÜLICH-KLEVE-BERG, 1598, LWL-
MUSEUM FÜR KUNST UND KULTURGESCHICHTE, PORTRÄTARCHIV DIEPENBROICK.

TAF. 31: LUFTBILD DES SCHLOSSES HAMBACH IN DER GEMEINDE NIEDERZIER, 2007.

▶

TAF. 32: DANIEL SPECKLIN, GRUNDRISS UND VOGELSCHAU DER ZITADELLE JÜLICH AUS DER
ARCHITECTURA VON VESTUNGEN, STRASSBURG 1589, HANDKOLORIERTER KUPFERSTICH ZWISCHEN FOL.
8 UND FOL. 9, HERZOG AUGUST BIBLIOTHEK WOLFENBÜTTEL, SIGN. N 130.2°.

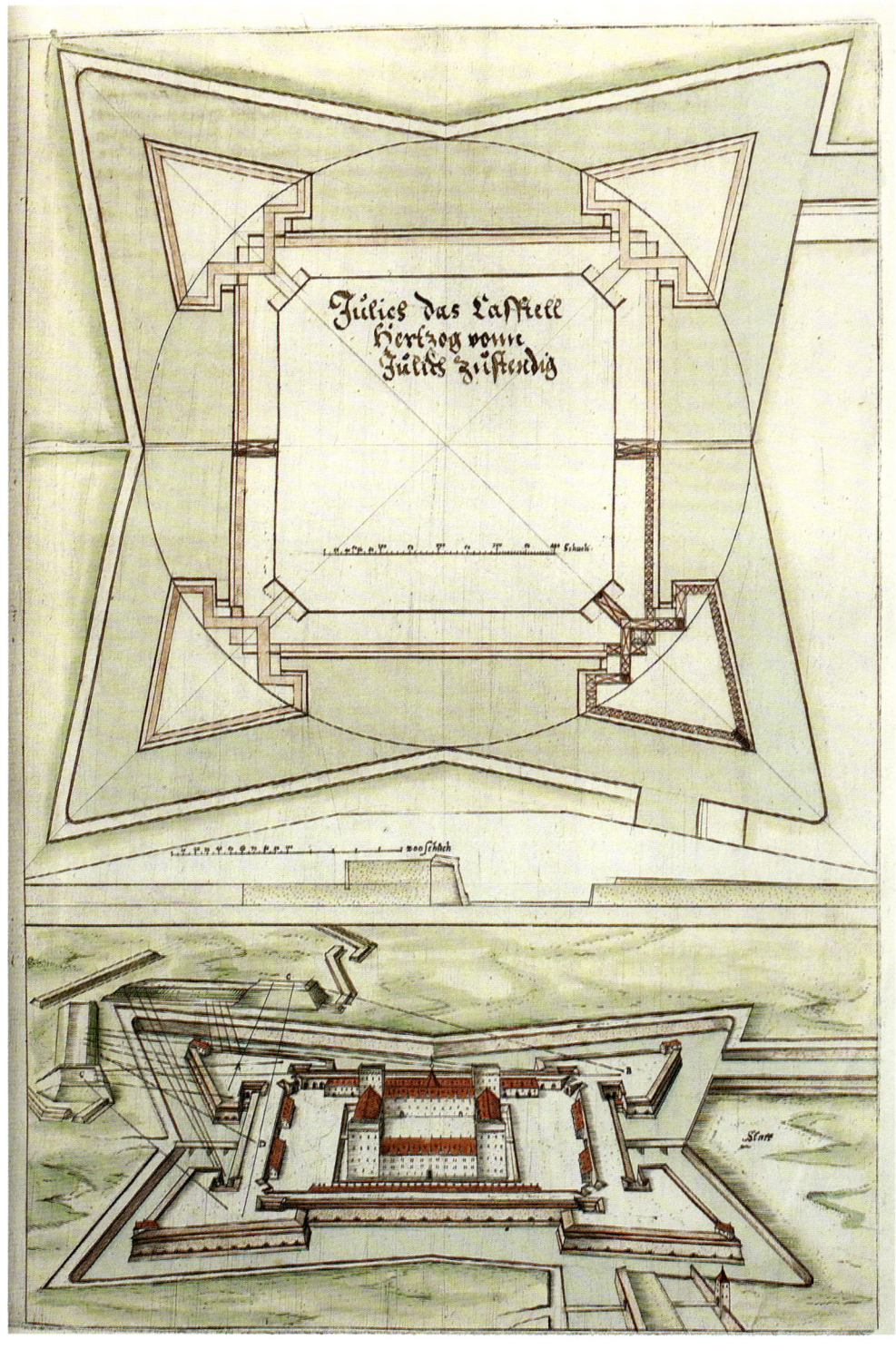

Jülics das Castell
hertzog vonn
Jülic zustendig

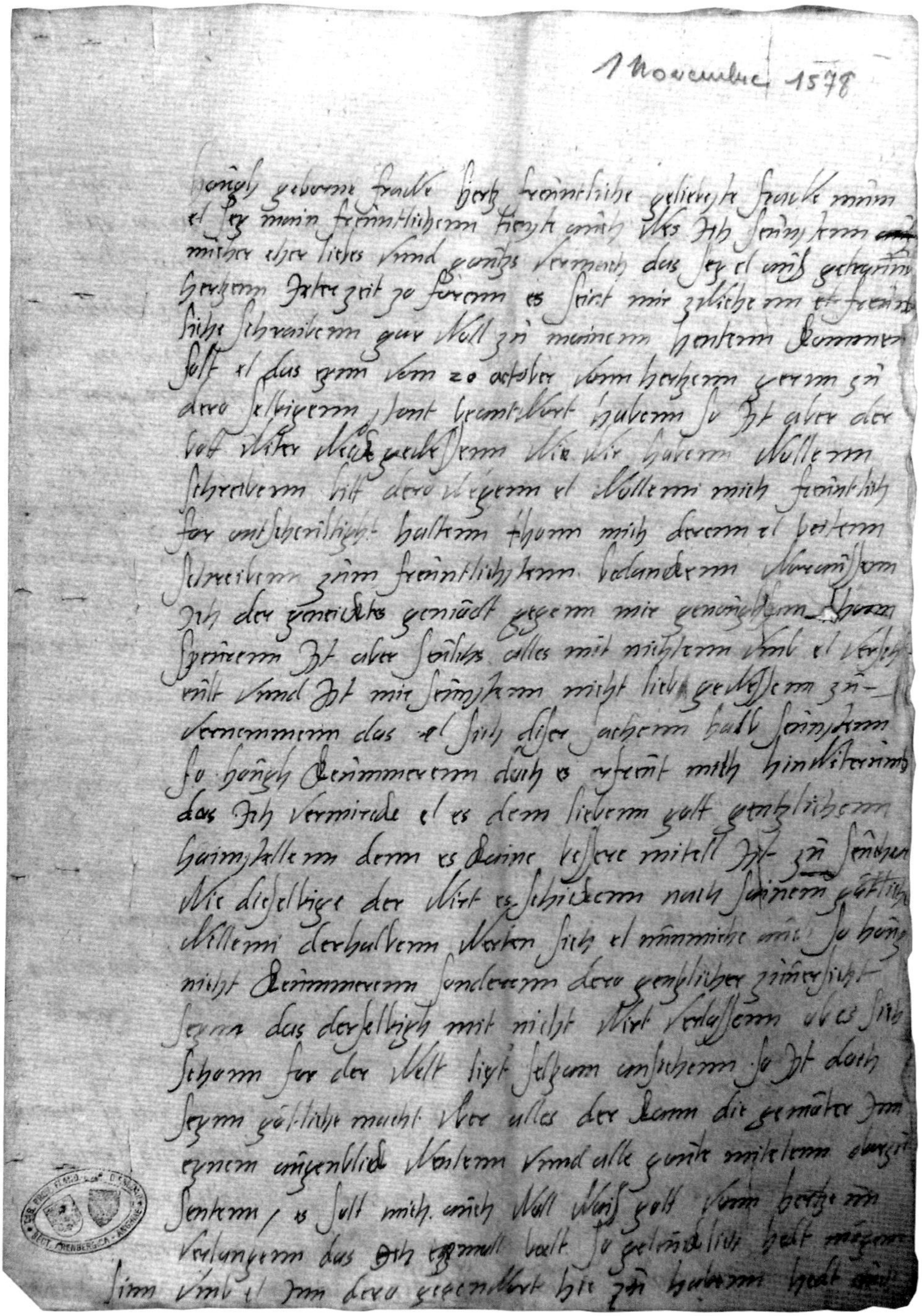

1 November 1578

TAF. 33: SCHREIBEN VON SIBYLLE VON JÜLICH-KLEVE-BERG AN MARGARETHA VON DER MARCK-ARENBERG, 1. NOVEMBER 1578, ARCHIV VON ARENBERG, EDINGEN, KORRESPONDENZ M.M. 117.

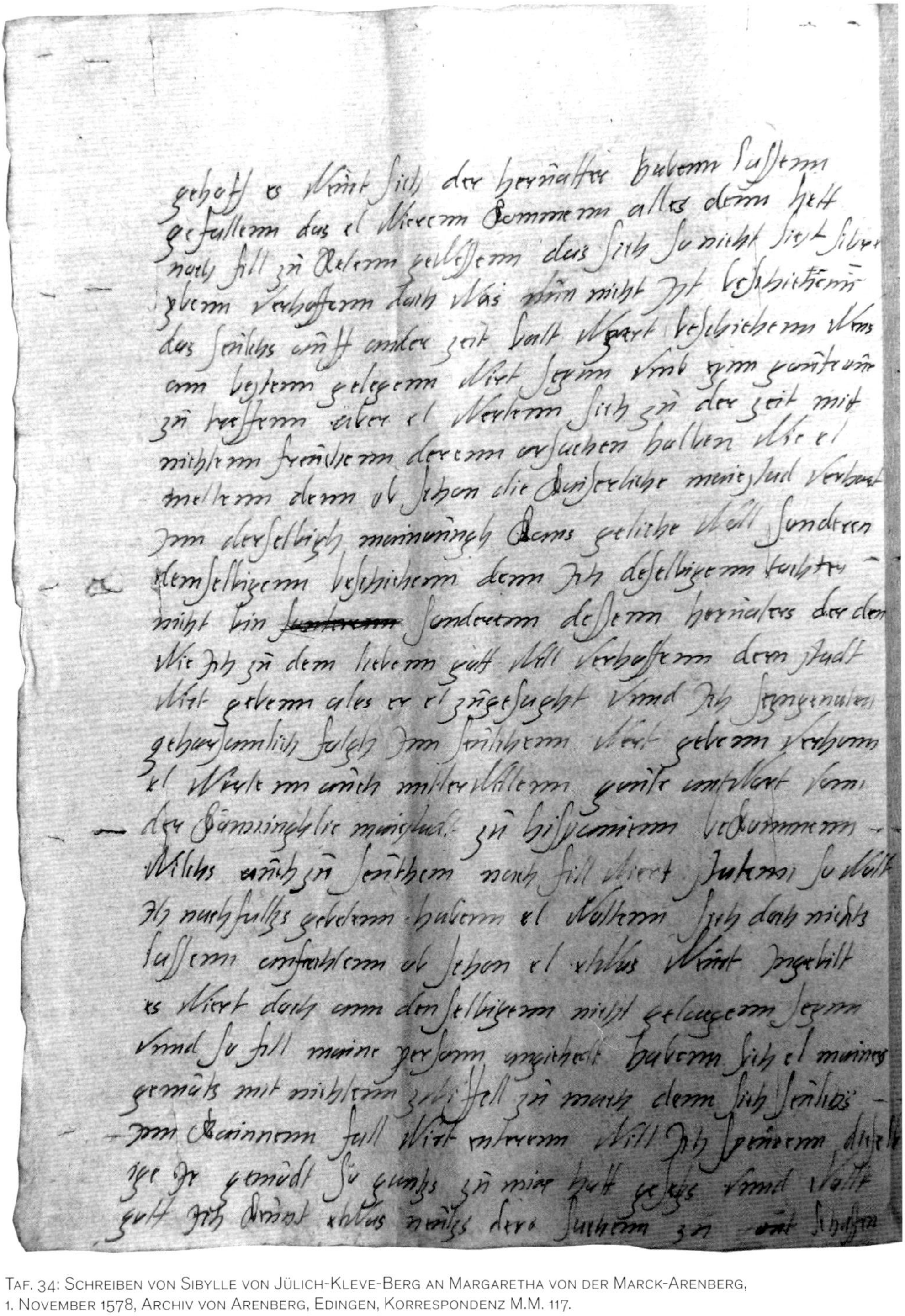

TAF. 34: SCHREIBEN VON SIBYLLE VON JÜLICH-KLEVE-BERG AN MARGARETHA VON DER MARCK-ARENBERG, 1. NOVEMBER 1578, ARCHIV VON ARENBERG, EDINGEN, KORRESPONDENZ M.M. 117.

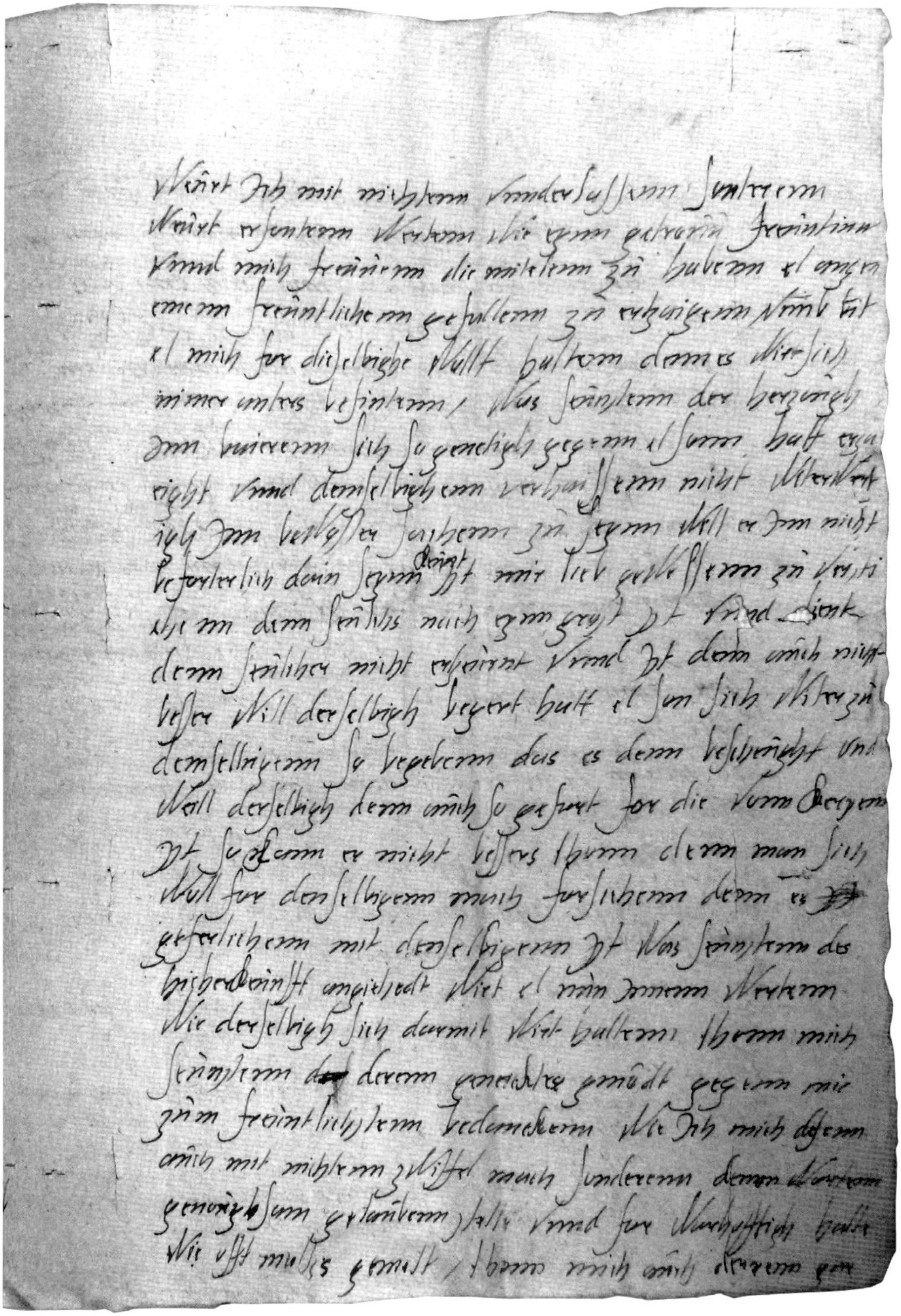

Taf. 35: Schreiben von Sibylle von Jülich-Kleve-Berg an Margaretha von der Marck-Arenberg, 1. November 1578, Archiv von Arenberg, Edingen, Korrespondenz M.M. 117.

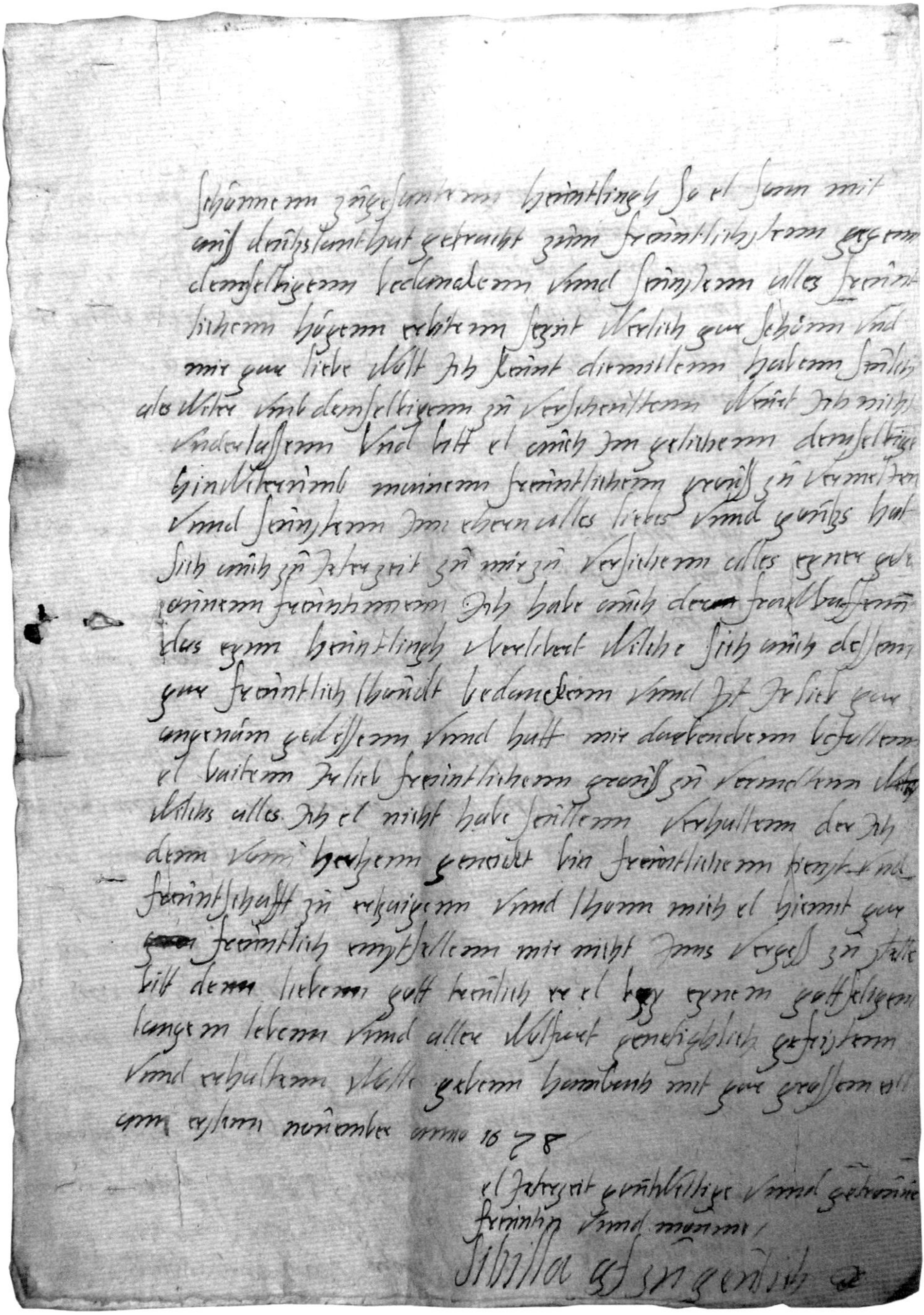

Taf. 36: Schreiben von Sibylle von Jülich-Kleve-Berg an Margaretha von der Marck-Arenberg, 1. November 1578, Archiv von Arenberg, Edingen, Korrespondenz M.M. 117.

QUELLEN- UND LITERATURVERZEICHNIS

1.2 Gedruckte Quellen und Verzeichnisse

Brommer/Schleidgen/Zimmer 1984

Inventar des herzoglich arenbergischen Archivs in Edingen/Enghien (Belgien), Teil 1: Akten und Amtsbücher der deutschen Besitzungen, bearb. von Peter Brommer/Wolf-Rüdiger Schleidgen/Theresia Zimmer (= Veröffentlichungen der staatlichen Archive des Landes Nordrhein-Westfalen. Reihe C: Quellen und Forschungen 16, zugleich: Veröffentlichungen der Landesarchivverwaltung Rheinland-Pfalz, Band 36), Siegburg 1984.

Dascher 1994

Die Bestände des Nordrhein-Westfälischen Hauptstaatsarchivs. Kurzübersicht, 3. neubearb. und erw. Auflage von Ottfried Dascher, Düsseldorf 1994.

de Fraine-Blonde 1962

Beknopte inventaris met register van het Archief van het kasteel van Arenberg te Heverlee, bearb. von Mies De Fraine-Blonde, Löwen 1962.

Füchtner/Preuss 1994

Das Inventar der geheimen Kanzlei der Herzöge von Jülich-Berg aus dem Hause Pfalz-Neuburg (1609–1716), bearb. von Ruth Füchtner/Heike Preuss (= Publikationen der Gesellschaft für Rheinische Geschichtskunde, Bd. 61; zugleich: Materialien zur Rheinischen Geschichte, Bd. 3), Düsseldorf 1994.

Keller 1881

Ludwig Keller (Bearb.), Die Gegenreformation in Westfalen und am Niederrhein. Actenstücke und Erläuterungen, Teil 1 (1555–1585) (= Publicationen aus den k. Preussischen Staatsarchiven, Bd. 9), Osnabrück 1881, Neudruck 1965.

Knipping REK

Die Regesten der Erzbischöfe von Köln im Mittelalter, Teil 2 (1100–1205), bearb. von Richard Knipping, Bonn 1901.

Lacomblet, Archiv

Archiv für die Geschichte des Niederrheins, 7 Bde., bearb. von Theodor Joseph Lacomblet, Osnabrück 1969 (Neudruck der Ausgabe von 1832–1870).

Lacomblet, Urkundenbuch

Urkundenbuch für die Geschichte des Niederrheins oder des Erzstifts Cöln, der Fürstenthümer Jülich und Berg, Geldern, Meurs, Cleve und Mark, und der Reichsstifte Elten, Essen und Werden, 4 Bde., bearb. von Theodor Joseph Lacomblet, Düsseldorf 1840–1858.

Lefèvre 1940–1960

Joseph Lefèvre (Bearb.), Correspondance de Philippe II sur les affaires des Pays Bas. Recueil destiné a faire suite aux travaux de L.-P. Gachard, 4 Bde. (= Collection de chroniques belges inédites), Brüssel 1940–1960.

Poullet/Piot 1877–1896

Edmond Poullet/Charles Piot (Bearb.), Correspondance du cardinal de Granvelle 1565–1586 faisant suite aux papiers d'état du Cardinal de Granvelle publiés dans la collection de documents inédits sur l'histoire de France. 1565–1583, 12 Bd. (= Académie royale de Belgique. Commission royale d'histoire. Publications in 4), Brüssel 1877–1896.

Redlich 1907–1915

Jülich-bergische Kirchenpolitik am Ausgange des Mittelalters und in der Reformationszeit, 3 Teile, bearb. von Otto Reinhard Redlich (= Publikationen der Gesellschaft für Rheinische Geschichtskunde, Bd. 28), Bonn 1907–1915.

Renger/Mötsch 1995

Inventar des herzoglich arenbergischen Archivs in Edingen/Enghien (Belgien), Teil 2:

Die Urkunden der deutschen Besitzungen bis 1600, bearb. von Christian Renger/Johannes Mötsch (= Veröffentlichungen der staatlichen Archive des Landes Nordrhein-Westfalen. Reihe C: Quellen und Forschungen aus den staatlichen Archiven, Bd. 75), Siegburg 1995.

OEDIGER 1957

Das Staatsarchiv Düsseldorf und seine Bestände, 1. Landes- und Gerichtsarchive von Jülich-Berg, Kleve-Mark, Moers und Geldern: Bestandsübersichten, bearb. von Friedrich Wilhelm Oediger, Siegburg 1957.

2   LITERATUR

ABENSOUR 1923

Léon Abensour, La femme et le féminisme avant la révolution, Paris 1923.

ALBISTUR/AMORGATHE 1977

Maïté Albistur/Daniel Amorgathe, Histoire du féminisme français du moyen âge à nos jours, Paris 1977.

BLOK 1979

Dirk P. Blok, Algemeene geschiedenis der Nederlanden, Bd. 6: Nieuwe tijd: sociaal-economische geschiedenis 1490–1580, politieke geschiedenis 1555–1648, religiegeschiedenis 1517–1648, Haarlem 1979.

BLOK 1980

Dirk P. Blok, Algemeene geschiedenis der Nederlanden, Bd. 7: Nieuwe tijd: sociaal-economische geschiedenis 1490–1650, overzeese geschiedenis circa 1590–1680, socioculturele geschiedenis 1500–1800, Haarlem 1980.

ANDERSON 1992

Alison Deborah Anderson, The Jülich-Kleve Succession Crisis (1609–1620). A study in international relations, Urbana 1992.

ANDERSON/ZINSSER 1989

Bonnie S. Anderson/Judith P. Zinsser, A history of their own. Women in Europe from prehistory to the present, 2 Bde., New York 1989.

ANDERSON 1980

Michael Anderson, Approaches to the history of the western family, London 1980.

ANGERMAN U. A. 1989

Arina Angerman u. a. (Hrsg.), Current issues in women's history, London 1989.

ARIÈS 1987

Philippe Ariès, De ontdekking van het kind. Sociale geschiedenis van school en gezin, Amsterdam 1987 (Urspr. Titel: L'enfant et la vie familiale sous l'Ancien Régime, Paris 1975).

ARMSTRONG 1983

Charles Arthur John Armstrong, Had the burgundian government a policy for the nobility?, in: ders., England, France and Burgundy in the fifteenth century, London 1983, S. 213–236.

ASCH/BIRKE 1991

Ronald G. Asch/Adolf M. Birke, Princes, patronage and nobility. The court at the beginning of the modern age, c. 1450–1650 (= Studies of the German Historical Institute London), London/Oxford 1991.

AUBERT DE LA CHENAYE-DESBOIS 1868–1876

François-Alexandre Aubert de la Chenaye-Desbois, Dictionnaire de la noblesse, 19 Bde., Paris 1868–1876.

BELLAERT 1983

Helga Bellaert, Partnerkeuze in perspectief van het huwelijk. Ethische vraagstelling vanuit historische, sociologische en psychologische conditioneringen, Löwen 1983.

VON BELOW 1893

Georg von Below, Verhandlungen über die Vermählung des Herzogs Wilhelm von Jülich-Cleve mit einer Tochter König Ferdinands, in: ders., Aus Westfalens Vergangenheit. Beiträge zur politischen, Kultur- und Kunstgeschichte Westfalens, Münster 1893, S. 1–16.

BENSON 1992

Pamela Joseph Benson, The invention of the renaissance woman: The challenge of female independence in the literature and thougt of Italy and England, Pennsylvania 1992.

BERS 1970

Günter Bers, Wilhelm, Herzog von Kleve-Jülich-Berg (1516–1592) (= Beiträge zur Jülicher Geschichte. Mitteilungen zur Jülicher Geschichte, Bd. 31), Jülich 1970.

BLOK 1990

Anton Blok, Weduwen, maagden en virago's. Prominente politieke vrouwen en hegemonische masculiniteit, in: Frank Bovenkerk/Frank Buijs/Henk Tromp (Hrsg.), Wetenschap en partijdigheid, Maastricht 1990, S. 153–176.

BLOM/LAMBERTS O.J.

Johannes Cornelis Hendrik (Hans) Blom/Emiel Lamberts, Geschiedenis van de Nederlanden, Rijswijk [1994].

BLOSSFELD 1995

Hans-Peter Blossfeld (Hrsg.), The new role of women. Family formation in modern societies (= Social inequality series, Bd. 1), Boulder 1995.

BÖDIKER 1904

Alfred Bödiker, Das Herzogliche Haus Arenberg. Eine genealogisch-historische Skizze mit vier Stammtafeln entworfen von Alfred Bödiker, Münster 1904.

BOONE 1986

James L. Boone, Parental investment and elite family structure in preindustrial states. A case study of late medieval – early modern portugese genealogies, in: American Anthropologist, Neue Serie, Bd. 88, Austin 1986, S. 859–878.

BORN 1981

Robert Born, Les Croy. Une grande lignée hennuyère d'hommes de guerres, de diplomates, de conseillers secrets, dans les coulisses du pouvoir, sous les ducs de Bourgogne et la maison d'Autriche (1390–1612), Brüssel 1981.

BOWDEN 1996

Caroline Bowden, Parental attitudes towards the education of girls in late sixteenth and early seventeenth century England, in: Paedogogica Historica. International Journal of the History of Education, Bd. 32, Supplement 1 (1996), S. 105–124.

BRAUNER 1968

August Brauner, Fürstenhochzeit in Bergzabern Pfalz-Jülich 1579. Eine Studie zur Geschichte der Stadt und des Schlosses Bergzabern sowie der Fürstenhäuser Pfalz-Zweibrücken und Jülich-Cleve-Berg, Bad Bergzabern 1968.

BRICKMAN 1984

William W. Brickman, Notes on the learned ladies of the 16th and 17th centuries, in: Paedogogica Historica, International Journal of the History of Education, Bd. 24 (1984), Nr. 2, S. 649–660.

BROECKX/DE CLERCQ 1959

Jan Lea Broeckx/Carlo de Clercq, Flandria Nostra. Ons land en ons volk door de tijden heen, Bd. 4, Antwerpen 1959.

BRONNE 1979

Carlo Bronne, Beloeil et la maison de Ligne, Paris/Doornik 1979.

DE BRUIJN/DE WILDT 1986

Lilian de Bruijn/Annemarie de Wildt (Hrsg.), International conference on women's history (24–27/03/1986). Programm and outline of papers, Amsterdam 1986.

BURGUIÈRE U.A. 1986

André Burguière u. a., Histoire de la famille, Bd. 2: Le choc des modernités, Paris 1986.

BURKE 1996

Peter Burke, Humanism and friendship in sixteenth-century Europe, in: Groniek, Bd. 30, Nr. 134 (1996), S. 91–98.

BURKE/ENGELSMAN 1990

Peter Burke/Jaap Engelsman, Volkscultuur in Europa 1500–1800, Amsterdam 1990.

BUSH 1983

Michael Laccohee Bush, Noble privilege (= The European nobility, Bd. 1), New York 1983.

BUSH 1988

Michael Laccohee Bush, Rich noble, poor noble (= The European nobility, Bd. 2), Manchester 1988.

CARON 1995

Marie-Thérèse Caron, Noblesse et entourage princier dans les Pays Bas à la fin du moyen age, in: Revue du Nord, Bd. 77 (1995), Heft 310, S. 229–472.

CARSTEN 1959

Francis L. Carsten, Princes and parliaments in Germany. From the fifteenth to the eighteenth century, Oxford 1959.

CHARTIER/ARIES/DUBY 1989

Roger Chartier/Philippe Aries/Georges Duby, De geschiedenis van het persoonlijk leven, Bd. 3: Van de renaissance tot de verlichting, Amsterdam 1989 (Urspr. Titel: Histoire de la vie privée, Bd. 3: De la renaissance aux lumières, Paris 1985).

DE CHESTRET DE HANEFFE 1898

Jules de Chestret de Haneffe, Histoire de la maison de la Marck y compris les Clèves de la seconde race, Lüttich 1898.

CONTAMINE 1989

Philippe Contamine (Hrsg.), L'état et les aristocraties (France, Angleterre, Écosse), XIIe-XVIIe siècle (Actes de la table ronde organisée par CNRS, Maison Française d'Oxford, 26 et 27 septembre 1986), Paris 1989.

DARMON 1983

Pierre Darmon, Mythologie de la femme dans l'ancienne France XVIe-XVIIIe siècle, Paris 1983.

DAVIS 1987

Natalie Zemon Davis, Society and culture in early modern France, Cambridge 1987.

DAVIS 1992

Natalie Zemon Davis, Vrouwen en politiek, in: Arlette Farge/Natalie Zemon Davis (Hrsg.), Geschiedenis van de vrouw. Van Renaissance tot de moderne tijd, Amsterdam 1992, S. 157–172,

DEN DEKKER/VAN DER HEYDEN 1992

Karin den Dekker/Willy-Anne van der Heyden, Een tien voor vlijt. Meisjesonderwijs vanaf de oudheid tot de MMS, Zutphen 1992.

DEKKER 1992

Rudolf Dekker, Egodocumenten in Nederland van de 16de tot de 19de eeuw, in: P. Th. F. M. Boekholt (Hrsg.), Egodocumenten, Groningen 1992, S. 5–23.

DEKKER 1993

Rudolf Dekker, „Dat mijn lieven kinderen weten zouden …". Egodocumenten in Nederland van de zestiende tot de negentiende eeuw, in: Opossum. Tijdschrift voor historische en kunstwetenschappen, Bd. 3 (1993), S. 5–22.

DELAHAYE 1968

Albert Delahaye, Heerlijkheid en Heren van Zevenbergen, Teil 2 (1473–1794) (= Publikaties van het Archivariaat Nassau-Brabant, Bd. 8), Zundert 1968.

DELANNOY 1988

Yves Delannoy, La cession de la seigneurie d'Enghien par Henri IV. à Charles d'Arenberg, Brüssel 1988.

DESCHEEMAEKER 1968

Jacques Descheemaeker, Arenberg. Origines et histoire du nom de la Maison princière et ducale d'Arenberg du Ve au XIIe siècle, thèse et hypothèse, Neuilly-sur-Seine 1968.

DESCHEEMAEKER 1969

Jacques Descheemaeker, La Maison d'Arenberg d'après les archives françaises, Neuilly-sur-Seine 1969.

DESPY 1963

Georges Despy, Sur la noblesse dans les principautés belges au moyen âge, in: Revue belge de philologie et d'histoire, Bd. 41 (1963), Heft 2, S. 471–486.

DIEDENHOFEN 1984

Wilhelm Diedenhofen, Der Tod in Rom. Die italienische Reise des Prinzen Karl Friedrich von Jülich-Kleve-Berg, in: Land im Mittelpunkt 1984, S. 159–166.

DUBY/PERROT 1992

Georges Duby/Michelle Perrot, Geschiedenis van de vrouw, Bd. 3: Van renaissance tot de moderne tijd, Amsterdam 1992.

DUBY 1981

Georges Duby, Le chevalier, la femme et le prêtre. Le mariage dans la France féodale, Paris 1981.

DUERLOO/JANSSENS 1992–1994

Luc Duerloo/Paul Janssens, Wapenboek van de Belgische adel van de 15de tot de 20ste eeuw, 4 Bde., Brüssel 1992–1994.

EBERT 1983

Kenneth Bryan Ebert, The humanistic education of women in Tudor England. Historical influences and perspectives, Michigan State University 1983.

EDINGEN 1994

Een stad en een geslacht. Edingen en Arenberg 1607–1635, Ausst.-Kat. Park zu Edingen 3.–25.9.1994, Brüssel 1994.

FAHNE 1848

Anton Fahne, Geschichte der kölnischen, jülichschen und bergischen Geschlechter in Stammtafeln, Wappen, Siegeln und Urkunden, Osnabrück 1965 (Neudruck der Ausgabe von 1848).

FEITH 1907

J. A. Feith, De dood der Graven van Aremberg en Adolf van Nassau, in: Historische Avonden Bd. 2 (1907), S. 31–54.

DE FRANCQUE 1826

C. de Francque, Arenberg. Chronologie historique des souverains, comtes, princes, puis Ducs d'Arenberg, in: Recueil historique, généalogique, chronologique et nobiliaire des maisons et familles illustrés et nobles du royaume, précédé de la généalogie de la maison royale des Pays Bas, Brüssel 1826.

FREY/FREY/SCHNEIDER 1982

Linda Frey/Marsha Frey/Joanne Schneider (Hrsg.), Women in western European history. A select chronological, geographical and topical bibliography. From antiquity to the french revolution, Brighton (Sussex) 1982.

GACHARD 1866A

Louis Prosper Gachard, Artikel „Arenberg, Jean de Ligne, Comte d'", in: Biographie nationale, Bd. 1, Brüssel 1866, S. 368–380.

GACHARD 1866B

Louis Prosper Gachard, Artikel „Arenberg, Charles, comte d'", in: Biographie nationale, Bd. 1, Brüssel 1866, S. 380–432.

GERARD 1983

Jo Gerard, Histoire de la noblesse belge, Namur 1983.

GOLDSCHMIDT 1911A

Hans Goldschmidt, Die Heirat und Aussteuer der Herzogin Maria Leonore von Jülich-Kleve, in: Zeitschrift des Aachener Geschichtsvereins, Bd. 33 (1911), S. 119–158.

GOLDSCHMIDT 1911B

Hans Goldschmidt, Ein Heiratsplan zwischen der Herzogin Sibilla von Jülich-Cleve und dem Grafen Karl von Arenberg [1575–1585], in: Beiträge zur Geschichte des Niederrheins, Bd. 24 (1911), S. 105–118.

GOODY 1990

Jack Goody, The development of the family and marriage in Europe, Cambridge 1990.

GORDON 1993

Lynn D. Gordon, Einleitung zu: Special issue on the history of women and education (= History of Education Quarterly, Bd. 33 [1993], Heft 4, S. 493–496).

GROTEFEND 1970

Herman Grotefend, Taschenbuch der Zeitrechnung des deutschen Mittelalters und der Neuzeit, 2 Bde., Hannover 1970.

HANLEY 1989

Sarah Hanley, Engendering the state. Family formation and state building in early modern France, in: French Historical Studies, Bd. 16 (1989), Nr. 1, S. 4–27.

HARRINGTON 1995

Joel F. Harrington, Reordening marriage and society in reformation Germany, Cambridge 1995.

HEIDRICH 1886

Paul Heidrich, Der geldrische Erbfolgestreit 1537–1543, Kassel 1896.

VAN HEUGTEN/ VAN HEUGTEN

Wim van Heugten/Wiro van Heugten, Land van Kleef. Gids door de geschiedenis, kunst, cultuur en taal van het land aan de Duitse Nederrijn, Ypern/Mijdrecht [1985].

HEYEN 1987

Franz-Josef Heyen (Hrsg.), Die Arenberger. Geschichte einer europäischen Dynastie, Bd. 1: Die Arenberger in der Eifel (= Veröffentlichungen der Landesarchivverwaltung Rheinland-Pfalz, Bd. 5), Koblenz 1987.

HUFSCHMIDT 1996

Anke Hufschmidt, „Ihrer Haushaltung mit Nutz fürzustehen“. Über das Leben adliger Frauen, in: Adel im Weserraum um 1600 (= Schriften des Weserrenaissance-Museums Schloß Brake, Bd. 9), München/Berlin 1996, S. 179–190.

HUFTON 1992

Olwen H. Hufton, Vrouwen, werk en gezin, in: Georges Duby u.a. (Hrsg.), De geschiedenis van de vrouw, Bd. 3: Van Renaissance tot de moderne tijd, Amsterdam 1992, S. 13–40.

HUTSON 1994

Lorna Hutson, The usurer's daughter. Male friendship and fictions of women in sixteenth-century England, London/New York 1994.

HYATTE 1994

Reginald Hyatte, The arts of friendship: The idealization of friendship in medieval and early renaissance literature, Leiden/New York/Köln 1994.

ISENBURG 1960

Wilhelm Karl Prinz von Isenburg, Stammtafeln zur Geschiche der Europäischen Staaten (Europäische Stammtafeln), herausgegeben von Frank Baron Freytag von Loringhoven, Bd. 1, Marburg 1960.

JANSSEN 1984

Wilhelm Janssen, Kleve-Mark-Jülich-Berg-Ravensberg 1400–1600, in: Land im Mittelpunkt 1984, S. 17–40.

JANSSENS 1998

Paul Janssens, De evolutie van de belgische adel sinds de late middeleeuwen (= Pro Civitate. Historische Uitgaven, Bd. 8), Brüssel 1998.

JAPPE ALBERTS 1978

Wybe Jappe Alberts, Van heerlijkheid tot landsheerlijkheid (= Maaslandse Monografieën, Bd. 24), Amsterdam/Assen 1978.

JARDINE 1935

Lisa Jardine, „O decus Italiae virgo“ or The myth of the learned lady in the renaissance, in: The Historical Journal, Bd. 28 (1985), Nr. 4, S. 799–819.

KASTNER 1984

Dieter Kastner, Die Grafen von Kleve und die Entstehung ihres Territoriums vom 11. bis 14. Jahrhundert, in: Land im Mittelpunkt 1984, S. 53–62.

KERSEY 1931

Shirley Nelson Kersey, Classics in the education of girls and women, Metuchen/London 1981.

KLOEK 1989

Els Kloek, Gezinshistorici over vrouwen. Een overzicht van het werk van gezinshistorici en de betekenis daarvan voor vrouwengeschiedenis, Amsterdam 1989.

KNIBIELHER/FOUQUET 1981

Yvonne Knibielher/Catherine Fouquet, L'histoire des mères du moyen âge à nos jours, Paris 1981.

Koch 1986

Esther Maria Francisca Koch, Kloosterintrede, huwelijk en familiesfortuin. De kosten van klooster en huwelijk voor adellijke vrouwen in zuidoost-Nederland van de late middeleeuwen, in: Nico Lettinck/Jaap J. van Moolenbroek (Hrsg.), In de schaduw van de eeuwigheid. Tien studies over religie en samenleving in laatmiddeleeuws Nederland aangeboden aan Prof. Dr. A. H. Bredero, Utrecht 1986, S. 242–257, 302–306.

Koch 1993

Esther Maria Francisca Koch, „tot een echte wijff ende rechte beddeghenoet". Huwelijkssluiting en huwelijksmedegave van adellijke vrouwen in de late middeleeuwen, in: Tijdschrift voor Sociale Geschiedenis, Bd. 19 (1993), Heft 2, S. 141–167.

Koch 1994

Esther Maria Francisca Koch, De kloosterpoort als sluitpost? Adellijke vrouwen langs Maas en Rijn tussen huwelijk en convent, 1200–1600, Mechelen/Leeuwarden 1994.

Koenigsberger 1989

Helmut Georg Koenigsberger, Early modern Europe 1500–1789 (= History of Europe, Bd. 2, hrsg. von Helmut Georg Koenigsberger/Asa Briggs), London 1989.

Koller 1955–1960

Fortuné Koller (Hrsg.), International register of nobility. Dictionnaire généalogique de la noblesse européenne, 2 Bde., Brüssel 1955–1960.

Kooijmans 1997

Luuc Kooijmans, Vriendschap en de kunst van het overleven in de zeventiende en achttiende eeuw, Amsterdam 1997.

Kraus 1984

Thomas R. Kraus, Die Grafschaft Jülich von den Anfängen bis zum Jahr 1356, in: Land im Mittelpunkt 1984, S. 63–74.

Kuhn/Tornieporth 1980

Annette Kuhn/Gerda Tornieporth, Frauenbildung und Geschlechtsrolle. Historische und erziehungswissenschaftliche Studien zum Wandel der Frauenrolle in Familie und Gesellschaft, Gelnhausen/Berlin/Stein 1980.

Künzel 1991

Rudi Künzel, Een vermoeden van ordening. Over de exemplarische methode in de geschiedwetenschap, in: Theoretische Geschiedenis, Bd. 18 (1991), Heft 2, S. 141–154.

Kurzel-Runtscheiner 1993

Monika Kurzel-Runtscheiner, Glanzvolles Elend. Die Inventare der Herzogin Jacobe von Jülich-Kleve-Berg (1558–1597) und die Bedeutung von Luxusgütern für die höfische Frau des 16. Jahrhunderts, Wien/Köln/Weimar 1993.

van Laer 1988

An-Katrien van Laer, „Ceste servirat pour vous baiser très humblement les mains." De mentaliteit van de hoge adel gezien door de familiecorrespondentie van Karel van Arenberg en Anne de Croy, 1600–1635 (Onuitgegeven licentiaatsverhandeling KU Leuven), Löwen 1988 [unveröffentlicht].

Land im Mittelpunkt 1984

Land im Mittelpunkt der Mächte. Die Herzogtümer Jülich-Kleve-Berg, Ausst.-Kat. Städtisches Museum Haus Koekkoek, 15.9.–11.11.1984, Stadtmuseum Düsseldorf 25.11.1984–24.2.1985, Kleve 1984.

Langer 1994

Ullrich Langer, Perfect friendship. Studies in literature and moral philosophy from Boccacio to Corneille, Genf 1994.

Lenaerts 1923

Carl Lenaerts, Die Mannkammern des Herzogtums Jülich. Ein Beitrag zur Geschichte des Lehnswesens im späten Mittelalter und in der Neuzeit (= Rheinisches Archiv, Bd. 3), Bonn 1923.

DE LIGNE 1950

Albert Prince de Ligne, Histoire généalogique de la maison de Ligne, Brüssel o. J [1950]

LOSSEN 1895

Max Lossen, Die Verheiratung der Markgräfin Jacobe von Baden mit Herzog Johann Wilhelm von Jülich-Cleve-Berg (1581–1585), in: Zeitschrift des Bergischen Geschichtsvereins, Bd. 31 (1895), S. 1–77.

LOSSEN 1882

Max Lossen, Der kölnische Krieg, Bd. 1, Vorgeschichte 1565–1581, Leipzig 1882.

LYTLE 1987

Guy F. Lytle, Friendship and patronage in Renaissance Europe, in: Francis William Kent/Patricia Simons (Hrsg.), Patronage, art and society in Renaissance Italy, Canberra/Oxford 1987, S. 47–61.

MARKOWITZ 1984

Irene Markowitz, Kat.-Nr. F68 und F 69: Herzogin Sybille von Jülich-Kleve-Berg, in: Land im Mittelpunkt 1984, S. 430f.

MIDELFORT 1992

H. C. Erik Midelfort, Curious Georgics. The german nobility and their crisis of legitimacy in the late sixteenth century, in: Andrew C. Fix/Susan C. Karant-Nunn (Hrsg.), Germania Illustrata. Essays on early modern Germany presented to Gerald Strauss (= Sixteenth Century Essays & Studies, Bd. 17), Kirksville 1992, S. 217–242.

MITTERAUER/SIEDER 1983

Michael Mitterauer/Reinhard Sieder, The european family. Patriarchy to partnership from the middle ages to the present, Oxford 1983.

MOOK 1977

Berta Mook, The dutch family in the 17th and 18th centuries. An explorative-descriptive study, Ottawa 1977.

MOORE 1987

Cornelia Niekus Moore, The maiden's mirror. Reading material for german girls in the sixteenth and seventeenth centuries (= Wolfenbütteler Forschungen, Bd. 36), Wiesbaden 1987.

MOSSAY 1961

Jean Mossay, De l'éducation des filles au XVIe siècle dans les Pays Bas, d'après l'oeuvre de l'écrivain avesnois Gabriel Meurier, in: Les cahiers de fondation Charles Plisnier, Bd. 6, Uccle/Brüssel 1961, S. 90–98.

MÜLLER 1928–1971

Josef Müller u. a. (Hrsg.), Rheinisches Wörterbuch im Auftrag der Preussischen Akademie der Wissenschaften der Gesellschaft für Rheinische Geschichtskunde und des Provinzialverbandes der Rheinprovinz, 9 Bde., Bonn/Berlin 1928–1971.

NAUWELAERTS 1975

Marcel A. Nauwelaerts, Opvoeding van meisjes in de 16de eeuw, in: Spiegel Historiael, Bd. 10 (1975), S. 130–137.

NEU 1940

Heinrich Neu, Das Herzogtum Arenberg. Geschichte eines Territoriums der Eifel, Euskirchen 1940.

NEU 1942

Heinrich Neu, Die Anfänge des Herzoglichen Hauses Arenberg. Geschichte der Edelherren von Arenberg, Euskirchen 1942.

NEU 1953

Heinrich Neu, Arenberg, in: Neue deutsche Biographie, Bd. 1, Berlin 1953, S. 341f.

NEU 1972

Peter Neu, Geschichte und Struktur der Eifelterritorien des Hauses Manderscheid vornehmlich im 15. und 16. Jahrhundert (= Rheinisches Archiv, Bd. 80), Bonn 1972.

NEU 1989

Peter Neu, Die Arenberger und das Arenberger Land, Bd. 1: Von den Anfängen bis 1616 (= Veröffentlichungen der Landesarchivverwaltung Rheinland-Pfalz, Bd. 52), Koblenz 1989.

NEU 1997
Peter Neu, Margaretha von der Marck-Arenberg,
    in: Rheinische Lebensbilder, Bd. 16, Köln
    1997, S. 81–96.

VAN NIEROP 1984
Henk F. K. van Nierop, De adel in de 16de
    eeuwse Nederlanden, in: Spiegel Historiael,
    Bd. 19 (1984), S. 163–168.

OCKELEY/VERVAET 1994
Jaak Ockeley/Julien Vervaet u. a., Volkscultuur
    in Brabant, Brüssel 1994.

OUTHWAITE 1981
R.B. Outhwaite, Marriage and society. Studies in
    the social history of marriage, London 1981.

POIDEVIN/SCHIRMANN 1996
Raymond Poidevin/Silvain Schirmann, Ge-
    schiedenis van Duitsland, Utrecht 1996.

POLLOCK 1983
Linda A. Pollock, Forgotten children. Parent-
    child relations from 1500 to 1900, Cam-
    bridge 1983.

PREUSS 1984A
Heike Preuß, Politische Heiraten in Jülich-
    Kleve-Berg, in: Land im Mittelpunkt 1984,
    S. 133–146.

PREUSS 1984B
Heike Preuß, Kat.-Nr. F 71: Eheberedung zwi-
    schen Sybille von Jülich-Kleve-Berg und
    Markgraf Philipp von Baden, 26. Juli 1586,
    in: Land im Mittelpunkt 1984, S. 431.

RASSOW 1973
Peter Rassow, Deutsche Geschichte im Über-
    blick. Ein Handbuch (hrsg. von Theodor
    Schieffer, 3. überarb. und erg. Auflage),
    Stuttgart 1973.

RENAISSANCE AM RHEIN 2010
Renaissance am Rhein, Ausst.-Kat. LVR-Lan-
    desMuseum Bonn 16.9.2010–6.2.2010,
    Ostfildern 2010.

DE RIDDER-SYMOENS 1984
Hilde de Ridder-Symoens, Vrouwen rond Wil-
    lem van Oranje, in: Spiegel Historiael 19
    (1984), S. 181–186.

RITTER 1967
Gerhard Ritter, Die Neugestaltung Deutsch-
    lands und Europas im 16. Jahrhundert. Die
    kirchlichen und staatlichen Wandlungen im
    Zeitalter der Reformation und Glaubens-
    kämpfe (= Deutsche Geschichte. Ereignisse
    und Probleme, hrsg. von Walther Hubatsch,
    Bd. 22), Berlin 1967.

ROEYKENS 1967–1969
August Roeykens, Une grande dame de nos
    provinces au XVIᵉ siècle, Marguerite de la
    Marck, Princesse-Comtesse d'Arenberg, in:
    Annales du Cercle Archéologique d'Enghien,
    Bd. 15 (1967–1969), S. 297–424.

ROOIJAKKERS 1994
Gerard Rooijakkers, Rituele repertoires. Volk-
    scultuur in oostelijk Noord-Brabant 1559–
    1853 (= Memoria: cultuur- en mentaliteits-
    historische studies over de Nederlanden),
    Nimwegen 1994.

ROSE 1986
Mary Beth Rose (Hrsg.), Women in the middle
    ages and the renaissance. Literary and his-
    torical perspectives, Syracuse (New York)
    1986.

ROSENBERG/BERGSTROM 1975
Marie Bavoric Rosenberg/Len V. Bergstrom
    (Hrsg.), Women and society. A critical review
    of the literature with a selected annotated
    bibliography, Beverly Hills/London 1975.

SCHÖFFER 1978
Ivo Schöffer u. a. (Hrsg.), De lage landen van
    1500 tot 1780, Amsterdam 1978.

SCHULTE 1995
Christian Schulte, Versuchte konfessionelle
    Neutralität im Reformationszeitalter. Die
    Herzogtümer Jülich-Kleve-Berg unter Jo-
    hann III. und Wilhelm V. und das Fürstbis-
    tum Münster unter Wilhelm von Ketteler,
    Münster 1995.

SCHULTE VAN KESSEL 1986
Elisja Schulte van Kessel (Hrsg.), Women and
    men in spiritual culture (XIV-XVII centu-

ries). A meeting of south and north, Den
Haag 1986.

SOMMERVILLE 1995
Margaret R. Sommerville, Sex und subjection.
Attitudes to women in early modern society,
London 1995.

STIEVE 1877
Felix Stieve, Zur Geschichte der Herzogin Jacobe
von Jülich, in: Zeitschrift des Bergischen
Geschichtsvereins, Bd. 13 (1877), S. 1–197.

STRUBBE/VOET 1960
Egied Idesbald Strubbe/Léon Voet, De chronologie van de middeleeuwen en de moderne tijden in de Nederlanden, Antwerpen/
Amsterdam 1960.

SUMMERFIELD 1993
Penny Summerfield, Introduction: Feminism,
femininity and feminization. Educated
women from the sixteenth to the twentieth
centuries, in: History of Education, Bd. 22
(1993), Heft 3, S. 213–214.

TYTGAT 1994
Jean-Pierre Tytgat, Karel, prins en graaf van
Arenberg, hertog van Aarschot, baron van
Zevenbergen, heer van Edingen, in: Ausst.-
Kat. Edingen 1994, S. 7–20.

VERBESSELT 1985
Jan Verbesselt u. a., De adel in het hertogdom
Brabant, Brüssel 1985.

VOVELLE 1985
Michel Vovelle, Mentaliteitsgeschiedenis. Essays
over leef- en beeldwereld, Nimwegen 1985.

WIESNER 1986
Merry E. Wiesner, Women's defense of their
public role, in: Mary Beth Rose (Hrsg.),
Women in the middle ages and the renais-
sance. Literary and historical perspectives,
Syracuse (New York) 1986, S. 1–27.

WIESNER 1994
Merry E. Wiesner, Women and gender in early
modern Europe (1500–1750), Cambridge
1994.

DE WIN 1985
Paul de Win, Queeste naar de rechtspositie van
de edelman in de Bourgondische Nederlanden, in: Tijdschrift voor Rechtsgeschiedenis,
Bd. 53 (1985), Teil 3, S. 223–274.

DE WIN 1986
Paul de Win, De lagere adel in de Bourgon-
dische Nederlanden, in: Bijdragen tot de
Geschiedenis, Bd. 69 (1986), S. 171–207.

WOLDRING 1994
Henk E. S. Woldring, Vriendschap door de ee-
uwen heen. Wijsgerige beschouwingen over
vriendschap als gave en opgave, Baarn 1994.

WORSTBROCK 1983
Franz Josef Worstbrock (Hrsg.), Der Brief im
Zeitalter der Renaissance, Weinheim 1983.

ZIJLSTRA 1989
Samme Zijlstra, ‚Tgeloove is vrij', De tole-
rantiediscussie in de Noordelijke Nederlanden tussen 1520 en 1795, in: Marijke
Gijswijt-Hofstra (Hrsg.), Een schijn van
verdraagzaamheid. Afwijking en tolerantie
in Nederland van de zestiende eeuw tot
heden, Hilversum 1989, S. 41–67.

ZWAAN 1993
Ton Zwaan (Hrsg.), Familie, huwelijk en gezin
in West-Europa. Van middeleeuwen tot
moderne tijd, Amsterdam 1993.

ZWEERS/SMIT 1984
Jan Zweers/Emile Smit, Der Erwerb Gelderns
als Beweggrund für die Heirat zwischen
Anna von Kleve und Heinrich VIII., in:
Land im Mittelpunkt 1984, S. 147–154

ORTS- UND PERSONENINDEX

Nicht aufgenommen wurden Herzog Wilhelm V. v. Jülich-Kleve-Berg, Sibylle von Jülich-Kleve-Berg sowie Margaretha von der Marck-Arenberg. Als Ort wurde nicht aufgenommen das Herzogtum Jülich-Kleve-Berg. Die Identifikation von Personennamen und Ortsbestimmungen erfolgten soweit möglich mithilfe von Neu 1989 und Brigitte Kasten/Margarete Bruckhaus (Hrsg.), Die jülich-kleve-bergischen Hof-, Hofämter- und Regimentsordnungen 1456/1521 bis 1609 (= Residenzenforschung, Bd. 26), Ostfildern 2015. Würdenträger (Bischöfe, Erzbischöfe, Herzöge, Könige und Kaiser) sind unter ihrem Vornamen und gegebenenfalls mit Ordnungszahl angesetzt.